炒股
实战技法

江道波◎编著

中国宇航出版社
·北京·

内 容 简 介

本书全面系统地讲解炒股实战中用到的技术分析方法和分析工具，除技术分析界经常用到的K线分析、均线分析、量价分析外，还介绍了酒田战法、羽黑战法、OX图战法、鬼变脸战法等，对交易者开阔眼界，把握更多分析工具，具有一定的帮助。

图书在版编目（CIP）数据

炒股实战技法/江道波编著. -- 北京：中国宇航出版社，2020.9

ISBN 978-7-5159-1841-9

Ⅰ.①炒… Ⅱ.①江… Ⅲ.①股票投资—基本知识 Ⅳ.①F830.91

中国版本图书馆CIP数据核字(2020)第152317号

策划编辑 田芳卿
责任编辑 白希国　　**装帧设计** 宇星文化

出版发行 **中国宇航出版社**

社　址 北京市阜成路8号　邮　编 100830
(010)60286808　(010)68768548
网　址 www.caphbook.com
经　销 新华书店
发行部 (010)60286888　(010)68371900
(010)60286887　(010)60286804(传真)
零售店 读者服务部
(010)68371105
承　印 三河市君旺印务有限公司

版　次 2020年9月第1版
2020年9月第1次印刷
规　格 787×1092
开　本 1/16
印　张 21.5
字　数 432千字
书　号 ISBN 978-7-5159-1841-9
定　价 59.00元

咸鱼翻身

（代前言）

我生来一贫如洗，但绝不能死时贫困潦倒。——索罗斯

人生充满了无数变数，在众多变数中择一而行，就像下棋时反复思考后落子一样。有人说人生如棋，这是有一定道理的。股票市场如战场。在这个战场上，大家要想获胜，需要各种条件的配合。一位前辈曾告诫笔者：要想在股票市场中获利，需“时也、运也、命也”，三者缺一不可。

根据 10 余年对股市实战的细心研究，笔者认为，在股票市场交易中获利，影响因素主要有以下 3 点。

（1）知识面：包括基本面知识与技术面知识。运用基本面判断市场长线走势要好于技术面，运用技术面判断短线与中线走势，则要好于基本面。基本面分析派与技术面分析派争论了几十年，仁者见仁，智者见智。到底是基本面分析适合你，还是技术面分析适合你，要看个人的基本素养，这也是第二点要讲到的。

（2）心理面：交易股票最忌优柔寡断，举棋不定。比如，有人买股票时，为了几分钱反复挂单。当你真正看好一只股票时，挂涨停价买入又何妨？卖出亦然。当你在下面低挂时，好股票大多不会跌到你挂单的位置，这时你不是在给别人抬轿子吗？当你决定卖出一只股票时，同样挂在高高的位置上，为了几分钱的差价，不肯低价卖出，往往错过最佳卖出时机。还有一类倔强的交易者，对于市场走势主观臆断，看多时死多，看空时死空，他们往往也赚不到钱。

（3）运气面：股市如战场，真正的交易高手都会采用一定的交易策略，但如果运气不佳，也有阴沟翻船的时候。总体说来，股票交易成败，三分天注定，七分靠打拼，其中知识面与自身的心理面占七成，另外三成就靠运气了。股票市场变化多端，任何交易者都不可能掌握一切制胜因素，若有一项没有掌握，就有失败的风险。

股票市场犹如大海上的波浪，交易者就是那些冲浪者，冲浪者需要具备基本的冲浪知识。如果没有基本的知识储备，盲目进场，必然会被波涛汹涌的海浪吞噬。即使有了这些基本知识，又有哪一位冲浪选手没被海浪打翻过呢？正因为炒股如冲浪，才会让人觉得刺激。

虽然不是每个交易者都能通过炒股发家致富，但真心希望大家能在股市博弈中把握住机会，赚得一桶金。

不管赚多赚少，落袋方能为安。换言之，笔者不希望大家拿出所有家当，孤注一掷地在股市中豪赌。虽然有人在股市中曾经一夜暴富，但这只是千万人中的少数几人。一般人是很难一夜暴富的，豪赌的结果往往不是一夜暴富，而是“一夜暴负”。

时也运也。其实，时机与运气是有前提的，即交易者平时要不断学习炒股知识，并用真金白银进行刻苦的实战。只有双管齐下，才能捕捉到获利的机会。

股市由多转空，或者由空转多，需要一个很长的过程，快则 3 个月到半年，慢则 1 年以上。2008 年全球金融危机时，股市由 6124 点下跌，跌至 5000 点多少还做了 1 个平台。2015 年的股灾，下跌速度之快，力度之猛，世所罕见！笔者相信，随着个人和机构交易者使用杠杆的能力不断提高，以后发生断崖式下跌和股灾的可能性会越来越小。

趋势一旦形成，就不容易改变，通常会得以延续。其实，股市由多转空时，总会有一些顺利出逃的机会。2007 年 5 月，上证指数升破 4000 点大关后，证券主管部门非常忧虑，虽然此前已多次采取行政措施，期望火热的股市降温，但始终无法扭转趋势。经历了 30 年的改革开放之后，中国经济空前繁荣，人民收入水平显著提高，民间财富积累已经出现溢出效应。房地产与股市，犹如两个轿夫，互相帮衬，导致股市愈涨愈猛。2007 年 5 月底，主管部门将股票交易费用中的印花税率由 1‰提高到 3‰，致使股市接连下挫，最低跌至 3404 点，一周时间股市暴跌近 1000 点，大批个股连续跌停，这就是著名的“5・30 事件”。这种行政行为强制干预股票市场的事件，在全球实属罕见。

由于趋势已经形成，虽然股市经历了行政打压，猛烈下挫，但是资金做多股市的热情并未减弱。股市就像弹簧，压得越紧，弹得越高。“5・30 事件”之后，股市很快收复失地，并于当年 7 月份再创新高，直至 10 月 16 日达到历史性的 6124 点为止。

当初在 4000 点左右被套牢的交易者，只要有足够的知识和经验积累，就可以断定此处绝对不是最后的天顶，继续持有一定能够反败为胜。但许多新股民纷纷在“5・30”大跌的低位割肉离场，当指数达到历史性的 6124 点附近时，却忍不住再次满仓入场。

这次历史性的牛市走势说明，股市操作时机和运气虽然非常重要，但知识与经验才是股市制胜的根本所在。笔者相信，只要具备足够的知识，加之刻苦的实战练习，运气之神也会对大家青睐有加。在波涛汹涌的股海中搏击的投资者，终身孜孜以求的就是一套战胜市场、战胜自己的实战技法。而本书将通过理论与实战的结合指引你了解市场、了解自己，进而战胜市场、战胜自己。

在本书的策划与创作过程中，中国宇航出版社的编辑给予了大力支持，确保了书稿的顺利完成。在此，笔者一并表示感谢。

江道波

2020 年 7 月 20 日于寂照斋

目　录

第七章 羽黑战法

第八章 压缩图战法

第九章 OX 图战法

第十章 宝塔线战法

第十一章 鬼变脸战法

第一章　技术分析总论

一、股市分析方法概览

人类对于股市波动规律的认知，是一个极具挑战性的世界级难题。迄今为止，尚没有任何一种理论和方法能够令人信服，并且经得起时间的检验。2000 年，著名经济学家罗伯特·席勒在《非理性繁荣》一书中指出："我们应当牢记，股市定价并未形成一门完美的科学。"2013 年，瑞典皇家科学院在授予罗伯特·席勒等人该年度诺贝尔经济学奖时指出：几乎没有什么方法能够准确预测未来几天或几周市场行情的走向，但也许可以通过研究来预测 3 年以上的价格走势。

当前，从研究范式的特征和视角来划分，股市分析方法主要有 3 种，即基本分析、技术分析和量化分析。在实际应用中，它们既相互联系，又有重要区别。

相互联系主要表现在投资决策的具体操作层面。技术分析要有基本分析的支持，才能避免"缘木求鱼"，基本分析和技术分析要纳入量化分析的基本框架，才能提高其科学性、适用性、有效性和可靠性。

重要区别主要体现在如何理解人与市场关系。技术分析派认为市场是对的，股价走势已经包含了所有有用的信息，其基本理念是"顺势而为并及时纠错"。基本分析派认为他们自己的分析是对的，市场经常会出错，其基本理念是利用市场出错的机会"低价买入并长期持有"。量化分析就是将一些不具体的、模糊的因素用具体数据来表示，从而达到分析比较之目的。

（一）基本分析

以企业价值作为主要研究对象，通过详尽分析决定企业内在价值和影响股票价格的宏观经济形势、行业发展前景、企业经营状况等，大概测算上市公司的长期投资价值和安全边际，并与当前的股票价格进行比较，形成相应的投资建议。基本分析派认为，股价波动轨迹不可能被准确预测，只能在有足够安全边际的情况下"买入并长期持有"，在安全边际消失后卖出。

（二）技术分析

技术分析是指以股票价格涨跌的直观表现为主要研究对象，以预测股价波动形态和趋势为主要目的，从股价变化的历史图表入手，对股市波动规律进行分析。技术分析有3个颇具争议的前提假设：市场行为包容消化一切；价格以趋势方式运动；历史会重演，但不会简单重复。国内比较流行的技术分析方法，包括道氏理论、波浪理论和江恩理论等。

（三）量化分析

以投资理念及交易策略为主要研究对象，通过对具体指标及参数的设计，让模型对市场进行不带任何情绪的跟踪。量化分析的主要方法包括人工智能、数据挖掘、小波分析、支持向量机、分形理论和随机过程等。

二、驳“技术分析无用论”

技术分析到底有没有用，一直是“仁者见仁，智者见智”。持“技术分析无用”观点的交易者，想必自有其道理。他们大都认为，中国股票市场是政策市、消息市，没有什么规律可言。真是这样吗？笔者认为，这种观点虽然不能说完全错误，但至少是有失偏颇的。笔者没有任何消息来源，主要通过技术分析交易股票，不仅在股市中生存下来，并且随着实战磨炼，不断改进交易方法，逐步领悟到：在市场看似无序的背后，是有规律可寻的。

技术分析的宗旨在于把握价格波动的脉搏，例如“价格走向将朝着既定的趋势”“强者恒强，弱者恒弱”“历史会重演”等，这些在市场上一再得到验证的规律，不论行情是机构造市还是主力行为引发的，都会对其产生重大影响。许多技术分析大师为把握市场这种脉搏，借助各种图表、数据研究出许多技术指标，通过统计学的方法，根据过去的运行轨迹，分析未来价格变动的趋势。通过技术分析，再结合基本分析，对行情的涨跌趋势和变动情况基本可以得出比较确切的结论。

为什么很多交易者会说技术分析没有用？笔者认为，他们要么没有弄清楚技术分析的要旨，要么在应用上存在偏差。有的交易者把技术分析万能化，一旦技术分析出现错误，便全盘否定技术分析的有效性。技术分析只是一种工具，应用效果因人而异。就像大家读书时，虽然学习的教材是统一的，但成绩千差万别：有的人考试能拿满分，有的人及格都困难。

成功的道路没有捷径可走，要想学有所成，就必须付出辛苦。同样，要真正理解技术分析的内在含义和实战精髓，并形成自己的交易系统，就必须付出常人无法想象的努力，沉下心来对市场进行观察、思考和研究。这是一个漫长的过程，期间肯定会遭遇坎坷和挫折。

实践是检验真理的唯一标准。任何书本上的知识，只有在实战中得到验证，才会转变成自己的理论。在股市交易中，大家会产生种种困惑，这并不可怕，没有困惑就不可能实现突破，唯有敲门才能开门。人生如此，股市也是如此。

三、技术分析的可行性及科学运用

（一）投资与投机（基本分析与技术分析）

一直以来，人们习惯认为基本分析是投资方法，技术分析则是投机方法。因此，投资与投机的理念之争，最直接的表现是基本分析与技术分析的方法之争。这种争论已经持续了很多年，笔者在这里给出一个指导思想：不管白猫黑猫，只要能抓住老鼠就是好猫。

许多伟大的经济学家和投资家，都对投资和投机的区别进行过阐释。

约翰·梅纳德·凯恩斯说："投资是对资产在其整个生命周期内的收益进行预测的一项活动，而投机是预测市场心理的一项活动。"

本杰明·格雷厄姆说："投资活动是在全面分析的基础上既能保证本金的安全又能产生令人满意的收益。而不能满足上述条件的则是投机活动。"

沃伦·巴菲特则说："如果你是一个投资家，你会考虑你的资产，即你的企业将会怎样。如果你是一个投机家，你主要预测价格将会怎样而不是企业本身。"

当然还有其他版本的解释。如何解释是经济学家和投资家的事，对交易者来说并不重要，交易者关注的是现阶段怎样做才能获得更好的交易结果。

（二）个人交易者在基本分析上没有丝毫优势

股市有一点可以肯定，即没有人仅靠感觉就能长期获利。那么出路在哪里？在决定交易之前，交易者的确需要问问自己：自己依据什么来决定买卖行为？大致上可归纳为：基本分析与技术分析。总体来说，与主力机构相比，个人交易者在基本分析上没有丝毫优势。其理由有以下 3 点。

1. 研究力量不对称

在股市中，一家中等规模的机构，仅仅负责基本分析的分析师就有不少，其中包括宏观分析师、行业分析师和企业分析师。这些分析师几乎每天都要不停地工作，才能保证机构决策时依据的基本分析是相对完整和准确的。大机构更是直接招收相关专业的博士来充实自己的研究队伍，试图找到被人遗忘的金子。从这点来看，个人交易者使用基本分析方法来投资是没有优势的。

2. 信息不对称

信息不对称，虚假信息泛滥，导致公开信息的真实性大打折扣。由于 A 股市场现阶段同股不同价、同股不同权，使得股票作为公司整体的代表被分割开来，国家股、法人股在二级市场以外得以以低于实质价值转让，使得“资产重组”一波更劲一波，并成为内幕交易的温床。同时，派生出的“壳”资源价值，甚至产生企业“逆淘汰”的价值异化，使得本就难以评估的企业价值在A股市场上更是难上加难，因此，技术分析在A股市场就显得尤为重要。

3. 市盈率低未必得到市场青睐

市盈率低的企业就一定会得到市场青睐吗？现实的情况是：A股蓝筹股在2010年—2013年的大熊市期间，市盈率低到了个位数，却无人问津。而在2012年年末—2014年，被价值投资派戏称为“黑五类”的高市盈率小盘股则风骚无两。时任证监会主席郭树清先生当时向市场喊话：“A股蓝筹股出现了罕见的投资价值机会。”即便这样，也无法改变低市盈率大蓝筹股无人问津的现状。市盈率乃是基本分析派的一大法宝，但在大空头市场中，该法宝显然已经失去了作用。

这些残酷的现实，实实在在地摆在大家面前，因此大家应该承认，在基本分析上面大家是弱者。基本分析派鼻祖本杰明·格雷厄姆（如图1-1所示），其投资思想在晚年时发生了重大改变。1976年去世前不久，他在接受美国《财务分析师》杂志（Financial Analysts Journal）的访谈中宣布，他不再信奉基本分析流派，而最终相信“效率市场”理论。他认为，靠《证券分析》一书中刻意创立的基本分析技术，已不能发现超值获利的投资机会。在他的《证券分析》一书出版的年代，确实存在这样的机会，但是现在，情况已经大不相同。当整个投资行业都在用同样的方式来发掘超值股票时，分析的成本就被极大地提高了。因此，格雷厄姆最后宣称不再信奉基本分析，最终站在了“效率市场”理论（即价格包容一切）一边。上述现象非常值得深思。当然，笔者讲述这些，并非全盘否定基本分析，基本分析稳健的投资理念还是非常具有理论价值和实践指导意义的。

图1-1　本杰明·格雷厄姆

（三）技术分析的可行性

1. 技术分析是相对公平的

技术分析是一种实用性非常强的分析方法，它记录了市场发展的过程，使大家了解市场的过去，甚至可以预测市场的未来。走势图对每个人传递的信息都是一样的，不同的是每个人理解水平的高低，从这个意义上来说，技术分析是相对公平的。

2. 股票价格的运动是有规律的

“对市场此消彼长的多空力量的解读”——这是笔者对技术分析的总结和概括。价格走势对每个交易者传递的信息都是一样的，区别在于每个人的思维方式不同，所以，从某种意义上说，股票市场是相对公平的。

那么，技术分析从逻辑上来说可能吗？笔者认为是可能的。“随机漫步”理论认为股价运动是随机的，毫无规律可言，但这无法解释为什么价格总是按照相似的轨迹运行。市场是有其内在运行规律的，技术分析就是对股价运行规律进行探索。技术分析是在不断发展创新的，这是它的生命力所在。

与此同时，技术分析的有效性不可能被所有人掌握。学习同样一本教材，有的人考试能拿满分，有的人可能不及格，技术分析也是如此。即使掌握了方法，在运用中还会产生千差万别的结果。从实践来看，运用技术分析获得成功的大有人在。当然，那种认为懂得技术分析就能无往不胜的观点，笔者也不赞同。

笔者认为，技术分析对于证券投资的作用，绝不在于预测明天的股价涨跌，而在于其哲学层面的指导意义。在这一点上，技术分析方法和基本分析方法一样，为大家提供了哲学上的指导。一些经典技术分析理论（如道氏理论）的重要性，绝不是因为这些理论提出了什么定理，而是提供了哲学的思辨和逻辑方法。所有技术分析方法都只是提供投资决策的依据，根据这些分析方法所做的判断都是一种概率的判断。如果仅仅因为具体方法的不确定性而怀疑技术分析哲学层面的指导意义，那就有点因噎废食了。

3. 股票价格是由供求关系直接决定的

有价值的东西，只要不转化为市场中实实在在的需求性买盘，价格是绝对不会上涨的。反之，被认为没有价值的东西，只要没有转化为市场中实实在在的卖盘，价格也是跌不下去的。

股市中，供给和需求对价格起着最直接的决定作用，而价值规律反而常常失效（价格围绕价值上下波动）。股市中经常存在“泡沫”，除了在价格偏离价值太多太久的极点位置，市场在大多数时候是正确的，价值理论并非可以随便套用。同一家公司，为什么会有不同的价格？A、B 股长期的价格差异，就是供求关系直接影响价格的一个典型例子。但有一点可以肯定的是：A、B 股虽然价格不一样，但公司的内在价值肯定相同。

笔者再举一个市场之外的例子：空气和金子哪一种价值更高？很明显是空气。没有空气，人就无法生存，但是，大家无须为空气买单，因此二者的价格是不可相提并论的。空气是实实在在的必需品，没有的话大家就不能生存，如果空气成为稀缺品，人们就得拿金子去换取。空气的价值并没有变化，为什么价格会发生这么大的差异呢？因为你需要。供求关系在其中起到决定作用，反而不是价值规律在起作用。

（四）技术分析的科学运用

笔者认为只有树立正确的投资理念，科学地运用各种分析方法，为理性的投资决策找到强有力的依据，才能在股市中立于不败之地。正确的投资理念可以概括为以下 4 点。

（1）正确的投资理念是一种合法合规的投资理念，而不是传统意义上违法违规的投机理念。现代市场经济中的投机（speculation）概念是这一理念的核心内容，即以承担风险来获取收益，前提是必须合法合规。

（2）正确的投资理念是一种重视风险升水的风险承担理念，而不是一种无视风险升水的赌博理念。

（3）正确的投资理念是一种重视风险管理的投资理念，而不是仅仅关注收益，将风险“置之度外”的投资理念。

（4）正确的投资理念是一种非常讲究科学分析和理性决策的严谨投资理念，而不是主观臆想、跟风炒作的冒失投资理念。

基本分析也好，技术分析也罢，不过是为做出正确的投资决策使用的手段而已。投资与投机，运用得好，殊途同归，都能给交易者带来巨大收益。投资与投机都是建立在正确投资之上的决策，都是交易者走向成功的康庄大道。

比如，现有上市公司 A 与上市公司 B，其中 A 公司价值 10 元，每年可创造收益 1 元，市价 10 元。B 公司价值 10 元，每年可创造收益 0 元，市价 9 元。交易者甲买入 A 股准备获取每年 1 元的收益，这种行为是投资；交易者乙买入 B 股，准备获取 1 元的市价差额，这种行为是投机。当然，如果有 C 公司，价值 10 元，每年可创造收益 1 元，市价 9 元。交易者丙买入 C 股就是综合了投资和投机的行为。A、B、C 三个交易者没有孰对孰错、孰好孰坏的区别，他们只是运用的手段不同而已。

投资是一门实践科学。对一般交易者而言，投资和投机的区别并没有什么实质性的意义。同样，运用技术分析有成功的，也有失败的。有一些所谓的技术分析高手，多年来仍然在散户厅里徘徊。基本分析也是一样，巴菲特只有一个，那么多的基本分析者并没有成为第二个巴菲特。如果能将基本分析结合技术分析来使用，成功的概率会更大。尊重现实，灵活应变，而不是教条地应用这些分析方法，将会取得更好的成绩。

巴菲特之所以不轻易改变投资策略，是因为其拥有数量庞大的资金。一般交易者如果机械地摹仿，死死抱住价值投资不放，笔者认为现阶段的确有脱离实际的倾向，取得超额回报几乎是不可能的，除非已经在不知不觉中运用了投机技巧。

《时间的玫瑰》一书作者但斌是巴菲特的信徒，他在2005年—2007年的特大牛市中，一路持有贵州茅台，获利不菲。但在2008年全球金融危机来临时，他仍旧死死抱住贵州茅台不放，美其名曰“价值投资”，后来利润回吐严重。经此一役，但斌也开始进行“高抛低吸”的波段操作，不过是大周期的“高抛低吸”罢了，现如今美其名曰“时机抉择”。笔者认为，在投资技巧上，但斌越来越成熟了，虽然有基本分析派的价值投资者会骂他是个伪价值投资派，但这改变不了他管理的“蓝色港湾”基金发展得越来越好这个现实。

其实，要想成为一个好的投机家，远比成为一个好的投资家更难。投机家所做的分析要多过投资家，且较投资家更为复杂。

比如，现有一支旧钢笔，价值10元，市价12元。投资家分析，无介入价值，放弃。投机家通过实际调查发现，对于特定的两个人来说，这支钢笔价值200元（是他们的定情信物），于是买下钢笔，然后再卖出获利。这个案例难道不足以说明投机的魅力吗?

基本分析派和技术分析派，是股市中两大分析派别。基本分析派对技术分析不屑一顾，认为是雕虫小技，技术分析派则对基本分析执有偏见。实则，二者是车之两轮，人之两腿，各有各的用处，不可偏废。交易者既然投身股票市场，就应该将它们统一起来。

实际上，一般交易者很难同时精于基本分析和技术分析。股谚有云：“基本分析派如果运用技术分析，就相当于增加了马王爷的‘第三只眼’；技术分析派如果运用基本分析，就相当于戳瞎了自己的一只眼。”这句话的意思是说，在基本分析的基础上再运用技术分析，交易中就如虎添翼；在技术分析的基础上再去运用基本分析，其实是多此一举，画蛇添足。这句话虽有失偏颇，但不无道理。笔者希望广大交易者能从中悟出一些道理。

最后，还是那句话：不管白猫黑猫，只要抓住老鼠就是好猫。希望交易者朋友读完本书，能够找到一条适合自己的投资（投机）之路。

第二章　K线总论

一、读懂K线

有人会问，在这个世界上，最贵的一幅画是什么？是达·芬奇的《最后的晚餐》，还是毕加索的《拿烟斗的男孩》？都不是！有一幅画，每天有无数人用几千亿甚至上万亿的资金描绘出来，这就是K线图。

每一个学习技术分析的人，无论是自学成才，还是跟随名师，第一步要做的事情，就是找一本关于K线的书来读。因此，K线分析几乎成了技术分析的代名词。

实际情况真的是这样吗？相信很多交易者利用K线分析，把握住了大盘和很多个股的后期走势，有些则掉进了K线陷阱里，上了K线的当，最后以亏损告终。时而可靠时而不可靠的K线分析，总是让人感到迷茫。

为了让K线分析更加准确，更能去伪存真，现在就跟着本书一起来学习K线图知识吧。

（一）K线简介

K线又称阴阳线或蜡烛图，最早起源于日本德川幕府时代的米市交易，经过200多年的演进，现已广泛应用于金融市场的技术分析之中，形成现在具有完整形式并以分析理论为支撑的一种技术分析方法，成为最基本的技术分析方法之一。K线图具有直观、立体感强、携带信息量大等特点，蕴含着丰富的东方哲学思想，在东亚、东南亚地区的证券市场分析中尤为流行。

K线是用开盘价、收盘价、最高价和最低价绘制而成的，上涨为阳，下跌为阴。通过一组K线的连续排列，能反映买卖双方的供求关系，多空力量的实力对比，以及股价的波动情况，进而反映股价处于上涨、下跌、盘头、筑底等情况。K线是一种特殊的语言，同时也是一组密码，将市场的综合信息通过一种特殊形式表达出来，如果交易者能够破译这组密码，读懂了这种语言，将对投资活动具有不可估量的帮助。

（二）K线绘制方法

首先找到某一周期的最高价和最低价，垂直地连成一条直线。然后，再找出该周期的开盘价和收盘价，把这两个价位连接成一个长方形实体。

假如某一周期的收盘价较开盘价高（即低开高收），则以红色来表示，或在实体上留白，这种 K 线称为“阳线”。如图 2–1 所示。

假如某一周期的收盘价较开盘价低（即高开低收），则以绿色来表示，或在实体上涂黑，这种 K 线称为“阴线”。如图 2–1 所示。

假如最高价高于开盘价和收盘价，用一条细线将开盘价或收盘价与最高价连接，称为“上影线”，表示交易周期内价格最高曾达到的价位。如图 2–1 所示。

假如最低价低于开盘价和收盘价，用一条细线将开盘价或收盘价与最低价连接，称为“下影线”，表示交易周期内价格最低曾达到的价位。如图 2–1 所示。

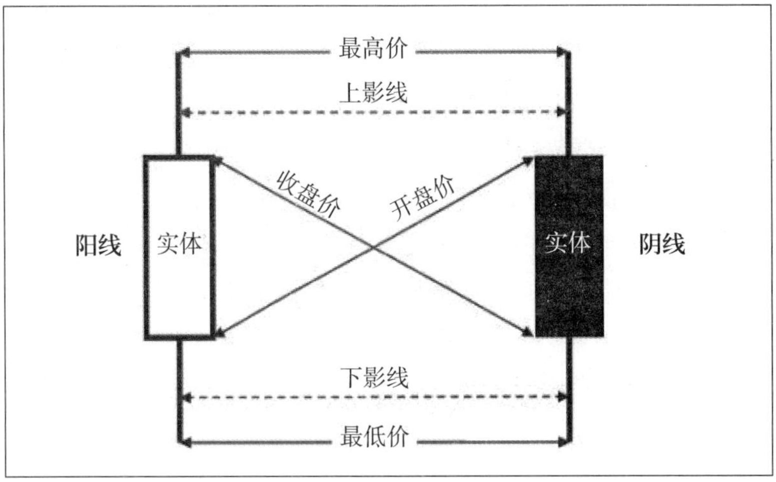

图 2–1　K 线绘制方法

（三）实体

在 K 线分析中，实体具有实质意义。实体是 K 线开盘价和收盘价之间的那一部分，如图 2–1 所示。最高价与最低价之间的距离代表每天的波动幅度，实体则代表买卖力度的强弱。大阳线或大阴线可以认为是趋势的开端，因为力度达到一定程度会形成趋势。大阳线或大阴线会改变图表形态的 3 种要素，即角度、水平位置和波动幅度。

（四）影线

在 K 线组合分析中，影线具有参考意义。影线是最高价或最低价与 K 线实体之间的那一部分，分为上影线和下影线，如图 2–1 所示。影线最基本的含义是：上影线长表示抛压重，下影线长表示接盘强。可以推断：在趋势顶部出现长上影线时，表示趋势可能转向下跌；在趋势底部出现长下影线时，表示趋势可能转向上升。

（五）K线的种类

1. 按照K线计算周期分类

根据K线的计算周期，可将其分为日K线、周K线、月K线、季K线、年K线和分钟K线等。日K线是以1个交易日的开盘价、当天的收盘价、全天最高价和最低价绘制的K线。周K线是指以周一的开盘价、周五的收盘价、全周最高价和最低价绘制的K线。月K线是以1个月第一个交易日的开盘价、最后一个交易日的收盘价、全月最高价和最低价绘制的K线。同理，可以推得季K线、年K线和分钟K线的定义。

将每个交易周期的K线按时间先后顺序排列起来，便形成一条轨迹，用来反映股价的变动情况和上下波动趋势，这就是K线图。周K线图、月K线图常用于研判中长期行情走势。对于短线操作者来说，众多行情软件提供的1分钟K线、5分钟K线、15分钟K线、30分钟K线、60分钟K线和日K线，具有重要的参考价值。

2. 按照K线实体长短分类

按照K线实体长短进行分类，一般以波动幅度作为标准，但没有绝对的界限规定。一般来说，小阳星和小阴星开盘价和收盘价的波动幅度小于0.5%，小阳线和小阴线的波动幅度在0.6%～2.5%之间，中阳线和中阴线的波动幅度在2.6%～4.5%之间，大阳线和大阴线的波动幅度在5%以上。如图2-2所示。

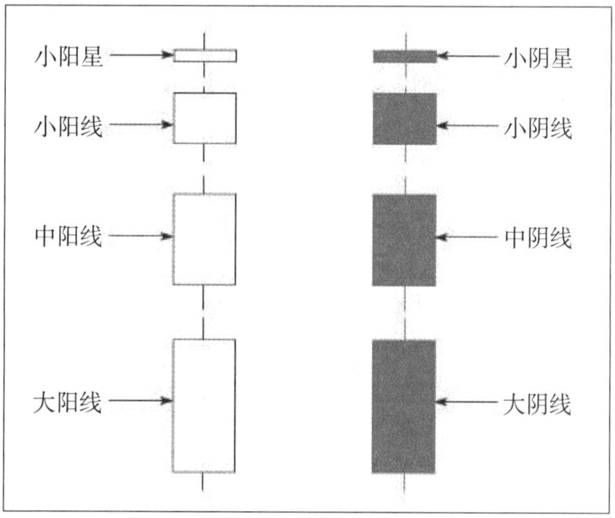

图2-2 K线实体长短

另外，按照分析方法的不同，可分为单日K线分析、相邻两K线分析和K线组合分析，后面几章将进行庖丁解牛式的介绍。

二、K 线三看

面对形形色色的 K 线形态，初学者会感到无所适从，其实完全可以化繁为简，灵活掌握。笔者把浩瀚的 K 线形态归纳为简单的“三看”，即一看阴线阳线，二看实体大小，三看影线长短。

（一）一看阴线阳线

阴阳代表趋势方向，阳线表示将继续上涨，阴线表示将继续下跌。以阳线为例，经过一段时间的多空争斗，收盘价高于开盘价，表明多头占据上风。根据牛顿力学定理，在没有外力作用下，价格仍将按照原有方向与速度运行，因此阳线预示下一阶段仍将继续上涨，最起码保证下一阶段初期能惯性上冲，这一点符合技术分析三大假设之一的“股价沿趋势运动”，这也是“顺势而为”这一交易原则的依据所在。同理，可得出阴线将继续下跌。

（二）二看实体大小

K 线实体大小代表内在动能的强弱：实体越大，上涨或下跌的趋势越明显；反之，趋势则越不明显。以阳线为例，实体就是收盘价高于开盘价的那部分，阳线实体越大，说明上涨动能越足。就如质量越大、速度越快的物体，其惯性冲力越大一样，阳线实体越大，代表其内在上涨动能越大，其上涨的动能大于实体较小的阳线。同理，阴线实体越大，下跌动能越充足。

下面以实体大小为依据，分别说明 K 线图的形成过程和不同含义。

1. 小阳星

全日盘中股价波动很小、开盘价与收盘价极其接近、收盘价略高于开盘价的 K 线称为小阳星。出现小阳星，一般表明行情正处于混乱不明阶段，无法据其预测后市涨跌，此时要根据其前期 K 线组合的形状以及当时所处的位置综合判断。如图 2-3 所示。

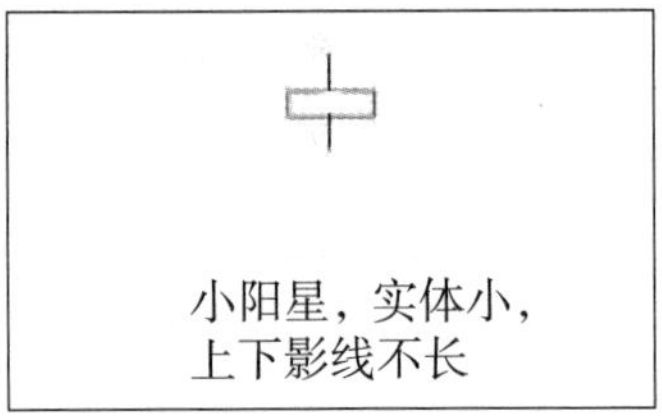

图 2-3　小阳星

2. 小阴星

全日盘中股价波动很小、开盘价与收盘价极其接近、收盘价略低于开盘价的 K 线称为小阴星。出现小阴星，表明行情正处于混乱不明阶段，无法据其预测后市涨跌，要根据其前期 K 线组合的形状以及当时所处的位置综合判断。如图 2–4 所示。

图 2–4　小阴星

3. 小阳线

小阳线波动幅度较小阳星大，多头稍占上风，但上攻乏力，表明行情发展扑朔迷离，稍有利于多头。如图 2–5 所示。

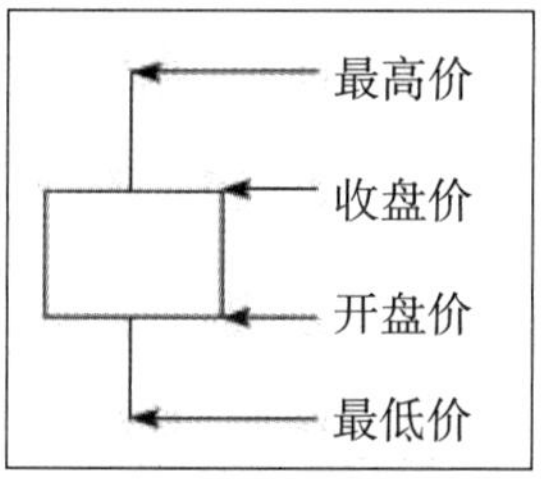

图 2–5　小阳线

小阳线应用法则如下。

（1）小阳线表示多头对空头呈压制态势，但力度不大。

（2）若小阳线出现在上升行情中，则意味着行情小幅向上攀升。

（3）若小阳线出现在下跌行情中，则意味着行情小幅向上反弹。

（4）如果出现小阳线时上下影线较长，表明多空争斗激烈。

（5）如果出现小阳线时上下影线较短，表明多空陷入僵局，行情将随时面临突破，交易者需要耐心等待。

4. 小阴线

小阴线波动幅度较小阴星大，空头稍占上风，但不具备绝对优势，表明行情发展扑朔迷离，稍有利于空头。如图 2–6 所示。

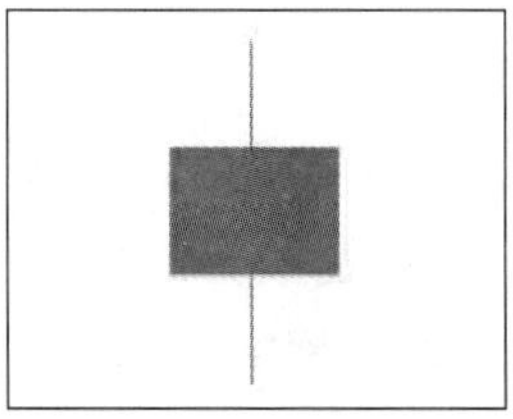

图 2-6　小阴线

小阴线应用法则如下。

（1）小阴线表示空方对行情呈打压态势，但力度不大。

（2）若小阴线出现在上升行情中，则意味着行情面临强势回档。

（3）若小阴线出现在下跌行情中，则意味着行情将继续下跌。

（4）如果出现小阴线且上下影线较长，则表明多空争斗激烈。

（5）如果出现小阴线且上下影线较短，则表明多空陷入僵局，随时面临突破，交易者需要耐心等待。

5. 中阳线

中阳线的实体比小阳线大，但还没有达到大阳线的幅度。一般来说，中阳线显示多头实力明显增强，后市有惯性冲高的动能，但还没有达到绝对优势的程度。如图 2-7 所示。

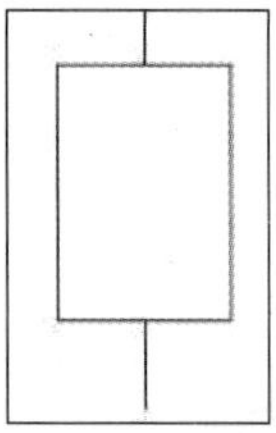

图 2-7　中阳线

中阳线应用法则如下。

（1）若中阳线出现在上升行情中，则意味着行情将继续向上攀升。

（2）若中阳线出现在下跌行情中，则意味着行情将向上反弹。

（3）若中阳线是靠全天盘中不断震荡走高的走势形成的，则往往预示着次日股价仍有良好的发展趋势。

（4）若中阳线是靠尾盘突然拉升形成的，则要提防次日出现回调走势。

6. 中阴线

中阴线实体明显比小阴线大，但还没有达到大阴线的幅度。一般来说，中阴线显示空头实力明显增强，后市有惯性下跌的动能，但还没有达到空头完全操纵市场的地步。如图 2-8 所示。

图 2-8 中阴线

中阴线应用法则如下。

（1）若中阴线出现在上升行情中，则意味着行情将向下回档。

（2）若中阴线出现在下跌行情中，则意味着行情将继续下跌。

（3）若中阴线是在全天盘中不断震荡走低的走势中形成的，则往往预示着次日仍将继续下跌。

（4）若中阴线是因为尾盘突然跳水形成的，此时价格处于相对低位，则要注意次日容易出现回升走势。

7. 大阳线

大阳线实体明显大于中阳线，但还没有达到涨停板，一般留有上下影线，代表多头进攻态势非常猛烈。如果出现在股价底部区域或者上升途中，通常代表后市继续看涨。如图 2-9 所示。

图 2-9 大阳线

大阳线应用法则如下。

（1）若大阳线出现在上升行情中，则意味着行情将更加剧烈地向上攀升。

（2）若大阳线出现在下跌行情中，则意味着行情将剧烈地向上反弹。

（3）若大阳线是在盘中逐渐上升的，并且有成交量配合，则股价往往会继续上涨。

（4）若大阳线是靠尾盘突然拉高的，并且缺乏成交量的配合，则预示着股价上涨可能已经接近尾声。

8. 大阴线

大阴线实体明显大于中阴线，但还没有达到跌停板，一般留有上下影线，代表空头做空的力量非常强大。如果大阴线出现在连续上涨之后的高价区域，通常代表后市将有较大的下跌空间。如图 2–10 所示。

图 2–10　大阴线

大阴线应用法则如下。

（1）若大阴线出现在上升行情中，则意味着行情将深幅向下回档。

（2）若大阴线出现在下跌行情中，则意味着行情将加速向下深跌。

（3）若大阴线是在盘中渐渐盘落的，则预示股价短期仍然难以见底。

（4）若大阴线出现的盘中走势是尾盘跳水形成的，并且没有实质性的利空打击，则不排除是最后一跌的可能。

（三）三看影线长短

K 线影线代表转折信号，向一个方向的影线越长，越不利于股价向这个方向运行。上影线越长，越不利于股价上涨。下影线越长，越不利于股价下跌。以上影线为例，经过一段时间的多空争斗之后，多头最终败下阵来，不论 K 线是阴线还是阳线，上影线部分已构成下一阶段实实在在的上涨阻力，股价向下调整的概率居大。同理，下影线预示着股价向上攻击的概率居大。

指数与个股的上影线还需分别看待。在快速冲高过程中，指数受阻回落，如果留下较长的上影线，显示大盘将进入调整状态。对个股来说，冲高回落留下长长的上影线，一方面显示主力在拉高派发，另一方面说明主力有可能在向上试盘。

1. 被动回调上影线——短期将收复失地

在相对低位冲高过程中，股价突然遇到大盘调整，将会引发股票较大的抛压，多数主力会顺势而为，让股价重新回到相对低位，这样在 K 线图上会留下长长的上影线。如果量能配合得比较好，而且股价刚刚脱离主力成本区，只要大盘稍微走稳，这种股票会很快恢复上涨。

2015 年 3 月 3 日，股指出现大幅下跌，当日国祯环保（300388）的股价经蓄势后准备冲关。在拉高过程中，主力遇到股指回调，冲高之后抛压加重，主力只好退缩防守，收盘收出长长的上影线，这种长上影线的个股日后机会极大。由于其回调是受大盘影响，突破形态仍然明显，之后调整 7 个交易日，展开快速拉升，不但收复上影线的失地，而且股价还更上一层楼。实战中，遇到大盘冲高回落时，交易者可选出被动回调留下长上影线的个股以备后用。如图 2–11 所示。

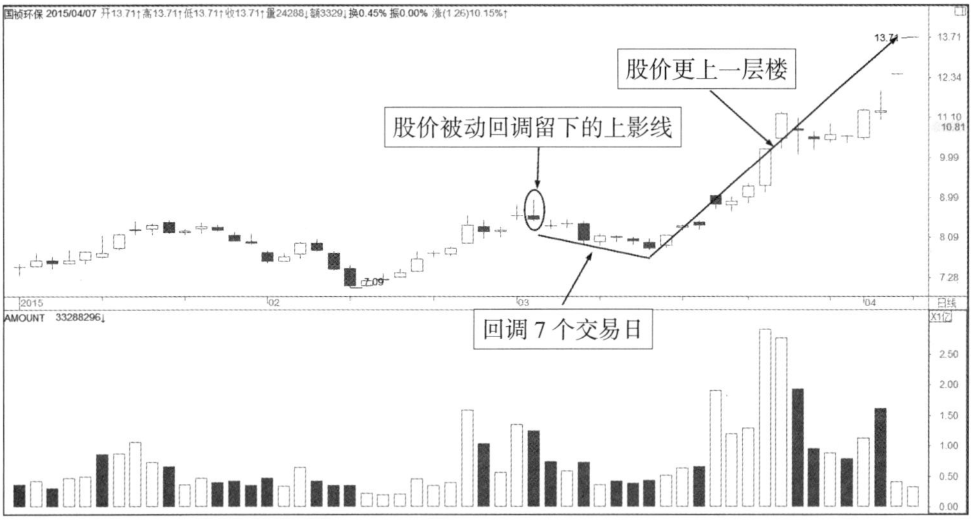

图 2–11 国祯环保（300388）2015 年 1 月—4 月的日 K 线图

2. 主动回调上影线——主力拉高出货

大盘平稳运行过程中，个股在高位区域快速拉高，之后却逐波走低，在 K 线图上留下长上影线，这种股票一般显示主力在拉高派发，快速拉至涨停后不断派发。由于该股累计升幅较大，主力获利颇丰，出货有很大的利润，所以调整形态趋于明显。由于主力持仓量较大，股价还会有反复，交易者可以利用反弹冲高时减磅。

2018 年 2 月 26 日，在大盘当天大涨的情况下，长城汽车（601633）股价创新高后回落，留下长上影线，之后进入全面调整状态。如图 2–12 所示。

总体来看，长上影线可以分为两类，一类是低位徘徊或刚刚启动后出现的长上影线，另一类是连续冲高后在高位留下的长上影线。前者是短线介入的极好品种，后者应坚决放弃。如果与大盘联系起来研判，则效果更佳。大盘回调时，个股被动回调并在低位出现长上影线，则可以介入。大盘平稳时，个股主动回调并在高位留下长上影线，则应坚决回避。

图 2-12 长城汽车（601633）2018 年 2 月—10 月的日 K 线图

3. 下影线预示的重要意义

在日常 K 线图中，经常会出现下影线，下影线是由于盘中最低价与收盘价或开盘价不同造成的。其实，多数 K 线的下影线并没有太大的分析价值，一般只在特定位置出现特殊形态后，少数下影线才有重要意义，分析这类下影线的 K 线图，对指导后市投资具有重要作用。

通常来说，日常的 K 线往往都有下影线，没有下影线的极端情况毕竟是少数。一般带下影线的 K 线意义不大，这里主要介绍具有典型意义的下影线形态。当大盘或者个股股价出现相当跌幅后，市场价格已经大大低于平均成本，此时有卖出意愿的交易者减少，抛出的筹码极为有限，但同时也没有太强的做多意愿，在这种状况下，市场随时可能会出现扭转势头。如果股价出现带长下影线的 K 线，往往意味着市场随时可能出现转势。

需要注意的是，出现带长下影线的 K 线预示股价底部到来，其前提是股价经历了相当幅度的下跌，表明股价探底之后又被拉起，做多意愿在增强。但并非出现这种形态，股价都能立即企稳，有时还需多次反复才会真正完成趋势扭转。与此同时，交易者需要结合市场其他信号综合分析，不要单凭一种信号就武断地做出判断。如果这种形态出现在上升通道中，则没什么分析意义，出现在横盘中分析意义也不大。

比如，经历 2010 年 6 月开市以来的持续下跌后，创业板指（399006）基本面估值已经达到历史低位，更大周期的周线指标出现底部背离。2012 年 12 月 4 日，创业板指最终以长下影阳线铸造了历史大底 585.44 点，并且该周的周 K 线以长下影阳线报收。如图 2-13、图 2-14、图 2-15 所示。

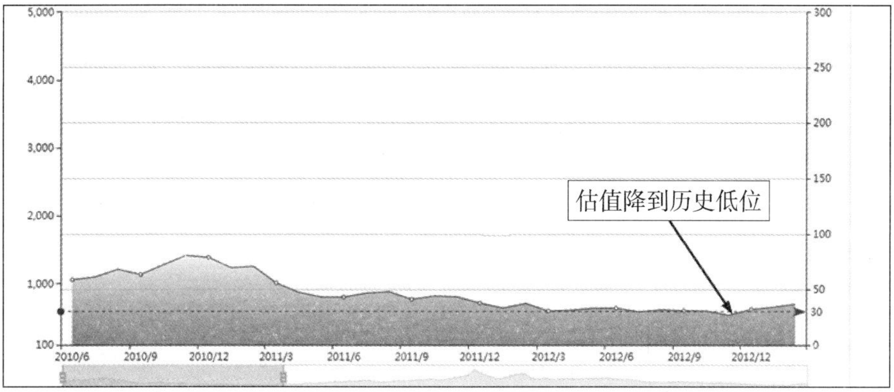

图 2–13　创业板指（399006）平均市盈率走势图（2010 年 6 月—2012 年 12 月）

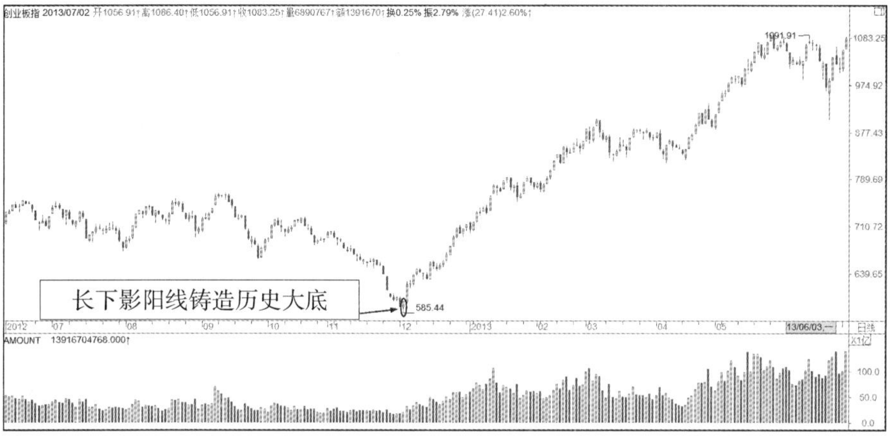

图 2–14　创业板指（399006）2012 年 6 月—2013 年 6 月的日 K 线图

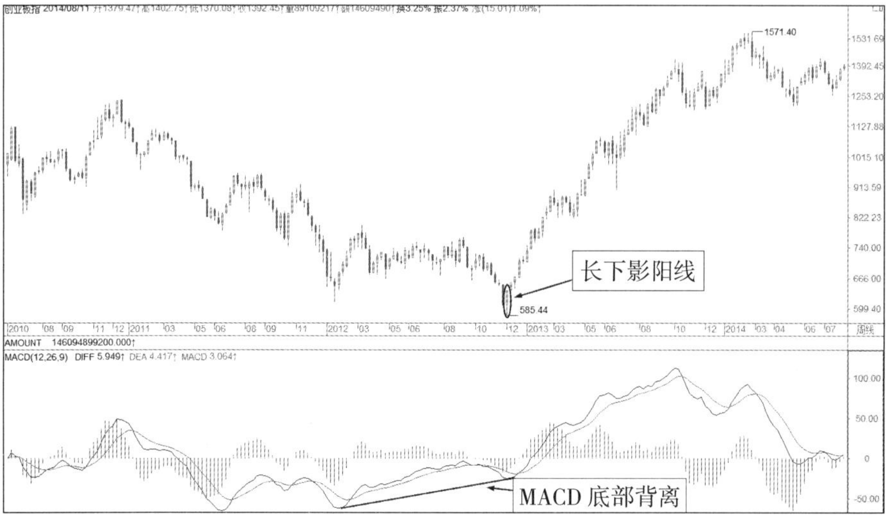

图 2–15　创业板指（399006）2010 年 7 月—2014 年 7 月的周 K 线图

三、K 线之上的买卖秘笈

K线是所有技术分析的基础，因为所有的技术分析都是建立在价格变动的基础之上，围绕价格变动设计的各种预测价格运行方向的方法，也都是以K线图为基础的。K线图记载着每分钟、每小时、每天、每周、每月，以及类推到任何时间周期的开盘价、收盘价、最低价和最高价，研究K线是研究技术分析的基础，因此K线分析知识是任何初学者必备的基础知识。

此节买卖秘笈是笔者根据10余年实战经验总结而来的，建议交易者通读完整本书后，再回过头来阅读此节，效果会更好。

（一）不破最低价之买点

（1）在股价下跌一段时间后，股价运行在前一交易日的最低价之上，有止跌趋稳迹象。此时，空仓者可考虑适量建仓，持仓套牢者可注意第二天的走势。若连续两天盘中探至前一日最低价处企稳，则是要止跌的节奏。若下影线上移，可适量补仓，摊低持仓成本。

（2）在个股股价上升途中，若股价维系在前一日最低价之上，可择机买进或继续持股。即使出现震荡洗盘或盘整，也可逢低买入。持股者不必急于抛出，以免被洗下车。

（3）若股价跌至支撑位，仍在前一日最低价之上，则属强势特征，可逢低买进。

（4）若指数下跌了25%～30%，个股长时间下跌后突然翻转回升，且3～6日内不创新低，即是买入时机。这比在第一根放量阳线时买进更安全。

（5）高位跳水30%～50%的套牢庄股，在底部横走，只要收盘不创新低，即可买进。

（6）若成交量极度萎缩，KD指标和RSI指标数值在20以下，股价在各条均线的下方甚远，此时日K线不管是阴线还是阳线，都可考虑买进。

（7）利空出台，但前日的最低价不破，此乃利空出尽之后的空头陷阱，应即刻买进。尤其是当股价超过前一日的最高价时，更应加码追买。

（二）突破最高价之买点

（1）在下跌趋势中，若股价不仅不创前一日新低，反而连续突破前期最高价，且有量能支持，这是主力在拉高建仓，或完成建仓后想快速脱离成本区，可即刻买进。

（2）在上升趋势中，股价收在前一天最高价之上，呈持续强势，若属初涨期，可以即刻买进；若属中期，持股者大可不必急于获利了结。

（3）股价长时间在底部盘整后，往上突破了形态颈线位后，只要不放巨量，KD

和 RSI 指标在 50 左右，仍可买进，后市还能创新高。突破颈线位后，若走出巨量长阳，且 KD 和 RSI 指标在 70 以上，可持股至次日开盘后半小时，股价冲高回落时择机卖出。

（4）股价在低位经过长时间盘整后，若冲破上一周、上一月、上一季的最高价，甚至上一波的顶部，仍可适量跟进。

（5）遭利空消息突袭，大盘指数创新低，各股均应声而落，唯有少数个股仍坚守在前一天最高价之上，且成交量异常放大，则为强庄股，或有利多支撑，可适量跟进。

（三）不破最高价之卖点

（1）股价上涨过程中，若连续多日无法超过前一天最高价，有滞涨转弱的迹象，应择机卖出。

（2）股价下跌过程中，若反弹无法超过前一天的最高价，且量能急速放大，表明主力在压价出货，反弹业已结束，应择机抛空。

（3）股价连续上扬后，若几次试图突破前次某一高点，均无功而返，高位出现 M 头或三重顶等顶部反转形态，价平量增或价平量缩，应择机卖出。

（4）在中高位区域，成交量急剧放大，但收盘价收平，或 K 线图上留下很长的上影线，表明上方抛压甚重，应择机卖出。

（5）在高位区域，若成交量急剧放大，甚至创出天量，KD 和 RSI 指标均已达 80 以上，股价乖离率较大，这是卖出的极佳时机。若交易者持仓量较大，则要果断分批减仓。

（6）利好出现，但无法突破前期高点，此乃靴子落地后利好出尽的征兆，应择机卖出。

（7）大盘创新高，但个股无法超过昨日最高价，此乃弱势征兆，可择机卖出。

（四）跌破最低价之卖点

（1）股价上升过程中，若盘中跌破上一交易日的最低价，甚至收盘价亦在前一日最低价之下，表明走势较弱，应择机卖出。

（2）股价下跌过程中，若无法回升到前一天的最低价之上，则将继续下跌，应择机卖出。

（3）股价调整过程中，若下午无法回升到上午的最低价之上，应择机卖出。

（4）股价在中高位区域，若日 K 线的上下影线都很长，则表明主力在震荡中寻求出货，应择机卖出。

（5）股价连续大幅上涨后，在高位出现巨量长阴且无下影线，以最低价收盘，预示还要下跌，甚至暴跌，收盘前应择机卖出。

（6）股价跌破上一周、上一月、上一季的最低点，甚至跌破前一波行情的最低点，则预示仍将下跌，应择机卖出。

（7）在长时间横向盘整过程中，股价某日跌破前一日最低价且放量以长阴收市，表明股价选择向下突破，大跌在即，应择机卖出。

第三章　单日 K 线

K 线是交易者投资获利的最佳帮手，使用 K 线分析有很多方法与技巧。下面，本书为大家介绍单日 K 线分析方法。

一、一字线

一字线，即 K 线形态是一根横线，没有上下影线（或影线极短），开盘价即收盘价，K 线图形就像大家平时所写的汉字“一”，故而叫“一字线”。如图 3-1 所示。

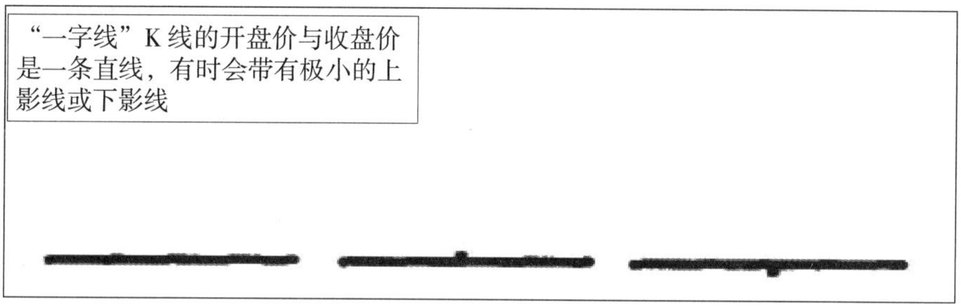

图 3-1　一字线标准形态

（一）多空分析

一字线形态相对比较简单，出现这种形态的 K 线原因有以下 2 种。

一种是停牌股。这样的股票复牌后会出现“套利”性的一字线连续涨停或跌停。若没有在一字涨停初期时买入，后市不必再追。但是，如果没有在一字跌停初期卖出，后市必须继续挂跌停价卖出。

另一种情形是上市公司突发利好或者利空。当上市公司公布利好时，会出现短期的集体性看好，交易者愿意高价买入，在主力的推波助澜下，往往就会出现涨停开盘。涨停开盘后，持有股票的交易者出现惜售心理，从而导致涨停板全天不被打开。当上市公司公布利空时，这就是所谓的“黑天鹅”事件，股价可能会出现一字跌停板开盘，此时由于有利空消息影响，主力和散户都不愿意接盘，从而导致跌停板全天不被打开。

（二）要点提示

（1）出现一字线后，后市继续出现一字线的概率极大。

（2）出现一字线，一般是因为停牌后复牌补涨、补跌，或者上市公司突然公布利好、利空。

（3）缩量一字线往往预示后市继续出现一字线的概率极大；放量一字线往往预示后市继续出现一字线的概率大大减少。

（4）一字线有时会带有一点点的上影线或下影线，一般是由涨停或跌停短暂打开后又被重新封闭造成的，这样的 K 线也被视为一字线。但是，如果这种情况出现在多根一字线后，一般预示着股价短期将开始震荡。

（三）操作策略

如果一字线为涨停板，且出现在上涨或反弹初期，那么后市继续涨停的概率很大，激进的交易者可以在当天挂涨停价买入，一旦盘中成交，则后市有可能连续涨停。但是不能买入过多，以免涨停打开后被闷杀。

2019 年 3 月 4 日，赫美集团（现名 *ST 赫美，002356）在反弹初期以一字线涨停的方式向上突破，之后股价连续收出一字涨停 K 线。如图 3–2 所示。

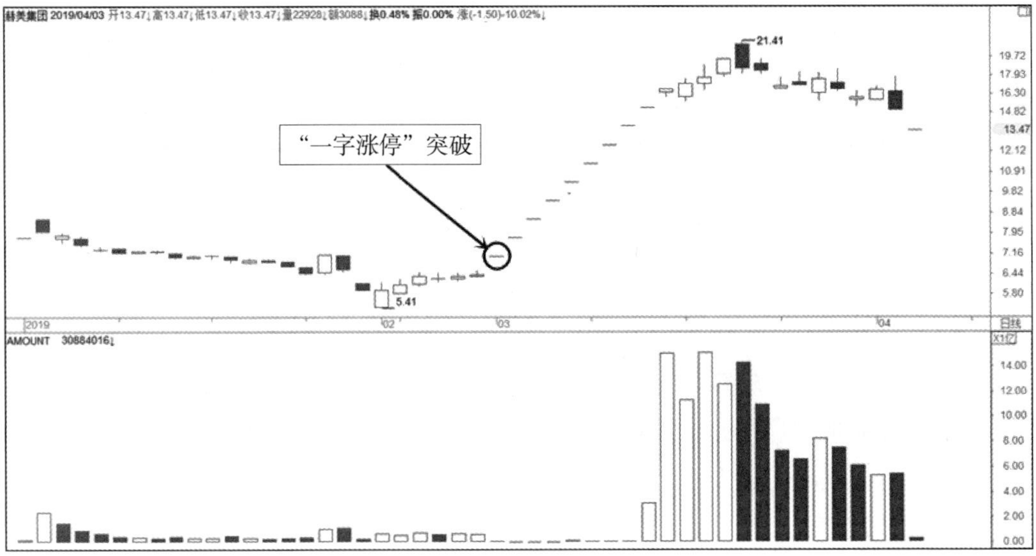

图 3–2　赫美集团（现名 *ST 赫美，002356）2019 年 1 月—4 月的日 K 线图

如果一字线为跌停板，且出现在下跌初期或下跌过程中，则需要非常谨慎，后市可能连续一字跌停，交易者不可急于买入。

2019 年 1 月 21 日，亚太药业（002370）在下跌初期以一字跌停向下突破，之后该股股价如瀑布般暴跌。如图 3–3 所示。

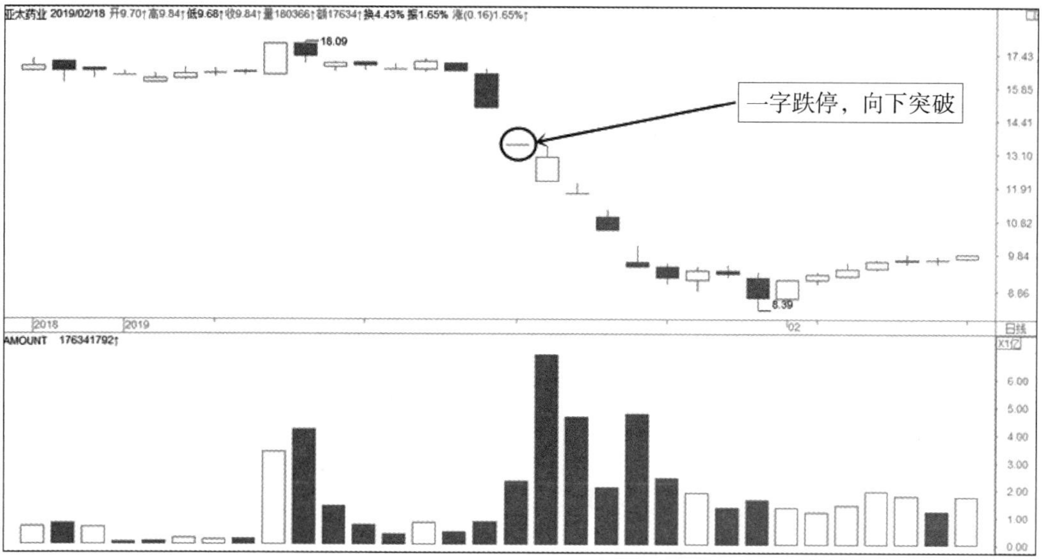

图 3-3　亚太药业（002370）2018 年 12 月—2019 年 2 月的日 K 线图

二、十字线

开盘价与收盘价相同，成为“一”字，且上下影线较短，此类 K 线称为“十字线”。如图 3-4 所示。

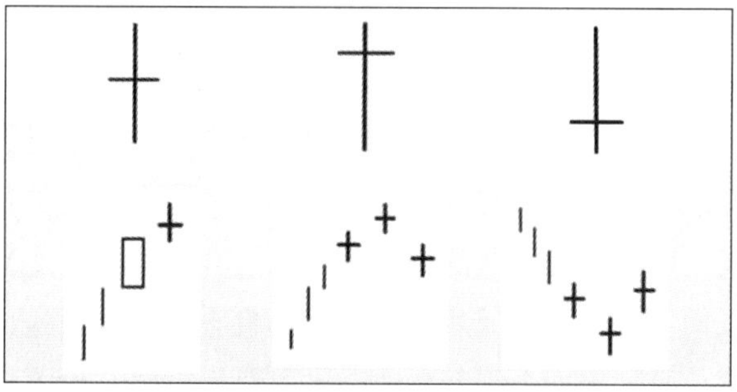

图 3-4　十字线标准形态与变异形态

（一）要点提示

（1）十字线可视为反转信号：若出现在股价高档，且次日收盘价低于当日收盘价，表示卖方力道较强，股价可能回跌。若出现在股价低档，且次日收盘价高于当日收盘价，表示买方力道较强，股价可能上扬。

（2）虽然出现十字线代表市场有“疲惫”的意思，但不能将十字线视为独立的买进或卖出信号，因为十字线的顶端经常代表压力。如果随后股价穿越十字线的高价，那么上升趋势应该可以继续。出现十字线时，应该等待一两个交易时段，观察行情发展趋向。

（3）出现在上涨途中，继续看涨；出现在下跌途中，继续看跌。该信号可靠性不强，应结合其他 K 线一起研判。

（二）长十字线

长十字线是指开盘价和收盘价相同、上下影线较长的十字线，有的分析师也将其称作“长腿马车夫”。如图 3-5 所示。

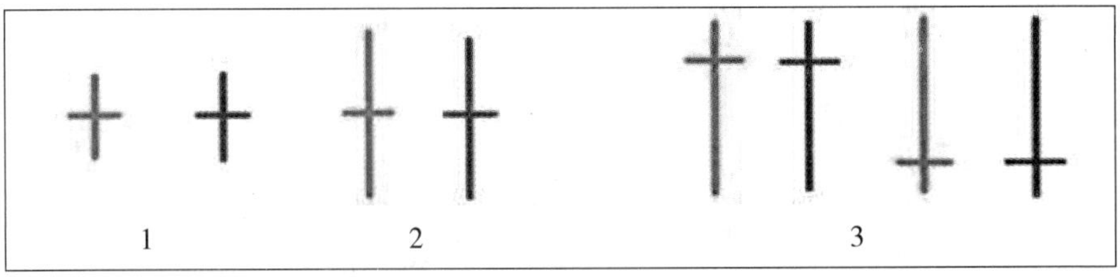

图 3-5　标准十字线（1 组）和长十字线（2 组、3 组）

（三）形态特征

（1）长十字线既可以出现在股价上升态势中，也可以出现在下跌态势中。

（2）因为最高价与最低价之间差距较大，故上下影线较长，而开盘价与收盘价相同，故实体成为“一”字。

（四）多空分析

长十字线包含的市场信息是：在某一价位上，多空双方力量对比暂时平衡。出现长十字线后，股价走向取决于力量增强的一方。在涨势中，尤其股价有了一段较大幅度上涨之后出现长十字线，股价见顶回落的可能性很大。在跌势中，尤其股价有了一段较大幅度下跌之后出现长十字线，股价见底回升的可能性很大。也就是说，长十字线出现在上涨趋势末端是见顶信号，出现在下跌趋势末端是见底信号。但是，长十字线如出现在上涨途中，应继续看涨，如出现在下跌途中，则应继续看跌。

（五）案例分析

1. 意华股份（002897）

2018 年 3 月 23 日，意华股份（002897）的股价形成一根长十字线。该股股价于 2 月份见底回升以来，一直处于多头行情中，此根长十字线出现的位置不高，属于多头回档走势，结合第二天的“锤子线”（见后文）形态，理应认为是回档波的结束，应积极做多。该股股价由回档波低点 19.97 元攀升至 34.17 元才见顶回落，累计升幅达

71.06%。由此可见，在多头行情的回档波中，识别出 K 线的见底形态，往往会比在下跌波的低点收获确定性更强的利润。如图 3-6 所示。

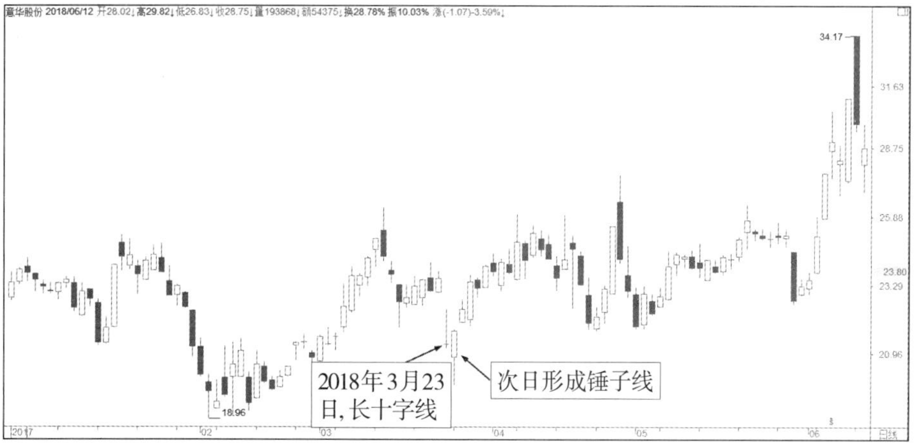

图 3-6　意华股份（002897）2017 年 12 月—2018 年 6 月的日 K 线图

2. 大通燃气（000593）

经历连续上涨后，2019 年 3 月 21 日，大通燃气（000593）的股价跳空低开形成一根“长腿十字线”。由于该股股价此前已经经历不小的涨幅，所以稳健的交易者可在当天减仓，留下部分仓位，以观察下一交易日行情动向，之后再操作也为时不晚。结果次日继续跳空低开，且低开低走，最高价没有上摸到前日长腿十字线当天的收盘价，收盘在昨日十字线收盘价下方。此时，大可认定波段反弹已经结束，调整在所难免。随后几个交易日，股价连续大幅下跌，至 3 月 29 日最低价 7.00 元才止跌企稳。从波段最高价 8.90 元算起，短短 7 个交易日，累计跌幅达 21.35 元。如果交易者已经在十字线当天以及次日出逃，那么可以大大减少损失。如图 3-7 所示。

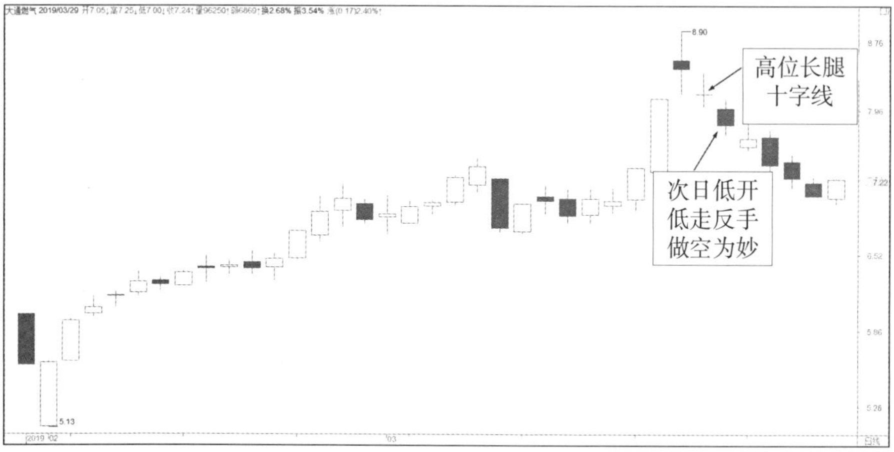

图 3-7　大通燃气（000593）2019 年 1 月—3 月的日 K 线图

3. 明星电力（600101）

2018 年 10 月 17 日，经历短期暴跌后，明星电力（600101）的股价收出一根十字线。值得留意的是：这根十字线完全收在前面大阴线的价格范围之内，就像一个身怀六甲的母亲一样，此类 K 线组合称为“十字胎”（具体参看后文“孕线”），是极其强烈的反转形态，此处应引起交易者的高度重视，耐心观察次日的交易信号。次日股价低开低走，但未能跌破 10 月 16 日大阴线的低点，此时可再观望一日。结果 10 月 19 日这一天，股价盘中瞬间跌破 16 日大阴线低点，之后被快速拉起，收盘一举“吞没”此前 3 根 K 线的跌幅，形成“看涨吞没形态”（详见后文），是极其强烈的做多信号。此时有仓位的交易者不应再行割肉，无仓位的交易者可看多做多。此后该股呈现出震荡攀升之势。如图 3-8 所示。

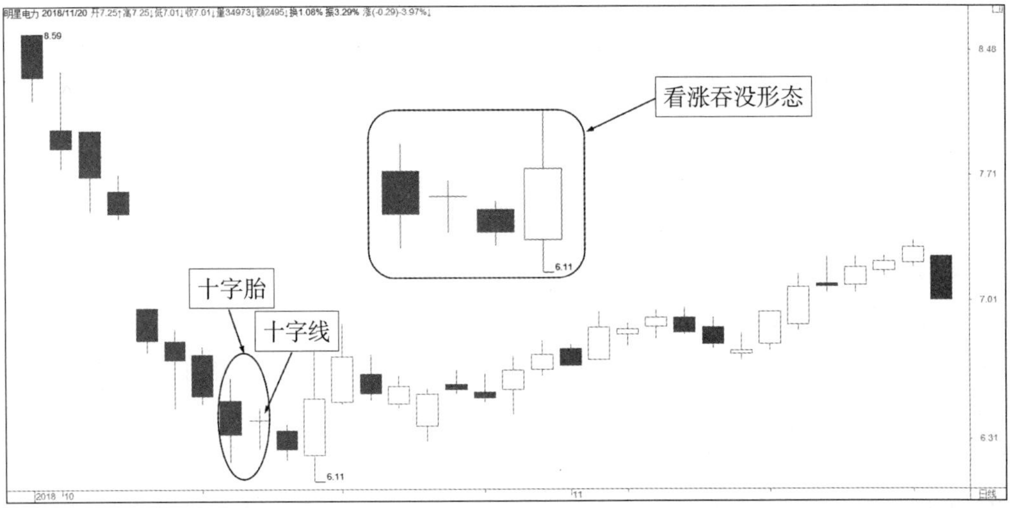

图 3-8　明星电力（600101）2018 年 10 月—11 月的日 K 线图

三、秃形 K 线

在价格走势图中，出现没有上影线或下影线的 K 线，这样的价格走势中形成的 K 线称为“秃形 K 线”。秃形 K 线包括光头阳线、光脚阳线、光头阴线和光脚阴线。如果出现没有上下影线的 K 线，即以最高价开市、最低价收市，或者以最低价开市、最高价收市的情形，这样的 K 线称为“全秃 K 线”，亦称“光头光脚 K 线”。如图 3-9 所示。

（一）基本分类

根据上述情况，高开收低时形成的 K 线称为全秃阴线。相反，低开收高时形成的 K 线称为全秃阳线。如图 3-9 所示。

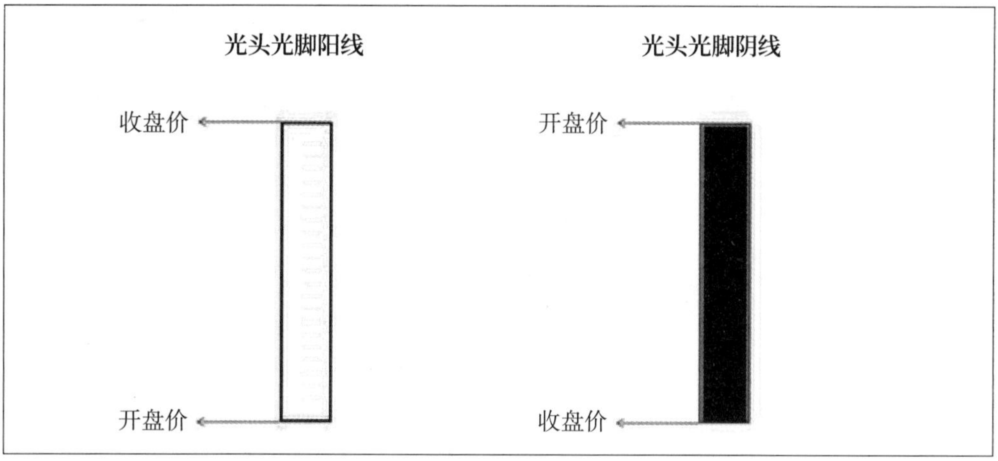

图 3-9　全秃 K 线

（二）多空分析

低位全秃大阳线说明行情已经被多方点燃，价格将会迅速拉升。比如，2015 年 7 月 9 日，汇金股份（300368）最低价 6.65 元，收出全秃阳线后，股价节节高升，至 8 月 14 日，股价涨至 15.47 元，短短 1 个多月的时间，累计升幅达 133%。如图 3-10 所示。

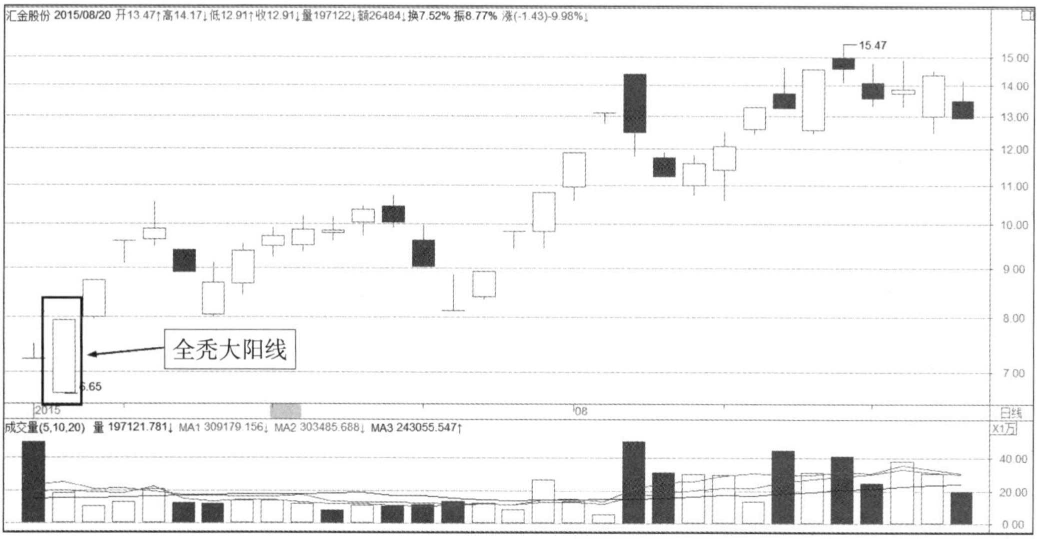

图 3-10　汇金股份（300368）2015 年 7 月—8 月的日 K 线图

高位全秃大阴线表示市场价格将会进一步下降。比如，2015 年 6 月 8 日，国祯环保（300388）收出全秃大阴线后，股价从顶部 33.90 元一路下跌至 7 月 8 日的 9.56 元，短短 1 个月的时间，累计跌幅达 72%。如图 3-11 所示。

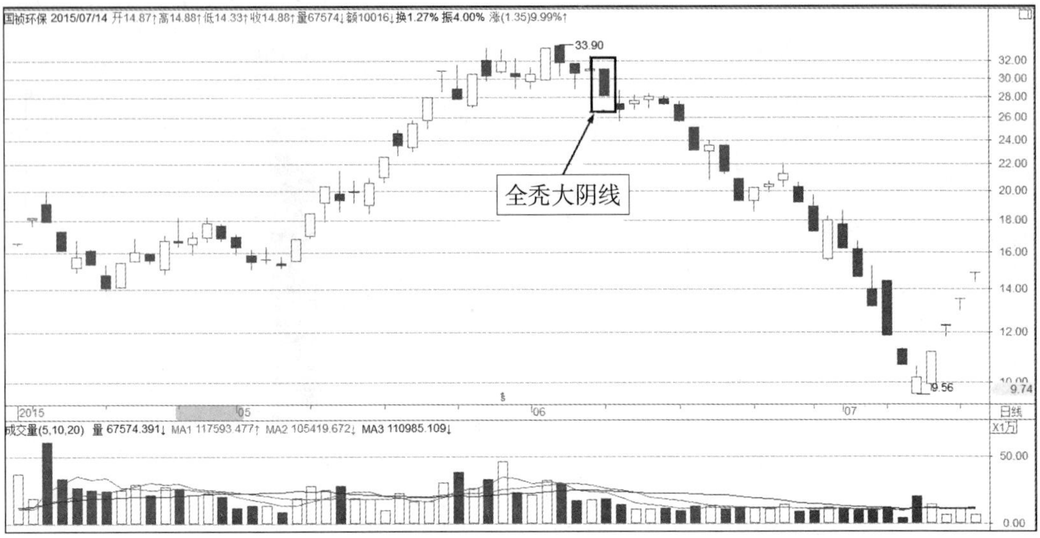

图 3–11　国祯环保（300388）2015 年 5 月—7 月的日 K 线图

不同形态的秃形 K 线，会对市场价格产生不同影响，具体可参考表 3–1。

表 3-1　不同形态的秃形 K 线对市场的影响

K 线名称	形状	特性
全秃大阴线	无上下影线大阴线	极端弱势
全秃大阳线	无上下影线大阳线	极端强势
收盘秃阴线	带上影线大阴线	低价位弱势线
开盘秃阴线	带下影线大阴线	低价位弱势线
开盘秃阳线	带上影线大阳线	高价位强势线
收盘秃阳线	带下影线大阳线	高价位强势线

日后，在价格走势图中，如果交易者发现上述 6 种秃形 K 线的踪迹，可以根据股价所处的位置以及实体和影线的形态，来判断后续走势的强弱。另外，交易者应该对全秃大阳线和全秃大阴线给予足够重视，因为它们对后市的影响最大，最容易引起投机客的跟风关注。下面以案例的形式来说明“全秃 K 线”的重要性。

1. 道明光学（002632）

2015 年 4 月 2 日，道明光学（002632）当天最低价 7.99 元，收盘以全秃大阳线的形式突破前期整理平台。其后股价一路涨至 4 月 13 日的 12.15 元，仅用 6 个交易日，累计涨幅达 52%。如图 3–12 所示。

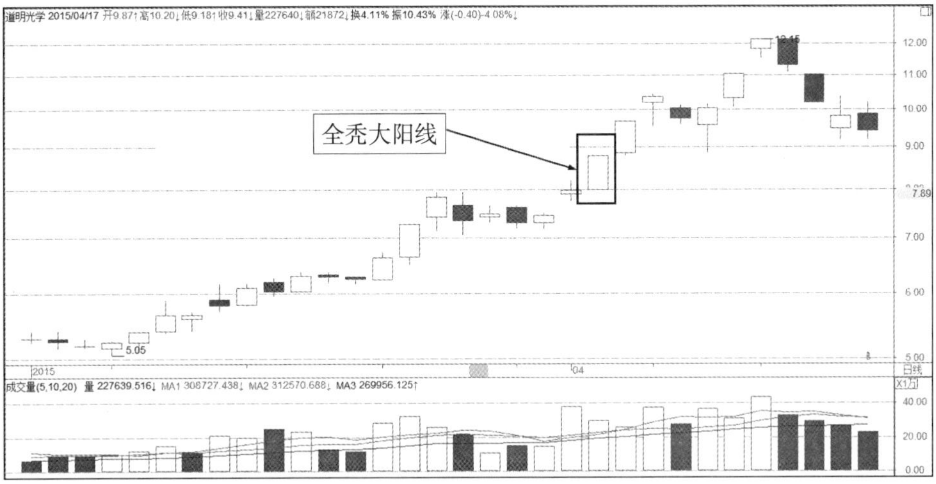

图 3-12　道明光学（002632）2015 年 3 月—4 月的日 K 线图

2. 焦点科技（002315）

2016 年 1 月 4 日，焦点科技（002315）的股价在高位收出一根全秃大阴线，跌破头部平台整理区。其后股价从 45.02 元一路下杀，最低杀至 3 月 1 日的 27.18 元，累计跌幅达 40%。如图 3-13 所示。

图 3-13　焦点科技（002315）2015 年 10 月—2016 年 4 月的日 K 线图

3. 联环药业（600513）

2015 年 7 月 9 日，经历连续暴跌后，联环药业（600513）的股价低位收出一根光头光脚的惊天大阳线。此后至 7 月 21 日，短短 8 个交易日，股价由光头光脚阳线当天的最低价 8.17 元，反弹至最高价 15.66 元，累计涨幅达 90% 以上，接近翻倍。由此可见，低位全秃大阳线威力十足，不容小觑。如图 3-14 所示。

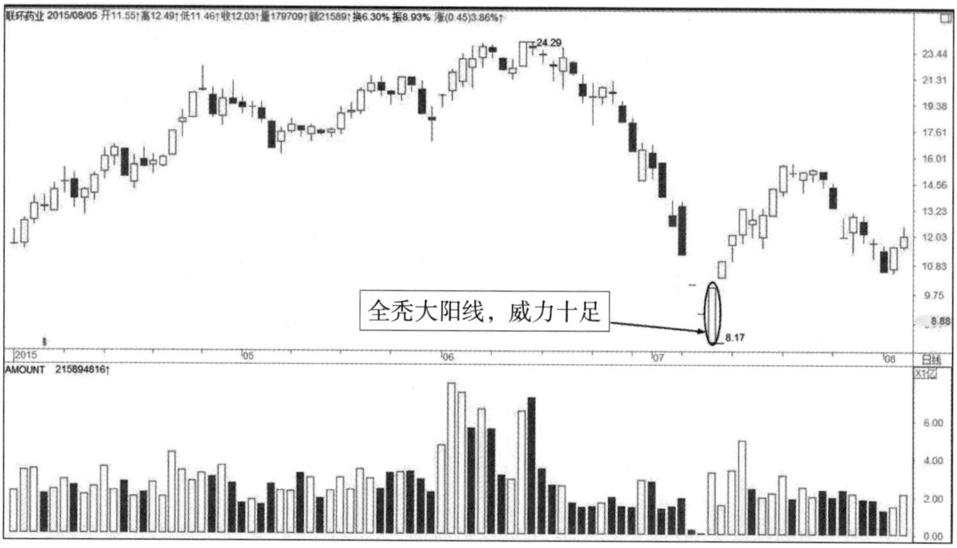

图 3-14　联环药业（600513）2015 年 7 月—8 月的日 K 线图

四、锤子线与吊颈线

（一）基本概念

1. 锤子线

锤子线是指 K 线形态像一把锤子，下影线很长，没有或只有很短（可以忽略不计）的上影线，开盘价和收盘价价位很接近。

锤子线的形态特征如表 3-2 所示。

表 3-2　锤子线

锤子线		锤子线 K 线组合	主要特征	技术含义	提　示
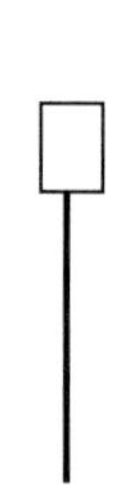		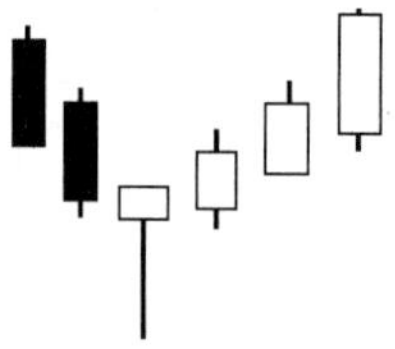	1. 出现在下跌趋势末端，小实体在 K 线的顶部，实体的颜色并不重要 2. 下影线的长度应该比实体的长度长得多，一般认为下影线应是实体的 2 倍以上 3. 一般无上影线，少数会略有上影线	见底信号 后市看涨	1. 锤子线实体与下影线比例越悬殊，越有参考价值 2. 锤子线与早晨之星同时出现，见底信号将更加可靠

2. 吊颈线

吊颈线是极为常见的K线形态之一，从字面上看就给人一种阴森可怕的感觉。实战中，主力常常利用它来制造恐怖气氛，以达到某种目的，因此，熟悉吊颈线的特征和内涵，对操作股票意义重大。

顾名思义，吊颈线就是形状酷似上吊样子的K线。它表示一个交易日里股价高开后，盘中不断震荡下挫，到收盘时才将股价重新拉起，留下一根长长的下影线。出现吊颈线，一般是见顶的信号，后市往往看淡。

吊颈线的形态特征如表 3–3 所示。

表 3-3　吊颈线

吊颈线	吊颈线 K 线组合	主要特征	技术含义	提　示
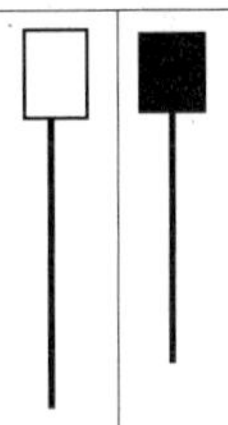	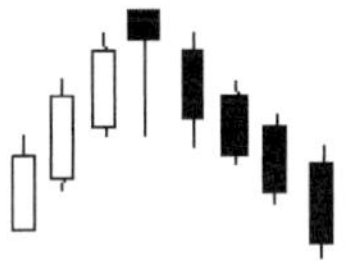	1. 出现在上升趋势末端，小实体在K线的顶部，实体的颜色并不重要 2. 下影线的长度应该比实体的长度长得多，一般认为下影线应是实体的 2 倍以上 3. 一般无上影线，少数会略有上影线	见顶信号 后市看淡	1. 吊颈线实体与下影线比例越悬殊，越有参考价值 2. 吊颈线与黄昏之星同时出现，见顶信号将更加可靠

（二）多空分析

1. 锤子线

市场在空头肆虐一段时间后，价格不断下跌，卖方力量逐步消耗，而买方力量慢慢积聚。在某一交易日，价格大幅下跌，但此时已明显呈现出极强的承接信号，有多头大力将价格上推，一直达到当天最高价收市或是全天价格高位收市。锤子线一般出现在跌势末期，表明市场可能见底，阳锤子线比阴锤子线做多意义更强。

2. 吊颈线

多头屡战屡胜，一路高歌猛进，同时空头力量也在慢慢积聚。在某个交易日，多头努力将价格上推，创出当天新高后，无力维持高位，空头乘虚而入，价格大幅下跌。空头力量势不可挡，多日来被压制的做空能量瞬间释放，价格大力下挫，临收盘时，多头奋起反击，将当天收盘价推升至较高位置，形成实体部分较小，影线很长的吊颈线K线形态。吊颈线一般出现在上升趋势末期，表明市场可能见顶，阴吊颈线比阳吊颈线看空意义更强。

（三）锤子线与吊颈线的异同

1. 相同点

（1）实体都处于整个价格区间的上端。

（2）下影线的长度至少达到实体长度的2倍。

（3）没有上影线，即使有，其长度也极短。

（4）在大涨大跌后出现的吊颈线与锤子线，一般需要后续K线的验证。

（5）锤子线与吊颈线本身就是一种图形，只是出现的位置不同，从而叫法不同。

2. 不同点

（1）股价经过一段时间的下跌，有一定的跌幅，出现在下跌趋势末期相对低位的，是锤子线。

（2）股价经过一段时间的上涨，有一定的涨幅，出现在上升趋势末期相对高位的，是吊颈线。

（3）当看涨的锤子线实体为白色时，其意义更坚挺。当看跌的吊颈线实体是黑色时，其意义更强。

（4）出现锤子线之前，必须有一段下降趋势；出现吊颈线之前，必须有一段上升趋势。

（四）要点提示

锤子线与吊颈线这两种K线形态完全一样，高位看跌称吊颈线，低位看涨称锤子线。使用这两种K线形态研判行情时，首先要确定此形态出现之前是否有一段下跌或上涨行情，而且这两种形态分别位于这段趋势的底部与顶部。出现这两种形态后，最好等待下一根K线的确认。比如说，在日K线图上，出现吊颈线的次日，市场开盘在较低水平，吊颈线实体与次日K线的开市价之间留有很大的向下缺口，那么吊颈线就有可能构成市场顶部。在吊颈线之后，如果市场形成了一个黑色K线实体，并且它的收市价远低于吊颈线的收市价，那么这根阴线就可以作为趋势反转的确认信号。

吊颈线常会出现在主力盘中震荡洗盘的时候，判断到底是顶部形态的吊颈线还是整理形态的吊颈线，通常可以用以下2点进行区分。

（1）出现吊颈线的位置。如果股价在高位出现吊颈线形态，则形成顶部的可能性较大。如果股价刚脱离底部，则形成整理形态的可能性较大。

（2）形成吊颈线时的成交量。如果吊颈线伴有巨大的成交量，尤其出现近期天量，交易者要特别警惕股价可能出现单日反转。相反，形成吊颈线时成交量大幅萎缩，交易者应等待下一交易日的确认信号，以免落入空头陷阱。

锤子线的要点与吊颈线相反，这里不再赘述。

（五）操作策略

（1）锤子线看涨信号能否确立，首先应谨慎判断其是否处于相对低位，进而确定其是上涨中继还是顶部反转形态。可以根据上文讲解的形态特征加以分析，还需要观察第二天走势是否配合趋势反转，不可盲目重仓进场，可于当日小仓位试探性建仓，注意设好止损位。

（2）吊颈线看跌信号能否确立，首先应谨慎判断其是否处于相对高位，进而确定其是下跌中继还是底部反转形态。如果吊颈线实体与次日开市价之间形成较大的向下缺口，那么构成市场顶部反转形态的可能性很大。在吊颈线后收出一根大阴线，可进一步验证吊颈线的反转作用，交易者应逐步出清持股。

（3）形成顶与底后，后市有可能出现反抽，即价格再度试探锤子线底部（吊颈线顶部），只要不有效跌破（升破）最低位（最高位），锤子线（吊颈线）见底（见顶）信号依然有效。

（4）连续 2 天出现锤子线，见底概率很大，可以买进。连续 2 天出现吊颈线，见顶概率很大，必须卖出。

（5）出现吊颈线后，次日开盘没有站上吊颈线收盘价，或 30 分钟内没能站上吊颈线收盘价，激进的交易者可以马上卖出。稳健的交易者可等到收盘前观察有没有站上昨日吊颈线的收盘价，如果没有站上昨日吊颈线收盘价，则可于收盘前卖出。如果站上昨日吊颈线收盘价，则不急于卖出，可再观察一日，依据后期走势考虑卖出与否。

（六）案例分析

1. 天目药业（600671）

2018 年 10 月 19 日，经历一段下跌后，天目药业（600671）的股价收出一根下影线极长的锤子线，次日收盘价站上锤子线当天的收盘价，据此可看多做多。至 11 月 14 日，该股从锤子线当天的低点 14.40 元涨至波段高点 18.44 元，短短 18 个交易日，累计升幅达 28.06%。如图 3–15 所示。

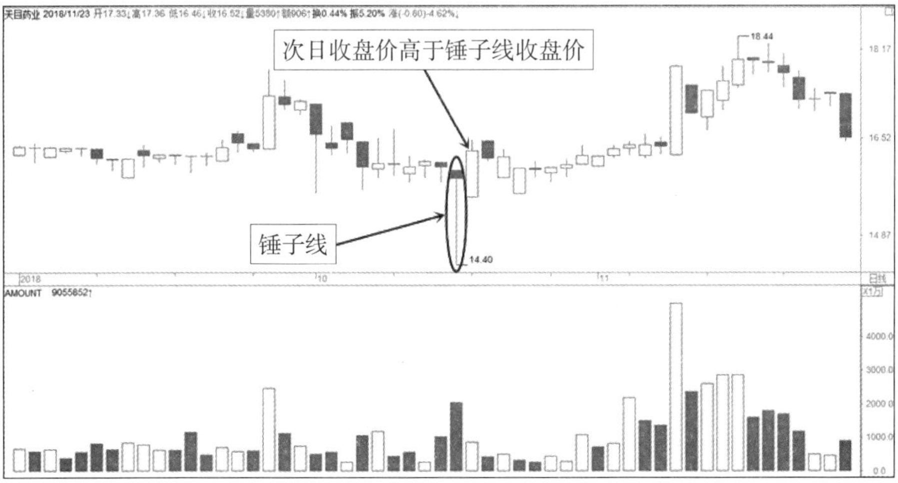

图 3–15　天目药业（600671）2018 年 9 月—11 月的日 K 线图

2. 森远股份（300210）

2018 年 12 月 6 日，经历短期连续大幅上涨之后，森远股份（300210）的股价收出一根巨量吊颈线。此时，激进的交易者可于当天出清持股，稳健的交易者可以等待下一交易日的确认信号。结果次日低开低走，将昨日追买的交易者一网打尽，尾盘跌停，收出一根大阴线，从而确认了昨日吊颈线的见顶信号，因此，应在收盘前不假思索地卖出。如图 3-16 所示。

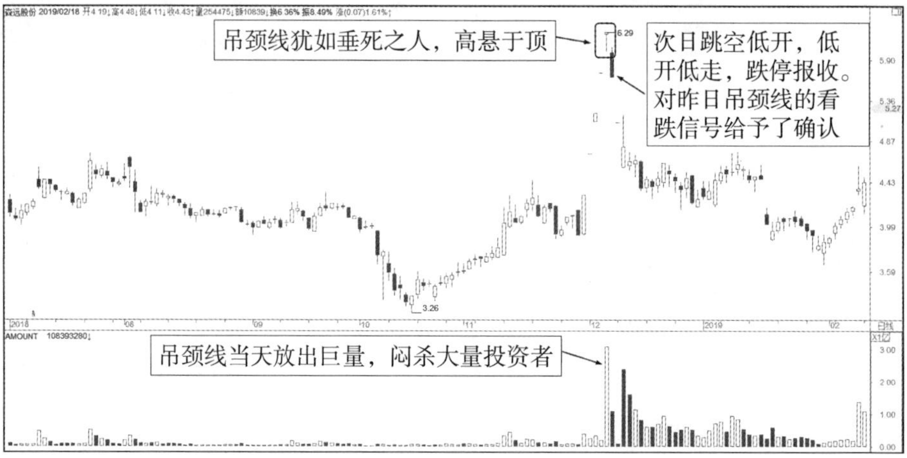

图 3-16　森远股份（300210）2018 年 8 月—2019 年 1 月的日 K 线图

3. 国盛金控（002670）

2018 年 11 月 19 日，经过短期大幅上涨后，国盛金控（002670）的股价在高位收出巨量吊颈线，次日低开低走确认跌势。交易者最晚应于吊颈线次日收盘前出清持股，否则将损失惨重。该股由吊颈线高点 12.45 元起跌，至 2019 年 1 月 31 日最低跌至 8.08 元，短短 51 个交易日，累计跌幅达 35.10%。如图 3-17 所示。

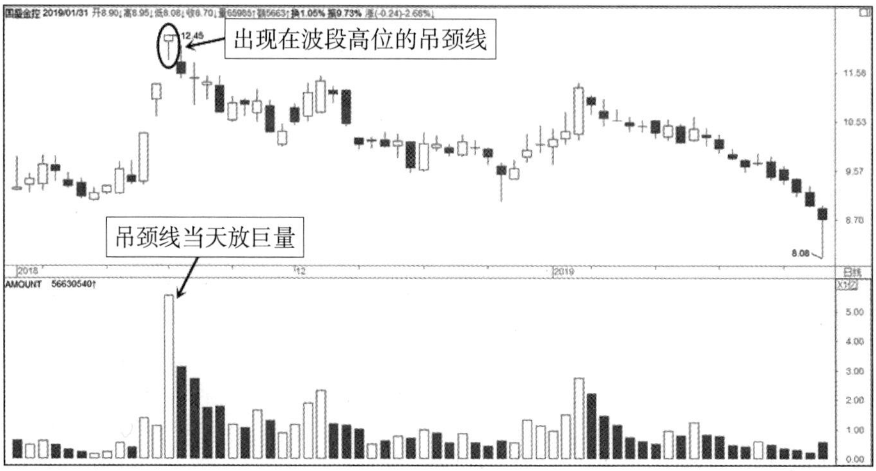

图 3-17　国盛金控（002670）2018 年 11 月—2019 年 1 月的日 K 线图

五、倒锤子线与流星线

（一）基本概念

1. 倒锤子线

倒锤子线具有较长的上影线和较小的实体，并且实体居于整个价格范围的下端。如图 3-18 所示。

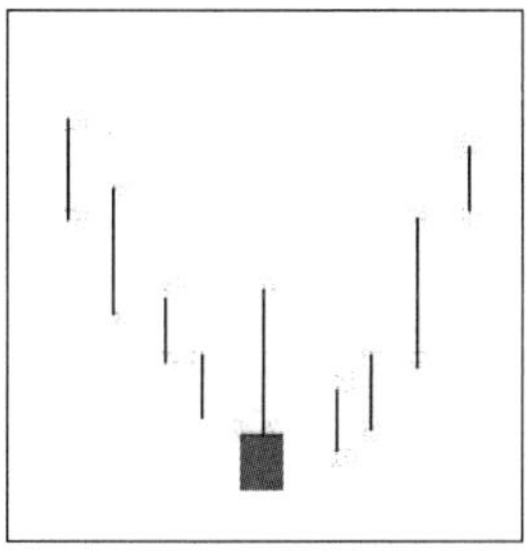

图 3-18　倒锤子线

倒锤子线的形态特征如下。

（1）出现在下跌（回档）行情末期。

（2）实体很小，实体的颜色并不重要，上影线大于或等于实体的 2 倍。

（3）一般无下影线，少数会略有一点下影线。

（4）是见底信号，后市看涨。

（5）实体与上影线比例越悬殊，信号越有参考价值。

（6）如果倒锤头与早晨之星同时出现，见底信号更加可靠。

2. 流星线

流星线，因为光芒短暂而被称为“流星”，也称“射击之星”，犹如枪的准星，所以有此称谓。如图 3-19 所示。

流星线可以是阴线，也可以是阳线，但实体比较短小，上影线较长，其位置主要出现在某只个股的顶部，是一种十分明显的见顶信号。形成这一形态是因为开盘价比较低，多头组织力量上攻，一度急升，但尾市空头发力，收盘价又回落至开盘价附近。

流星线通常出现在天顶位置。当大市已有一段升幅之后，一旦出现流星线，往往预示着大市可能反转下跌，准确性较高。流星线出现在谷底位置称为倒锤子线，主要是交易者的心态不稳定造成的。因此，在底部出现倒锤子线是良好的买点，而在顶部出现流星线则是良好的卖点。

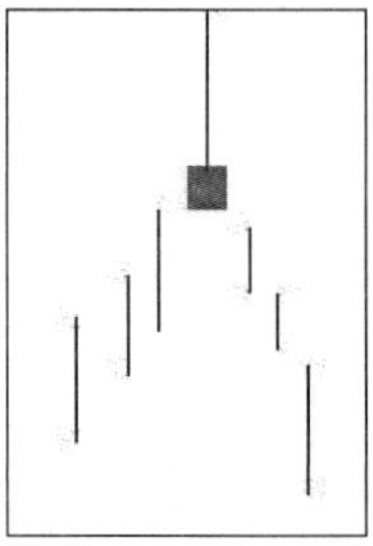

图 3-19 流星线

流星线的形态特征如下。

（1）此前存在一个明显的上升趋势。

（2）实体很小，实体的颜色并不重要，上影线大于或等于实体的 2 倍。

（3）一般无下影线，少数会略有一点下影线。

（4）是见顶信号，后市看跌。

（5）实体与上影线比例越悬殊，信号越有参考价值。

（6）如果流星线与黄昏之星同时出现，见顶信号更加可靠。

（二）操作要点

1. 倒锤子线

（1）倒锤子线有止跌回升的意义。它可以是阳线，也可以是阴线，阳线含有的上涨暗示作用更为明显。

（2）如果出现倒锤子线信号当天成交量很大，那么后期上涨的可能性将增大。

（3）如果出现倒锤子线后的第二天为强势上涨行情，则表明多方开始占据主导地位。此时，交易者可以适时买入。

（4）出现倒锤子线后，如果交易者担心风险，可以先观望几日，等行情彻底企稳后再逢低吸纳。

（5）出现倒锤子线当天买入的交易者，止损位应设置在当天 K 线的最低价，一旦股价有效跌破该价位，则应及时止损出局。

2. 流星线

（1）流星线有转升为跌的意义。它可以是阳线，也可以是阴线，阴线含有的下跌暗示作用更为明显。

（2）流星线必须处在清晰可辨的上升（反弹）趋势的末期，通常有一段较大涨幅，上涨规模越大，持续时间越长，反转的可能性越大。

（3）K 线实体要很小，下影线很小或没有，上影线要足够长，最好是实体的 2 倍以上。上影线越长，说明跟风盘被套得越惨，后市如有风吹草动，这些割肉盘将对股价造成极大的打击。

（4）当日流星线最好跳空低开，并伴随巨量。开盘即跳空高开，可吸引足够的跟风盘来接货。当这些跟风盘被套后，往往会对缺口抱有幻想，在缺口处补仓，此时主力可以从容派发。

（5）理想状态是：流星线次日向下跳空的长阴 K 线，深深插入到流星线前日的 K 线实体内部。

（三）实战解析

1. ST 新光（002147）

从 2015 年 1 月 27 日开始，ST 新光（002147）出现了一波明显的回档行情。2 月 9 日，该股收出一根倒锤子线，交易者应注意观察该股次日的走势。2 月 10 日，该股收出一根阳十字星线，且该 K 线实体在锤子线实体的上方，表明后市将进入上涨行情，激进的交易者可以在此日入场做多。稳健的交易者可继续观望，等到下一交易日（2 月 11 日）该股有效突破倒锤子线顶端最高价时再跟进为时未晚。如图 3–20 所示。

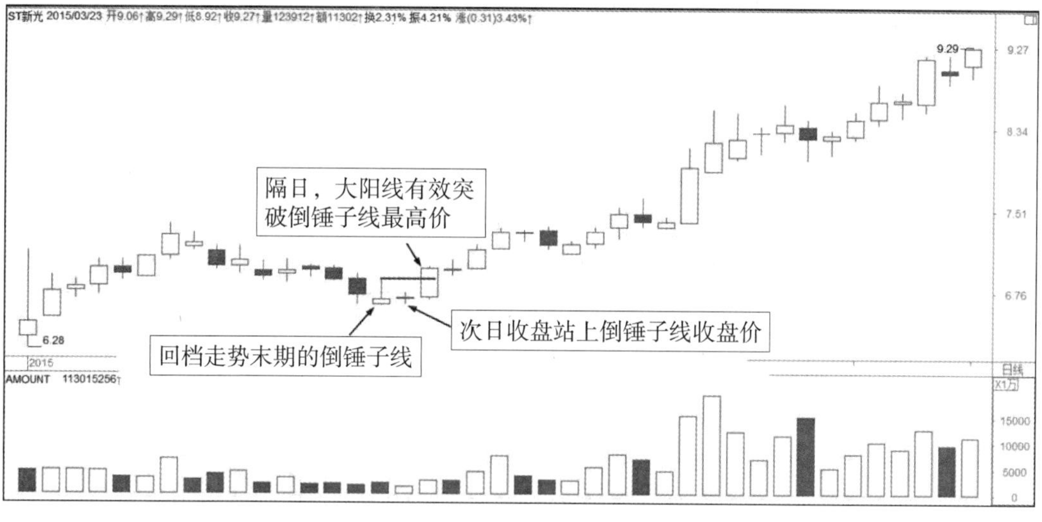

图 3–20　ST 新光（002147）2015 年 1 月—3 月的日 K 线图

2. 北纬科技（002148）

图 3–21 为北纬科技（002148）2018 年 12 月—2019 年 2 月的日 K 线图。从图中可以看到，2019 年 1 月 14 日股价上摸到 7.64 元，当天以流星线形态见顶回落。此前该股处于短期上升趋势中，流星线发出了警告信号，表明股价顶部就在眼前。当日伴有巨大成交量，可见空头抛出大量筹码。股价先扬后抑，完成一个由多转空的过程，行情由坚定多头走势转为空头疲软态势。

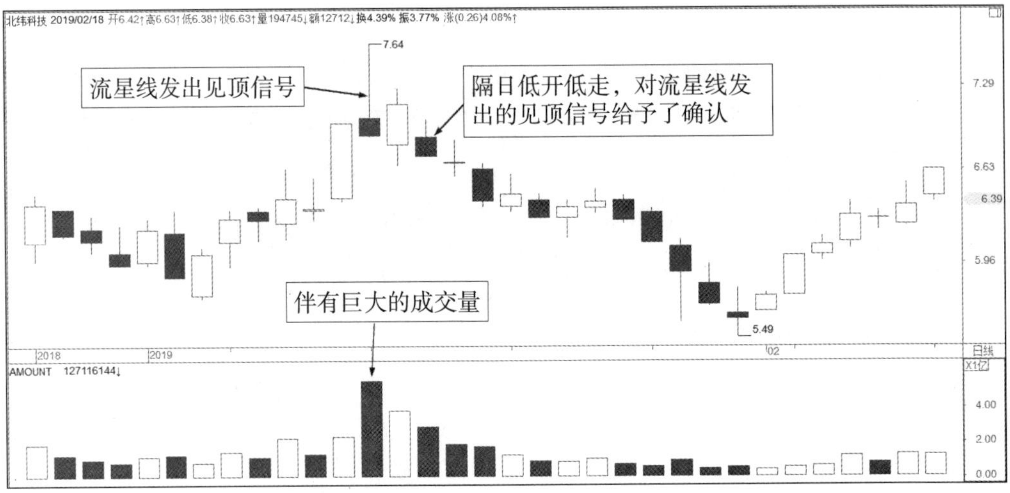

图 3-21 北纬科技（002148）2018 年 12 月—2019 年 2 月的日 K 线图

3. 江西铜业（600362）

2019 年 4 月 18 日，在头部整理末期，江西铜业（600362）的股价收出一根阴流星线，此流星线的实体是黑色的，上影线极长。出现这个流星线之前，股价形成了 17.36 元高点，增加了流星线可靠性。即便该流星线没有经过验证，也可以尝试卖出，形成流星线当天是第一卖点。次日股价跳空低开低走，验证了流星线的反转下跌信号，是更为可靠的第二卖点。如图 3-22 所示。

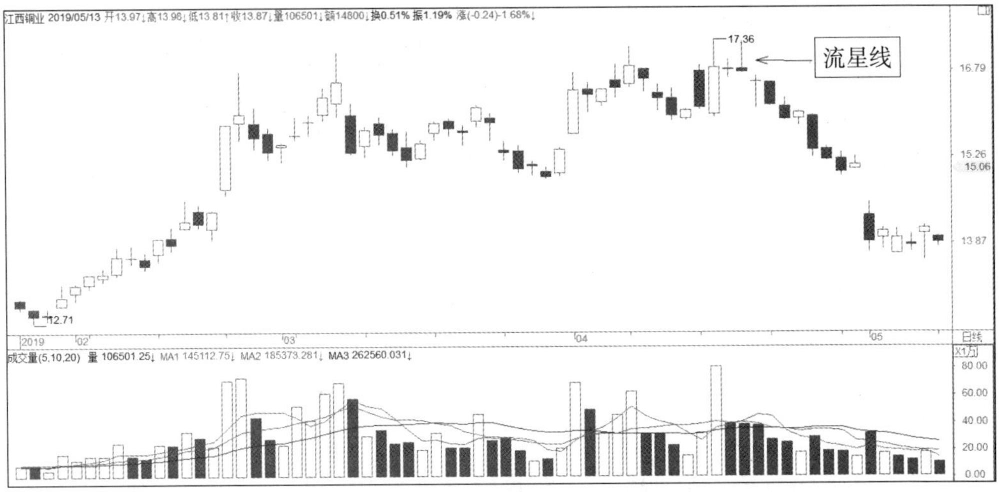

图 3-22 江西铜业（600362）2019 年 1 月 28 日—5 月 14 日的日 K 线图

4. 一心堂（002727）

2019 年 1 月 3 日，经历连续杀跌后，一心堂（002727）的股价收出一根倒锤子线。第二天股价跳空低开，跌破倒锤子线最低价，但尾盘收出一根大阳线，不但站上倒锤子线的收盘价，还一举收复倒锤子线的最高价。该倒锤子线与前两个交易日的 K 线组合成“启明之星”强烈看涨形态，发出入场做多的积极信号。至截图时，该股最高已经涨至 31.88 元，股价实现翻倍。如图 3–23 所示。

图 3–23　一心堂（002727）2018 年 12 月—2019 年 5 月的日 K 线图

5. 依顿电子（603328）

经历一段上升之后，2018 年 7 月 18 日，依顿电子（603328）的股价收出一根上影线极长、实体较小的流星线。此后 4 个交易日，股价虽震荡盘升，但始终无法逾越流星线 10.46 元的高点，最终在 7 月 25 日以一组看跌吞没形态，确认了流星线的看跌信号。如图 3–24 所示。

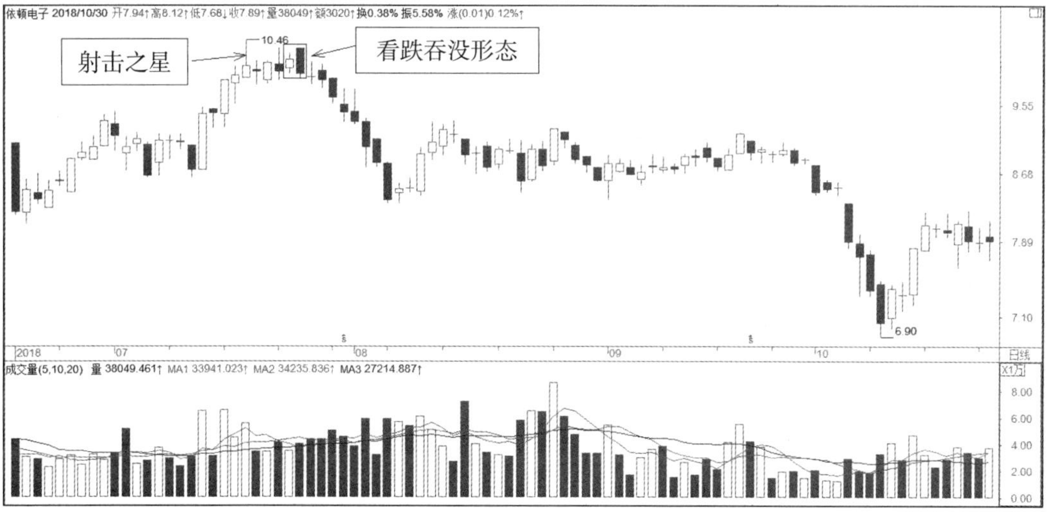

图 3–24　依顿电子（603328）2018 年 6 月—10 月的日 K 线图

6. 盛路通信（002446）

2015 年 12 月 30 日，盛路通信（002446）收出流星线，反映当时多头遭遇到空头的致命一击。次日股价低开低走，确认了流星线的看跌信号。如图 3-25 所示。

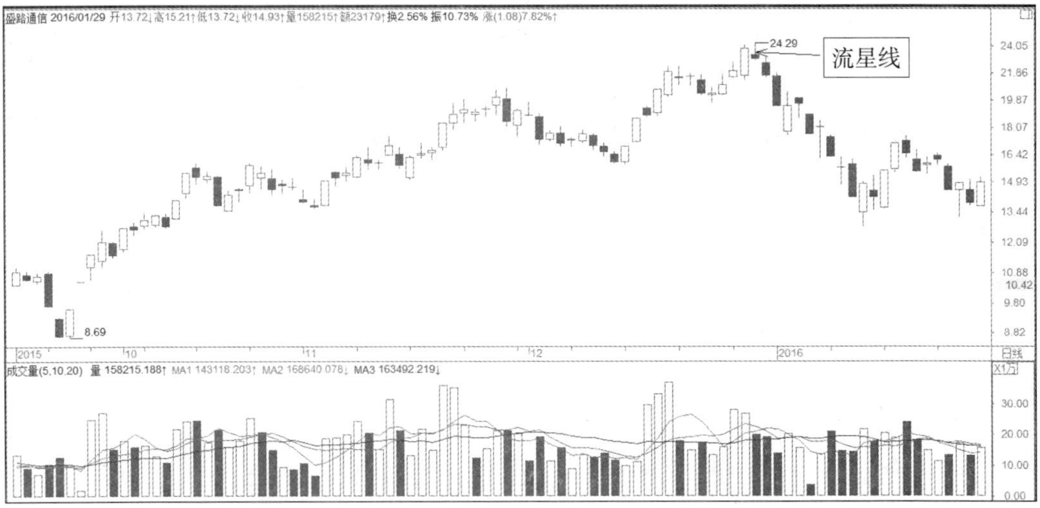

图 3-25　盛路通信（002446）2015 年 9 月—2016 年 2 月的日 K 线图

7. 凤凰光学（600071）

2015 年 6 月 16 日，凤凰光学（600071）收出流星线 1，结束了从 2012 年 12 月开始的浩大上涨声势，之后转升为跌。7 月 27 日，收出流星线 2，结束了始自 7 月 9 日的超跌反弹行情。如图 3-26 所示。

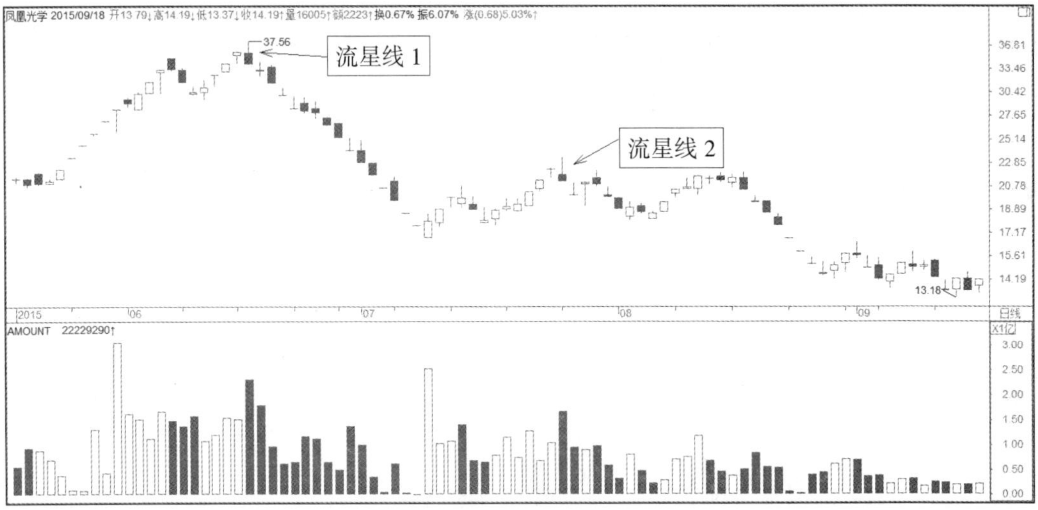

图 3-26　凤凰光学（600071）2015 年 5 月—9 月的日 K 线图

六、仙人指路

仙人指路 K 线形态，其实与前面介绍过的倒锤头线与流星线一模一样。但在实战中，仙人指路一般出现在低位或拉升过程中，其安全性和可操作性较强。出现仙人指路 K 线形态，一般说明多头主力在空中换档，以退为进，因而其运用的条件是有限的，并不是一切带上影线的小阳线或小阴线都是仙人指路。在操作中，仙人指路的最佳运用环境是追逐强势股。将仙人指路这一普通但又特别的 K 线形态独列一节介绍给广大交易者朋友，为的是帮助大家在波诡云谲的股市中长久生存。

仙人指路又叫“宝剑出鞘”，指的是主力在拉升个股之前，先打出一个带有长长上影线的 K 线形态，市场看似空头力量很强，实则是主力的震仓或试盘行为，此后行情仍然会沿着这个上影线指示的方向运行，甚至涨势更为凌厉。这种 K 线形态多出现在强势洗盘的情况中。如图 3–27 所示。

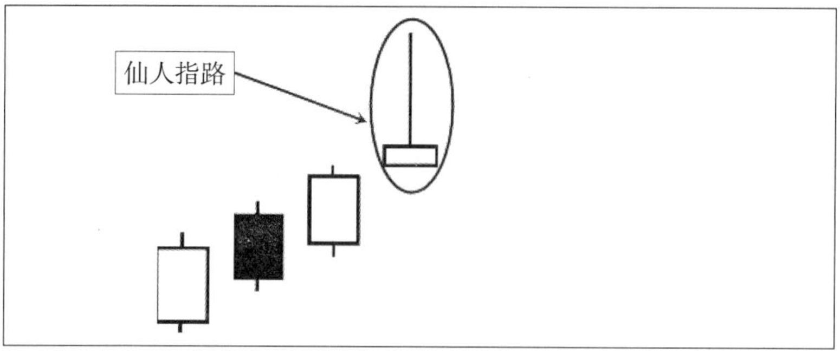

图 3–27　仙人指路

（一）要点提示

（1）仙人指路常常出现在以下 2 种状况：一种是在重要的阻力位出现长上影线，看似股价承压受阻，其实是突破前高的一种蓄势和洗盘动作；一种是出现在接连阳线拉升过程中，看似上涨力度削弱，其实是一种拉升中的强势洗盘。

（2）仙人指路上影线要长，下影线没有或很短。实体最好是小阳，收阳比收阴好。上影线是盘中放量上涨收出的，一笔成交打出的上影线不甚理想，量能需温和放大。

（3）股价启动上涨后涨幅不大，总体仍处于低位区域，这一点十分重要。低位区域的仙人指路，远比高位区域的仙人指路有效性强，高位的仙人指路有可能演变为前面介绍的“射击之星”。

（4）如果是在股价的重要阻力位或谷底颈线处出现仙人指路，则可以跟踪观察，不必急于介入，耐心等待股价突破时再介入。如果股价是在低位启动后快速上升途中形成仙人指路，但股价整体仍在低位区域的话，可择机介入。

（二）实战解析

1. 至纯科技（603690）

2019 年 2 月 14 日，在低位连拉阳线后，至纯科技（603690）的股价收出一根仙人指路 K 线。由于该 K 线出现在低位拉升过程中，此时交易者应择机跟进。结果次日该股缩量洗盘一天，随后股价便扶摇直上。如图 3-28 所示。

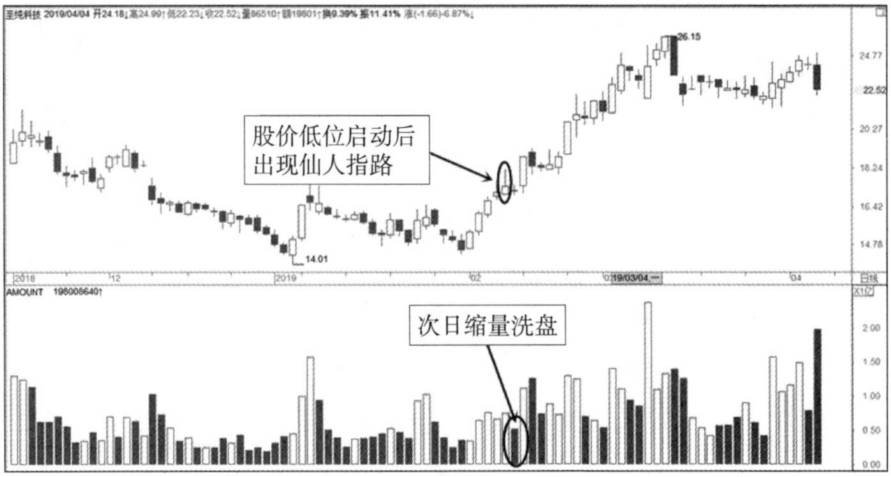

图 3-28　至纯科技（603690）2018 年 11 月—2019 年 4 月的日 K 线图

2. 信隆健康（002105）

2019 年 1 月 25 日，信隆健康（002105）的股价在前期压力位收出一根仙人指路 K 线形态，结果主力顺势强力洗盘，不久便轻松越过仙人指路 K 线高点。激进的交易者可在突破仙人指路高点时介入，稳健的交易者可在突破仙人指路后回测时介入。如图 3-29 所示。

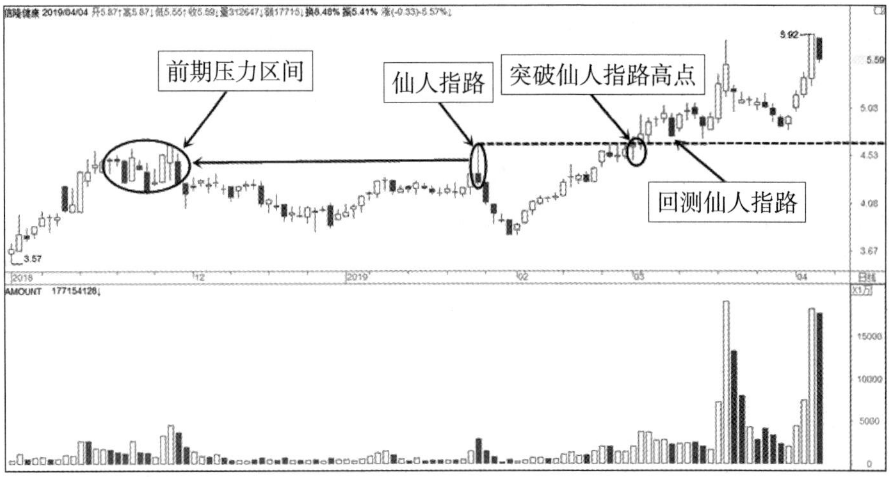

图 3-29　信隆健康（002105）2018 年 10 月—2019 年 4 月的日 K 线图

3. 新晨科技（300542）

2019 年 1 月 16 日，在试探前期压力区间时，新晨科技（300542）的股价收出一根仙人指路 K 线。主力顺势洗盘后，于 2 月 25 日强力跳空，放量突破仙人指路 K 线高点。激进的交易者可在突破仙人指路 K 线高点当天收盘前介入，稳健的交易者可在突破仙人指路 K 线高点后回测时再介入。如图 3-30 所示。

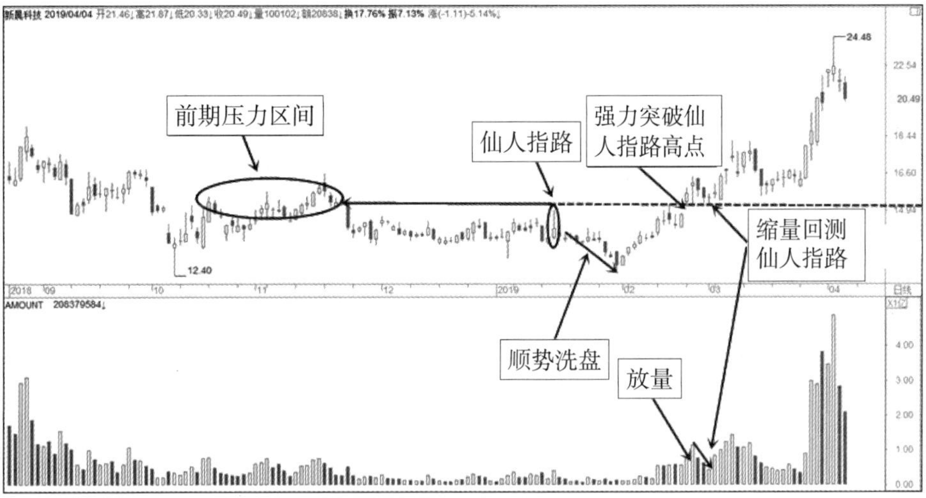

图 3-30　新晨科技（300542）2018 年 8 月—2019 年 4 月的日 K 线图

4. 亿纬锂能（300014）

2015 年 1 月 28 日，在低位盘整过程中，亿纬锂能（300014）的股价形成射击之星形态。由于当日成交量低迷，所以下跌幅度有限。后市股价上攻至射击之星高点时可大胆买入，之后获利将相当丰厚。如图 3-31 所示。

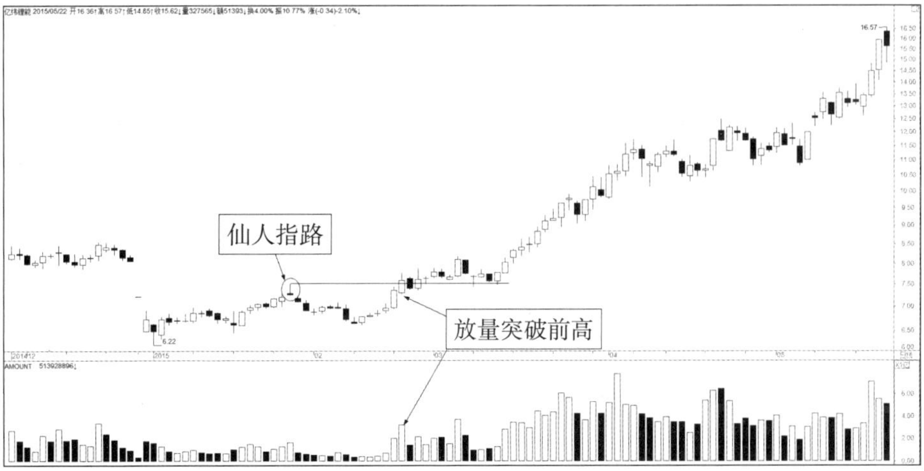

图 3-31　亿纬锂能（300014）2014 年 11 月—2015 年 5 月的日 K 线图

七、T 字线与倒 T 字线

（一）T 字线及要点提示

1.T 字线

T 字线是指 K 线实体是一根横线，即开盘价就是收盘价，K 线无上影线，表明开盘价和收盘价就是最高价，下方带有下影线。这样的 K 线形状看上去很像英文字母“T”，因而得名。如图 3–32 所示。

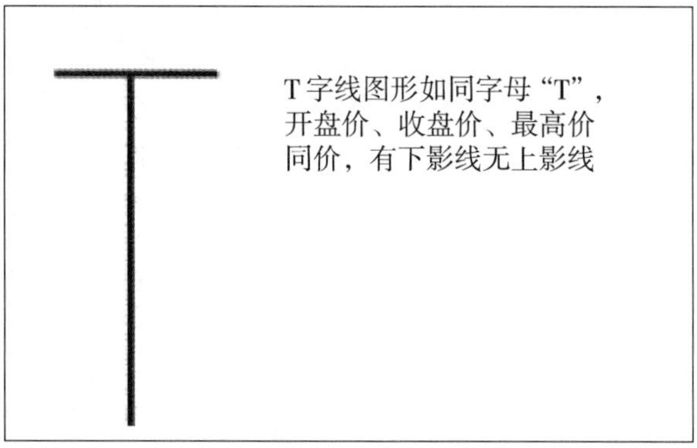

图 3–32　T 字线

细心的交易者会发现，其实一字线加上下影线之后就成了 T 字线。但这里所说的 T 字线与一字线有明显的区别：一字线即便有下影线，下影线也只是极小的一点点，可以忽略不计；T 字线则重点在于下影线，正是因为带有下影线，K 线性质和市场意义才发生了根本变化。

T 字线对股价未来走向预示作用的强弱，与下影线有着密切关系。下影线越长，代表的意义越强烈；反之，下影线越短，代表的意义就越弱。

出现 T 字线后，有什么技术含义呢？这与 T 字线出现的运行位置有关，交易者需要细心甄别。T 字线出现在股价大幅上扬后，往往预示着股价即将见顶，T 字线长长的下影线表明空方开始发起攻击。主力大幅做高股价之后，要获利就必须卖出，但又怕引起散户恐慌，因此盘中不断抛售，到收盘时再快速拉高，这样就起到了麻痹交易者的作用，最后完成出货。

2016 年 1 月 6 日，股价经过前期大幅上涨后，天目药业（600671）的股价收出第一根 T 字线。仅隔 1 日，于 1 月 8 日收出第二根 T 字线。虽然股价貌似在走高，但主力已经明修栈道，暗度陈仓，在交易者毫无知觉的情况下完成了出货，之后股价出现“雪崩式”下跌。如图 3–33 所示。

图 3-33　天目药业（600671）2015 年 2 月—2016 年 3 月的日 K 线图

如果 T 字线出现在股价刚刚启动不久，一般是主力洗盘的征兆，通过盘中杀跌，让信心不足的交易者卖出手中股票，然后主力快速拉高。通过震仓抬高交易者的持股成本，之后股价必然继续上涨。

2019 年 2 月 14 日，在低位刚刚启动不久，天海防务（300008）的股价便收出一根 T 字线，这根 T 字线是主力洗盘的标志，之后股价展开大幅上扬。如图 3-34 所示。

图 3-34　天海防务（300008）2018 年 9 月—2019 年 3 月的日 K 线图

如果 T 字线是涨停板打开后再次涨停形成的，若之前已经连续拉出很多个涨停，则需要提防回落。因为此时收出的 T 字线，暗示着主力正在拉高派发。有些强庄股收出 T

字线涨停后，还能继续涨停。实际操作中，交易者需要观察量能，如果是缩量的 T 字线，说明主力没有出货，后市股价还能继续看高一线。

2015 年 12 月 8 日，在连续涨停后，华软科技（002453）的股价收出一根放量 T 字线，次日收出缩量一字板，后市继续看高一线。如图 3-35 所示。

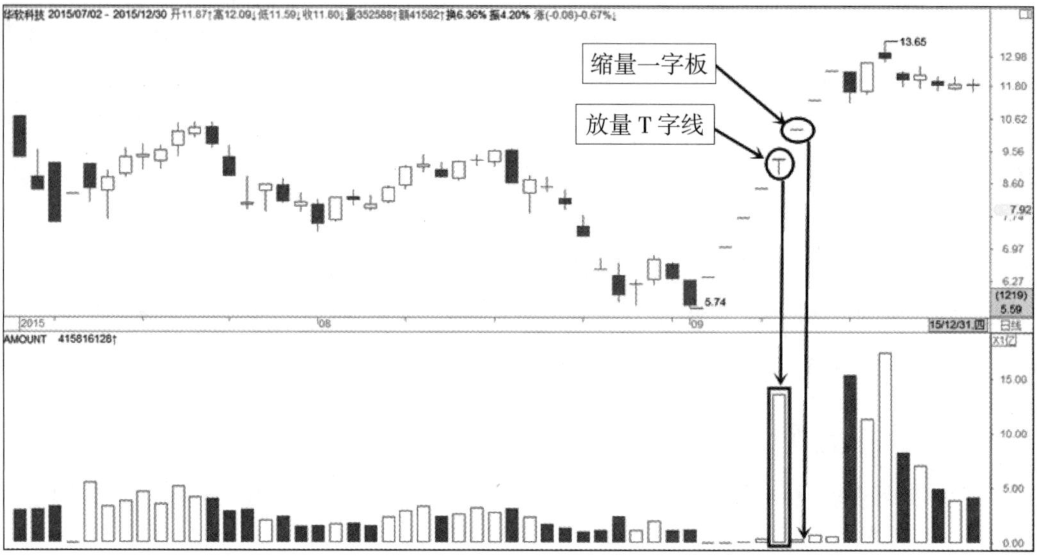

图 3-35　华软科技（002453）2015 年 7 月—12 月的日 K 线图

T 字线出现在股价大幅下跌之后，往往预示着股价即将见底。由于股价连续下跌，使得该股人气越来越低，主力只要在盘中继续杀跌，交易者就会因为恐慌而抛出手中的廉价筹码，此时主力趁机扫货，吃进低价筹码。之后主力将股价跌幅收回，此时空方就会意识到“被诱空”，从而形成空翻多走势。一旦大家达成做多共识，股价就会开始连续上涨。

在连续杀跌后，2018 年 10 月 19 日，风范股份（601700）的股价收出 T 字线。当天主力故意诱空，造成“多杀多”的局面，尾盘开始扫货。收回跌幅之后，股价步入上升格局。12 月 25 日，经历长期回档后，该股以 T 字线结束回档，随后开启暴涨行情。如图 3-36 所示。

如果 T 字线出现在股价下跌趋势初期，则这种形态不过是下跌中继。交易者看到收出 T 字线，会误以为股价已经止跌企稳，此时主力的货还没有出完，他们正希望交易者产生这样的看法，从而将手中的筹码“甩给”交易者。如果此时急于买进，很可能会造成投资损失。在这种情况下，交易者应观察接下来这根 T 字线能否真正止跌，然后再作买入打算。

在下跌行情初期，2017 年 11 月 20 日，*ST 龙力（现名龙力退，002604）收出一根 T 字线。此时交易者不妨多观察几日再决定是否操作，最起码要等股价收复 T 字线前一

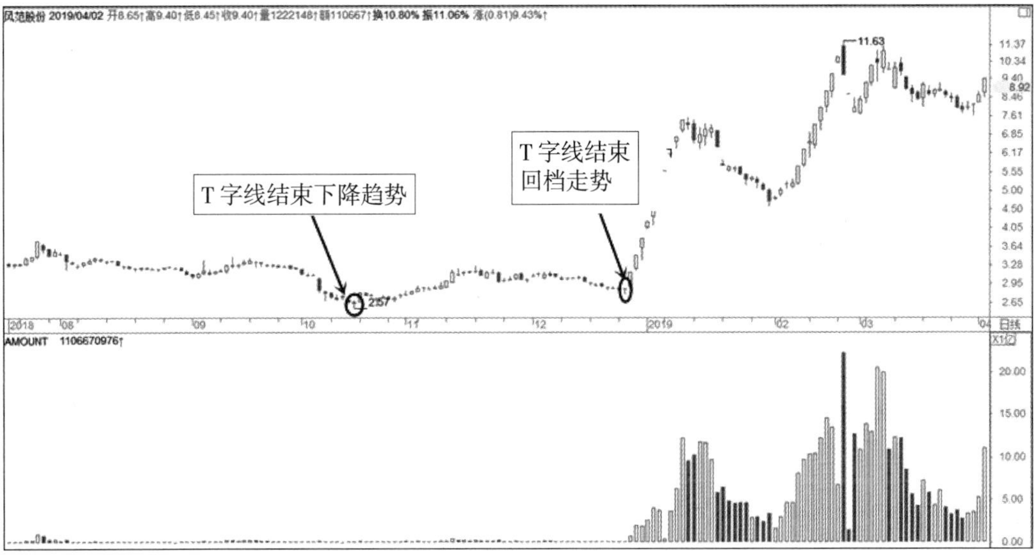

图 3–36　风范股份（601700）2018 年 7 月—2019 年 4 月的日线图

天大阴线开盘价，行情才有反转的希望。结果 5 个交易日后，该股开启连续一字跌停模式，从 T 字线当天的 8.98 元，一路狂泄至 2.63 元，之后才有小幅反弹，该股最终跌至 1.39 元，下跌场面极其惨烈。如图 3–37 所示。

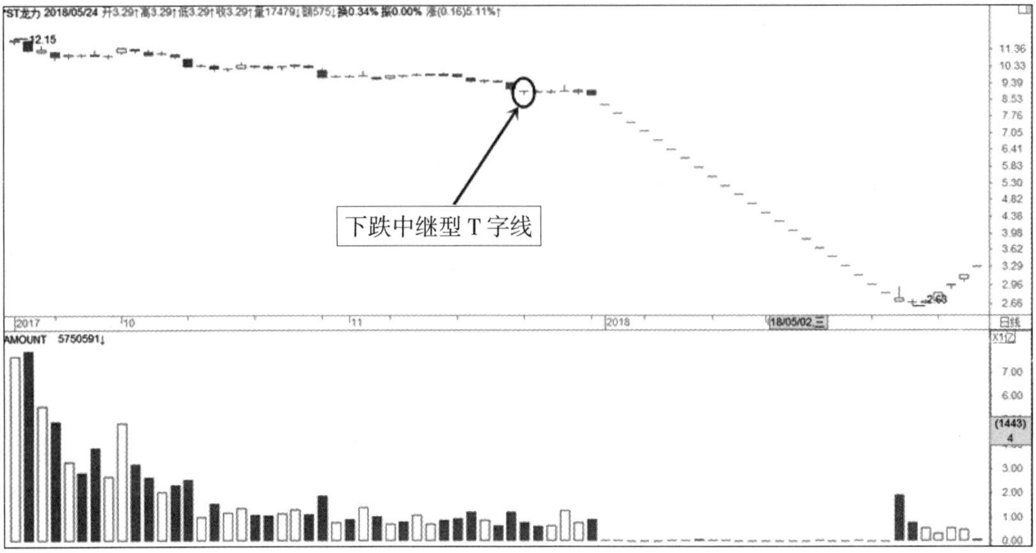

图 3–37　*ST 龙力（现名龙力退，002604）2017 年 9 月—2018 年 5 月的日 K 线图

2. 要点提示

（1）T 字线开盘价、收盘价同价，即为全天的最高价，只有下影线，没有上影线。

（2）T 字线往往透露出主力操纵股价的意图，一般是盘中逐波杀跌、尾盘快速拉起的走势。

（3）在上涨过程中出现 T 字线，是见顶和上涨中继信号，需要观察 K 线处于上涨趋势的哪一阶段。

（4）在下跌过程中出现 T 字线，是见底和下跌中继信号，需要观察 K 线处于下跌趋势的哪一阶段。

（二）倒 T 字线及要点提示

1. 倒 T 字线

倒 T 字线是与 T 字线相对应的一种 K 线形态。这种 K 线开盘价、收盘价一样，同为全天最低价，实体是一根横线，有上影线，无下影线，图形看上去如同倒过来的英文字母“T”，因此得名。如图 3–38 所示。

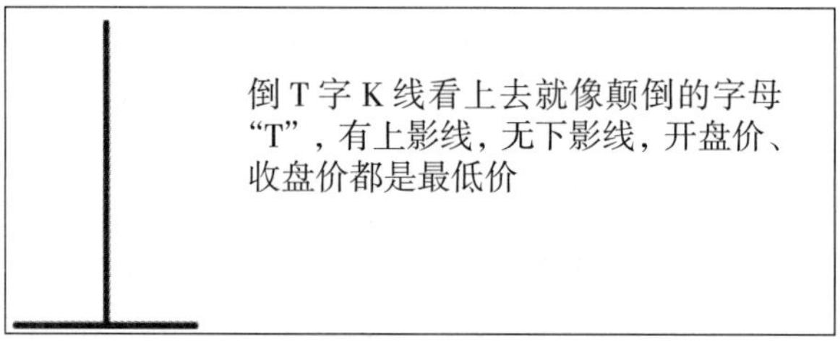

图 3–38 倒 T 字线

倒 T 字线出现在股价运行的不同区域，具有不同的技术含义。

倒 T 字线呈现出盘中向上拉升，但收盘价又回到开盘价走势的过程。这样的股价走势反映出多方虽然还在勉强拉升，但力度已经不足，空方将开始主导市场，之后股价下跌的概率极大，交易者要提高警觉。如果倒 T 字线出现在上升行情的末端或者跌势初期，往往预示着股价即将由升转跌，或由缓跌转为暴跌，因此这样的 K 线又被称为“墓碑十字线”，交易者应择机卖出股票。

2018 年 5 月 22 日，当代东方（现名 *ST 当代，000673）以一根倒 T 字线跌破头部平台，当天股价以跌停板开盘后，盘中杀入大量买盘将跌停板打开，最后又重新收于跌停板。这种情形意味着多头还在拼命抵抗，但收盘价收回，意味着跌势已经开始，股价仍将继续下跌。交易者如果未能在倒 T 字线当天卖出股票，后面将是炼狱般的连续跌停。如图 3–39 所示。

那么，在股价上涨途中出现倒 T 字线，是不是都是绝对的见顶信号呢，这一点大家需要注意。如果倒 T 字线出现在股价上涨趋势刚刚形成之时，或者股价缓慢上涨阶段，那么不一定是见顶信号，需要观察次日走势。如果次日能重新走强，倒 T 字线往往只是上涨途中的强势洗盘。

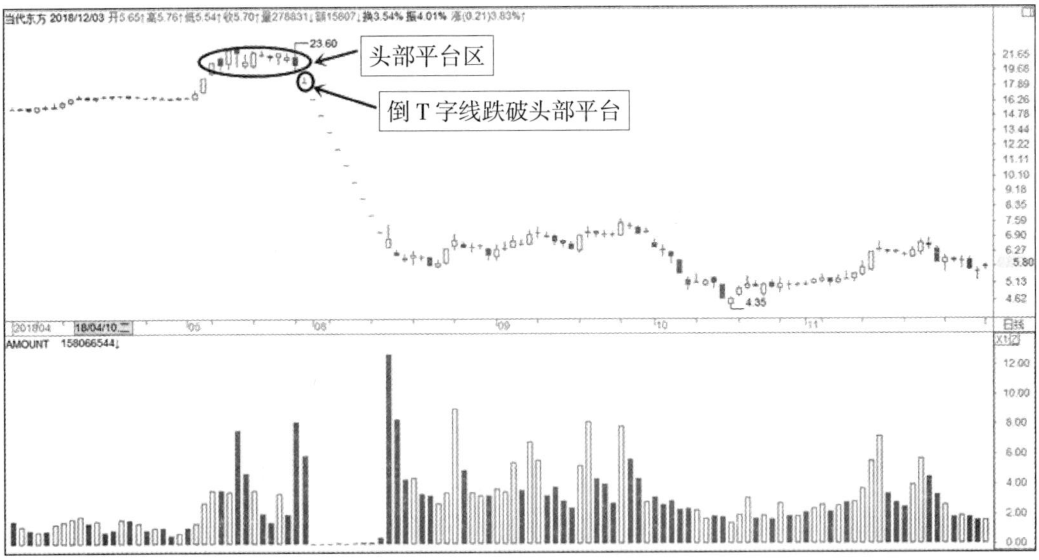

图 3-39　当代东方（现名 *ST 当代，000673）2018 年 4 月—12 月的日 K 线图

在上涨行情回档途中，2018 年 8 月 31 日，通光线缆（300265）收出倒 T 字线，随后该股转跌为升，从倒 T 字线当天的最低 5.22 元，至 9 月 19 日涨到 9.19 元，短短 13 个交易日，累计升幅达 76.05%。如图 3-40 所示。

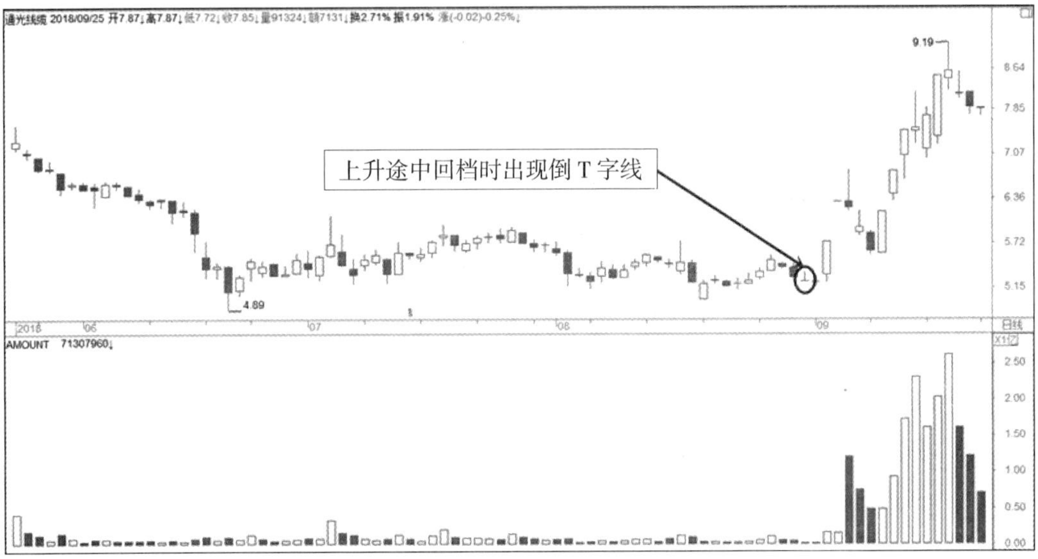

图 3-40　通光线缆（300265）2018 年 5 月—10 月的日 K 线图

当倒 T 字线出现在谷底时，此时可能是行情由下跌转为上涨的转折点。如果次日配合收出大阳线，则见底信号十分强烈。

经历连续暴跌后，2015 年 7 月 8 日，金雷股份（300443）收出一根倒 T 字线，次日收出一根大阳线，确认反弹开始。从倒 T 字线次日的最低价 22.02 元算起，至 7 月 24

日的 39.12 元，短短 12 个交易日，累计升幅达 77.52%，可见此类反转信号的威力不容小觑。如图 3–41 所示。

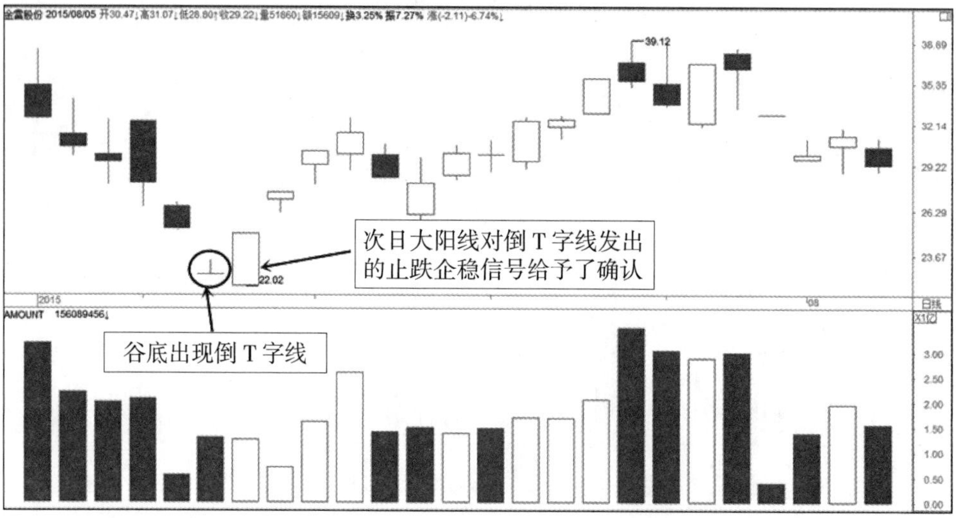

图 3–41　金雷股份（300443）2015 年 6 月—8 月的日 K 线图

2. 要点提示

（1）倒 T 字线的上影线越长，转势信号越强。

（2）如果谷底倒 T 字线演变为早晨之星、身怀六甲等 K 线组合形态（见后文），则是极其强烈的反转信号。

（3）如果倒 T 字线与其他 K 线形态发生共振，如有双底（顶）呼应或成交量放大，转折信号更强。

第四章　相邻两线

一、乌云盖顶

乌云盖顶形态又称乌云线形态，是K线图中较为常见的顶部反转形态之一。这种形态由两根K线组成，一般出现在上升趋势末期，有些情况下也可能出现在水平调整区间的顶部。乌云盖顶形态经常出现在一段上升行情的顶部，由一阴一阳两根K线组成，是一个典型的看跌反转信号。如图4–1所示。

（一）形态特征

乌云盖顶形态中，第一天是一根坚挺的阳线实体，第二天则为一根长阴线。第二天的开市价超过第一天的最高价（这就是说，超过了第一天上影线的顶端），市场却收在接近当日的最低价水平，并且收市价明显向下扎入第一根阳线实体的内部。如果第二天的收市价没有明显扎入第一根阳线实体内部，则此形态称作看跌约会线形态，此形态与乌云盖顶形态属同类形态，但发出的卖出信号弱于乌云盖顶形态（见后文“约会线”）。如图4–2所示。

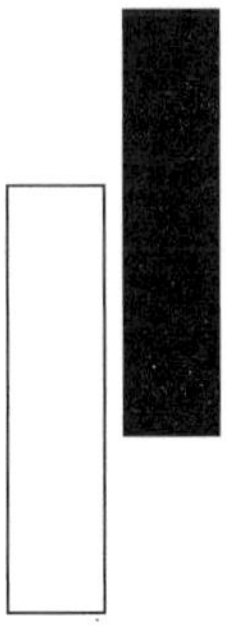

图4–1　乌云盖顶

图4–2　约会线

（二）形态分析

乌云盖顶的走势，可以划分为以下2个不同的阶段。

（1）左侧坚挺的阳线——形态形成之前，股价处于上升趋势，有一天突然出现一根坚挺的大阳线，承接前期上涨行情，显示多方完全掌握着主动权。

（2）右侧高开的阴线——次日，开市时股价向上跳空高开，但没有继续上冲，反而震荡下行，收在当日最低价附近，并且收市价明显向下扎进前一天的实体内部。

（三）多空分析

乌云盖顶是一个非常重要且较为常见的看跌反转信号，经常出现在一个超长期的上升趋势末期。第二天，伴随着陡增的成交量高开，可能意味着很多新买家终于下定决心入市，踏上牛市之“船”。随后，市场却发生疯狂的抛售行情，很可能用不了多久，这群新多头就会认识到，市场已转为空头行情，他们已被挂在相对高点站岗。第二日的长阴K线，意味着市场价格上升动能耗尽，多方策划的最后一番上攻失利，空方已控制大局。

（四）要点提示

（1）第二根K线应高开于第一根K线的最高价之上，但收盘价应大幅回落，且深深地插到第一根K线实体部分一半以下，否则分析意义不大。

（2）第二根K线实体插入第一根K线实体越多，说明市况见顶回落的可能性越大。

（3）开市阶段，第二根K线向上突破明显的阻力位，然后掉头向下，说明多头上攻乏力，大势见顶的迹象已经显露。

（4）第二根K线开盘初段的成交量是很重要的指标。成交量越大，表示其中潜伏的交易者越多，市场转向的可能性越大。

（5）乌云盖顶形态形成后，出现一根长长的阳线实体，而且其收市价超过了乌云盖顶形态的最高价，这可能预示着新一轮上冲行情到来。

（6）乌云盖顶形态形成过程中，若右侧长阴线的开盘价高于某个重要的阻挡水平，但市场未能成功守住，可能证明多方已经无力控制市场。

（五）案例分析

1. 凯美特气（002549）

2011年8月22日，凯美特气（002549）的股价形成乌云盖顶形态，随后由最高6.33元一路下跌至波段低点4.63元，累计跌幅达27%。如图4–3所示。

2. 索菱股份（现名*ST索菱，002766）

在上升行情末期，2015年12月31日，索菱股份（现名*ST索菱，002766）的股价形成乌云盖顶形态。次日，股价掉头大跌，跌破头部平台，之后可谓是“飞流直下三千尺，疑是银河落九天”，从乌云盖顶的最高价27.26元一路跌至2016年3月4日的最低价12.55元，之后才止跌企稳，短短40个交易日，股价跌去一半。如图4–4所示。

图 4-3　凯美特气（002549）2011 年 7 月—11 月的日 K 线图

图 4-4　索菱股份（现名 *ST 索菱，002766）2015 年 10 月—2016 年 10 月前后的日 K 线图

3. 杰恩设计（300668）

经历大幅上涨后，2017 年 11 月 14 日，杰恩设计（300668）的股价在高位形成乌云盖顶形态。值得注意的是，第二根阴线深深插入第一根阳线实体内部，几乎吞没了整个阳线实体，这是极强的看跌反转形态。如果完全吞没第一根 K 线实体，此类形态则为“看跌吞没形态”（见后文）。随后，股价由最高 38.80 元一路下跌至波段低点 25.45 元，累计跌幅达 34.41%，乌云盖顶形态的威力可见一斑。如图 4-5 所示。

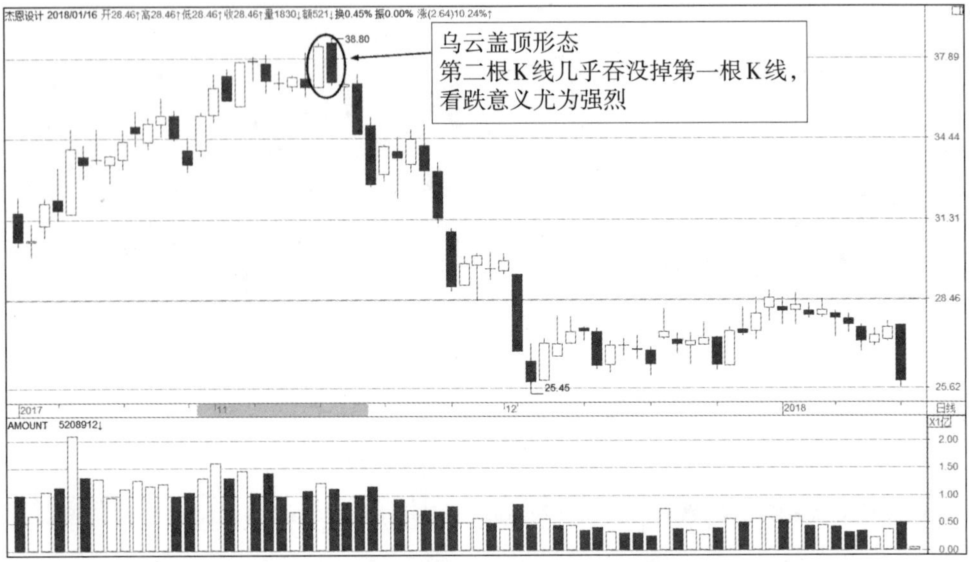

图 4-5　杰恩设计（300668）2017 年 10 月—2018 年 1 月的日 K 线图

二、待入线

待入线是由前阴后阳两根 K 线组成的一种组合形态，是判断股市行情走势的重要信号之一。处在高位的待入线，多是见顶信号，应卖出股票。处在低位的待入线，多是见底信号，可考虑做多。依此可归纳出两种操作模式：处在高位—见顶—卖出，处在低位—见底—买入。如图 4-6 所示。

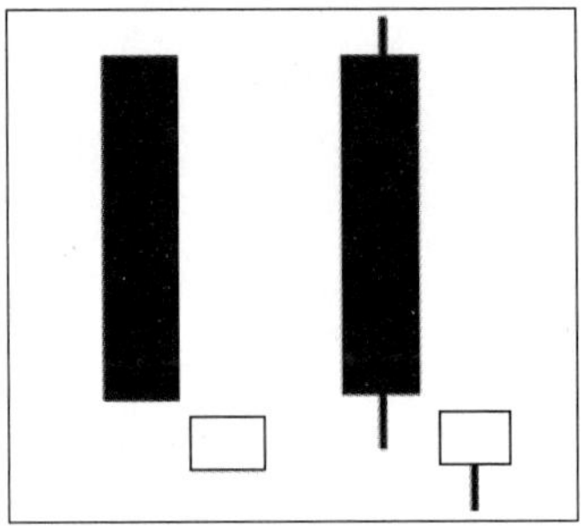

图 4-6　待入线

（一）形态特征

（1）前面的 K 线是一根大阴线，后面的 K 线是一根小阳线。

（2）小阳线的收盘价低于前阴线的收盘价，与前阴线实体有一段距离，形成“待入”状态。

（二）操作策略

（1）认真辨别待入线所处的位置。从低位累计上涨了 20% 以上，此时出现待入线，可认定是处在高位的待入线，可放心做空。下跌幅度超过 20% 后出现的待入线，可视为低位待入线，可放心做多。

（2）除了机械依据 20% 的涨跌幅度外，还要灵活掌握股价涨跌的高低位置，才能立于不败之地。

（3）待入线形态中，前大阴线与后小阳线之间的缺口，主要是指两根 K 线实体之间形成的缺口，上下影线之间有无缺口无关紧要。待入线和向下跳空星线（见后文）本身属于同一形态的 K 线组合，显示的信号是一致的，不论是按待入线操作还是按向下跳空星线操作，都是正确的，不会误事儿。

（三）案例分析

1. 低位待入线

（1）中远海特（600428）

2014 年 10 月 23 日、24 日和 27 日 3 个交易日（后两根 K 线合并为 1 根），中远海特（600428）的股价走出了一个十分典型的低位待入线形态。其后，该股股价从 3.78 元一口气涨至 2015 年 1 月 8 日的波段高点 8.67 元，累计涨幅达 129%，两个月内股价翻倍。如图 4–7 所示。

图 4–7 中远海特（600428）2014 年 10 月—2015 年 2 月的日 K 线图

（2）辉丰股份（现名 *ST 辉丰，002496）

2018 年 10 月 19 日，经历 2015 年 5 月以来漫长的下跌后，辉丰股份（现名 *ST 辉丰，002496）的股价迎来了一组迟来的待入线形态。次日，该股股价跳空高开，形成看涨信号更加强烈的“启明之星”形态（见后文）。自此，该股股价一发不可收拾，从待入线当天的最低价 1.66 元，一口气涨至 2019 年 4 月 11 日的 4.93 元，累计涨幅接近 200%。如图 4-8 所示。

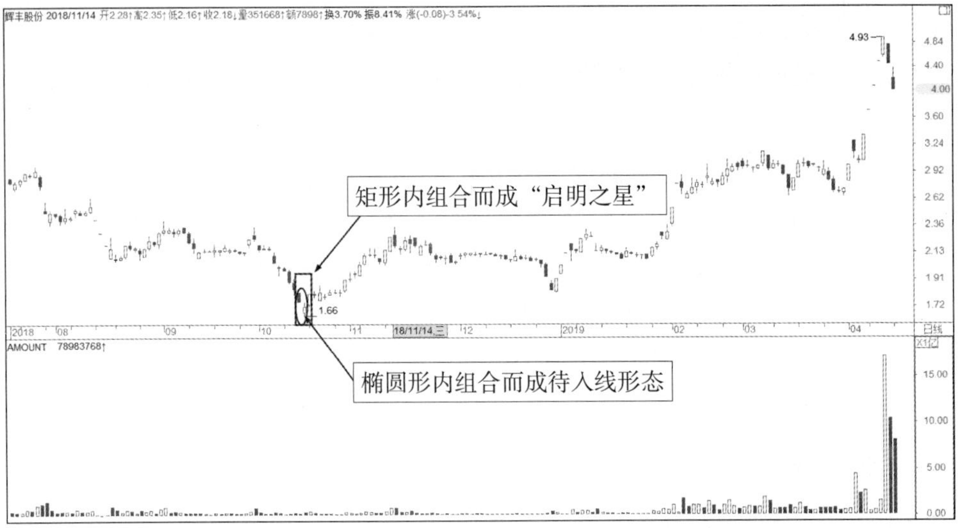

图 4-8　辉丰股份（现名 *ST 辉丰，002496）2018 年 7 月—2019 年 4 月的日 K 线图

2. 高位待入线

（1）天润乳业（600419）

2018 年 5 月 24 日、25 日 2 个交易日，天润乳业（600419）的股价组合成高位待入线形态。其后，从 5 月 28 日最高价 26.60 元，跌至 8 月 8 日的 14.20 元，累计跌幅达 47%。如图 4-9 所示。

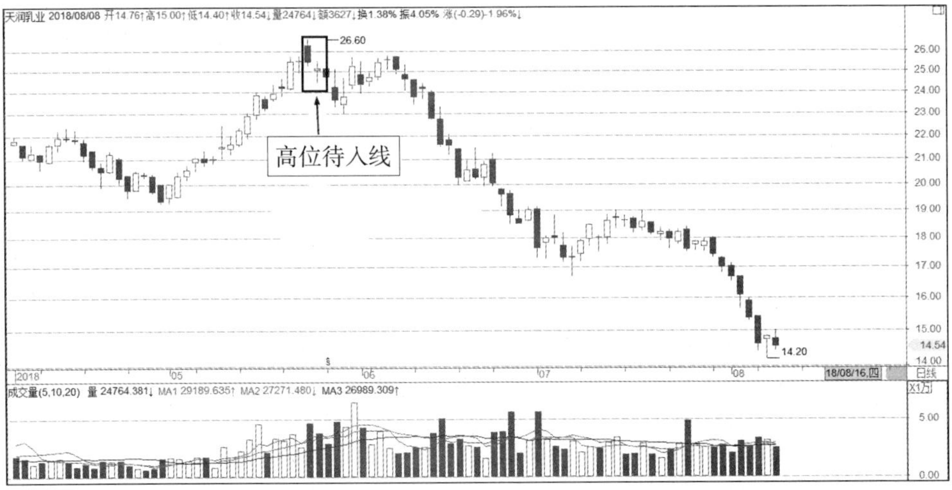

图 4-9　天润乳业（600419）2018 年 4 月—8 月的日 K 线图

（2）湖南黄金（002155）

2018 年 6 月 19 日、23 日 2 个交易日，湖南黄金（002155）的股价在行情高位形成待入线形态。次日反弹一天，但未能收复待入线第一天的开盘价。其后，股价如“射水喉”般暴跌，从高位的 16.66 元一路跌至 7.62 元，短短 16 个交易日股价腰斩。如图 4-10 所示。

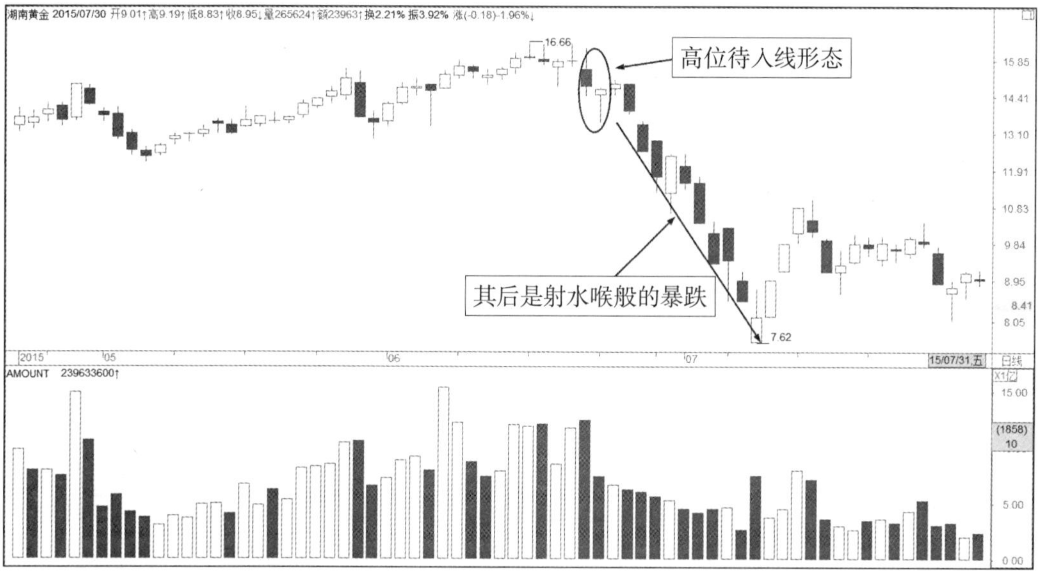

图 4-10　湖南黄金（002155）2018 年 5 月—7 月的日 K 线图

三、切入线

切入线的组合形态与待入线基本相似，也是由一根大阴线和随后的一根小阳线组成。切入线小阳线的收盘价高于前阴线的收盘价，收在前阴线的实体内，靠近前阴线实体的下端，显示切入状态。如图 4-11 所示。

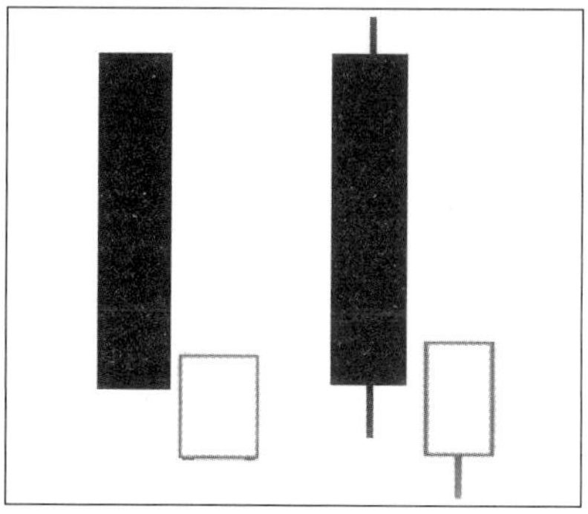

图 4-11　切入线

（一）形态特征

（1）前面一根大阴线，后面一根小阳线，小阳线的收盘价高于大阴线的收盘价。

（2）小阳线的收盘价应收在前阴线的实体之内，靠近前阴线实体的下端，显示切入状态。

（二）要点提示

（1）切入线是判断行情走势的重要信号之一。处在高位的切入线，多显示见顶信号，应卖出股票。处在低位的切入线，多显示见底信号，应当买入。依此可归纳出两种操作模式：出现在高位—卖出，出现在低位—买入。

（2）切入线出现的频率很高，但只有处在高位和低位的切入线才有研究价值。

（3）切入线既是可信的逃顶信号，也是可信的抄底信号，只要认准了它所处的位置，按“高位卖出，低位买入”的原则操作，成功的几率就很高。

（三）操作策略

（1）要根据待入线辨别高低位置的方法，做好切入线位置的判断。若是处在高位，要坚决卖出股票。若是处在低位，应果断做多，不要犹豫不决，以免耽误进出场时间。

（2）高位切入线的卖出时间，要坚持“宜速不宜缓”的原则。具体要求是：高位切入线出现后，应在该形态形成的当天卖出股票。在通常情况下，收盘前10分钟，就可确认是否形成切入线，此时就可挂单卖出。万一当日不能成交，第二天上午开盘前，应利用集合竞价的机会卖出。这两档时间，是高位切入线的最佳卖出机会，不应错过。

（3）低位切入线的买入时间，则适宜“宜缓不宜速”的原则。就是说，低位切入线形成后，不要马上介入，应观察一两天，待行情出现止跌企稳的迹象时才可出手。具体要求是：出现低位切入线后，股价上涨的高度超过切入线的最高价时，是最稳妥的买入时机。

（四）案例分析

1. 低位切入线

（1）邦讯技术（300312）

2016年3月1日，邦讯技术（300312）的股价在低位形成切入线形态，之后于10.89元见底回升。至6月27日，该股股价一口气涨至20.77元，累计涨幅达91%，几近翻倍。如图4–12所示。

图 4-12　邦讯技术（300312）2016 年 1 月—7 月的日 K 线图

（2）*ST 蓝科（现名蓝科高新，601798）

2018 年 10 月 19 日，*ST 蓝科（现名蓝科高新，601798）的股价在低位区域形成切入线形态。此后，股价于当天最低 3.83 元企稳回升。至截图时，最高涨至 2019 年 4 月 16 日的 8.32 元，价格已经翻倍。由此可见，低位切入线的做多信号不容小觑。如图 4-13 所示。

图 4-13　*ST 蓝科（现名蓝科高新，601798）2018 年 8 月—2019 年 4 月的日 K 线图

2. 高位切入线

（1）台基股份（300046）

2016 年 11 月 25 日，台基股份（300046）的股价在高位形成切入线形态。之后，

股价于 18.78 元见顶回落，一口气跌至 12 月 13 日的波段低点 14.64 元，不到 1 个月，累计跌幅达 22%。如图 4–14 所示。

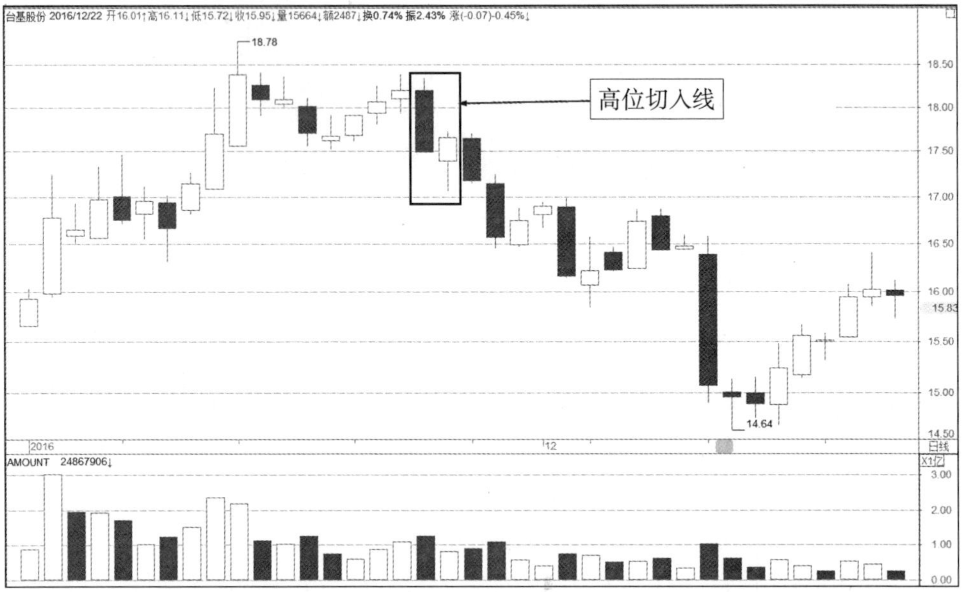

图 4–14　台基股份（300046）2016 年 11 月—12 月的日 K 线图

（2）萃华珠宝（002731）

在下跌途中，2014 年 12 月 10 日，萃华珠宝（002731）的股价收出一组切入线形态，貌似将要止跌回稳，但股价仍处于历史高位。此时，交易者宜趁反弹之际择机减仓，结果该股仅反弹一日，便再次拐头向下。如图 4–15 所示。

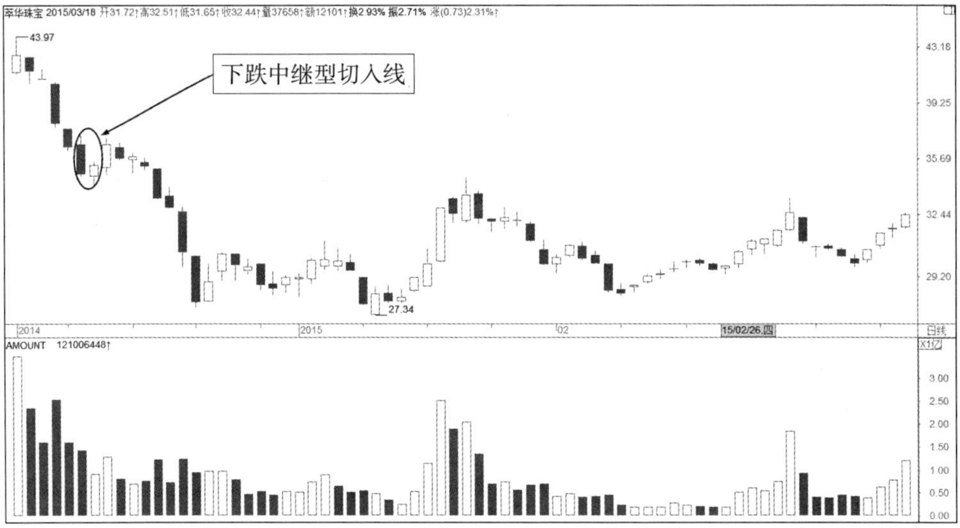

图 4–15　萃华珠宝（002731）2014 年 12 月—2015 年 3 月的日 K 线图

四、插入线

插入线与待入线、切入线的形态十分相似，同样是由前面的一根大阴线和后面一根小阳线组成。如图 4–16 所示。

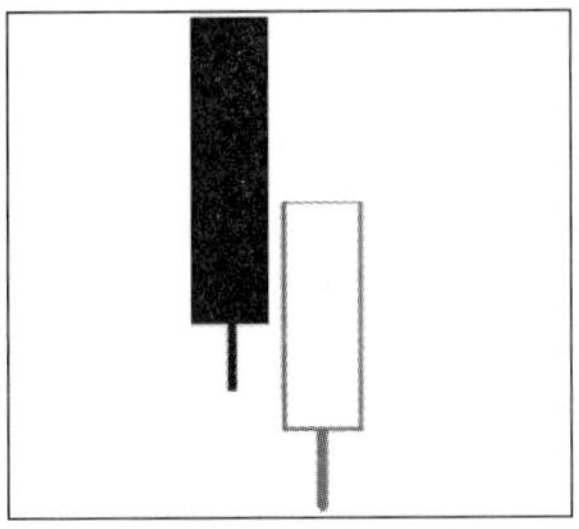

图 4–16　插入线

（一）形态特征

插入线与待入线、切入线的不同之处在于：阳线的开盘价要比待入线、切入线的开盘价开得低一些，收盘价收在前阴线实体内的位置要高一些，一般要求达到前阴线实体中心线以下附近。但不能超过中心线，否则就变成了另一种 K 线组合形态，即斩回线（见后文）。与待入线、切入线相比，插入线出现的频率要低一些。

（二）操作策略

（1）低位插入线是非常可信的见底信号，应大胆操作。

（2）插入线的操作方法与切入线基本相同，注意辨别它们所处的位置就行了。

另外，只有处在高位和低位的插入线才具有反转信号的意义，处在高位显示为见顶信号，处在低位显示为见底信号。如果在下跌途中出现插入线，则显示为下跌中继信号。

（三）案例分析

1. 低位插入线

（1）宗申动力（001696）

在上涨途中，出现一根或两根阴线后，又出现一根低开高收的阳线，插入前面阴线实体的内部，说明这一两根阴线是股价的短期回档，股价将继续走高。

比如，股价在低位刚启动不久，宗申动力（001696）2015 年 9 月 27 日就出现一根惊天大阴线。次日收出一根低开高走的阳线，插入到前日大阴线实体内部，走出了一个十分典型的插入线形态。其后，该股回调结束，从切入线当日最低点 9.42 元一路涨至最高 17.44 元，累计涨幅达 85%。如图 4–17 所示。

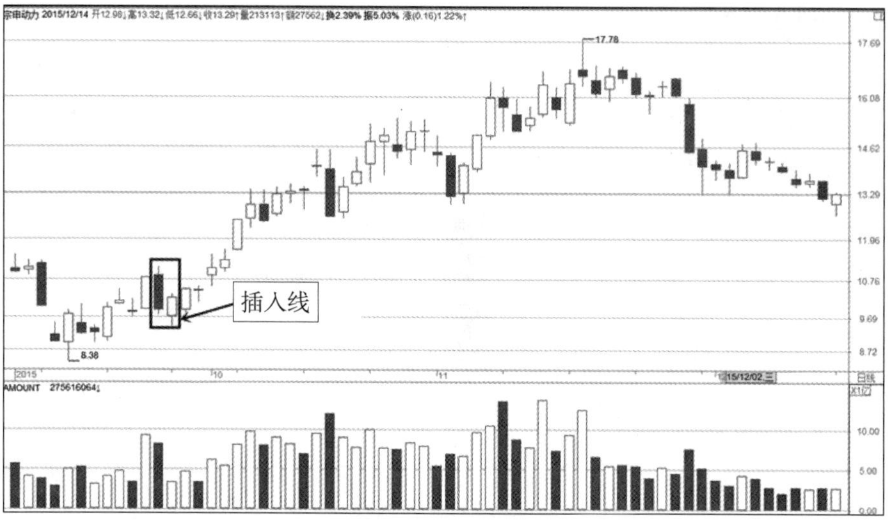

图 4–17　宗申动力（001696）2015 年 8 月—12 月的日 K 线图

（2）宏昌电子（603002）

经历连续大幅下跌后，2018 年 10 月 19 日，宏昌电子（603002）的股价在低位收出一组插入线。次日，股价收出一根惊天大阳线，一举越过插入线组合的最高价，由此确立了该股的反弹走势。至 11 月 16 日，该股由插入线当天的最低价 3.40 元涨到 4.07 元，短短 20 个交易日，累计升幅接近 20%。如图 4–18 所示。

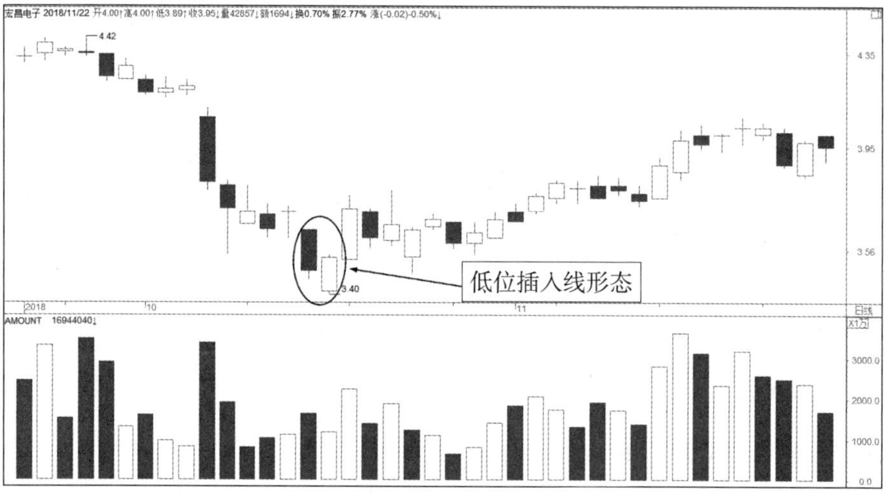

图 4–18　宏昌电子（603002）2018 年 9 月—11 月的日 K 线图

2. 高位插入线

股价处于上升趋势末期或反弹行情高位，一天收出一根低开高走的阳线，但这根阳线并没有吞没前一交易日的阴线，且最高价未能突破昨日开盘价，只是插入前阴线的实体内部，形成反弹高位插入线。此为股价由升转跌过程中多方的垂死挣扎，后市仍有寻底空间。

比如，2015 年 8 月 19 日，紫金矿业（601899）的股价出现下降插入线后持续下跌。如图 4–19 所示。

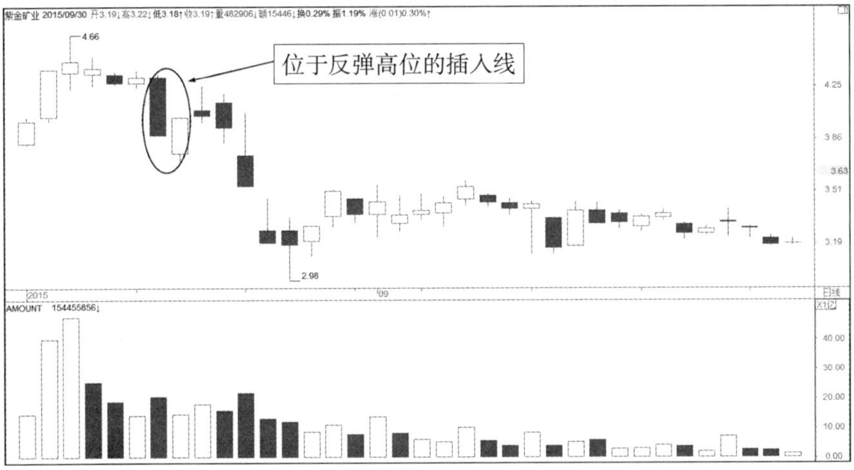

图 4–19　紫金矿业（601899）2015 年 6 月—9 月的日 K 线图

3. 下跌中继插入线

2015 年 6 月 29 日，晶方科技（603005）收出一根惊天大阴线，股价被封死在跌停板。次日，股价低开高走，尾盘插入前日大阴线实体内部，两根 K 线组合成插入线形态。此时，股价仍处于“高不成，低不就”的半空中，其为下跌中继信号。

结果，次日该股股价重拾跌势，继续以风卷残云之势向下狂泄。从插入线形态的最高价 52.78 元，跌至 7 月 8 日的 32.86 元，短短 7 个交易日，累计跌幅近 40%。由此可见，当观察到下跌中继插入线时，不可盲目入场抢反弹。如图 4–20 所示。

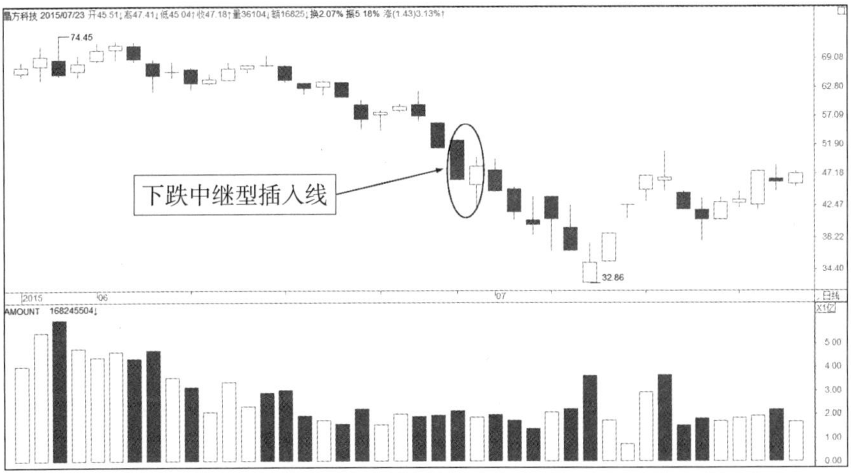

图 4–20　晶方科技（603005）2015 年 6 月—7 月的日 K 线图

五、斩回线

斩回线（刺透线）是由一阴一阳两根K线组成的K线形态，前一根为大阴线，后一根为中阳线或大阳线。阳线的开盘价要求开得更低，收盘价收得更高，即要求收盘价要收在前阴线的中心值以上，这是斩回线最重要的特征。像前面介绍过的3种组合形态一样，处在高位的斩回线，显示为见顶信号，应卖出股票；处在低位的斩回线，显示为见底信号，应买入股票。如图4–21所示。

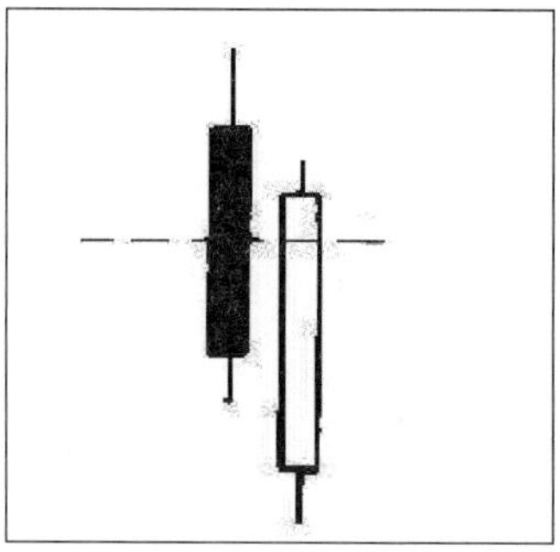

图4–21　斩回线

（一）形态特征

乌云盖顶形态属于顶部反转信号，斩回线作为它的对立形态，当然是底部反转信号。斩回线也是由两根K线组成的，其中，第一根K线是绿色实体，第二根K线则是长长的红色实体。出现红色K线这一天，市场的开盘价处在前一绿色K线的最低价之下，但是不久市场又将价格推升回来，形成一根相对较长的红色实体，并且其收盘价已经向上超越了前一绿色实体的中点。

2018年10月12日，元隆雅图（002878）的股价收出一组斩回线形态，后经二次探底后（后面虽有回落，但回落后的收盘价始终未能跌破斩回线形态的最低点），股价一飞冲天。如图4–22所示。

看涨的斩回线与看涨吞没形态（见后文）同属一个家族。在看涨吞没形态中，红色实体吞没了前面的那根绿色实体。而在看涨的斩回线形态中，红色实体仅仅向上刺入了前一绿色实体内部。在斩回线中，红色实体向上刺入绿色实体的幅度越大，该形态构成底部反转信号的可能性越大。

在理想的斩回线形态中，红色实体必须向上穿入前一绿色实体的中点水平以上。在看涨吞没形态之后，或者在看涨的斩回线形态之后，如果跟着出现一根长长的绿色K线，并且它的收盘价低于上述2种形态的最低点，则说明下降趋势已经卷土重来，新一轮下跌行情开始了。

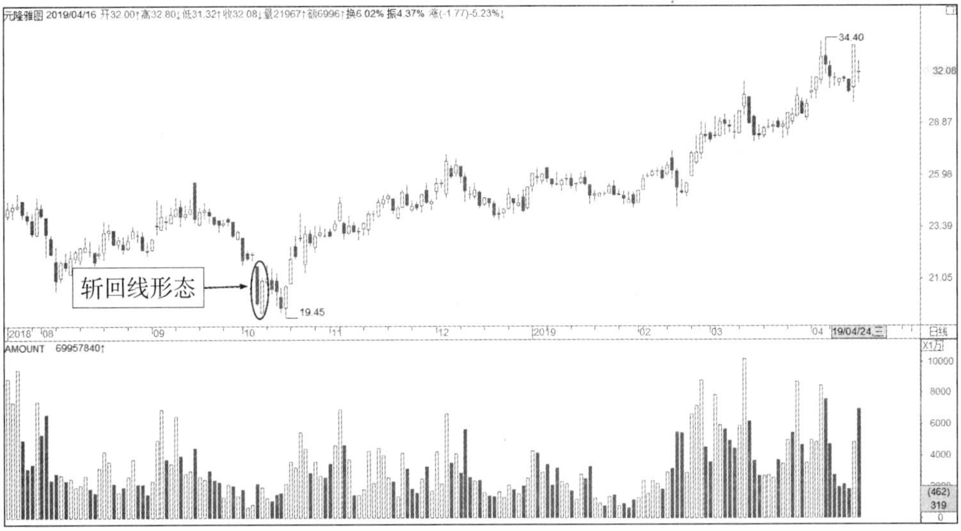

图 4-22 元隆雅图（002878）2018 年 7 月—2019 年 4 月的日 K 线图

（二）多空分析

斩回线是与乌云盖顶相对的一种 K 线形态，是发生在下降市场的 K 线组合形态。它形成于下降趋势中，第一天的长阴线实体保持了下降的含义，第二天的跳空低开进一步加强了下降的含义，然而市场后来反弹了，并且收盘高于长阴线实体的中点，这样就形成一个潜在的底部。阳线穿入阴线的幅度越大，反转意味越浓。

关于斩回线形态背后的多空博弈过程，可以这样理解：市场本来处于下降趋势中，斩回线形态第一天疲弱的绿色实体，加强了这种市场预期。第二天，市场以向下跳空的形式开市。到此为止，空头观察着行情的发展，感觉诸事顺遂。可是到当日收市的时候，市场却涨了回去，结果收盘价不仅完全回到了前一天收盘价的水平，而且变本加厉地向上，大大超越了这个水平。现在，空头开始对手上的头寸忐忑不安起来。有些交易者一直在寻找买进的机会，他们据此推断，市场不能维持这个新低价位，或许正是入市做多的大好时机。因此，很多空头在此时叛变了，作了空头的“汉奸”。

（三）要点提示

关于斩回线形态，同样具有 6 项参考性因素，如果斩回线形态兼具这些特征，那么它们的技术分量将大为增强。这 6 项参考因素与乌云盖顶形态的 6 项参考因素内容相同，而方向相反。

对于乌云盖顶，有些交易者更愿意看到绿色实体的收盘价向下穿过前一红色实体的中点，但是在这一条判别准则上，还是有一定灵活余地的。然而，在斩回线形态中，则没有任何灵活余地，红色 K 线的实体必须向上推进到绿色 K 线实体的中点之上。之所以看涨的斩回线形态不如乌云盖顶形态灵活，是因为在处理底部反转形态时，交易者必须更加谨慎。

（四）变形的斩回线

有时第二天收出的阳线虽未能收到前阴线的半分位以上，但后续K线站上了半分位，那么两根K线合并后，仍有异曲同工之妙。此时，往往伴随着指标的金叉，可将其看作变形的斩回线形态。

（五）操作策略

（1）高位斩回线的卖出信号十分强烈，该形态出现后，要立即卖出手中的股票。一旦错过卖出时机，就会造成难以挽回的损失。为什么要强调及时卖出股票呢？这是因为股价上涨到高位后，主力一般要利用高位震荡的手段出货，大阴线和大阳线交替出现，就是主力出货的表现。高位斩回线的后一根阳线，一般是大阳线，表面上看反弹的力度相当大，似乎有“走好”之势，不明真相的交易者，以为是又一轮上涨行情到来，迫不及待地追高买入，此举正中主力下怀，他们就会毫不吝啬地把手中筹码全都倒给你。殊不知，当你买进的股票，还未捂热时，股价就开始大幅下跌了，让你在高位站岗没商量。

（2）低位斩回线则相反，是强烈的见底信号。但该形态出现后，不能像高位斩回线那样急着操作，需要先观察一下，然后再采取行动。具体操作方法是：该形态出现后的第二天，如果收阳线，应果断买入；如果收阴线，则应耐心等待，直到出现阳线后，才可进场做多。

总之，斩回线与待入线、切入线和插入线属于同类性质的K线组合形态，其操作方法是相同的，“高位卖出，低位买入”，是成功操作这些K线形态的绝对真理。

（六）案例分析

1. 中小板指（399005）一

经过连续大幅杀跌后，2012年12月4日，中小板指（399005）在低位形成斩回线形态。此后牛市起航，指数一路绝尘，由斩回线当天的最低点3557点，一口气涨至2013年5月的5218点，累计涨幅达47%。指数弹升47%，非同小可。如图4–23所示。

2. 中小板指（399005）二

经历“股灾”连续暴跌后，2015年7月8日，中小板指（399005）的两根K线合并后形成变形的斩回线形态。随后指数展开一波中级反弹行情，由斩回线形态当天的最低点7242点升至7月24日的反弹高点9392点，短短12个交易日，累计反弹近30%。如图4–24所示。

图 4-23　中小板指（399005）2012 年 10 月—2013 年 7 月的日 K 线图

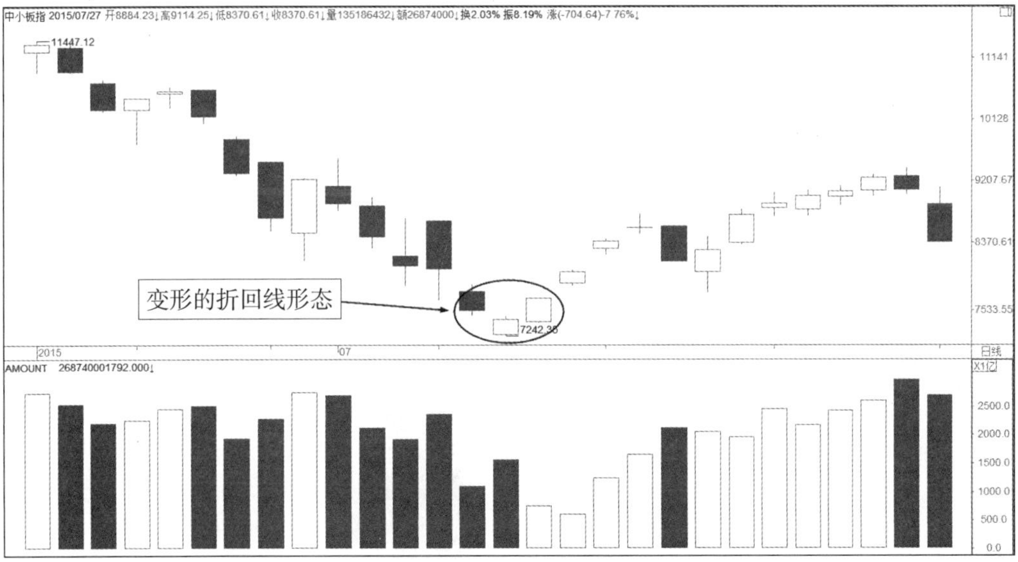

图 4-24　中小板指（399005）2015 年 7 月—8 月的日 K 线图

3.*ST 椰岛（600238）

2018 年 10 月 29 日，*ST 椰岛（600238）的股价以一根大阴线试探前低。次日，该股股价低开后继续下探，但后来多头将收盘价插入到大阴线实体内部 1/2 以上。这与前期 24 日形成的低点遥相呼应，形成双底形态，交易者此时不买，更待何时？结果该股股价随后展开一波声势浩大的多头行情。至截图时，该股已由 2018 年 10 月 24 日的最低 3.85 元升至 2019 年 4 月 10 日的最高 13.25 元，不到 5 个月的时间，累计升幅达 244%，令人叹为观止。如图 4–25 所示。

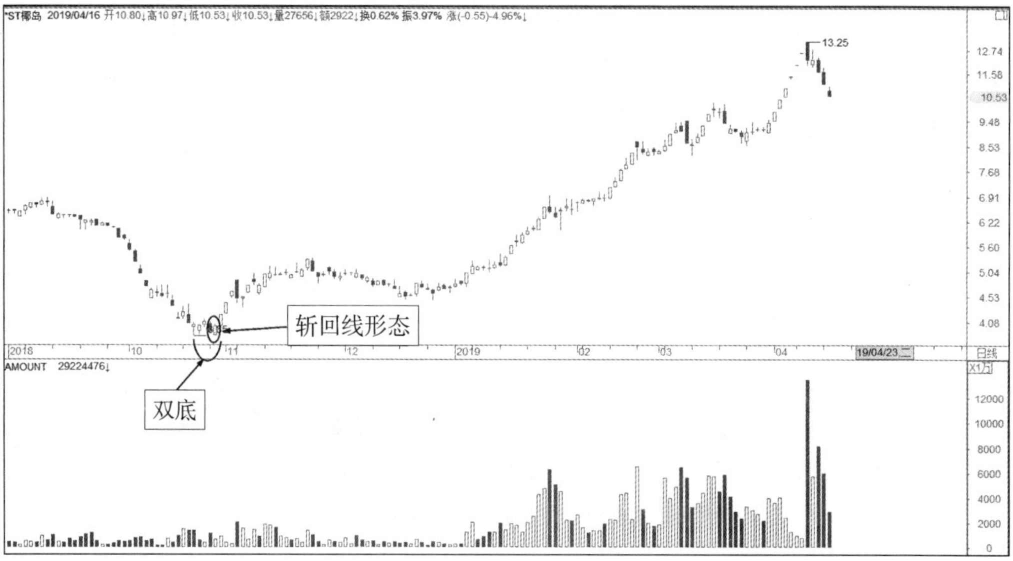

图 4–25 *ST 椰岛（600238）2018 年 10 月—2019 年 4 月的日 K 线图

六、挽袖线

挽袖线是由一阴一阳两根 K 线组成的 K 线形态。如图 4–26 所示。

图 4–26 挽袖线（左边为倾盆大雨，右边为旭日东升）

（一）形态类型

根据阴阳线出现的前后顺序，挽袖线有 2 种形态类型。如图 4–26 所示。

（1）第一种形态的第一根 K 线为阳线，第二根 K 线为阴线，且阴线在前阳线的实体内开盘，在前阳线最低价之下收盘。此种形态俗称为“倾盆大雨”。

（2）第二种形态的第一根 K 线为阴线，第二根 K 线为阳线，且阳线在前阴线的实体内开盘，在前阴线最高价之上收盘。此种形态俗称为“旭日东升”。

（二）要点提示

挽袖线可出现在走势图中的任何位置：处在高位（包括大天顶高位和上升行情的波段峰顶高位）和下降途中的“倾盆大雨”挽袖线，属于卖出信号；处在低位的“旭日东升”挽袖线，属于买入信号。交易者应严格按照挽袖线所处的位置来操作。

挽袖线与斩回线、乌云盖顶十分相似，如不仔细观察，很容易把斩回线、乌云盖顶当成挽袖线，或把挽袖线当成斩回线、乌云盖顶。区分挽袖线与斩回线、乌云盖顶的方法很简单，只要注意第二根 K 线开盘价和收盘价的位置即可。挽袖线的开盘价开在前 K 线的实体之内，收盘价则收在前 K 线的实体之外。斩回线、乌云盖顶的开盘价开在前 K 线实体之外，收盘价则收在前 K 线的实体之内。只要按这一方法观察，区分挽袖线与斩回线、乌云盖顶时，就会一目了然。其中，倾盆大雨与乌云盖顶、旭日东升与斩回线显示的信号是完全相同的，即使判断不准，也不影响操作结果。

挽袖线与分手线也十分相似，区分二者的方法是：挽袖线第二根 K 线是在前 K 线实体内部开盘，分手线则在前 K 线开盘价附近开盘。分手线与挽袖线的特点以及发出的买卖信号也极为相似，这一点在后文的“分手线”部分将进行详细讲解，此处不再赘述。如图 4–27 所示。

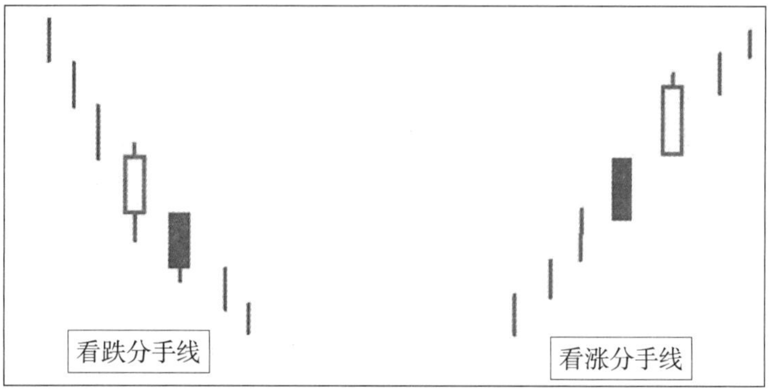

图 4–27　分手线

（三）操作策略

（1）在天顶高位处依据“倾盆大雨”形态卖出股票后，短时间内应远离股市，等待股价调整到位后才可重新买入。但在波段顶部卖出股票后，要时时关注后市走势，一旦调整到位，应及时买回，迎接下一波升势。

（2）在股价高位，依据“倾盆大雨”卖出股票后，有的股票并不会马上下跌，而是出现继续上扬的走势，后市上升的幅度甚至赶上或超过“倾盆大雨”形成前的升幅。如此走势，可能会让人怀疑“倾盆大雨”形态是否管用。这里要说明一下，任何技术指标都不是万能的，只能作为参考，高位出现“倾盆大雨”后，个别股票继续上涨的走势属正常情况，因为有的主力想在更高的价位出货，有意把股价往上拉，或者在拉升过程中出货。卖出股票的交易者，不要眼红后半截的升幅。可以这么说，后半截这一升幅，多半是陷阱。

低位依据“旭日东升”买入后，后续走势与“倾盆大雨”同理。

（四）案例分析

1. 美格智能（002881）

2017 年 11 月 16 日，美格智能（002881）在波段高位形成倾盆大雨形态后，股价从顶部的 21.99 元一路跌至 14.94 元，之后，该股股价才有了一个小的反弹。反弹过后，股价又一路盘跌，跌至 2018 年 2 月 7 日的 12.59 元，累计跌幅达 43%。如图 4–28 所示。

图 4–28　美格智能（002881）2017 年 11 月—2018 年 3 月的日 K 线图

2.ST 节能（000820）

2018 年 2 月 1 日，ST 节能（000820）在低位形成旭日东升形态。此后，该股股价从旭日东升形态的最低价 4.08 元，一路涨至 2019 年 3 月 22 日的 8.50 元，之后才转升为跌，累计涨幅达 108%。如图 4–29 所示。

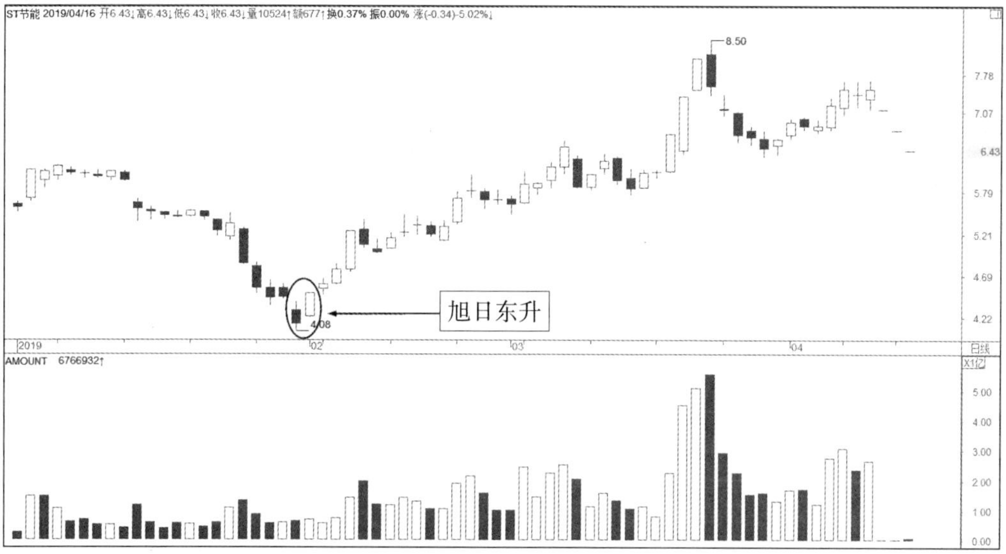

图 4-29　ST 节能（000820）2019 年 1 月—4 月的日 K 线图

七、分手线

“人有悲欢离合，月有阴晴圆缺。”自古以来，就有很多文人墨客追求完美，但是事物都有其运行规律，人类无法抗拒和逆转，只能顺势而为。就如行情一样，在下跌趋势中，逆势做多，显然是很难赚到钱的，反而赔钱更容易些。在上涨趋势中，融券做空，或者做空股指期货，同样面临爆仓的风险。说了这么多，其实就是告诉大家要顺势而为，这样赚钱才更容易。

K 线服从趋势，K 线形态能迅速反映趋势的变化。通过 K 线形态的变化，可以知道趋势变化的强弱。前面已经介绍了一些 K 线组合形态，目的就是为了告诉交易者趋势将发生某种变化，以及接下来大家的应对策略。这一节带领大家学习一下分手线形态。

（一）形态分类

分手线形态分为 2 种：一种是前阳后阴的看跌分手线，另一种是前阴后阳的看涨分手线。两种组合形态的性质有差别，前一形态多显示为卖出信号，后一形态则多显示为买入信号。如图 4-30 所示。

1. 看跌分手线

看跌分手线是在下降趋势中先出现一根反向的阳线，第二天开盘价在第一天开盘价附近，形成继续原来趋势运行方向的阴线，价格出现续跌，收出与第一根阳线相反的阴线。第二根 K 线的颜色说明目前市场处于空头持续状态，表明弱势未改。

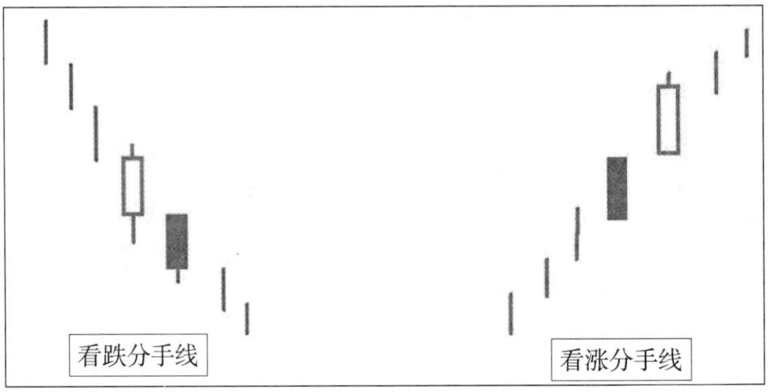

图 4–30　分手线

如果看跌分手线出现在前期形态支撑位破位后 -3% 市价附近，则其下跌的可能性将加强。分手线形态的 K 线越长，趋势处于持续状态的信号可靠性就越强，对行情的研判更具意义。

2016 年 1 月，在下跌趋势中，江苏索普（600746）的股价出现阴孕阳看涨形态（见后文“孕线”）。但随即出现了看跌分手线形态，使阴孕阳看涨形态失效，预示着行情将继续寻底。如图 4–31 所示。

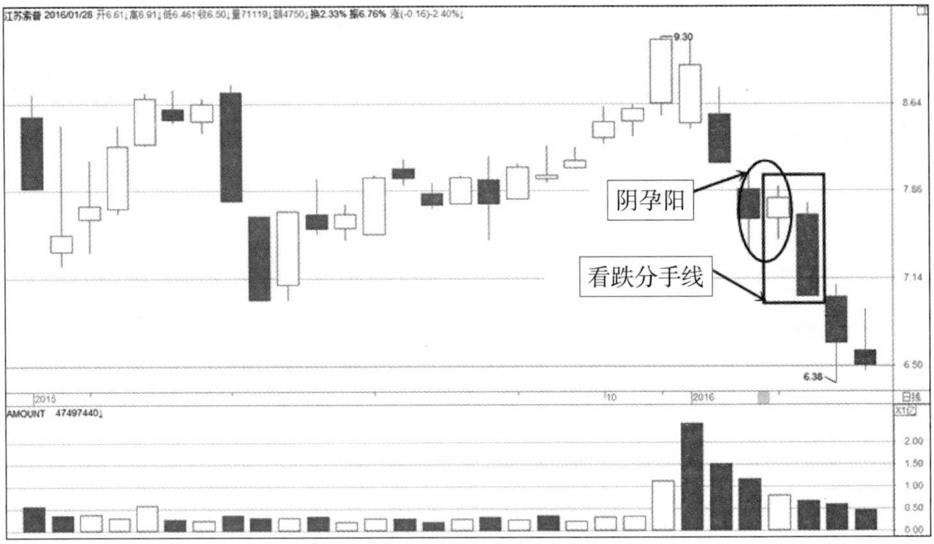

图 4–31　江苏索普（600746）2015 年 9 月—2016 年 1 月的日 K 线图

2. 看涨分手线

看涨分手线是指在上涨趋势中先出现反向的一根阴线，第二天开盘价在第一天开盘价附近，形成继续原来趋势运行方向的阳线，价格出现回升，收出与第一根阴线相反的阳线。第二根 K 线的颜色说明目前多头处于持续状态，表明市场强势未改。

看涨分手线中的这根阴线，相当于多方进行了一次成功的洗盘，将多方队伍中持股意志不坚定的清洗出局，后市自然可以看高一线。

2014 年 11 月 5 日，国新能源（600617）的股价形成看涨分手线形态。此分手线形成的时机值得留意，形成该形态时，股价刚好突破前期筹码密集平台，因此是一种突破的模式。其中，看涨分手线中的这根阴线，是一次突破筹码密集平台后的成功回踩。主力控盘时稳扎稳打，成功地清洗了一批持股意志不坚定者。随后，股价由波段低点 12.69 元一路上涨至波段高点 19.11 元，累计涨幅达 51%。如图 4-32 所示。

图 4-32　国新能源（600617）2014 年 7 月—12 月的日 K 线图

（二）要点提示

（1）一阴一阳两根 K 线实体的长短最好大体相当。若是一根过长一根过短，会降低判断的准确性。

（2）两实体间允许有小缺口或轻微的切入。

（3）分手线出现的位置不同，代表的意义也不同。

（4）第一天的 K 线和市场原有的发展趋势相反，第二天 K 线的颜色和第一根 K 线的颜色相反，并且第一天 K 线的开盘价和第二天 K 线的开盘价基本一致。

（三）操作策略

分手线出现的频率并不高，一般出现在上升行情和下降行情的运行途中，是一种中继形态。处在上升行情中的分手线，可适时做多。处在下降途中的分手线，可适时做空。

（1）处在股价高位的看跌分手线，是强烈的卖出信号。高位看跌分手线出现的频率很低，一旦出现，要毫不犹豫地出手，不然就会失去一次难得的逃顶机会。

（2）低位出现看涨分手线，一般是见底信号，可以大胆买入。

（四）案例分析

1. 三爱富（现名国新文化，600636）

2011 年 4 月 28 日—29 日，在上升回档过程中，三爱富（现名国新文化，600636）的股价形成了标准的看涨分手线形态，暗示市场当前的上升趋势仍将继续，随后股价从 24.61 元涨至 36.25 元。上升趋势中出现看涨分手线形态，基本说明该股主力短线即将进一步拉升。这种快速洗盘和拉升，本身就表明主力在迫不及待地做多，前一天假破位将持股态度不坚定的交易者清洗出局之后，第二天直接高开，不给交易者低吸的机会，不少交易者因此错过了上车的机会。如果交易者非要参与，就要被迫追高，抬高持股成本。如图 4-33 所示。

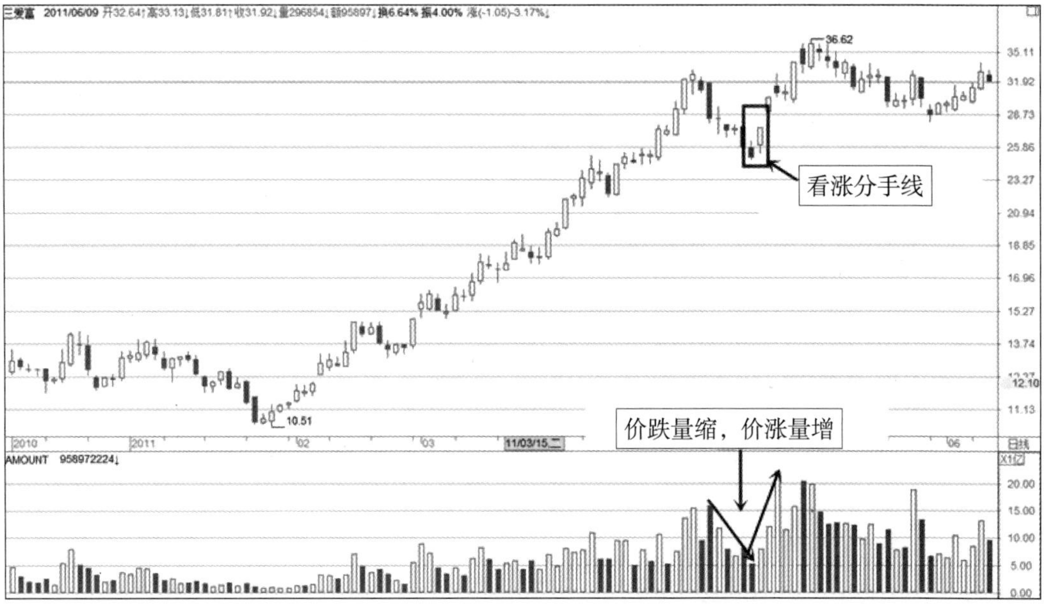

图 4-33　三爱富（现名国新文化，600636）2010 年 12 月—2011 年 6 月

2. 京粮控股（000505）

2015 年 6 月，京粮控股（000505）在天顶形成看跌分手线，伴随着趋势指标 MACD 高位死叉，此后股价出现连续暴跌。不到 1 个月的时间，从天顶的 23.20 元跌至波段低点 6.85 元，累计跌幅达 70.47%。如图 4-34 所示。

图 4-34 京粮控股（000505）2015 年 6 月在天顶形成下跌分手线

3. 银星能源（000862）

在下跌途中，2015 年 8 月 19 日—20 日，银星能源（000862）收出一组看跌分手线形态。由于 8 月 19 日该股的这根假阳线刚刚暴力跳空，跌破前期头部平台，此时收出看跌分手线形态，更加强了其看空信号。结果此后该股股价如流星般飞流直下，从 5 月 20 日的天顶价 11.81 元，一直跌到 9 月 15 日的 5.80 元才止跌企稳，短短 19 个交易日，股价惨遭腰斩，场面极其惨烈。如图 4-35 所示。

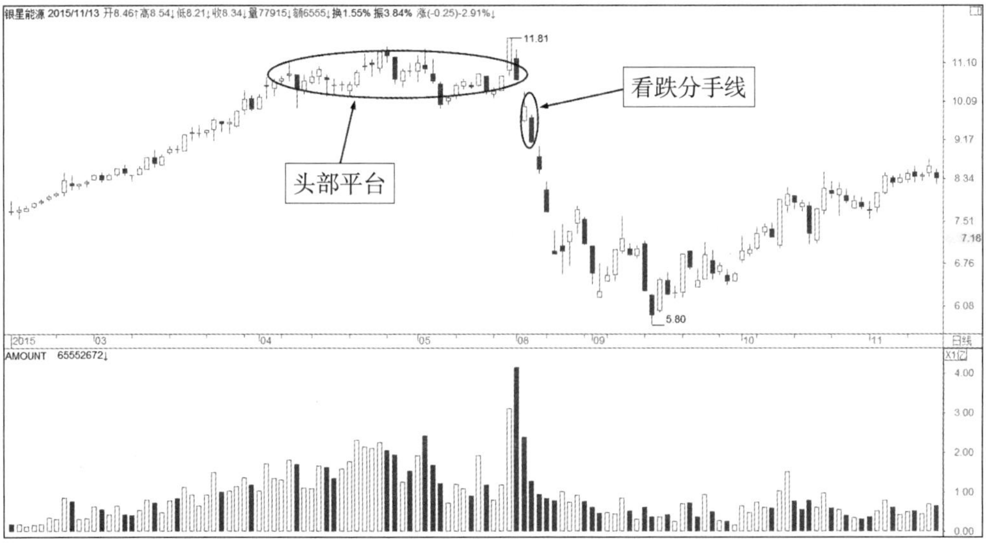

图 4-35 银星能源（000862）2015 年 8 月 19 日—20 日收出一组看跌分手线形态

八、约会线

当两根颜色相反的 K 线具有相同（相近）的收市价时，就形成了一个约会线形态，也称反击线形态。如图 4-36 所示。

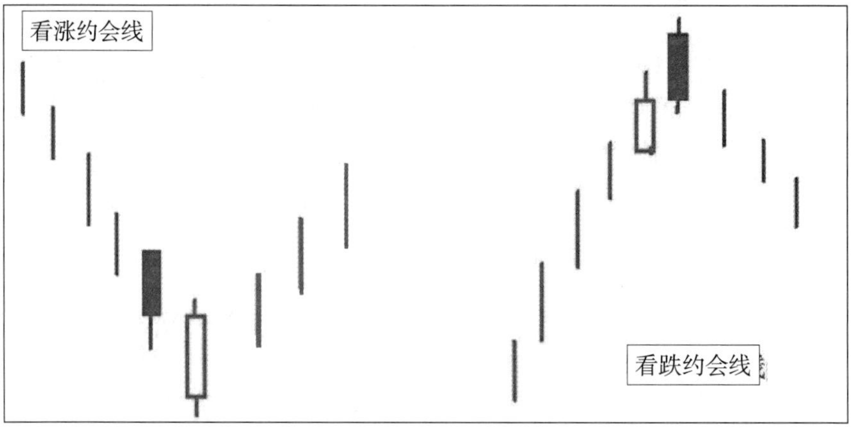

图 4-36　约会线

（一）形态特征

（1）看涨约会线：在下跌行情末期，第一根 K 线是较大的阴线，第二根 K 线大幅跳空低开，之后开始回升，收盘价回到前一日的收盘价水平，形成看涨约会线形态。

（2）看跌约会线：在上涨行情末期，第一根 K 线是较大的阳线，第二根 K 线大幅跳空高开，之后开始回落，收盘价回到前一日的收盘价水平，形成看跌约会线形态。

（二）多空分析

（1）看涨约会线出现在下跌行情末期，一根中阴线后，股价大幅跳空低开，显示空方力量异常强大，做空动能十足。但随后股价被推回到前一交易日收盘价附近，表明空方力量衰竭，趋势可能发生改变，构成看涨信号。看跌约会线同理。

（2）约会线形态的核心思想是，市场本来已经顺着既有趋势向前更进一步，但后来发生了意想不到的反转，到当天收盘，市场竟然完全回到前一天的收盘价水平。

（三）操作策略

出现的位置不同，约会线表达的市场意义也不同。看涨约会线和看跌约会线属于一种反转信号，但是其反转意义较其他组合形态稍弱。在实际操作中，要结合成交量以及后面的验证信号来综合判断其市场意义，切不可生搬硬套。

（四）案例分析

1. 宝德股份（300023）

2016 年 2 月 15 日，宝德股份（300023）的股价形成看涨约会线形态。此前，该股股价一直处于上涨趋势中，并且短期有过强势上涨，1 月 26 日开始调整。2 月 15 日，该股股价出现约会线形态后，技术形态上呈现小双底形态，随即股价进入暴力拉升阶段，从约会线形态当天的最低价 13.60 元升至最高 37.71 元，短短 1 个月时间，累计升幅达 177.28%。如图 4–37 所示。

图 4–37 宝德股份（300023）2016 年 1 月—4 月的日 K 线图

2. 信维通信（300136）

2019 年 1 月 3 日，信维通信（300136）的股价出现一根大阴线，4 日跳空低开，但收盘回到了 3 日收盘价附近，两根日 K 线组成看涨约会线形态。此后，该股股价连续下探，但最终未能回落到看涨约会线当天最低价附近。到 18 日形成小双底形态，之后，股价一飞冲天，3 月 6 日最高涨到 32.38 元，短短 38 个交易日，累计涨幅达 71.41%。如图 4–38 所示。

3. 四方达（300179）

2015 年 5 月 21 日，经历连续大幅上涨后，四方达（300179）的股价当日继续大涨，最终以一根惊天大阳线定格在涨停板上。次日，该股股价跳空高开，但盘中发生了惊天逆转，尾盘仅收在 21 日收盘价附近，全天以中阴线报收，两根 K 线组合成看跌约会线形态。

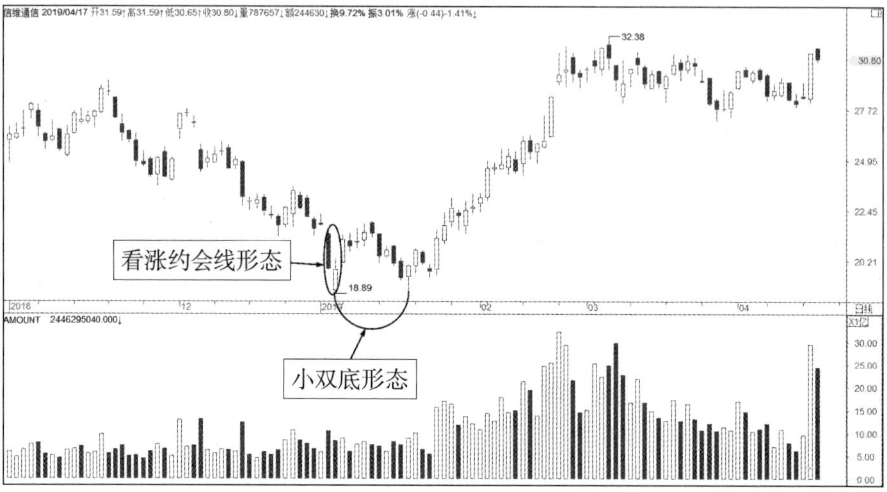

图 4–38　信维通信（300136）2018 年 10 月—2019 年 4 月的日 K 线图

在如此高位形成看跌约会线形态，其看跌意义不容小觑。结果该股股价从当天的 17.02 元见顶回落，先阴跌后暴跌，至 7 月 8 日的 5.61 元才止住下跌，短短 32 个交易日，股价跌去了 67%，场面惨烈至极。巧合的是，在 7 月 8 日当天，该股以看涨约会线形态止跌，随后展开一波凌厉的反弹走势，5 个交易日反弹了 64%。如图 4–39 所示。

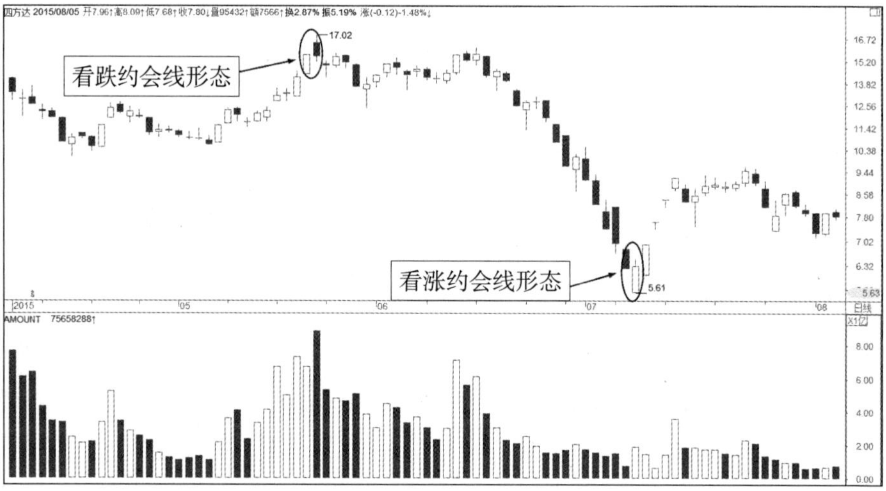

图 4–39　四方达（300179）2015 年 4 月—8 月的日 K 线图

4. 利安隆（300596）

当股价处在涨升初期或主升浪阶段时，如果出现看跌约会线形态，那么此时要注意等待进一步的确认信号，有可能行情就此终结，也有可能是上涨中继。

在涨升初期，2018 年 10 月 26 日，利安隆（300596）的股价形成看跌约会线形态，结果股价仅调整一日便重拾升势，可据此断定该 K 线形态为上涨中继形态。如图 4–40 所示。

图 4-40　利安隆（300596）2018 年 8 月—2019 年 1 月的日 K 线图

5. 南方航空（600029）和华域汽车（600741）

当个股处在下跌行情初期或大级别下跌趋势中途时，如果出现看涨约会线形态，那么要等待行情进一步验证，股价不一定会止跌企稳。

在下跌行情初期，2015 年 8 月 19 日，南方航空（600029）形成看涨约会线形态，但股价并未止跌企稳，相反，这里只是下跌的开始阶段。形成看涨约会线形态后，仅过一日，股价便破位下跌。如图 4-41 所示。

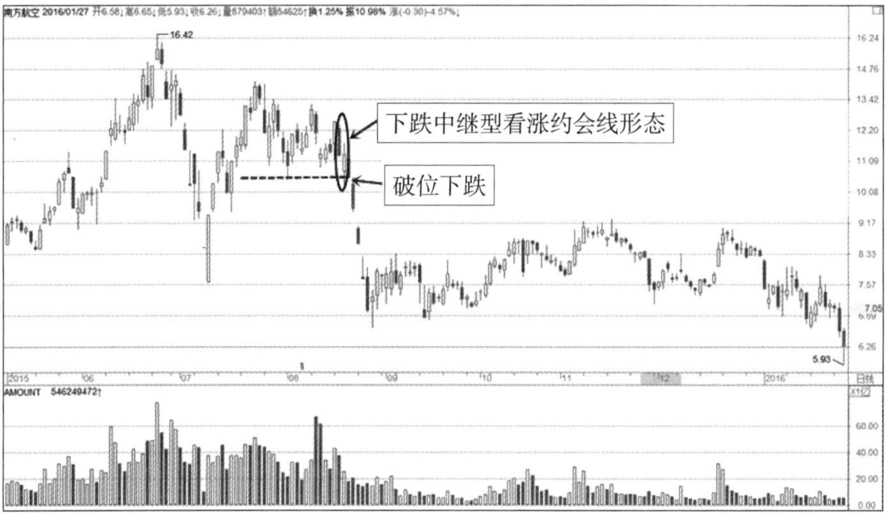

图 4-41　南方航空（600029）2015 年 5 月—2016 年 1 月的日 K 线图

同期，在下跌行情初期，华域汽车（600741）的股价也形成看涨约会线形态，之后不久便开始暴跌。如图 4-42 所示。

图 4-42　华域汽车（600741）2015 年 5 月—12 月的日 K 线图

九、看跌吞没形态

看跌吞没形态又叫看跌抱线形态，有的分析师也将其称为空头穿头破脚形态。看跌吞没形态是由两根 K 线组合而成的，后面的阴线实体盖住了前面的阳线实体。跟看涨吞没形态正好相反，这种形态出现在上升趋势（或下降趋势的次级折返趋势）末期，对上升行情具有极其强烈的反转作用。如图 4-43 所示。

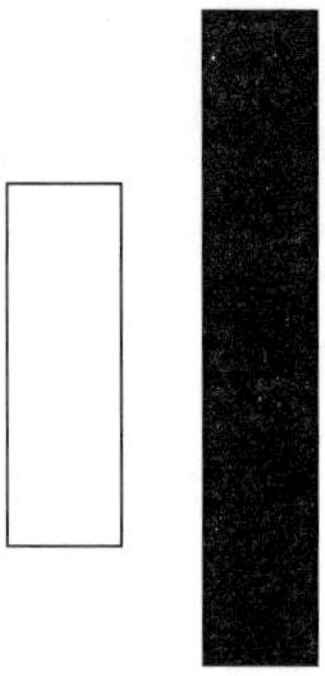

图 4-43　看跌吞没形态

（一）要点提示

看跌吞没形态出现在一轮明显的上升趋势末期。如果这种形态同时具有下面一些参考性要素和特征，那么其构成重要反转信号的可能性将大大增强。

（1）看跌吞没形态必须由两根 K 线组成，第二根 K 线实体必须覆盖第一根 K 线实体，并且第一根 K 线必须是阳线，第二根 K 线必须是阴线。如果第一天的实体非常小，第二天的实体非常大，那么这种情况可能说明原有趋势的驱动力正在消退，新趋势的潜在力量正在壮大。

（2）看跌吞没形态出现在超长期或非常剧烈的市场运动之后。如果存在超长期的上升趋势，则增加了以下这种可能性：潜在的买家大都已经入市买进，持有多头头寸，市场缺少足够多的新的多头头寸，无力继续推动市场上升。如果存在非常剧烈的市场运动，那么市场可能已经朝一个方向走得太远，容易遭受空头获利盘的抛盘打击。

（3）在看跌吞没形态中，第二个实体伴有超大的成交量，这种情形可能属于巨量出货引发的暴跌现象。

（4）在看跌吞没形态中，第二天的实体向前吞没的实体不止一个。

（二）案例分析

1. 兰花科创（600123）

2015 年 6 月 15 日，兰花科创（600123）当天收出的大阴线吃掉了前面 3 个交易日的 K 线，这是非常极端的杀跌信号。同时，经历了长达 1 年以上的长期上扬后，该股股价处在相对高位。遇到大环境不好，技术面发出强烈的卖出信号，随后的 2 个月内，该股股价暴跌将近 60%，这是相当经典的做空走势。股市如战场，要想在巧取豪夺、弱肉强食的股市中生存，没有一套操盘方法和自我保护策略，是万万不行的。如图 4–44 所示。

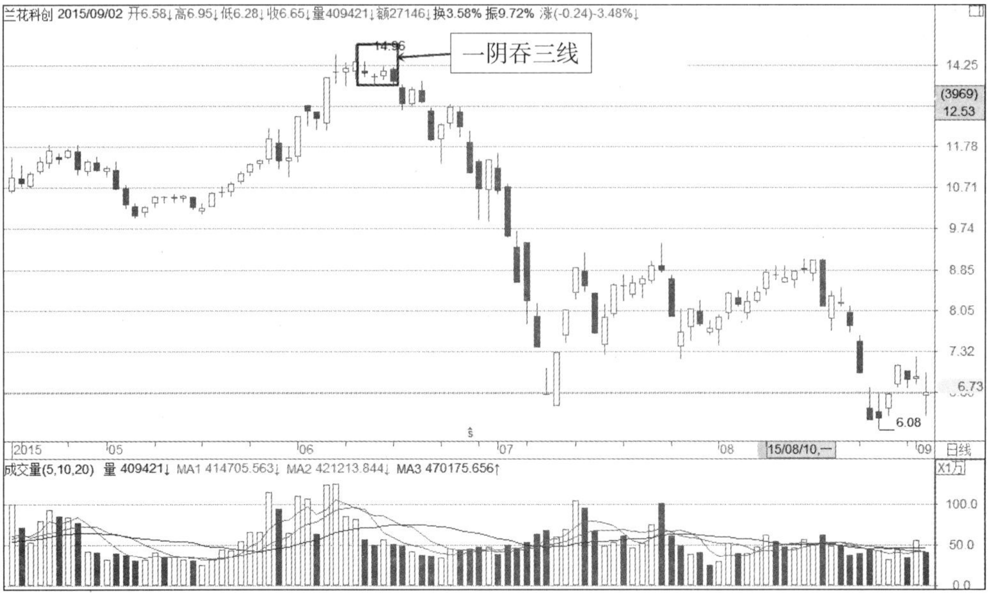

图 4–44　兰花科创（600123）2015 年 4 月—9 月的日 K 线图

2. 中光防雷（300414）

2015 年 6 月 12 日，次新股中光防雷（300414）的股价在天顶处形成一根长而有力且有成交量支持的大阴线。有经验的交易者应该都知道，这往往是主力巨量出货，股价即将展开暴跌的先兆。幸运的是，直到大阴线当天收盘，该股股价仍旧未封死在跌停板，这实乃交易者跟随主力不计成本出货的天赐良机。如果错过这个机会，那么接下来面对的可能就是连续的暴力跌停。从看跌吞没形态高点 72.65 元算起，至 7 月 8 日波段低点 24.91 元，半个多月的时间，股价跌去 65.71%，惨烈至极。如图 4–45 所示。

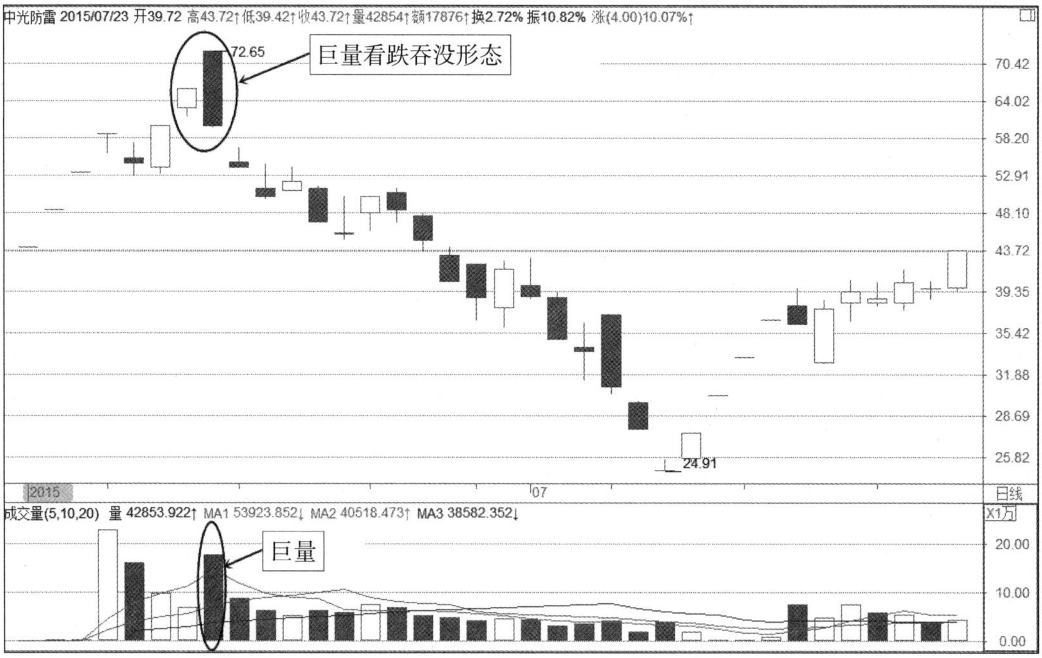

图 4–45　中光防雷（300414）2015 年 6 月—7 月的日 K 线图

3. 嘉澳环保（603822）

在大的下降趋势的次级折返走势中，若出现看跌吞没形态，威力不容小觑。2017 年 4 月 25 日，在次级折返走势的顶部，嘉澳环保（603822）的股价放巨量形成看跌吞没形态。此前，该股股价经历了一小波明显的上涨趋势，但这波上涨趋势是在大的下降趋势之中，所以应视之为下降趋势中的次级折返走势。随后股价出现连续暴跌，从看跌吞没形态的高点 83.54 元算起，至 6 月 1 日的波段低点 37.09 元，累计跌幅达 55.6%。如图 4–46 所示。

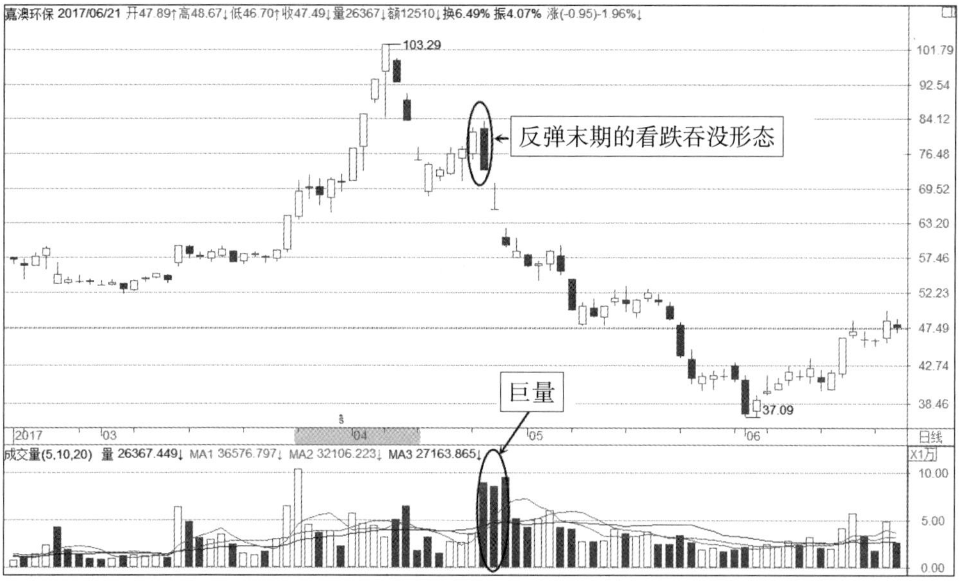

图 4-46　嘉澳环保（603822）2017 年 2 月—6 月的日 K 线图

十、看涨吞没形态

春夏秋冬，日升日落，周而复始，太阳底下没有什么新鲜事。股市中也是如此，出现过的还会再次出现，一些规律性的东西不断地循环往复。通过研究历史，可以很好地预知后事的发展方向。本节将学习另一种重要的底部反转形态——看涨吞没形态，有的分析师也将其称为多头穿头破脚形态。如图 4-47 所示。

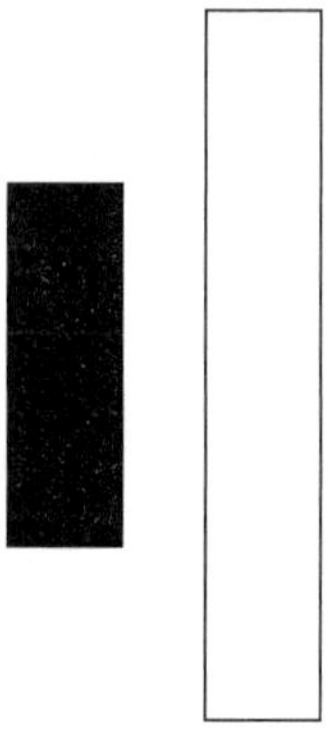

图 4-47　看涨吞没形态

多头穿头破脚必须处在下降趋势中，或者是上升趋势的次级折返走势中，也就是说，此前价格必须经历过持续的大幅下跌。有一天，股价以新低开盘，然后市场突然出现迅速的买入狂潮，并伴随着巨大的成交量，到收盘时，股价比前一天的开盘价还要高，下降趋势被破坏。如果次日价格仍然走高，则下降趋势将被彻底反转。

（一）多空分析

在强度上，看涨吞没形态的反转意义不逊于启明之星（见后文），临盘时见到此形态，要高度重视。通过图 4–47 可以看到，在技术形态上，看涨吞没形态要求右面的阳线实体完全盖住左面的阴线实体。

经过大幅杀跌后，无助的交易者在左面的阴线中出局，但右面的阳线实体突然吞噬了左面的阴线实体。此时，在前日阴线中被洗出局的交易者，其懊悔痛惜之情恐怕大多数交易者都深有体会。第二日拉长阳线后，卖出的交易者大都急于回补手上的头寸，这样一来，阳线抄底者、杀跌出局者短期内就达成了看涨做多的默契，于是，下跌趋势被彻底逆转，底部就此确认，上升趋势从此展开。关于该形态更多的解读，请参考后文的“抱线”，这里不再赘述。

（二）案例分析

1. 中化国际（600500）

经过长期下跌后，2016 年 2 月，中化国际（600500）的股价从 12.90 元跌至 7.42 元，下跌幅度达 42.48%。此时 K 线图上出现了看涨吞没形态，应该引起高度重视。激进交易者可以适量跟进，稳健的交易者可以等股价突破下降压制线后适度跟进。此时，中期均线 60 日均线依然呈下降趋势（详见后文“均线战法”），所以无论激进交易者还是稳健交易者，都只能适度跟进，把此波行情当作反弹看待，控制仓位，随时准备溜之大吉。如图 4–48 所示。

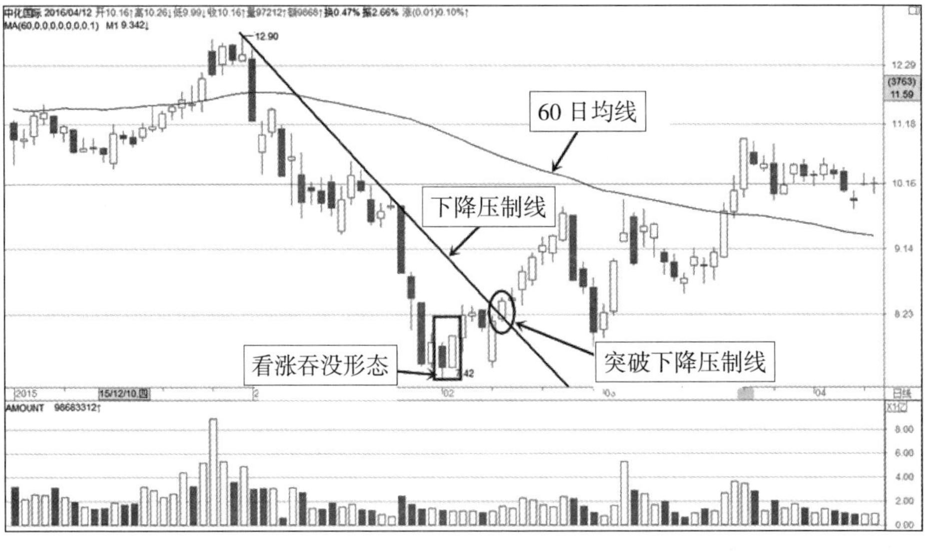

图 4–48　中化国际（600500）2015 年 12 月—2016 年 4 月的日 K 线图

2. 吉峰科技（300022）

2014 年 5 月，在底部区域，吉峰科技（300022）的股价以一个看涨吞没形态和一个低位阴孕阳（身怀六甲）形态构造了双底。值得留意的是，此看涨吞没形态连续吃掉此前 13 根 K 线，并且深深地插入到前面第 14 根大阴线之中，K 线合并后，此 K 线可看作一个巨型的插入线形态。据此分析，此看涨吞没形态的看涨信号极强，激进的交易者可于当天介入，稳健的交易者可以等股价突破下降压制线后再行买入，保守型交易者可以在双底处买入，更为保守的交易者，可在均线形成多头排列的位置买入（见后文“多头排列战法”）。此后，该股从最低价 5.61 元一口气涨至波段高点 9.21 元，累计升幅达 64.17%。此后经过略微调整，最高涨至 23.50 元。

通过比较可以看出，以看涨吞没形态狙击个股的收益率最大，但其不是最佳买点。最佳买点应为回踩压制线形成阴孕阳（身怀六甲）处。原因有三：一是突破压制线后回踩的低点；二是阴孕阳形态也是极强的见底信号；三是形成双底，买入较为稳妥，此时不买更待何时？突破压制线后的买点最差，技术功底薄弱的交易者，可能会在双底处被洗出局。

从这个案例看出，在底部构造中，看涨吞没形态具有较强的参考价值，出现后虽然未必马上就要入场，但一定要做好扫货的准备。如图 4-49 所示。

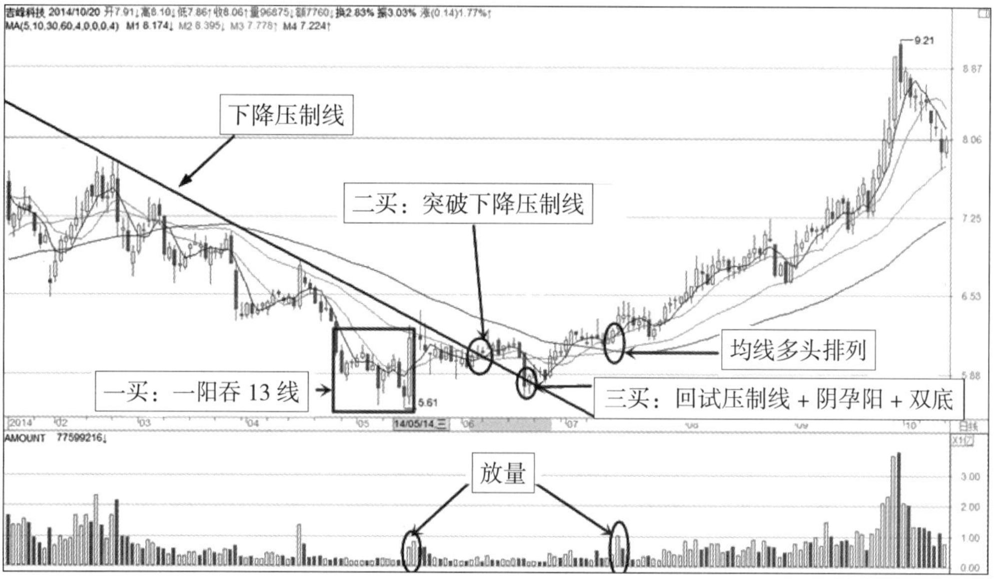

图 4-49 吉峰科技（300022）2014 年 1 月—10 月的日 K 线图

3. 攀钢钒钛（000629）

2015 年 2 月，攀钢钒钛（000629）的股价形成看涨吞没形态。形成此形态前，该股股价从高位的 3.88 元下跌至 2.80 元，累计跌幅达 27.84%，符合较大幅度下跌的前提条件。需要注意的是，此时股价并非处于下跌趋势，而是上升趋势的次级折返走势。在次级折返走势中出现反转形态，往往要比原趋势中形成的反转形态信号更强。此后，该股股价一路上扬，涨至波段高点 6.08 元时才出现调整，累计升幅达 117.14%。如图 4–50 所示。

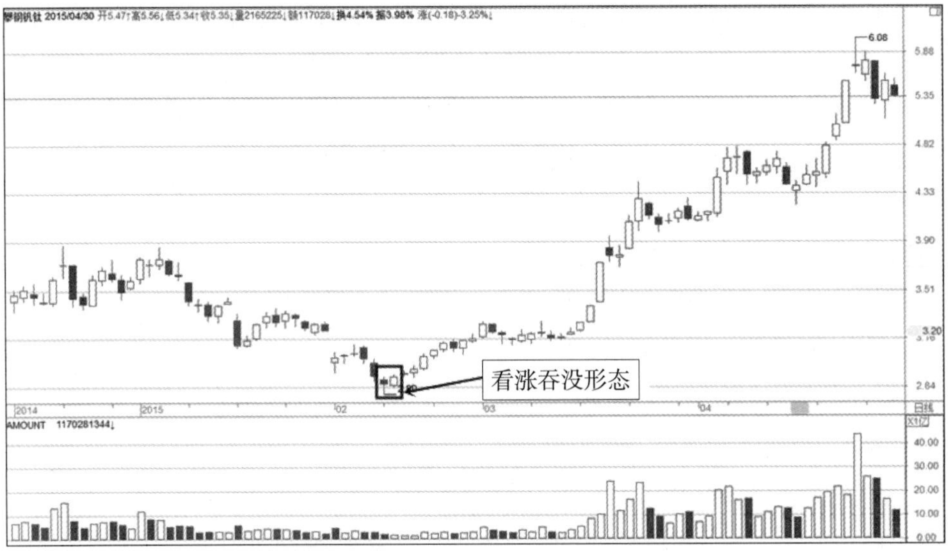

图 4–50　攀钢钒钛（000629）2014 年 12 月—2015 年 4 月的日 K 线图

十一、抱线

抱线，有的分析师称之为穿头破脚、吞没形态或者包线，是见底信号或见顶信号中最常见的形态。很多个股的底部反转或顶部反转都是从这种形态开始的，所以研究好抱线，有助于准确抄底逃顶，提高胜率。如图 4–51 所示。

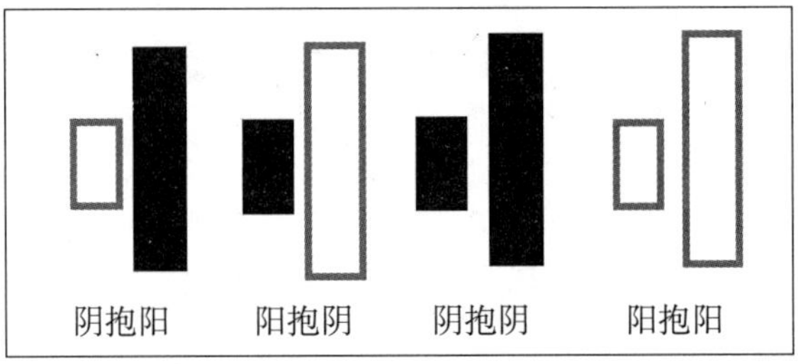

图 4–51　抱线

（一）形态特征

抱线是由两根 K 线组成的，其基本形态为：左边的 K 线是阴线（阳线），右边的

K 线是阳线（阴线），但是右边的 K 线完全包住了左边的 K 线（包括影线，最起码要包住左边的 K 线实体），右边的 K 线是一种低开高走（高开低走）形态，一般伴随着成交量的急剧放大。

（二）多空分析

抱线只有出现在下跌（上升）行情的末端，也就是阳抱阴（阳抱阳）出现在低位，阴抱阳（阴抱阴）出现在高位，才会对行情产生绝对的扭转作用。如无特殊说明，本书所述抱线皆为高位（低位）出现的形态，而不是行情中途出现的形态。下文以阳抱阴举例说明，阴抱阳与阳抱阴形态相反，多空博弈过程与操作要点相反，兹不赘述。

大盘经过长时间的下跌之后，突然有一天，股价跳空低开，空方力量非常凶猛，但是股价低开后并没有继续下探，而是快速上涨，并一举吞没了前面的 K 线，形态上好像这根阳线完全包住了前面的 K 线，形同一个大人抱着一个孩子，这是一种典型的股价见底信号。这种形态经常出现在下跌趋势末端，但有时也出现在整理形态快结束的时候。出现在下跌行情末端，往往预示着空方力量衰竭。如果出现在整理形态末端，往往意味着最后一次洗盘结束。

（三）要点提示

（1）阳抱阴一定要有成交量相配合，右边的阳线一定要放量。放量有两种：一种是绝对放量，另一种是相对放量。对于阳抱阴形态来说，绝对放量和相对放量这两个条件都要满足。绝对放量是指换手率不能低于 3%，低于这个换手率，即使形态符合抱线标准，其信号的可靠性也要打个折扣。相对放量是指这根阳线的成交量，一定要大于最近 5 日平均成交量的 2 倍以上，要给人一种突然放量的感觉。阴抱阳一般不需要成交量相配合。

（2）右边的阳线必须是低开的，开盘价一定要低于前一天的收盘价，低开的幅度越大越好。

（3）右边放量阳线很可能会包住左边的多根 K 线，这种情况也属于抱线，包住的 K 线越多，信号的可靠性越强。

（4）阳线最好是收出光头光脚的大阳线，当然也可以带有一定的上下影线，但是 K 线实体部分必须要包住前面 K 线的实体部分。也就是说，左边 K 线的实体都要在右边阳线的实体之内。

（5）周线或者月线上出现这种形态时，如果成交量配合得当，那么可以确认真正的大底到来，之后无论出现任何振荡或者回调，都要敢于买进。

阳抱阳与阳抱阴，阴抱阳与阴抱阴，它们都属于同类性质的 K 线，分析要点与实战技巧基本相同，不再赘述。更为具体的案例分析，请参考“看涨吞没形态”与“看跌吞没形态”。

十二、孕线

孕线又叫母子线，是由两根K线组合而成的。组合形态与抱线相反，第一根K线是长K线，第二根K线为短K线，第二根K线的最高价和最低价均不能超过前一K线的最高价和最低价。

这种前长后短的组合形态，形似身怀六甲的妇女，所以称为孕线。孕线孕育着希望，表示趋势随时都可能会反转。

孕线一般分为以下3种形态，如图4–52所示。

A. 前一根K线是一根大阳线，后一根K线是一根短小的阴线，称为阳孕阴。

B. 前一根K线是一根大阴线，后一根K线是一根短小的阳线，称为阴孕阳。

C. 前一根K线是一根大阳线（大阴线），第二根K线是一根十字线，称为“十字胎”。一般孕线不属于主要的反转形态，但“十字胎”形态的反转意义更为强烈。

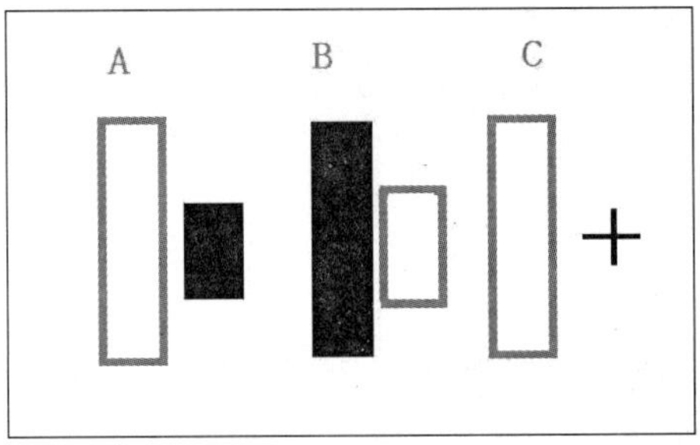

图4–52 孕线

（一）形态特征

（1）秉承前期走势，第1根K线为一个长长的实体，它将第2天的小实体及其上下影线完全包含起来。

（2）在孕线形态中，两根K线的实体颜色应该互不相同，但这不是形态成立的必要条件，其中，第2根K线实体的颜色并不重要。

（3）在孕线形态中，两个实体的相对大小至关重要，上下影线的长短则无关紧要。

（4）在孕线形态中，第2天的K线实体越小，整个形态的反转力量越大，对短期股价产生的影响也越大。

（二）多空分析

孕线是K线形态中的一种转折组合形态，按照字面意思，可以理解为前一根长K线把后一根短K线包含住了。在多空变化上，以前一段时间内的多空趋势为标准。如果某天突然在前一交易日的波动范围内开盘，那么当日收盘后，股价的上升或下跌幅度也比第一交易日要小，此为多头或空头市场由趋势明确的单边市变为犹豫不决，市场需要寻找新的发展方向。抓住这个本质，就能更好地理解孕线的真正含义。

（三）要点提示

（1）左边的 K 线可以是阳线也可以是阴线，可以带有上下影线。但如果是光头光脚的大阳线或大阴线，并伴随着成交量放出，可信度会更高。

（2）右边 K 线实体最好与左边 K 线实体颜色相反，但是绝对不可以超过左边的 K 线实体。右边 K 线可以带有上下影线，但是影线越短越可信。

（3）高位中的阳孕阴，多为天顶信号。出现该形态后，股价至少要出现一波中级以上的下跌行情，交易者要注意及时卖出。

（4）低位出现的阴孕阳，多为大底信号，孕线过后多会出现一波中级以上的上涨行情。交易者应多关注此处的买入信号，一旦确认，就应果断进场做多，以免错失进场良机。

（四）实战解析

1. 维科技术（600152）

2014 年 9 月—2015 年 6 月，维科技术（600152）的股价出现了一波快速下跌走势。在短期深幅下跌后，2015 年 1 月 20 日，该股股价出现了一个具有底部反转意义的看涨孕线形态——阴孕阳。它的出现是空方抛压开始衰竭、多方力量开始聚集的信号，这种信号出现在个股累计跌幅较大时，很可能是意义重大的底部标志。此后，该股股价止跌为升，至 6 月 17 日，该股最高涨至 21.03 元。从 1 月 19 日阴孕阳形态最低点 6.35 元算起，不到半年时间，累计升幅达 231.29%。如图 4–53 所示。

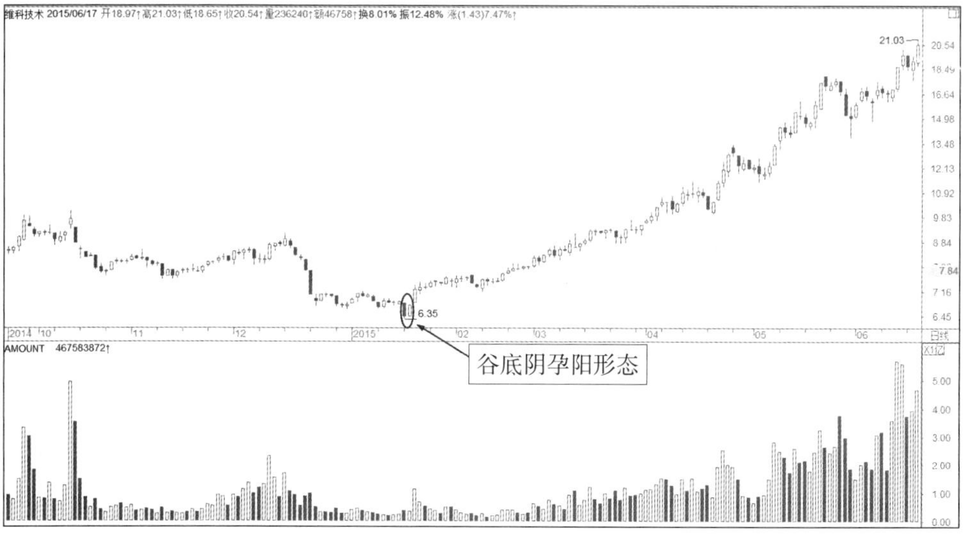

图 4–53　维科技术（600152）2014 年 9 月—2015 年 6 月的日 K 线图

2. 机器人（300024）

2019 年 3 月 8 日，机器人（300024）在波段高位首次出现阳孕阴看跌形态。如果此时交易者没有及时出逃，那么市场给了他们二次出逃的机会。时隔 9 个交易日，即在 3 月 21 日，该股股价再次出现高位阳孕阴看跌形态，并且在技术形态上形成了双头形态。出现该形态，稳健交易者应该选择减仓，这可以说是不二的选择。结果该股股价在第二次出现高位阳孕阴形态后即转升为跌，至截图时，该股股价从第二次阳孕阴的最高价 21.38 元，跌至 4 月 16 日的波段低点 17.73 元，短短 18 个交易日，跌幅近 20%，几近 2 个跌停的幅度。如图 4–54 所示。

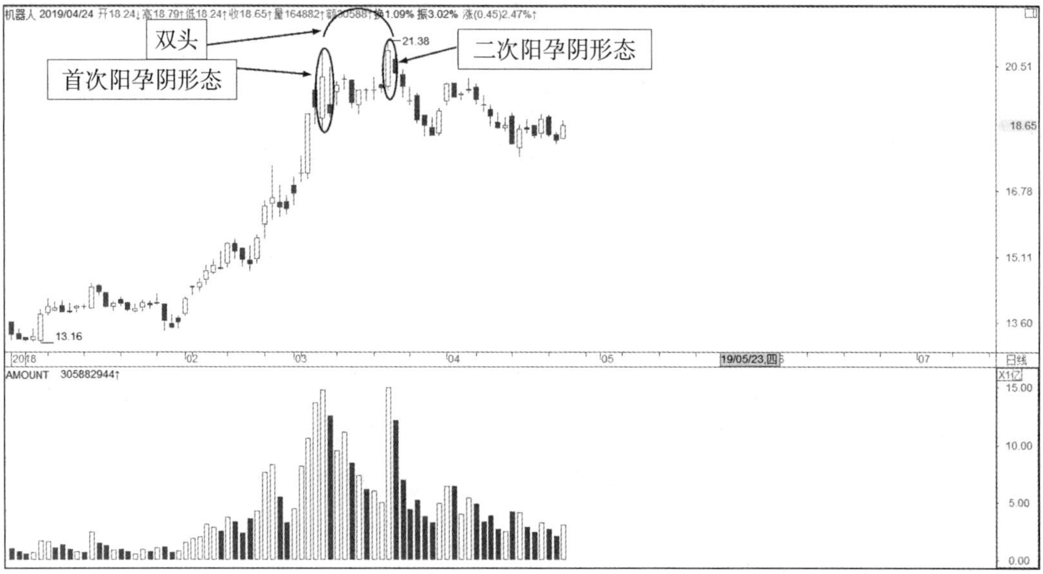

图 4–54　机器人（300024）2018 年 12 月—2019 年 4 月的日 K 线图

3. 大东海 A（000613）

2018 年 5 月 22 日，大东海 A（000613）的股价在高位形成第一个阳孕阴形态。在接下来的 5 月 25 日，该股股价形成第二个阳孕阴形态。如果在第一个阳孕阴形态出现时，交易者抱有侥幸心理，亦或一时疏忽没有及时出逃，那么第二个阳孕阴形态无疑再次向交易者发出了警告。第二个阳孕阴形态不是普通的阳孕阴形态，它孕育的是一颗十字星，这更加强化了孕线形态的反转看跌信号。此外，出现阳孕阴形态时，还伴随着 KDJ 指标的高位死叉，此时不跑，更待何时？

第二个阳孕阴形态出现的次日，该股股价开始狂泄，从高位的 13.78 元一路跌至 7 月 19 日的波段低点 7.46 元，不到 2 个月时间，股价几近腰斩。巧合的是，该波段低点正是以底部反转信号阴孕阳形态止跌的，并且伴随着 KDJ 指标的低位金叉。如图 4–55 所示。

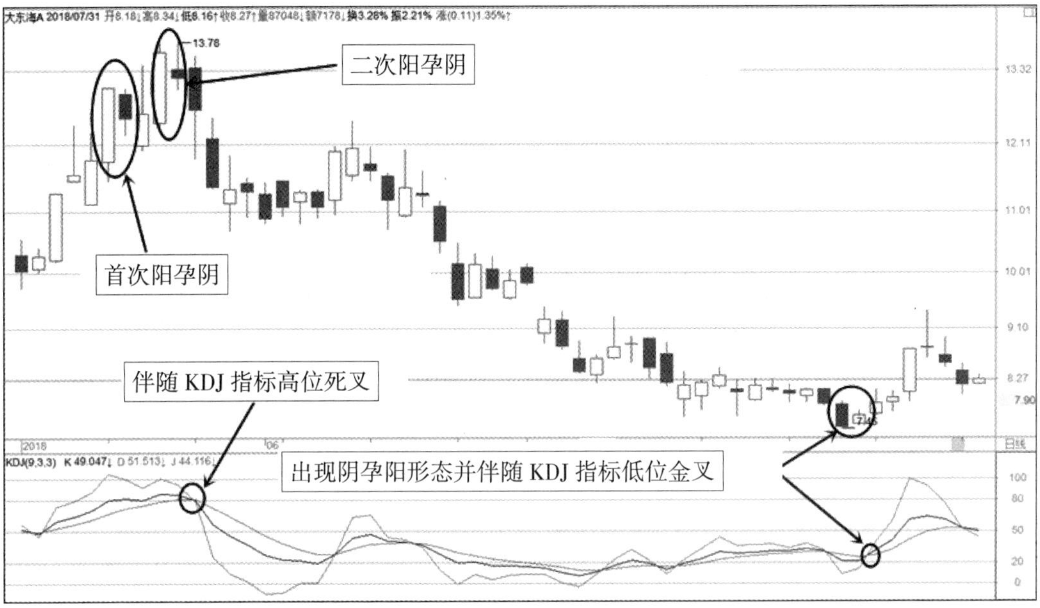

图 4-55　大东海 A（000613）2018 年 5 月—8 月的日 K 线图

十三、向上跳空星线

向上跳空星线是由一长一短两根 K 线组成的。前面是一根有较长实体的阳线。后面是一根向上跳空开盘且留有缺口（实体之间的缺口亦可）的星形小 K 线，小 K 线不分阴阳。

向上跳空星线是典型的见顶信号，该形态出现后，行情一般会出现一段下跌走势，应及时卖出股票。如图 4-56 所示。

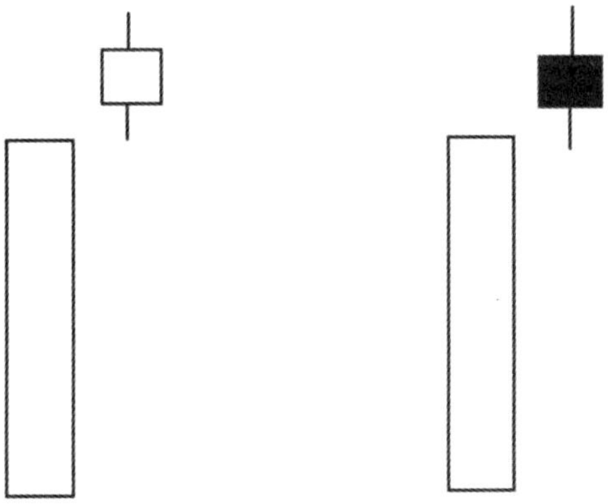

图 4-56　向上跳空星线的标准形态

（一）要点提示

（1）该形态应处在较高的位置，即该形态出现前，该股股价应有一定的升幅，这一升幅一般不低于20%。

（2）该形态的前一根K线必须是一根有较长实体的阳线，实体长度应该是次日星线实体的3倍以上。

（3）该形态的后一根K线与前一根K线实体之间要有明显的向上跳空缺口，没有缺口的星形线，不能称为向上跳空星线。

（二）操作策略

（1）向上跳空星线的最佳卖出时间是星形线出现的当日。一旦发现股价向上跳空高开，同时伴随着较大成交量，股价先是急涨，然后出现下行的走势时，就可认定向上跳空星线形成，此时应全部卖出手中的获利筹码。为了能顺利卖出，报价应低于市价1～2个价位。获利丰厚的交易者，还可挂出更低的卖出价格，甚至以跌停价卖出。

（2）出现向上跳空星线后，有的股票仅收一根阴线就反弹收阳线，在星形线出现的当日没来得及卖出股票的交易者，应趁反弹机会果断卖出。若失去这次卖出机会，到手的盈利至少损失10%以上。交易者要格外珍惜这一难得的卖出机会，不能存有等待反弹的侥幸心理，否则就会前功尽弃，到头来竹篮打水一场空。一定要记住，卖出股票的最好时机就在当下，因为大家可能根本等不到反弹。买入股票也一样，最好的买入时机就在此时此刻，因为大家可能根本等不到回档。

（3）出现向上跳空星线后，股价下跌的幅度一般会达到此前升幅的80%甚至100%，即跌回原起涨点价位。股价跌回到原起涨点价位时，先前卖出的交易者，此时可酌情抄底抢反弹，但出手不要太大，只能试探性买入。股价跌回到原位后，并不意味着就不再下跌了，有时仅在原位虚晃一枪就破位下行。若是一次进货过多，即使及时进行止损，其损失也是令人难以接受的。

（三）案例分析

1. 道琼斯工业指数

2018年9月21日，道琼斯工业指数形成第一次向上跳空星线形态。短暂回档后，于9月27日反身向上，并于10月3日再次形成向上跳空星线形态。如果第一次形成向上跳空星线时没来得及出逃，那么第二次向上跳空星线就是一次难得的卖出机会。如果没有把握住第二次机会，就会损失惨重。截至12月26日，道琼斯工业指数跌至波段最低点21712.53点，从第二次形成向上跳空星线形态的最高点26951.81点算起，累计跌幅达19.44%。对于美股来说，这个跌幅已经算得上股灾级别。如图4–57所示。

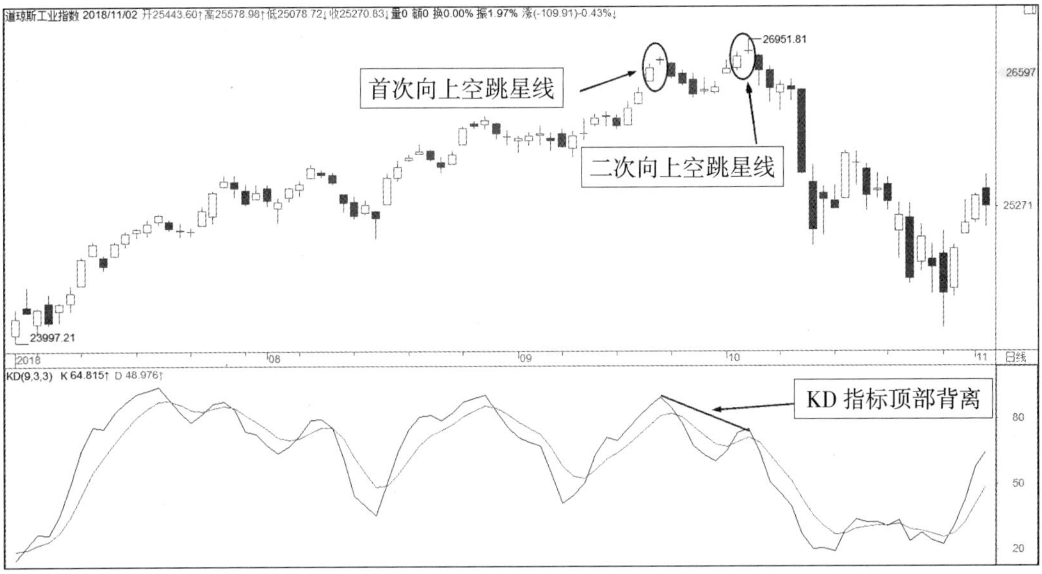

图 4-57　道琼斯工业指数 2018 年 6 月—11 月的日线图

2. 科技 100 指数

2018 年 3 月 12 日，科技 100 指数形成向上跳空星线。次日，科技 100 指数高开低走，出现一根大阴线。由于美股有健全的做空机制，此时交易者应该毫不犹豫地反手做空。从 3 月 13 日的最高点 7186.09 点算起，至 4 月 4 日的波段低点 6326.54 点为止，短短 14 个交易日，累计跌幅达 11.96%。如图 4-58 所示。

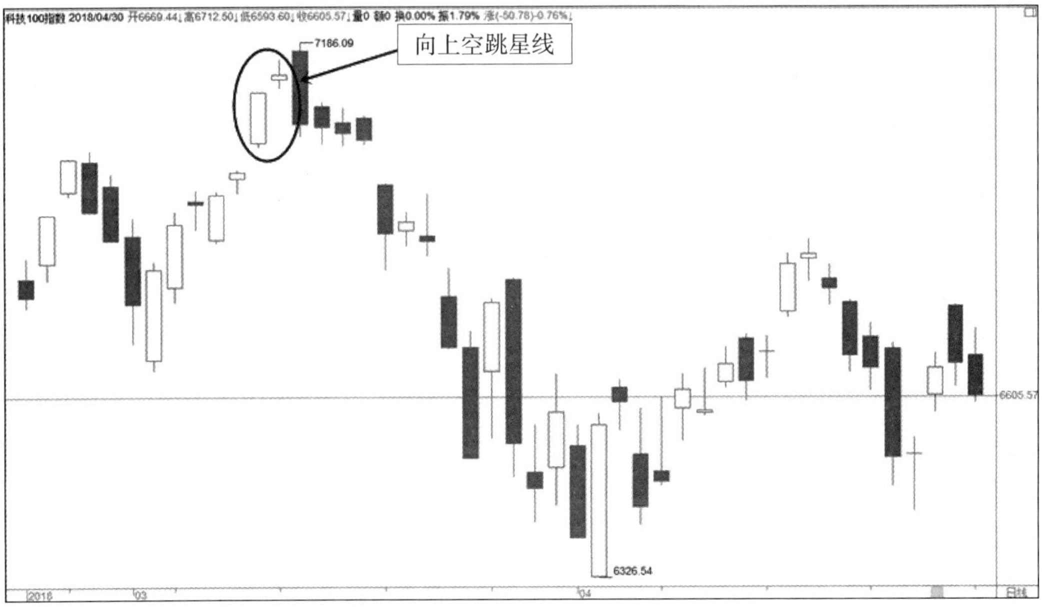

图 4-58　科技 100 指数 2018 年 3 月—4 月的日 K 线图

3. 华仪电气（现名 *ST 华仪，600290）

2019 年 3 月 18 日，华仪电气（现名 *ST 华仪，600290）的股价在高位形成向上跳空星线。此前，该股股价已经由低位上涨 137%，处于明显的波段高位。值得一提的是，此处的向上跳空星线形态，第一日的 K 线并非大阳线，而是“一字板”。“一字板”是最强烈的看涨看跌 K 线形态，因此此处可把一字涨停板视作一根大阳线。至次日即 3 月 19 日截图时，该股股价收盘跌幅达 8.15%，不出意外，股价还将继续下跌。当然，是否继续下跌，需要交易者朋友后续验证。如图 4-59 所示。

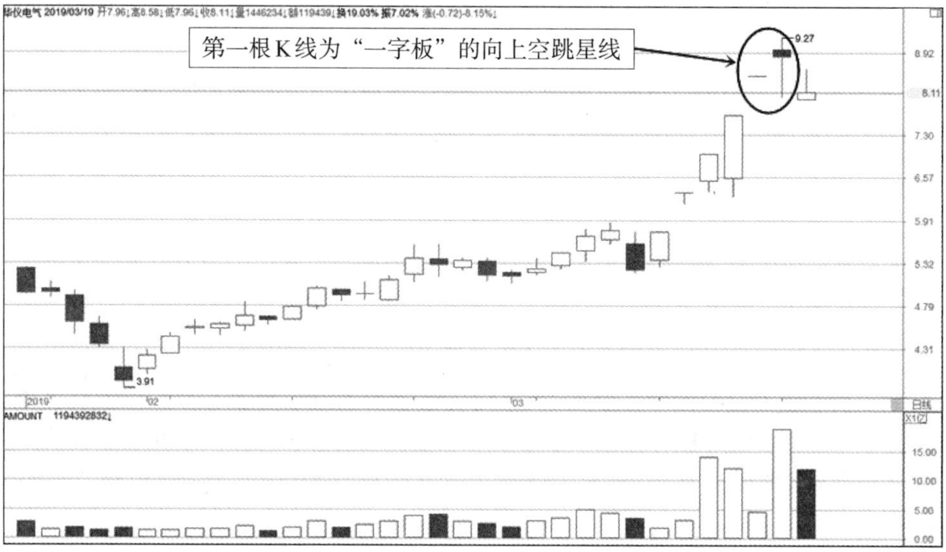

图 4-59　华仪电气（现名 *ST 华仪，600290）2019 年 1 月—3 月的日 K 线图

十四、向下跳空星线

向下跳空星线跟向上跳空星线形态相反，第一根 K 线为一根长阴线，第二根 K 线为向下跳空且留有缺口（实体之间的缺口亦可）的星形小 K 线，小 K 线不分阴阳。

向下跳空星线形态多出现在调整行情的尾声，空仓者可考虑建仓。如图 4-60 所示。

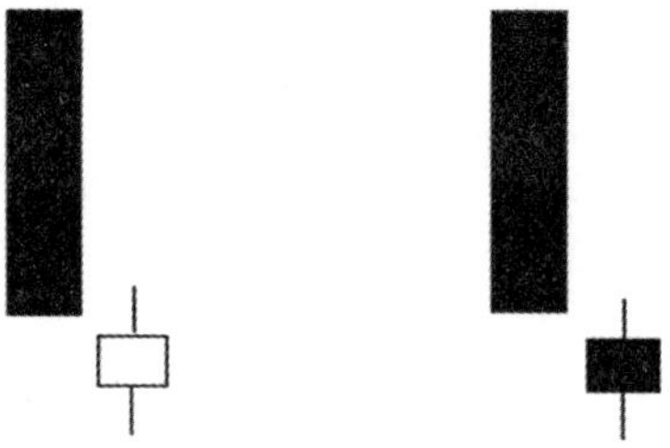

图 4-60　向下跳空星线的标准形态

（一）下降趋势中的向下跳空星线

下降趋势末期，出现向下跳空星线形态后，有时市场会继续下跌或微弱反弹后再次下跌，依据该形态买进后，会有低位被套的风险。碰到这一情况，可用以下 2 种办法化解。

（1）当股价跌破星形线的最低价 -3% 以下时，止损出逃。

（2）当股价下跌到星形线最低价以下 -10% 左右时，可以加倍补仓来摊低成本。

2018 年 4 月—8 月，朗科智能（300543）的股价一直处于下降趋势中。8 月 7 日，该股股价形成非常典型的向下跳空星线形态，随后因反弹无力，1 周后再次破底。此时，稳健的交易者可以止损出局，激进的交易者可采用金字塔买入法来摊低成本，待反弹盈利后再作出局打算。如图 4-61 所示。

图 4-61　朗科智能（300543）2018 年 4 月—8 月的日 K 线图

经历短期大幅下跌后，2017 年 6 月 2 日，雄帝科技（300546）的股价形成一组向下跳空星线形态。此时，由于股价短期跌幅已深，交易者可适量介入，搏击短线反弹。结果，在向下跳空星线完成当日，该股股价止跌企稳，随后仅用 4 个交易日就反弹了 26%，短线收益颇为可观。如图 4-62 所示。

（二）上升趋势中的向下跳空星线

根据经验，在上升趋势中形成向下跳空星线后，股价继续下跌的幅度一般不会超过 -5%，其后的反弹多在 10% 以上。在此处买入，获利的可能性相当大，大趋势不变的情况下，还有机会获得超额收益。

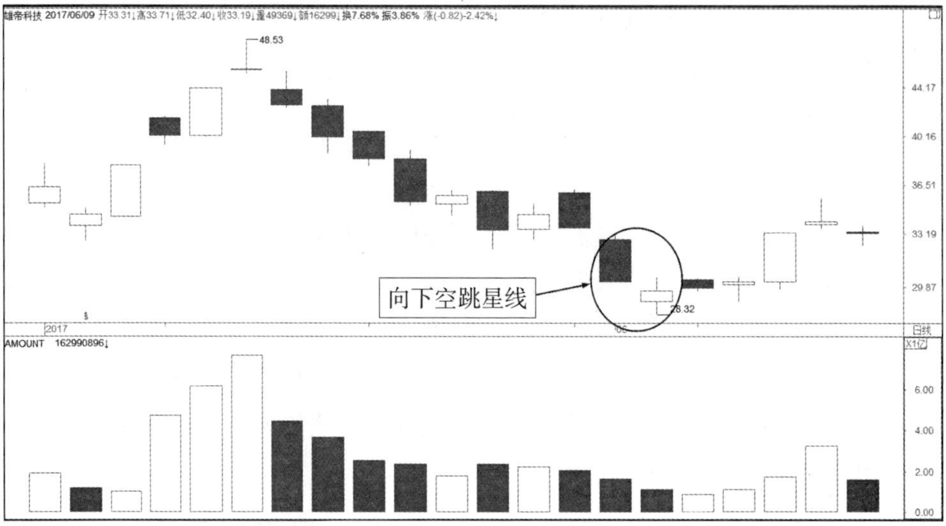

图 4-62　雄帝科技（300546）2017 年 5 月—6 月的日 K 线图

2015 年 2 月—6 月，伊力特（600197）的股价基本处于上升趋势中，5 月初出现过一波回档行情。5 月 7 日，该股股价形成了非常典型的向下跳空星线。此后，该股股价结束回档，重拾升势。至 6 月 12 日，该股已由向下跳空星线形成当日最低的 12.65 元升至最高 18.07 元，短短 26 个交易日，累计升幅达 42.79%。如图 4-63 所示。

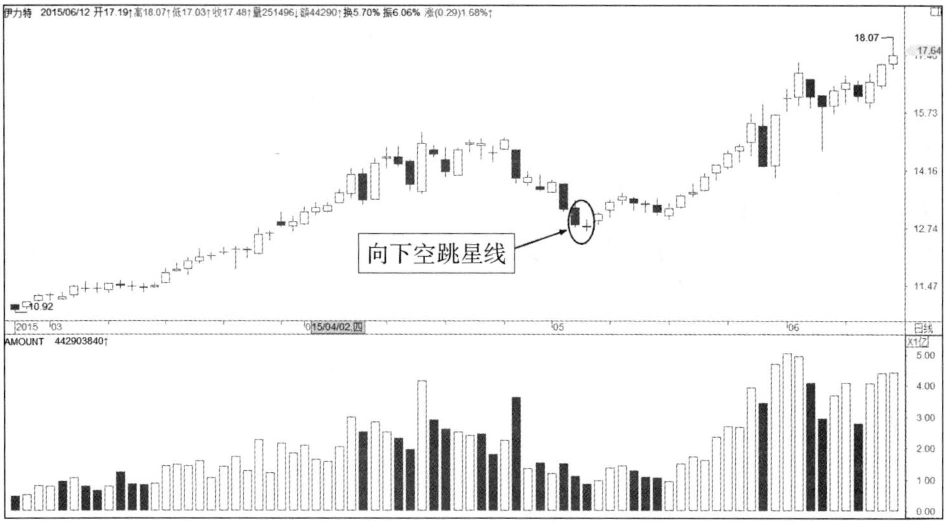

图 4-63　伊力特（600197）2015 年 2 月—6 月的日 K 线图

经历了 2015 年以来漫长的熊市后，2018 年 10 月下旬，春兴精工（002547）的股价终于迎来了久违的上升行情。在一波急拉后，该股股价于 11 月中旬展开回调走势，11 月 30 日以一组向下跳空星线结束回档，开始了新的征程。从向下跳空星线形态最低点算起，至 2019 年 1 月 10 日，短短 27 个交易日，该股股价实现翻倍。如图 4-64 所示。

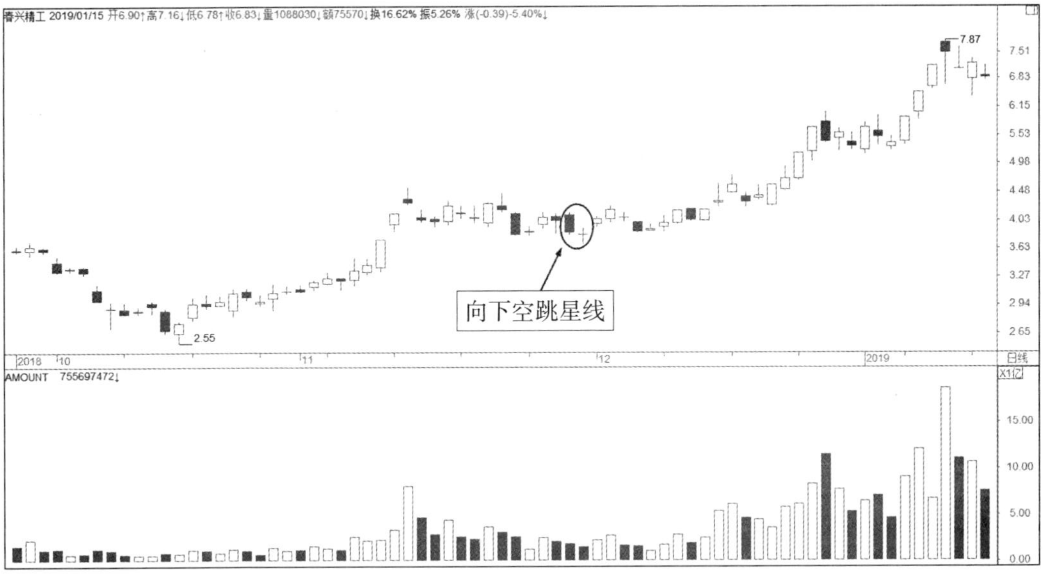

图 4-64　春兴精工（002547）2018 年 9 月—2019 年 1 月的日 K 线图

总结：向下跳空星线出现在上升趋势的次级折返走势中，是非常强烈的反转信号。如果向下跳空星线出现在下跌趋势的主跌浪中，那么效果就要大打折扣，交易者要及时设好止损，以免被套。

十五、并列线

并列线是由两根开盘价和收盘价基本接近、实体长度大体相当的 K 线组成的形态。如图 4-65 所示。

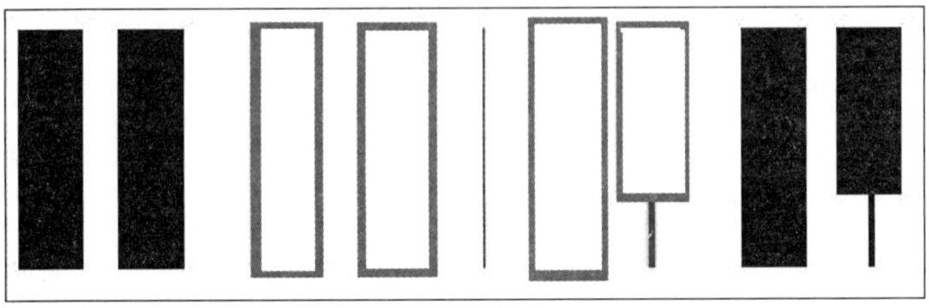

图 4-65　并列线标准形态及其变体

（一）并列阴线

并列线分为并列阴线和并列阳线两种形态。一般情况下，并列阴线并不表示明确的看涨看跌信号，只有在上升趋势里，且处在行情末期时，才显示为见顶信号，在下降趋势里，处在低位且向下跳空时，才显示为见底信号。同样，并列阳线一般也不表示看涨看跌信号，只有处在上升途中且向上跳空时，才显示为买入信号，处在下降途中时，一般显示为卖出信号。交易者一定要根据它们所处的位置进行买入或卖出操作。

经历短期大幅连续杀跌后，2018 年 10 月 25 日，台湾加权指数继续跳空低开，收出一根阴线。次日，该指数又收出一根阴线，两根阴线形成并列阴线组合形态。此时，可根据上述并列阴线所处的位置及形态特征，认定此处应为波段底部，宜看多做多。结果，台湾加权指数形成并列阴线后起死回生，从并列阴线当天的最低点 9400.69 点开始，一路升至 12 月 3 日的 10148.75 点，短短 1 个多月时间，累计升幅达 8%。如图 4-66 所示。

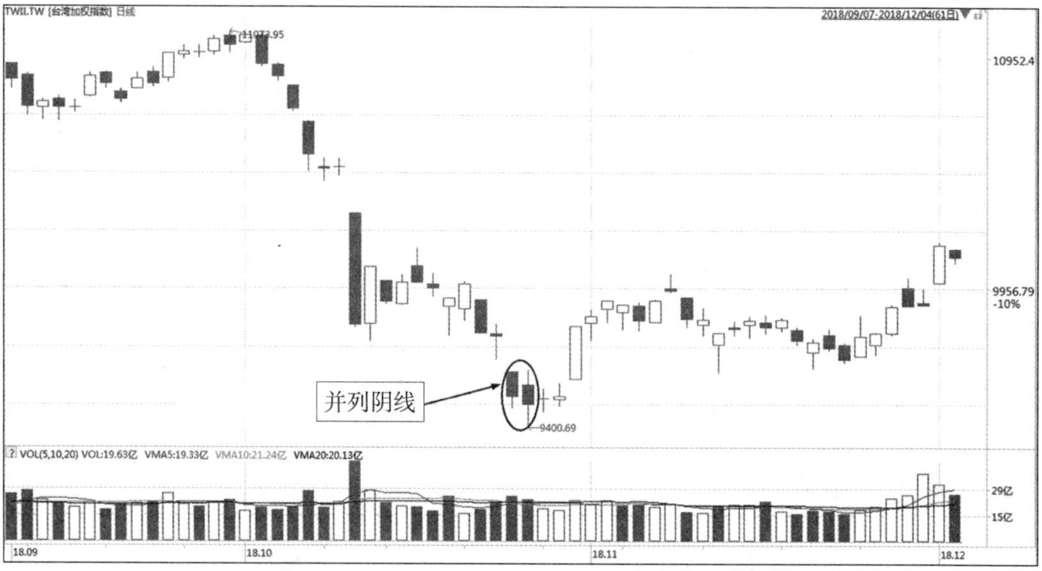

图 4-66 台湾加权指数 2018 年 9 月—12 月的日 K 线图

经历了 2018 年 2 月—5 月上旬持续羸弱的反弹后，5 月 16 日、17 日，盈峰环境（000967）的股价形成两根并列阴线。值得注意的是，此处两根阴线并没有跳空现象，但由于位于波段反弹高位，因此不需要跳空高开。对于该形态，交易者应高度谨慎，不能放过任何见顶信号。结果，形成并列阴线次日，该股股价跳空低开，直奔跌停。此后，股价虽有微弱反弹，但大势已去，多头无力回天。从并列阴线前一交易日的最高价 8.81 元算起，至 10 月 30 日以 5.29 元止跌为止，短短 57 个交易日，累计跌幅近 40%。当高位出现并列阴线时，交易者理应放宽形态标准，谨慎待之。如图 4-67 所示。

（二）跳空并列阳线

跳空并列阳线，又称升势恋人肩并肩。其形态特征如下。

（1）出现在上涨趋势中。

（2）由两根阳线组成。

图 4-67　盈峰环境（000967）2018 年 2 月—11 月的日 K 线图

（3）第一根阳线跳空向上，其收盘时在前一根 K 线上方留下 1 个缺口。第二根阳线与之并排，开盘价与第一根阳线的开盘价相近。此时继续看涨，这个向上跳空缺口对日后股价走势有较强的支撑作用。但如果日后股价跌破这个缺口，走势就会由强转弱。

2015 年 10 月 8 日，国庆假期刚过，天华超净（300390）的股价跳空高开收阳线。次日，该股股价低开高走继续收阳线，在 K 线图上形成跳空并列阳线形态。其后，该股股价进入主升浪阶段，从跳空缺口日的 8.90 元算起，至 12 月 1 日的最高价 21.76 元为止，该股累计升幅达 145%。如图 4-68 所示。

图 4-68　天华超净（300390）2015 年 6 月—2016 年 1 月的日 K 线图

（三）要点提示

（1）在个别情况下，处在天顶部位或反弹高位的并列阴线，不要求是向上跳空形态，只要两根阴线的开盘价、收盘价和实体大小均符合并列线的组合要求即可。

（2）并列阴线或并列阳线，指的是它们的实体部分并列，一般不考虑上下影线的长短。当然，当股价下跌到较低位置后，出现向下跳空的并列阴线，这两根阴线或其中的一根带有较长下影线，更能说明见底信号的可靠性，更可放心操作。同样道理，出现在天顶部位的并列阴线如果带有较长上影线，更可确认股价已经涨到了极限，应赶紧卖出。

（3）要注意区分并列阴线和并列阳线所处的位置，如高位与低位。什么情况下属于高位，什么情况下属于低位？一般来说并没有绝对的标准，需要交易者根据个人经验进行判断。有的分析师以升降 30% 左右的幅度作为高位和低位的区分点，股价上升 30% 左右时，就是相对高位，下跌 30% 左右时，就是相对低位。这一标准是比较理想化的，为了稳妥起见，一般交易者可以把升降的幅度适当缩小一点，比如，以升降 20% 左右的幅度为区分点，这样风险会更小一些。

（4）并列阳线出现在下跌途中，属于下跌中继形态，实战中较为少见，一般会变形为其他较为常见的形态。

十六、搓揉线

（一）形态特征

搓揉线由一根倒 T 字线和一根 T 字线组合而成，单从两根 K 线形态分析，一根 K 线带有长长的上影线，另一根 K 线则带有长长的下影线。搓揉线表示股价在盘口上有过激烈的多空争斗，这种激烈争斗收出的长上影线和长下影线，肯定不是散户所为，最大的可能是主力试图通过股价的大幅震荡，搅乱交易者的视线，从而达到上升途中快速洗盘或股价高位出货的目的。如果把两根 K 线组合成一根 K 线进行观察，其实搓揉线就是一根十字线或十字星。如图 4–69 所示。

（二）多空分析

搓揉线形态先收出一根带有上影线的倒 T 字线，表明股价上方抛压沉重，给人一种射击之星的感觉。盘中股价大幅回落，让多数交易者对市场短期看空。随后的一根 K 线，开盘之后仍然延续昨天的弱势，盘中继续回调，临近收盘，股价盘口一反常态，快速大幅拉起，最终收出一根带有长下影的 T 字线，表明下方支撑强劲，股价回调过程中遇到了多方的有效抵抗。

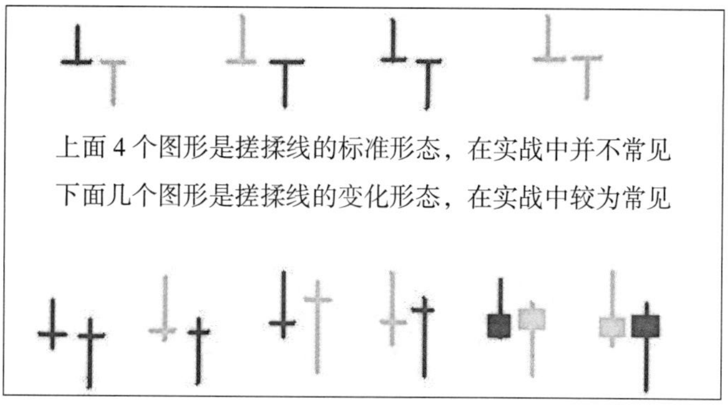

图 4-69　搓揉线的标准形态及其变体

（三）操作策略

搓揉线出现在市场中，为交易者提供了 2 种信号：一种是快速洗盘信号，洗盘之后，股价将继续上攻；另一种是顶部出货变盘信号，随后股价将反转下跌。搓揉线出现在趋势行情的不同位置，代表的市场含义各不相同，下面为大家讲解几种分析技巧。

（1）首先，通过观察股价的长期趋势和短期趋势进行综合研判。若股价长期趋势向上，短期趋势刚刚向上启动，此时出现搓揉线，洗盘的可能性较大，后市看涨。反之，若搓揉线出现在股价连续大幅上涨之后，则应谨防主力高位出货，后市看跌。

（2）观察搓揉线形成时的成交量大小。若成交量相对较大，换手率相对较高，则出货的概率较高。反之，若成交量相应萎缩，则洗盘的可能性较大。

（3）观察搓揉线上下影线的长短。若上下影线较短，则洗盘的可能性较大。反之，若上下影线较长，则出货的概率较高。

（4）出现搓揉线后，观察股价重心是上移还是下沉。若股价重心继续上移，则可视为洗盘信号。反之，若股价重心下沉，则可视为出货信号。

与其他 K 线组合发出的信号一样，搓揉线的指示意义也存在一定概率。当个股出现搓揉线后，仍需观察当时的大盘趋势，观察整个行业板块的走势，并进行综合分析，这样才能提高判断的准确度。

（四）案例分析

1. 湘邮科技（600476）

经过一段上涨之后，湘邮科技（600476）的股价出现回档走势，并于 2019 年 3 月 1 日出现搓揉线形态。此时，可以观察到该股股价刚刚启动向上，处于上涨趋势的初期，并且在搓揉线出现的 2 月 28 日和 3 月 1 日，成交量明显减小，搓揉线上下影线也较短。出现搓揉线形态后的次日，股价重心开始整体上移。据此可以推断，该股主力是在借机洗盘，洗出持股意志不坚定者，大家应该坚决持股不动或者伺机跟进。结果，此后该股股价重拾升势，几个交易日后便再创新高。3 月 20 日，该股股价再次出现搓揉线形态，与前次如出一辙，几日后股价便再创新高。如图 4–70 所示。

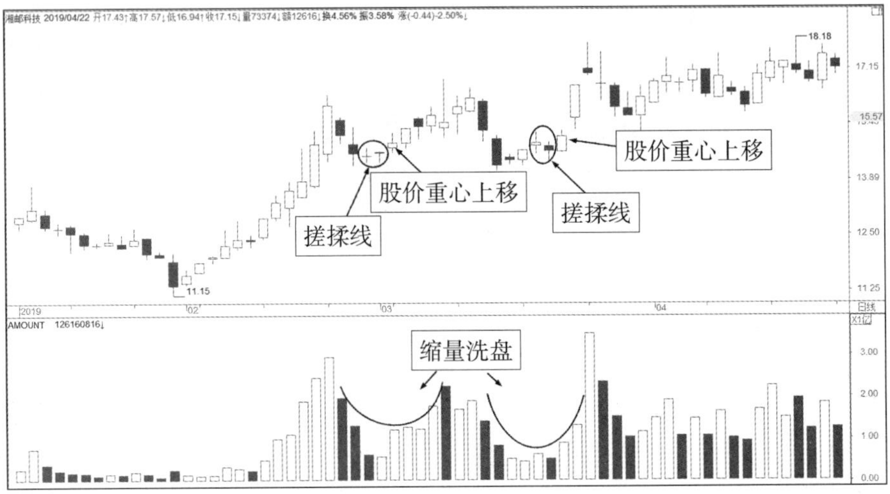

图 4–70　湘邮科技（600476）2019 年 1 月—4 月的日 K 线图

2. 透景生命（300642）

在熊市次级反弹波段的中后期，2018 年 5 月 28 日，透景生命（300642）的股价形成搓揉线形态。出现搓揉线形态后的次日，该股股价收出一根惊天大阴线，股价重心直线下移。此时，大家应该敏锐地察觉到，反弹行情已经完毕，出逃成为第一要务。果不其然，接下来，该股股价走出无穷无尽的下跌之路，直到 2019 年 2 月，股价跌到 33.61 元才止跌为升，期间股价已经腰斩。如图 4–71 所示。

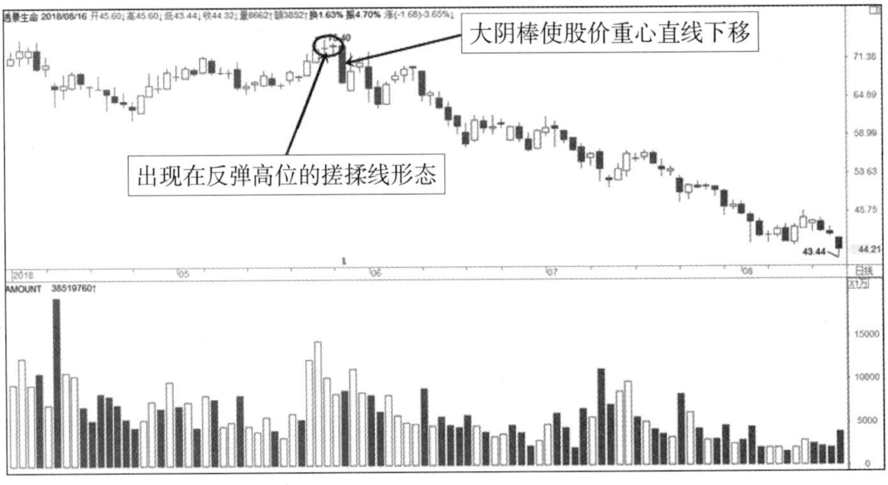

图 4–71　透景生命（300642）2018 年 5 月—8 月的日 K 线图

3. 科达利（002850）

经过一段时间的小幅上涨之后，2019 年 1 月 15 日，科达利（002850）的股价出现回档走势，进而出现搓揉线形态。此时，可以观察到该股股价刚刚启动向上，确认处于上涨趋势的初期。在回档走势中，成交量明显减小，且搓揉线上下影线也较短。出现搓揉线形态后，虽然股价续跌 2 日，但均未跌破搓揉线形态的最低点。据此可以大胆推断，该股主力是在借机洗盘，洗出持股意志不坚定的坐轿者，大家应该坚决持股不动或者伺机跟进。结果，此后该股股价重拾升势，至截图时，股价已经涨到 23.96 元。由搓揉线形态低点 18.40 元算起，短短 18 个交易日，累计涨幅达 30.22%。如图 4-72 所示。

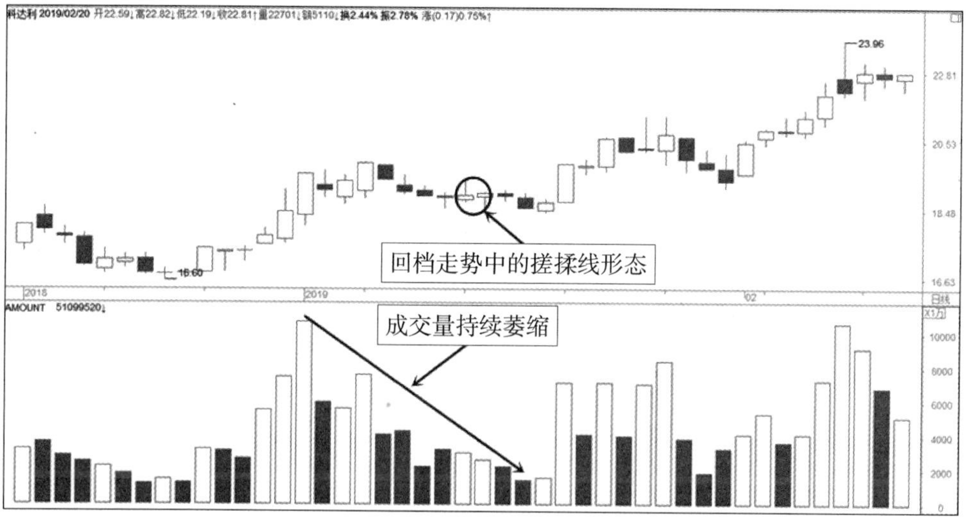

图 4-72　科达利（002850）2018 年 12 月—2019 年 2 月的日 K 线图

第五章　K 线组合

一、启明之星与黄昏之星

（一）形态特征

1. 启明之星

黎明之前是漫漫长夜中的至暗时刻，之后将是阳光普照。将 K 线组合命名为“启明之星”，自然是后市向好的买入信号，表明大势可能见底回升。启明之星由 3 根 K 线组成，先是一根实体较长的阴线，后是一根向下跳空的星线，最后是一根拔地而起的大阳线，大阳线实体向上深深地插入到第一根阴线实体的内部。将启明之星作为买入信号，大前提是其价格已有一定的跌幅，否则可能会判断失误。如图 5–1 所示。

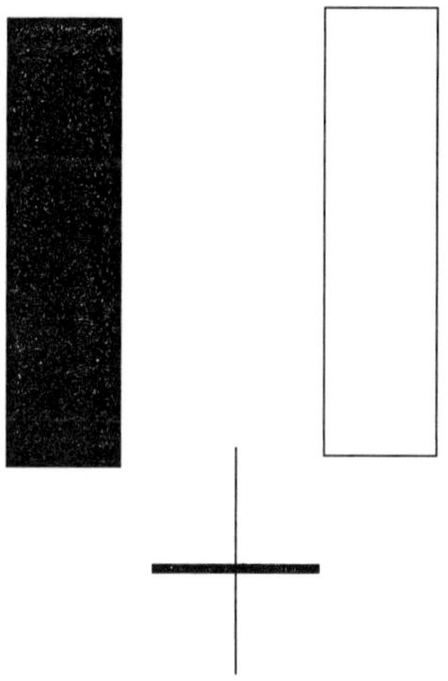

图 5–1　启明之星

2. 黄昏之星

黄昏之星是顶部反转形态，预示后市下跌。黄昏之星也是由 3 根 K 线组成，先是一根实体较长的阳线，再出现一根向上跳空的星线，最后是一根实体较长的阴线，并且阴线实体插入到第一根阳线实体之内。将黄昏之星作为卖出信号，大前提是其价格已有一定的涨幅，否则可能会判断失误。如图 5–2 所示。

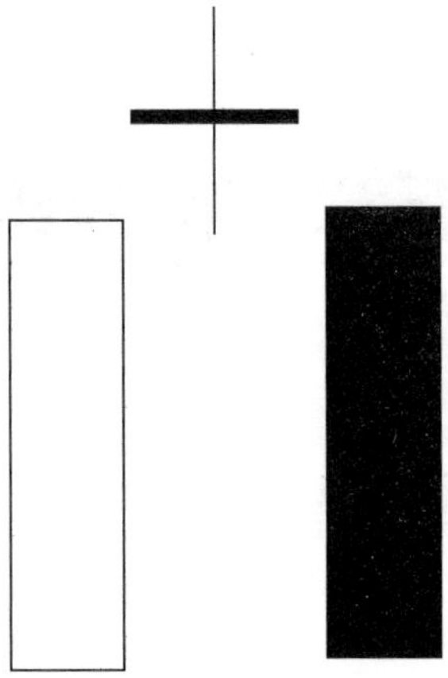

图 5-2　黄昏之星

3. 变体形态——启明十字线与黄昏十字线

启明之星与黄昏之星存在变体形态，有时不一定是由 3 根 K 线组合，出现多根星线的组合，也具有同等效力。启明之星出现在一段下降趋势末期，或出现在上升趋势中的次级折返走势中才有研判意义。黄昏之星出现在一段上升趋势末期，或出现在下降趋势的次级折返走势中才有意义。启明十字线与黄昏十字线分别是启明之星和黄昏之星的特殊表现形式，单是十字线，本来就有趋势无法延续与反转的意义，因此启明十字线与黄昏十字线产生的买卖信号更加可靠。如图 5-3、图 5-4 所示。

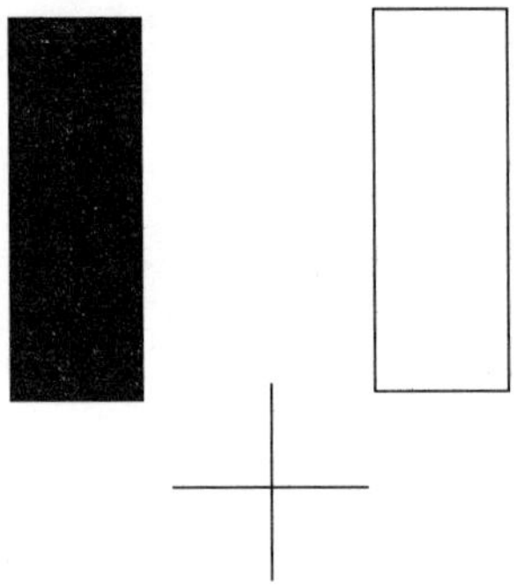

图 5-3　启明十字线

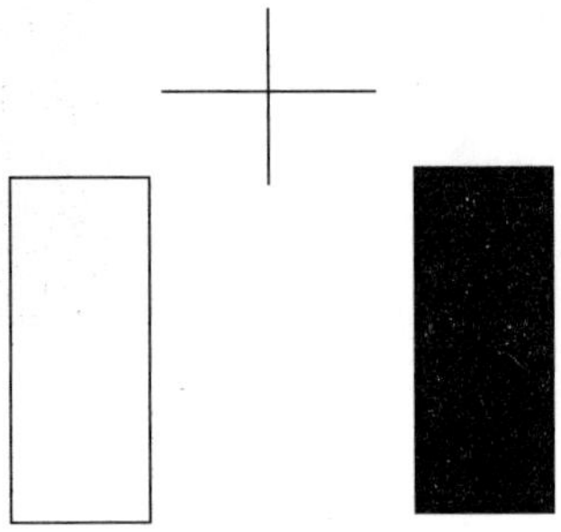

图 5-4　黄昏十字线

（二）要点提示

（1）星线与第一根 K 线和第三根 K 线同时存在价格跳空。

（2）第三根 K 线实体深深地插入到第一根 K 线实体之内，若插入 50% 以上，效果更佳。

（3）若星线本身就是单根反转 K 线，例如上吊线、射击之星以及十字线等，则更具反转意义。

（三）案例分析

1. 新宏泰（603016）

经历连续下跌后，2018 年 10 月 18 日，新宏泰（603016）的股价形成启明之星形态。短短 3 个交易日，该股股价由启明之星形态最低价 13.40 元，涨至波段高点 20.46 元，累计涨幅达 52.69%，可见启明之星形态威力不可小觑。如图 5–5 所示。

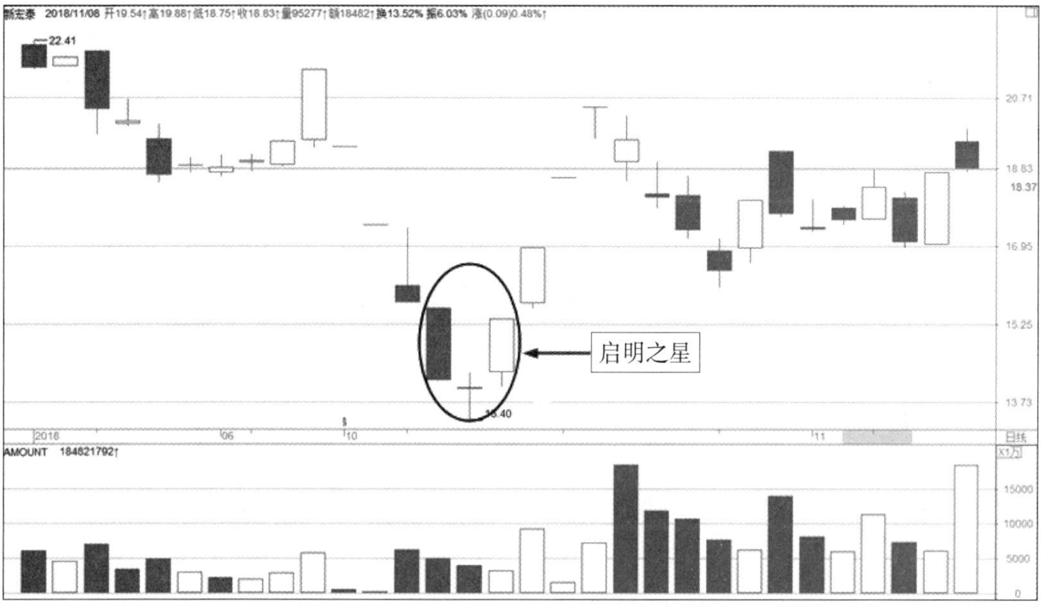

图 5–5　新宏泰（603016）2018 年 5 月—11 月的日 K 线图

2. 实丰文化（002862）

经历短期连续大幅拉升后，2018 年 11 月 7 日，实丰文化（002862）的股价形成黄昏十字线看跌形态。其后股价虽有反弹，但不改下行走势，股价跌跌不休。值得留意的是，由于该股中间的星线是一根长腿马车夫形态（见前文“十字线”），因此 K 线组合的反转意义更加强烈。如图 5–6 所示。

3. 金溢科技（002869）

经历一段时间的波段反弹后，2018 年 1 月 26 日，金溢科技（002869）的股价形成黄昏之星形态。值得注意的是，该形态中，1 月 25 日的十字星为一颗射击之星（见前文“倒锤子线与流星线”），看跌意味更加浓厚。另外，该 K 线还与前面 1 月 17 日的射击之星共同组成了一个小双头形态。黄昏之星形态形成后，交易者应该不计成本地出逃方为上策。结果，该股短线出现暴跌，从第一个头的高位 33.92 元算起，至 2 月 7 日的波段低点 24.33 元为止，短短 15 个交易日，该股股价跌去了近 30%。如图 5–7 所示。

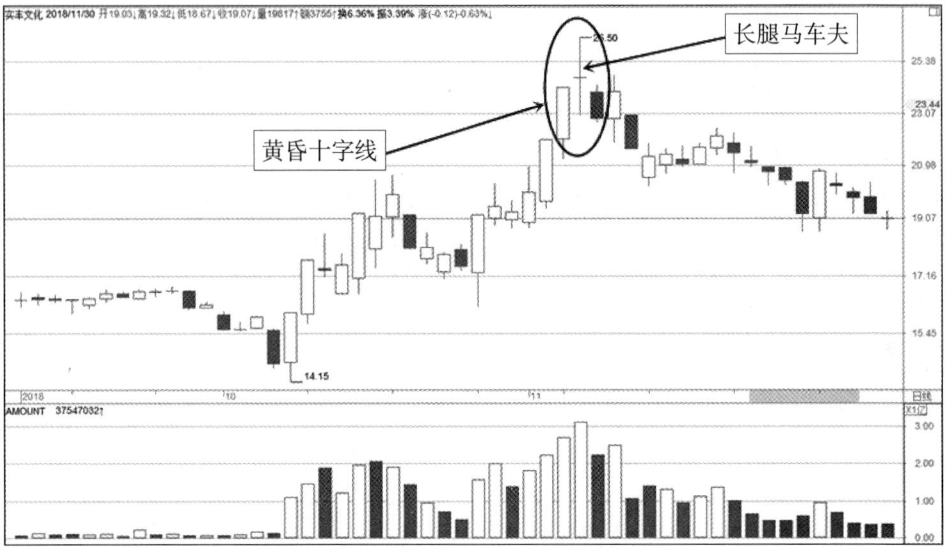

图 5-6　实丰文化（002862）2018 年 9 月—11 月的日 K 线图

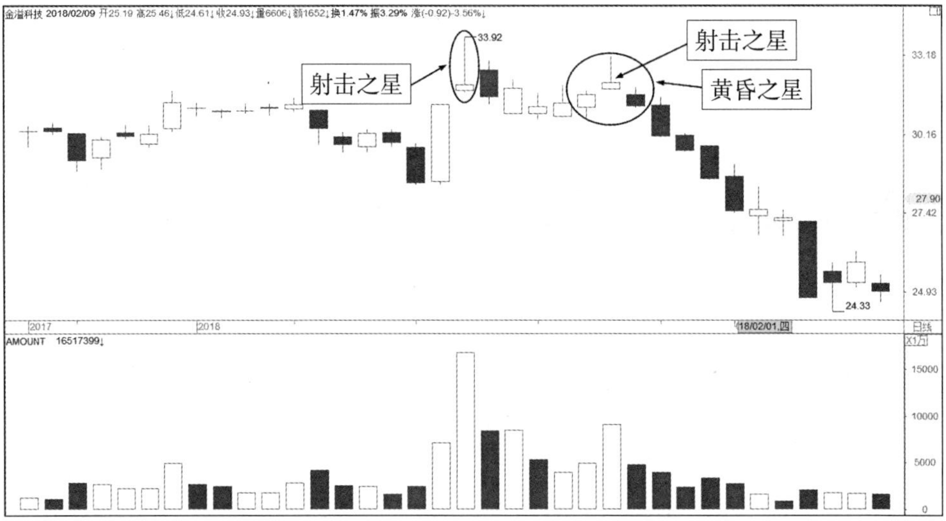

图 5-7　金溢科技（002869）2017 年 12 月—2018 年 2 月的日 K 线图

二、超越覆盖线

（一）形态特征

股价上升到一定高度后，空头开始反扑，收出乌云盖顶形态或其他看跌 K 线形态，继而出现几根阴线，显示股价已有调整压力。此后，如出现再创新高的阳线，通常表明股价已结束调整，将重返升途。

股价以再创新高的形式结束调整，通常是强势表现。一般而言，股价再创新高之时是买入时机。但本 K 线组合是一个震荡盘升定式，交易者入货之后，应以捂股为主，避免倒差价。不过，在具体操作中，交易者仍应认真观察个股基本面和消息面，以防某些主力和机构借此形态骗线出货。

（二）案例分析

1. 优德精密（300549）

2018 年 12 月 25 日，优德精密（300549）的股价收出探水竹竿 K 线形态，之后转跌为升。2019 年 1 月 9 日，该股股价收出一根跳空高开阴线，继而展开调整，调整不过 3 天就收出一根惊天大阳线，创出新高。此时，超越覆盖线形态业已形成，表明股价调整已经结束，将重拾升势，应该跟进。

至 1 月 18 日，该股已涨至 15.10 元，由超越覆盖线形成时的大阳线低点算起，短短 3 个交易日，累计升幅竟达 30%，相当于介入 3 天，连续收获 3 个涨停板，短线获利幅度惊人。如图 5-8 所示。

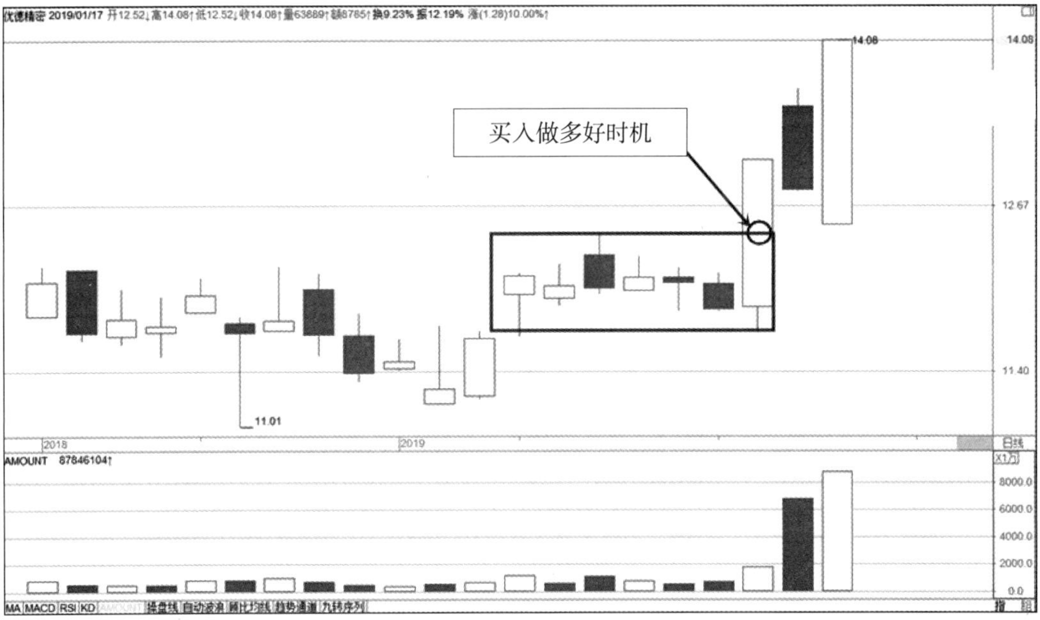

图 5-8　优德精密（300549）2018 年 12 月—2019 年 1 月的日 K 线图

2. 顶固集创（300749）

上市后，次新股顶固集创（300749）的股价连续涨停。2018 年 10 月 12 日，该股股价以跳空低开的形式开板，继而展开调整。10 月 18 日收出锤头线 K 线形态，结束调整，转跌为升。10 月 23 日，该股股价跳空高开，越过前高，直奔涨停，形态上形成超越覆盖线形态。此时，部分交易者可能认为，股价已经越过前期高点，在形态上形成了超越覆盖线形态，应该看多做多。但行情往往没有想象的那样简单，该股股价下午盘中开板。此时，已经持有仓位的交易者可以按兵不动，没有仓位的交易者则不能轻易入场，因为此时股价已经经历大幅上涨，主力盘中开板吃货的可能性极小，极有可能开板吐货。之后股价再次封板，持有该股的交易者仍可按兵不动，但尾盘再次炸板，专业交易者应该当机立断，尾盘跟随主力出货，没有仓位的交易者切不可情急介入。结果，该股此后陷入调整。

从主力全天的操盘手法来看，主力采取了两大骗线手法来暴力出货。一是跳空高开创新高，吸引短线跟风盘入场做多。二是盘中开板出货，让大部分交易者认为是开板吃货，纷纷跟进做多，正中主力下怀。此案例作为超越覆盖线的反面案例，极为经典，希望交易者朋友熟练掌握主力盘中的骗线方法，操作上一定要等到尾盘再做定夺，切忌在盘中盲目跟风。如图 5-9 所示。

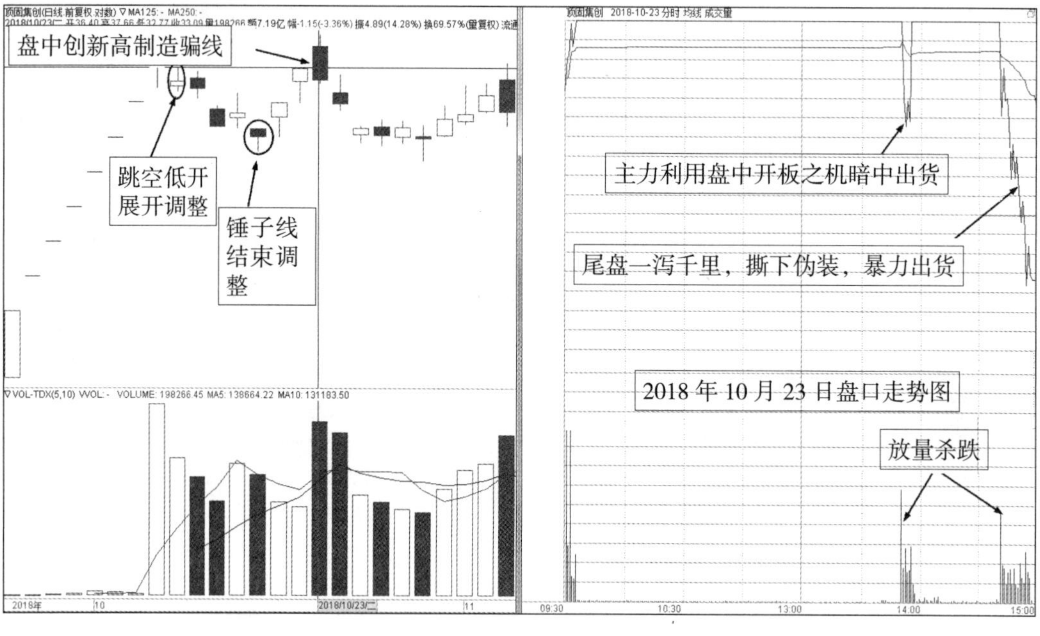

图 5-9　顶固集创（300749）2018 年 9 月—12 月的日线图及 10 月 23 日的盘口图

3. 美都能源（现名 *ST 美都，600175）

经历连续涨停后，2013 年 7 月 18 日，美都能源（现名 *ST 美都，600175）的股价收出一根吊颈线。次日，该股股价跳空低开，收出一根阴线，加上吊颈线前日的涨停板，形成一组黄昏之星形态，随即股价展开调整。经历短线调整之后，7 月 31 日，该股股价收出一根跳空高开的大阳线，一举越过 7 月 18 日吊颈线的最高价，完成突破，至尾盘时形成超越覆盖线形态。最终，该股一口气涨至 8 月 14 日的最高价 5.86 元。从 7

月 31 日突破日最低价 4.08 元算起，短短 10 个交易日，累计升幅达 43%。如图 5-10 所示。

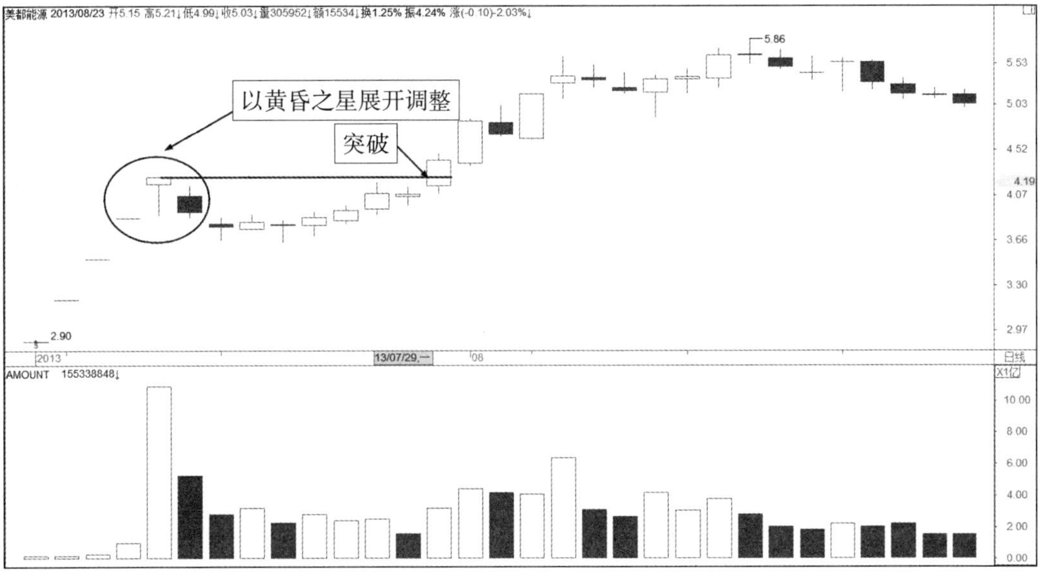

图 5-10　美都能源（现名 *ST 美都，600175）2013 年 7 月—8 月的日 K 线图

第六章　酒田战法

一、本间宗久其人

K 线图是大家每天分析行情都要用到的图形，其以独特的阴阳之道，深受中国人喜爱。西方人看行情时用的是美国线，他们之所以用美国线，是因为K线图传到美国比较晚。1990 年，美国人史蒂夫·尼森所著的《日本蜡烛图技术》在美国出版，K 线图才被引到西方金融界，随后引起技术分析界的轰动，因此史蒂夫被西方技术分析界誉为“K 线分析之父”。其实，史蒂夫只是一个快递员而已，真正的“K 线分析之父”是日本的本间宗久，他是日本 18 世纪的风云人物。

本间宗久（1724 年—1803 年）生活的年代，正值中国清朝，他比雍正皇帝小 1 岁，是日本江户时代的米商，也是日本著名的相场师之一，相当于现在所称的投资或投机大师。如图 6–1 所示。

图 6–1　本间宗久

本间宗久眼光精准，擅长技术分析，是最初把价格日线走势整理归纳的人，后来发明了蜡烛图，成为当时的日本首富。

时人认为本间家族富裕到了无法想象的地步，于是传开了这么一句谚语：这辈子你可能坐上领主的宝座，却休想像本间宗久一样有钱。1750 年，本间宗久接手掌管他们家族的生意，在故乡的港口城市酒田的大米交易市场开始了他的大米交易生涯。酒田是大米集散地，因为本间宗久是从酒田出道的，所以在日本蜡烛图技术语言中，常会听到“酒田战法”这样的用语。这一用语指的就是本间宗久的交易之道。

父亲过世后，本间宗久开始经营他们家所有的财产。他是家里最年轻的儿子（在那个年代，通常都是嫡长子继承父业执掌大权），之所以能够子承父业，可能是因为他具有过人的市场胆识。他携带着雄厚的资本，跨进了日本最大的大米交易市场——大阪堂岛大米会所，投身于大米期货交易。

相传，本间宗久曾寄居于寺庙中，打算通过坐禅修炼自己。本间宗久从禅道入手，辅以中国的兵法，试图摸清米市行情跳动的脉搏。一天，寺庙中的一个和尚无意中给他讲了中国六祖慧能大师的一个偈子，让他大彻大悟：

慧能大师在寺院里听到两个小沙弥争论。一个沙弥说：“幡在动。”另一个沙弥反驳说：“是风在动。”两个沙弥各不相让，争论不休，于是请慧能大师做裁决。慧能大师摇了摇头，平静地说：“不是幡动，也不是风动，是你们二位心在动。”

说者无意，听者有心，在寺庙中修行的本间宗久立刻从“风幡之辩”领悟到禅学和相场的关系，悟出了“相场三位术”的秘诀。《孙子兵法》认为，胜战的先决条件是天时、地利、人和。相场难道不是在相应的价格、时间、人气这三者的相互作用下变化吗?价格、时间、人气浑然一体，便形成“相场三位术”。在米市中，这“幡”相当于米相场的价格，“风”相当于时间节点（所处环境），“心”相当于人气。只有当这三个条件同时满足时，米市行情才会启动、壮大、发展。只要有一个条件不符合，相场便不会出现预期的结果。

悟道之后的本间宗久如获至宝，告别寺院，重新回到东京进行期米交易。“相场三位术”成了他在米相场中把握决战时机并攻无不克、战无不胜的法宝，他也成了远近闻名的大富豪。后来，他把自己的投资心得和日线走势整理归纳，写成《宗久翁秘录》一书。后人翻译了晦涩的《宗久翁秘录》，并以宗久的出生地命名该书，这就是《酒田战法》。

本间家族拥有面积庞大的稻米种植庄园。由于他们家在大米现货市场上拥有雄厚的实力，大米市场的有关信息通常逃不过他的耳目。不过，本间宗久并不以此为满足，他还逐年记录了天气情况的资料。为了掌握交易者的心理，他深入研究大米价格的历史记录，并且一直追溯到交易所开在淀握家前院的那个时期。他还创立了 1 套自己的通讯系统，从大阪至酒田，宗久每隔一定距离便设立 1 个中转站，安排人员在约定的时间登上屋顶挥舞小旗，接力棒式地传递信息。

本间宗久就这样主宰了大阪的大米市场。之后，他转向江户（即现在的东京）的地方交易所进行新的开拓，凭借自己对大米市场深入的研究，积聚了巨大的财富。

本间宗久的声望如此煊赫，以至于江户街头曾经传唱着这样一首民谣：“酒田（宗久的家乡）晴，堂岛（大阪的堂岛大米交易所）阴，江户减前（江户的减前交易所）雨纷纷。”这首歌谣的意思是说，当酒田的稻米赶上好年成的时候，堂岛大米交易所的价格就要下跌，江户的大米价格将暴跌。这支小调表明，本间宗久在日本大米市场上有呼风唤雨的能耐。

本间宗久晚年曾担任幕府当局的财务资政，并且被授予武士头衔作为荣誉封号，后遁入空门，逝世于1803年。他的市场研究著作有《酒田战法》和《风、林、火、山》，据说成书于18世纪。他在大米市场上采用的交易策略，后来逐步演化成了现代日本交易者广泛应用的日本蜡烛图技术，并于后来传入西方投资界，引起巨大轰动。此后，随着时间的流逝，本间宗久秘笈的威力已经大不如前，原因在于秘笈公开后，学习的人越来越多了。就像在牌桌上，如果都是新手，只有一个老手知道套路，那么肯定是老手赚钱。如果牌桌上全是老手，大家都知道套路，赚钱就比较困难了。不过这不是大家放弃学习的理由，大家反而要加倍努力学习这些套路，打好基础，这样才能创出别人不知道的套路。

《酒田战法》原书共有78招，原版没有走势图，仅有一百多条文字记录。限于篇幅，接下来笔者将根据自己的实战经验，选取《酒田战法》中较有代表性的经典战法，结合分形计算、成交量、技术指标对其进行解析。

二、酒田战法简介

日本K线分析经典，首推“酒田战法”，“酒田战法”的首创者为本间宗久。本间宗久一生致力于米市行情研究，著有《酒田战法》，加上另一本日本古典巨著《三猿金泉录》,经过两百多年来日本人的精心研究,后来辗转发展为较为现代化的“酒田战法”。

（一）基本情况

酒田战法经历了两个半世纪才发展成熟，时至今日，仍然散发着光辉，其原因是该战法汇聚了先人多年研究的交易精髓，酒田战法已经成为证券和期货从业者的入门基础知识。

（二）指导原则

（1）其疾如风。行情即将反转或破位时，要赶快处置。

（2）其徐如林。盘整时步调放缓，高出低进。

（3）侵掠如火。单边的连续走势，一路追杀，绝不犹豫手软，并抱牢赚钱的部位，只追加不平仓。

（4）不动如山。很多时候走势不明，勉强进场不但难以图利，还必须承受极大的风险，不如退场观望。

（三）4 个阶段

1. 筑底阶段

酒田战法把底部比喻为深谷，谷底大多都有河流，所以把“三重底”“头肩底”称为“三川”，“双重底”“W 底”称为“两川”，“弧形底”“半圆底”称为“锅底”。底部横向构筑面积越大，代表上涨累积的动能越多，日后上涨的幅度也越大（犹如大楼的地基越稳固，就可以盖得越高）。这一点与西方提出的“钟摆效应”略有不同，“钟摆效应”认为最低点到颈线的距离越大，上涨的幅度越大。两者都有参考价值，没有高下之分。

2. 主升阶段

本间宗久把这个阶段比喻成人生的 4 个时期。

（1）幼儿期：这个时期犹如幼儿学步，前进缓慢，而且一遇到害怕的状况便马上退回到母亲身边。走势初步上升时，幅度不大，速度缓慢，稍微遇到阻力就马上往回退。

（2）青年期：犹如体力充沛的年轻人，冲劲十足，拼命地往前冲，而且跑得远，跳得高。虽然没有什么耐力，但遇到困难，只要稍作休息（回档整理），就能马上再度发动新一轮上攻。

（3）中年期：中年人体力已经走下坡路，但目标明确，稳定性好。人到中年难免比较保守，犹如行情的末升段，走势稳健缓慢，回档幅度不大，但方向相当明确，很多交易者就是这个阶段开始买入的。

（4）老年期：人到老年，“盛极而衰”，犹如“强弩之末”，用尽最后一丝力气也无力回天，终告衰亡。

3. 构筑头部

其实，这个阶段就是“上升阶段的老年期”，行情走势企图再度向上推升，但多头用尽力气，也没办法突破前一波高点，最后向下突破颈线，完成头部，进入“下跌阶段”。本间宗久把下跌前的头部统称为“天井”，“三重顶”称为“三山”，“头肩顶”称为“佛头”，犹如佛像的头部与左右肩，也有一说为“三佛顶”，中间代表的是“如来佛祖”，左边是“普贤菩萨”，右边是“文殊菩萨”。“双重顶”“M 头”称为“两尊顶”，“弧形顶”称为“锅盖”或“半圆天井”。本间宗久认为，头部横向构筑面积越大，代表下跌累积的动能越强，下跌的幅度也越大。犹如拿一桶水往下倒，水桶越大，装的水越多，水往下的冲击力也就越大。

4. 下降阶段

该阶段和上升阶段的道理一样，只是方向相反。不再赘述。

“酒田战法”的四大战法为：三山、三川、三兵、三法。本章按顺序来讲解“酒田战法”四大战法的应用。

三、三山

（一）三山的含义

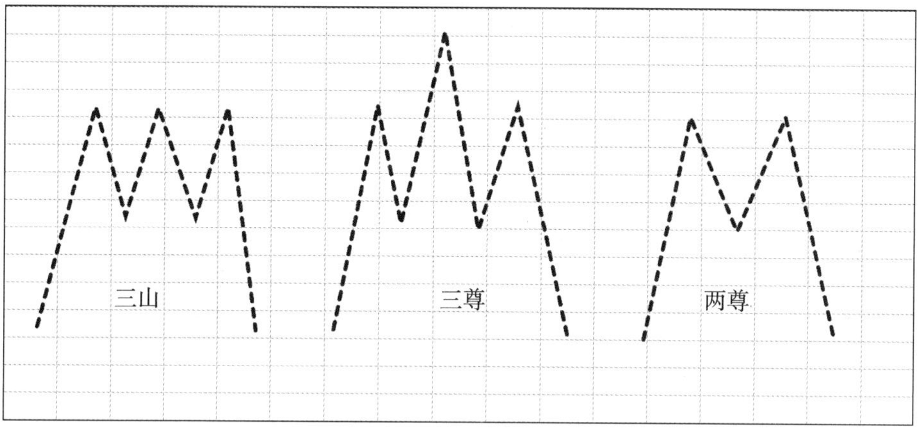

图 6–2　三山的 3 种形态

“三山”即形成的天顶犹如三座高山，西方技术分析界习惯将其称为“三重顶”。如图 6–2 中左一。

天顶中间部分较为突出的为“三尊”，如图 6–2 中左二。在西方技术分析界，“三尊”也被称为“头肩顶”，中间的山峰略高于两侧。“三尊”为日本人的典型称谓，因日本古时笃信佛教，中间一尊即代表如来佛祖，左右则分别为普贤和文殊菩萨。

“三山”的另一个形态为“两尊”。如图 6–2 中右一，西方技术分析界也称之为“M 头”。

“三山”与“两尊”的头部都是平的。“三尊”中间的头部最高，左右两肩的高度齐平。这 3 个形态均是大级别的见顶形态，威力远胜酒田战法其他卖出形态。

（二）要点提示

（1）一个形态的威力与 K 线根数成正比。三山形态由多根 K 线组成，所以威力很大，如吊颈线、黄昏之星等见顶形态，在三山面前都是小巫见大巫。三山形态的重点在于颈线与量能。

①三山。这个形态的 3 座山峰大致齐平，3 座山峰的量能是逐阶下滑的，MACD 的

双线一般会出现三重顶背离。当股价用急跌跌破颈线后，预示下跌正式拉开序幕。

2017 年 10 月 16 日，鹏博士（600804）的股价创下新高后，虽然行情起起伏伏，但始终不能突破 10 月 16 日的最高价 22.08 元。伴随着量能逐渐萎缩，MACD 显示市场动能逐渐衰竭，最终于 12 月 13 日以大阴线跌破三山颈线，开启了漫漫下跌之旅。如图 6–3 所示。

图 6–3　鹏博士（600804）2017 年 6 月—2018 年 1 月的日 K 线图

②三尊。这个形态中间顶部最高，左右两个头部大致齐平，一般右边头部的量能最低，中间佛头的量能最高，右佛头与左佛头容易形成顶背离。另外，右佛头的构造一般要比左佛头简单，跌破颈线即是下跌信号。

2018 年 3 月中旬，金正大（002470）的股价开始停滞不前。4 月 12 日，该股股价勉强创下新高后，再也无法回到此前高位。5 月 15 日创下次高点后，便跌破三尊颈线，进入主跌段。如图 6–4 所示。

③两尊。这个形态的两尊佛头大致齐平，量能逐阶下滑，MACD 呈现顶背离，股价跌破颈线是大跌信号。

2015 年 11 月 26 日，聚龙股份（300202）的股价创下反弹新高，随后展开回调。12 月 21 日，该股股价盘中冲破前高后回落，转升为跌。2016 年 1 月 4 日，该股股价跌破两尊颈线，宣告两尊形态构筑完成，此后上涨趋势一去不复返，跌势卷土重来。量度最小目标为 20.42 元，结果跌到最低 17.61 元才企稳回升。如图 6–5 所示。

计算公式为：量度最小目标 = 颈线 –（最高点 – 颈线）=28.88 元 –（37.37 元 –28.88 元）=20.42 元

这 3 个形态虽然外表有点区别，但都属于“三山”一类形态。这 3 个形态形成后，其下跌的最低幅度就是头部最高点与颈线的距离。

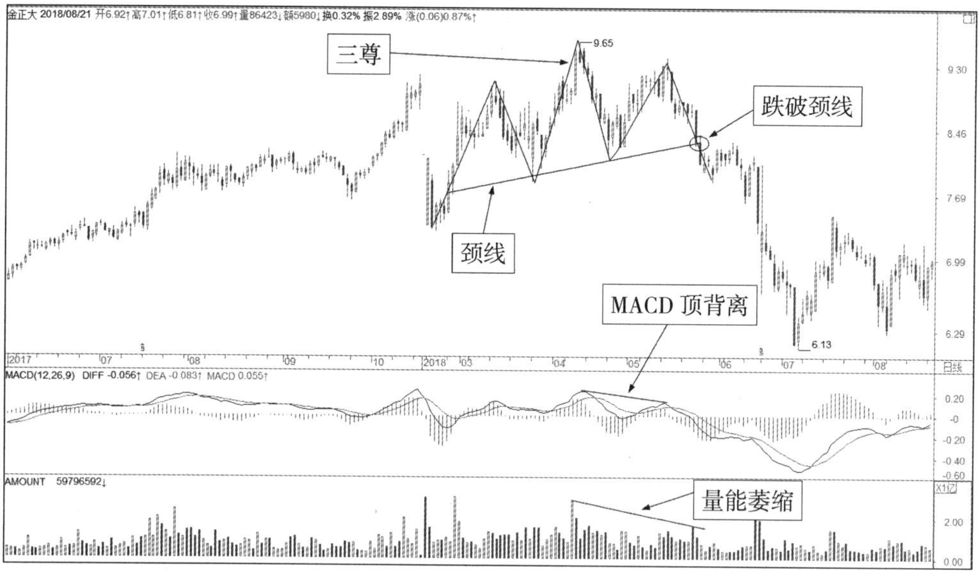

图 6-4　金正大（002470）2017 年 5 月—2018 年 8 月的日 K 线图

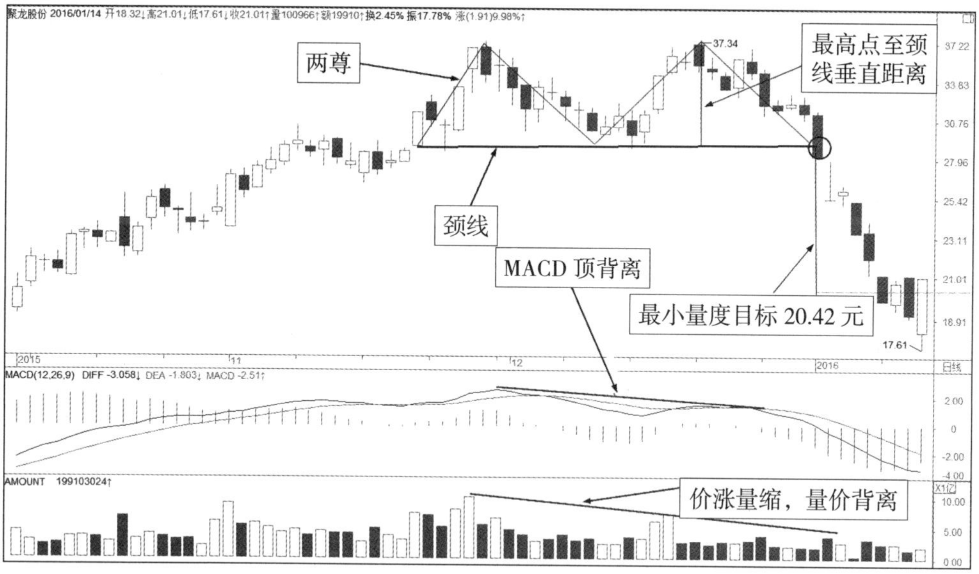

图 6-5　聚龙股份（300202）2015 年 10 月—2016 年 1 月的日 K 线图

三山是大级别的见顶形态，若这个形态里出现小级别见顶形态，则意味着大小周期下跌信号发生了共振，后市下跌概率更高。这些小级别看跌形态有阳孕阴（阳孕阳）、三只乌鸦、黄昏之星、吊颈线、向上跳空星线、看跌吞没形态等。

以上文中的聚龙股份（300202）为例，其第一尊佛头，实际是以看跌吞没形态见顶回落。第二尊佛头，是以高档阳孕阴见顶回落的，并且第二根阴线近似一根十字线，这样更加重了看跌信号的强度。叠加两尊见顶形态，威力不容小觑。如图 6-6 所示。

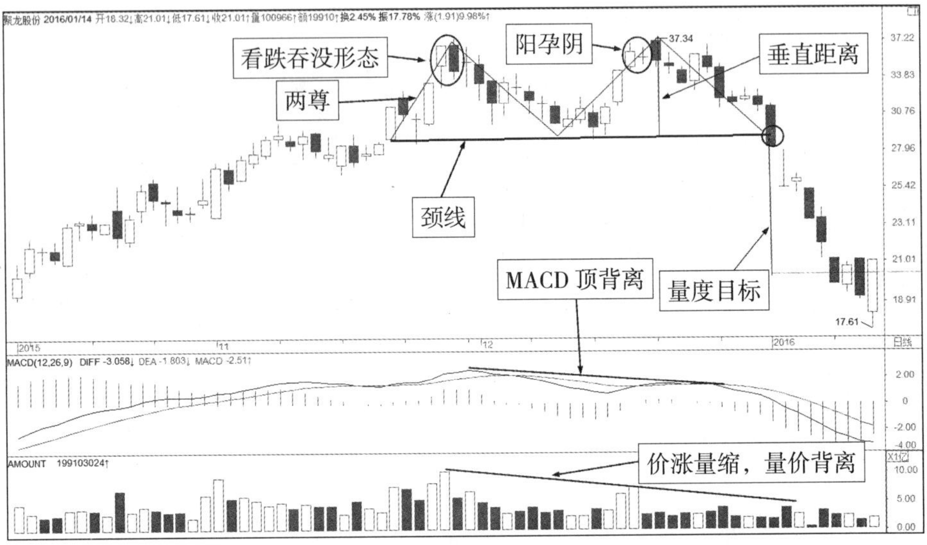

图 6–6　聚龙股份（300202）2015 年 10 月—2016 年 1 月的日 K 线图

（2）股价跌破三山形态颈线时，后市应该加速下跌，出现主跌浪。如果股价跌破了颈线后不跌反涨或者缓跌急涨，这是“该跌不跌”的异象，应该择机翻多。这种情形常见于大牛市的中途调整。判断错误后，如不及时上车，可能会错失低位上车的机会。

2019 年 3 月，美都能源（现名 *ST 美都，600175）的股价构筑了一个中间佛头较低的三山形态。3 月 26 日，该股股价跌破颈线，但跌破颈线后并未进入主跌浪，而是续跌两日就拐头向上。此时应高度关注，择机介入。二次回撤不破 3 月 29 日低点时，应顺势跟进。结果，二次回撤完毕后，该股股价进入主升浪行情，短短 7 个交易日，从二次回撤最低价 2.61 元暴升至 4 月 25 日的最高价 4.94 元，累计升幅近 90%。如图 6–7 所示。

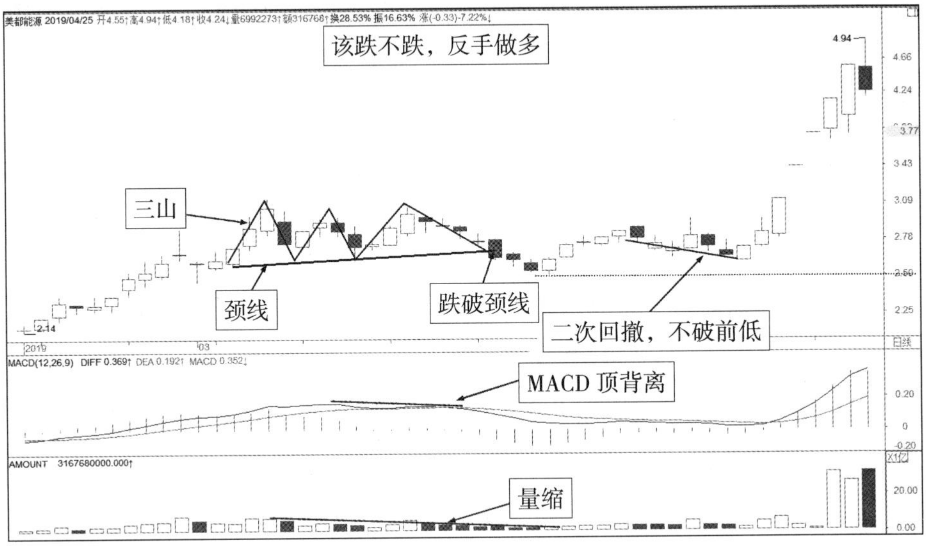

图 6–7　美都能源（现名 *ST 美都，600175）2018 年 11 月—2019 年 4 月的日 K 线图

四、三川

（一）三川的含义

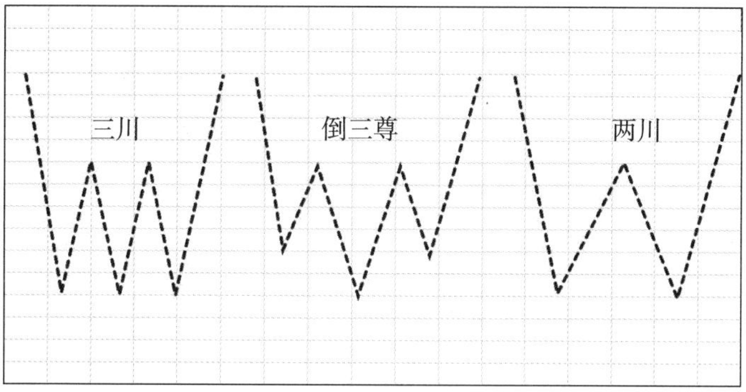

图 6-8

“三川”为“三山”的相反形态，因形同 3 条河流而得名，西方技术分析界习惯将其称为“三重底”。如图 6-8 中左一。

中间底部较为明朗的为“倒三尊”，西方技术分析界习惯称之为“头肩底”或“吉尔罗伊底”。“倒三尊”的形成期相当漫长，通常要 1 个月以上才可见一个漂亮的倒三尊形态。如图 6-8 中左二。

另一种底部形态为“两川”，西方技术分析界称之为“W 底”或“双底”。如图 6-8 中右一。

三川形态可以细分为 3 种，即“三川”“倒三尊”“W 底”。“三川”与“两川”的底部是平的，“倒三尊”中间底部低，左右两边底部大致齐平。这 3 个形态均是经典的大级别见底形态，威力超过酒田战法其他见底形态。

（二）要点提示

（1）三川形态是很经典的见底形态，这个形态由多根 K 线组成，经过长期震荡和反复争夺，多头蓄势很充分，其关键在于颈线位突破和量能逐步放大。

①三川。3 个低点大致在同一水平线上，两次反弹也在同一水平线上，MACD 呈现三重底背离，3 个底部里会有 1 个底部出现极端地量。股价急涨突破颈线位时，预示全面上涨即将来临。

经历 2016 年 1 月的暴跌后，赢时胜（300377）的股价形成三川形态。放量突破颈线后回抽确认，理论涨幅为 16.81 元，最终涨至 21.20 元。从 3 月 1 日第三个底部 9.55 元算起，至 6 月 23 日的 21.01 元为止，短短 3 个月时间，累计涨幅达 120%。如图 6-9 所示。

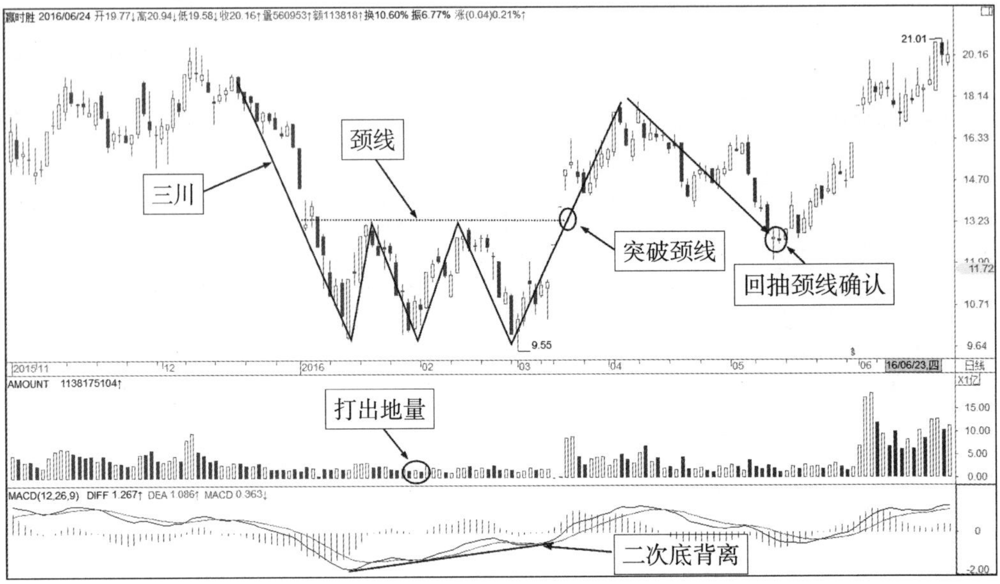

图 6-9 赢时胜（300377）2015 年 10 月—2016 年 6 月的日 K 线图

②倒三尊。3 个低点里，中间的低点最低，出现地量最佳。左右两边的低点大致相同，两次反弹基本在同一水平位形成颈线。股价突破颈线位时，预示主升浪来临。

经过 2015 年 8 月的暴跌后，暴风集团（300431）的股价经过低位反复筑底，放量突破颈线，倒三尊形态宣告完成。该股股价放量突破颈线后横向整固，其后展开暴力拉升行情，理论最低涨幅为 48 元，最终一口气涨至 95.78 元。从 9 月 2 日的 26.85 元底部算起，累计涨幅达 256.46%，验证倒三尊形态威力之大。如图 6-10 所示。

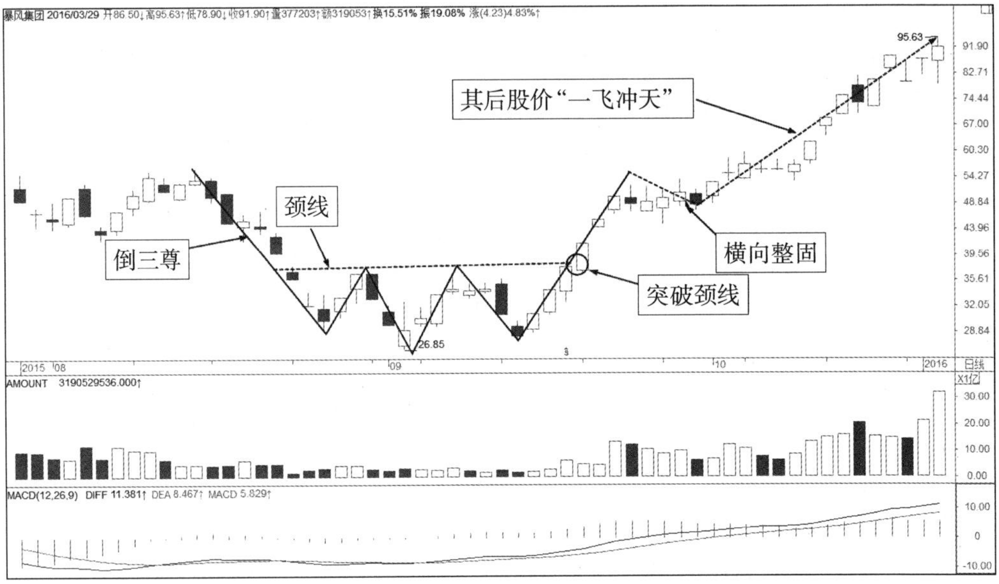

图 6-10 暴风集团（300431）2015 年 7 月—2016 年 3 月的日 K 线图

③两川。这个形态只有两个低点，其中有一个底部会出现地量，MACD 呈现底背离，股价涨过颈线位是起涨信号。

经历 2015 年 8 月的暴跌之后，中泰股份（300435）的股价在低位震荡整理后形成两川形态。该股股价突破颈线后回抽确认，理论上最低涨幅为 14.80 元，最终一口气涨至 28.55 元，从 9 月 2 日的底部 9.36 元算起，累计涨幅达 200%，可见双底威力之大。如图 6-11 所示。

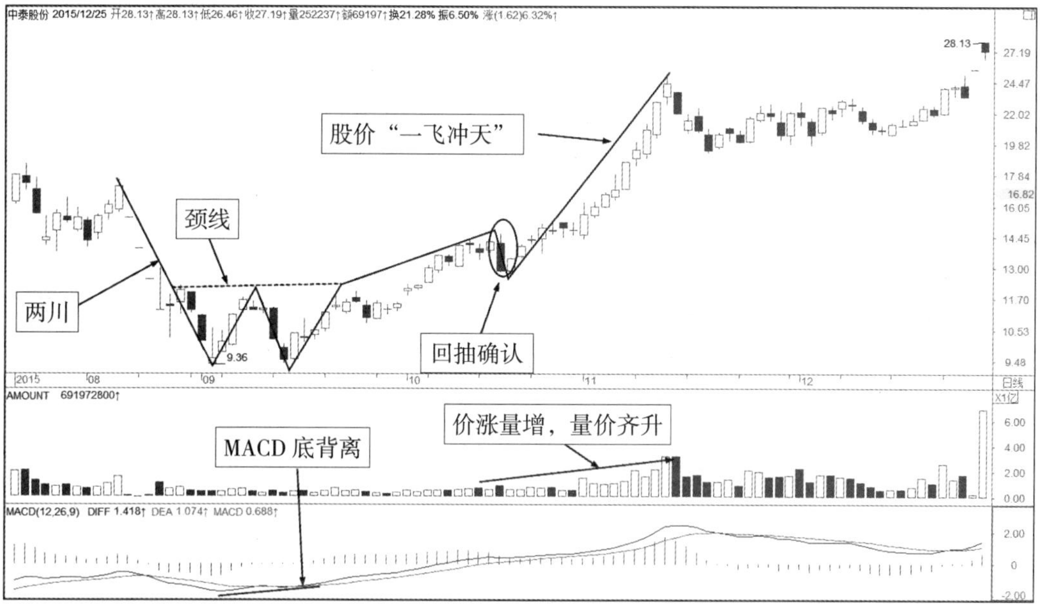

图 6-11　中泰股份（300435）2015 年 7 月—12 月的日 K 线图

这 3 个形态虽有所差别，但它们都有 1 个底部出现地量，MACD 都会出现底背离，买点均在股价急涨突破颈线位回踩确认后，上涨空间至少是最低点到颈线位的距离。

（2）三川是大级别见底形态，若这个形态里出现小级别看涨形态，大小级别的见底信号共振会引发大涨。这些小级别的看涨形态有切入线、插入线、斩回线、看涨吞没、阳抱阴、阴孕阳、启明之星、向下跳空星线等。

以三川案例中的赢时胜（300377）来看，左边第一底以看涨吞没形态构筑完成，中间第二底以看涨吞没形态构筑完成，右边第三底则以插入线形态构筑完成。3 底构筑完成，不涨都难。如图 6-12 所示。

（3）股价出现三川里的任何一种情况时，只要股价急涨突破颈线位，回踩不破就该大涨。若股价没有大涨，那就是“该涨不涨，反该看跌”，尤其股价紧接着出现其他见顶形态，此时不宜抱有任何幻想，应果断出局。

经历 2016 年 1 月的暴跌后，上证指数（000001）1 月 27 日以锤子线止跌企稳，形成第一川。随后，经历小幅反弹后再次回落，3 月 1 日以阴孕阳形态止跌企稳，形成第

图 6-12 赢时胜（300377）2015 年 12 月—2016 年 6 月的日 K 线图

二川。接着，3 月 18 日放量突破颈线，宣告两川形态最终形成。但经过回抽颈线确认后，价格走势扭扭捏捏，一步三回头，且量能明显没有跟上价格的上涨。至此可以推断，这属于“该涨不涨，反该看跌”的走势类型，应放弃所有幻想，果断出局。如图 6-13 所示。

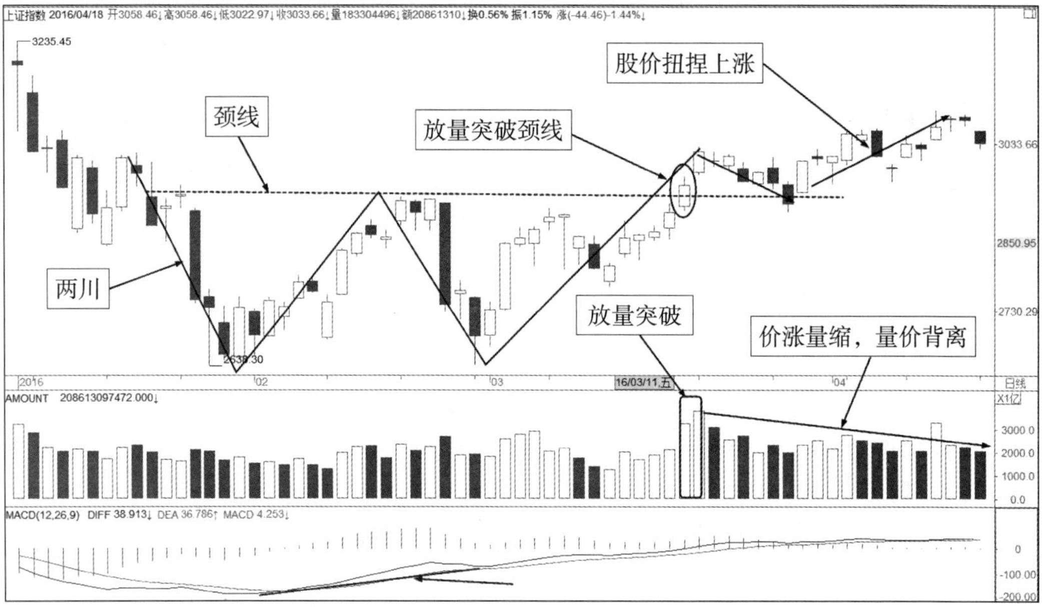

图 6-13 上证指数（000001）2016 年 1 月—4 月的日 K 线图

五、三兵

“三兵”犹如 3 个站岗的 K 线哨兵，一般分成以下两种形态。

（1）红三兵：3 根小阳线呈一顶比一顶高的递升排列。

（2）黑三兵：3 根小阴线呈一底比一底低的递降排列。

（一）红三兵

红三兵形态被视为后市强烈看涨的信号，然而有时红三兵形态又被称为受阻红三兵，主要原因在于：红三兵形态凑巧位于波段循环的高点时，反而代表买方力道已经用尽，股价上升通常是即将反转下跌的征兆。所以说，红三兵只有出现在谷底时，才是真正意义上的红三兵。如图 6-14 所示。

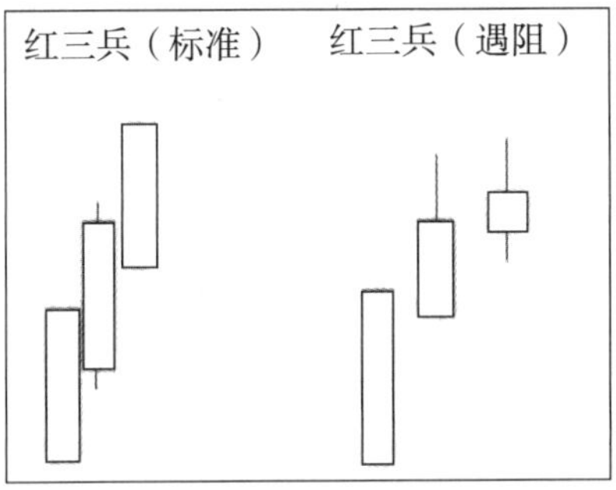

图 6-14　红三兵

2019 年 1 月末 2 月初，森远股份（300210）的股价在回调低位形成红三兵形态。随后，该股股价止跌回升，进入加速上升阶段，一口气从 1 月 31 日最低价 3.65 元涨至波段高点 5.17 元，短短 26 个交易日，累计升幅达 41%。如果在波段低点出现红三兵形态，是极其强烈的看涨信号，交易者应毫不犹豫地入场做多。如图 6-15 所示。

当行情已经上涨了一段时间后，理论上，由于受到交易者情绪高亢与股价加速上涨的影响，股价涨幅应该越来越大。如果股价出现越涨越慢的现象，则意味着行情正在减速或者买方热情受阻。此时出现的红三兵形态，有可能是受阻红三兵形态。但是，如果红三兵形态并不是出现在好几波上涨后的高点，贸然将其视为受阻红三兵，似乎过于牵强。因此，除非波段涨幅确实已大，否则无法肯定股价处在顶部，也就不能贸然确定为受阻红三兵。在行进途中，股价连续出现 3 根小阳线时，建议仍以红三兵形态视之。

2014 年 8 月 11 日—13 日，在上涨行进途中，湘邮科技（600476）的股价连续出现 3 根阳线，组成红三兵形态。这 3 根阳线的涨幅分别是 9.98%、7.27% 和 6.92%，显然，这 3 根阳线一根弱于一根，股价出现越涨越慢的现象。但经过分析，此时股价刚刚从起步站稳阶段进入主升阶段，交易者应坚定持股不动。

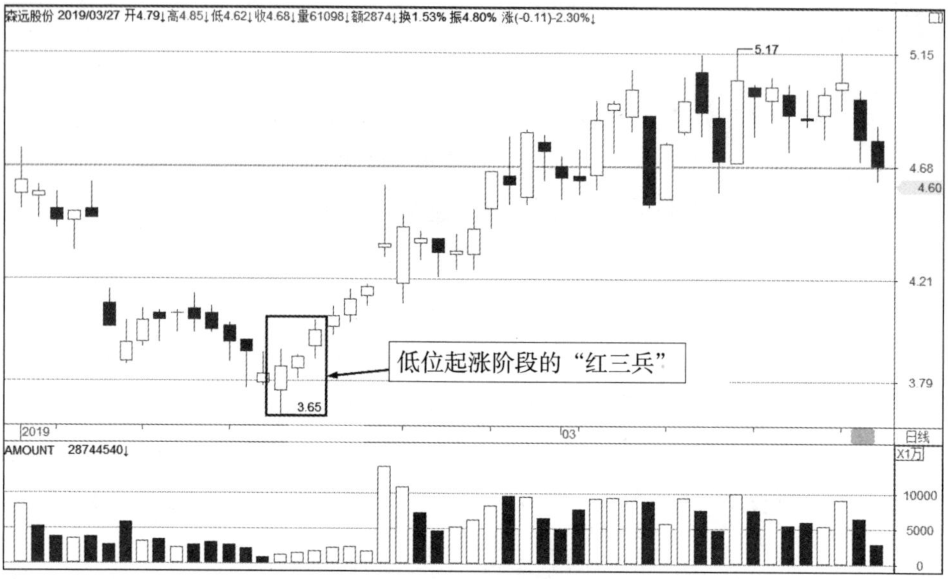

图 6-15　森远股份（300210）2019 年 1 月末 2 月初在回调低位形成红三兵形态

此后，经历短暂的停顿后，股价重拾升势，继而出现另一组红三兵形态。此时，根据观察分析，股价已由启动之初的 10.54 元升至第二组红三兵结束时的 21.78 元，已经实现翻倍。虽然此时股价没有出现越涨越慢的现象，但交易者应高度谨慎，一旦出现见顶信号，就应择机出清持股。

伴随着相继出现在高位的十字星与射击之星等单日 K 线见顶形态，以及向上跳空星线等相邻两线见顶形态，股价上涨随之告一段落。如图 6-16 所示。

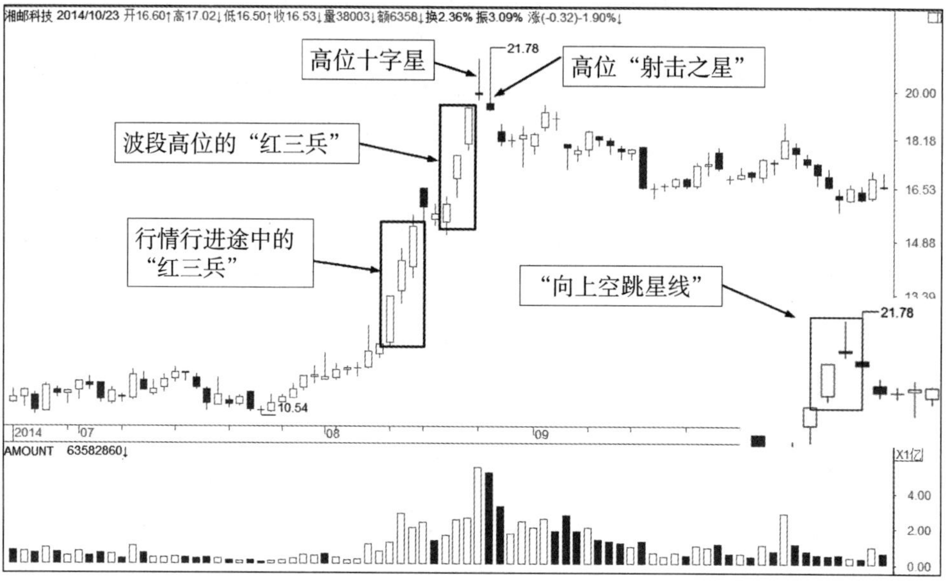

图 6-16　湘邮科技（600476）2014 年 6 月—10 月的日 K 线图

（二）黑三兵

根据股价所处位置，黑三兵形态可以分为处于波段高位的黑三兵和处于波段低谷的黑三兵。如图 6–17 所示。

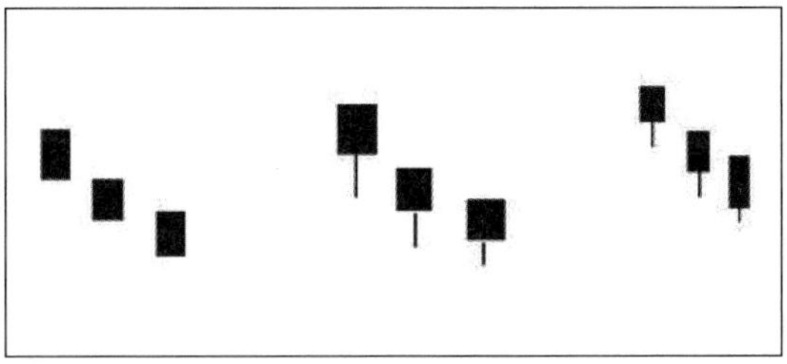

图 6–17　黑三兵

处于波段高位的黑三兵形态，经常被分析师称为“三只黑乌鸦”。请大家发挥一下想象力，在月黑风高的夜晚，3 只乌鸦并排栖停在一株老树的横枝上，这种情景不免让人产生不吉利的联想。由此可知，在波段循环高点出现“三只黑乌鸦”，其含义不言而喻。

2019 年 4 月 19 日—23 日，在波段反弹高位，华瑞股份（300626）的股价形成黑三兵形态，3 根顺次而下的阴线犹如栖息在老树上的“三只黑乌鸦”。其后，该股股价开始直线跳水，从波段高位的 9.67 元一路跌至 7.51 元才止跌企稳，期间 9 个交易日累计跌幅达 22%，可见，“三只黑乌鸦”实属不祥之兆。如图 6–18 所示。

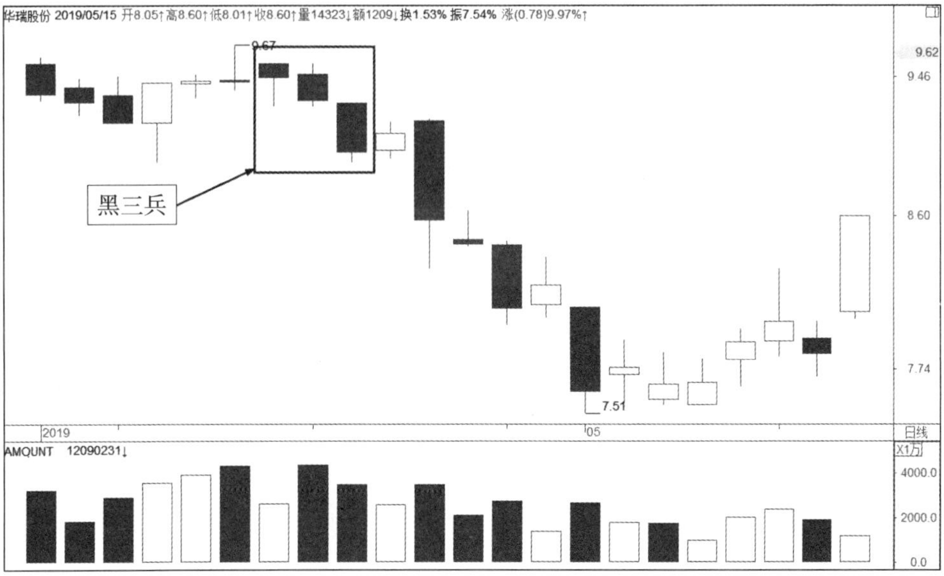

图 6–18　华瑞股份（300626）2019 年 4 月—5 月的日 K 线图

黑三兵形态原本暗示股价将持续下跌，然而，当行情已经经历一段时期的下跌时，在相对低档区间，股价出现黑三兵形态，反而暗示卖方力道已经逐渐衰竭。正常情况下，股价的下跌速度应该是越跌越快且阴线越来越长，如果该形态在趋势后期一反常态地以连续小阴线方式缓跌，那么透露出的信号反而是买盘逐渐强盛，股价将要止跌。

2018 年 8 月末 9 月初，在跌势末端，华瑞股份（300626）的股价连续出现 3 根阴线，这 3 根阴线虽然屡创新低，但呈现出一根比一根短的态势，这样的 K 线组合被称为“衰竭黑三兵”。从 K 线表面来看，股价下跌的幅度很大，但是物极必反，此时空方能量得到了极大的消耗，预示多方能量即将爆发。若 K 线图中出现这样的 K 线组合，交易者可立即介入。如图 6–19 所示。

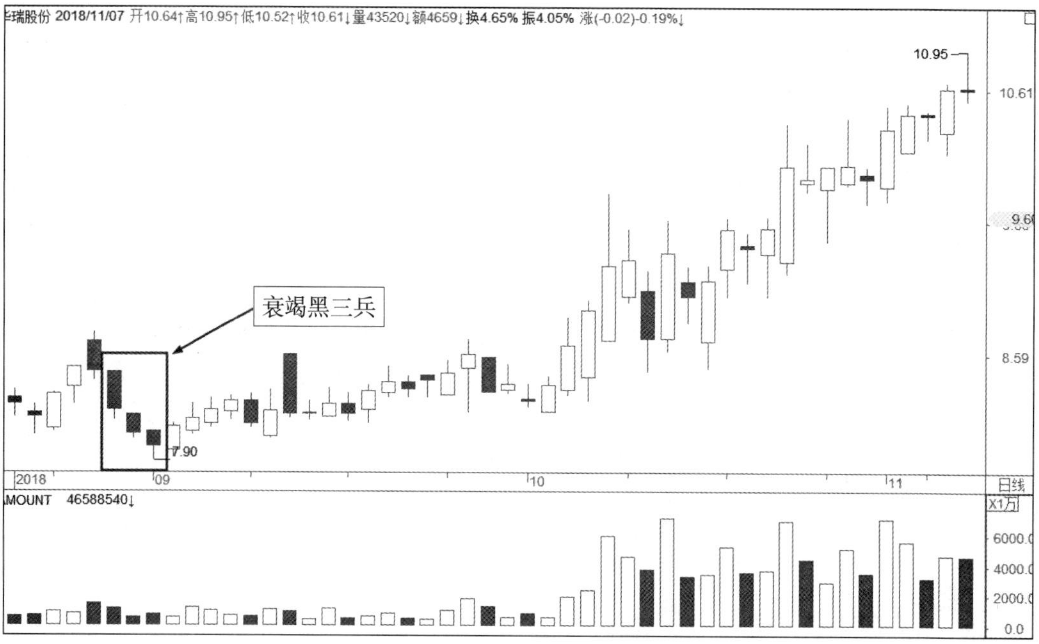

图 6–19　华瑞股份（300626）2018 年 9 月—11 月的日 K 线图

由此可见，在判断三兵形态时，要结合其他要素综合研判。比如，结合成交量，可以识别一些空有其形的形态陷阱；结合 K 线形态，三兵形态出现后的几个交易日，K 线形态是见顶形态（射击之星、乌云盖顶）还是见底形态（锤头线、早晨之星），可以判断接下来的走势。交易者应当学会由局部到整体进行分析，毕竟实战需要的是综合分析，而非单兵作战。

六、三法

“三法”是酒田战法最常见的一种实战形态，其形态由最左边和最右边一根大阳线或大阴线，搭配中间至少 3 根小 K 线而成。“三法”可分为上升三法和下降三法。如图 6–20 所示。根据实际情况，遇到与之相似的形态即可根据此法操作。

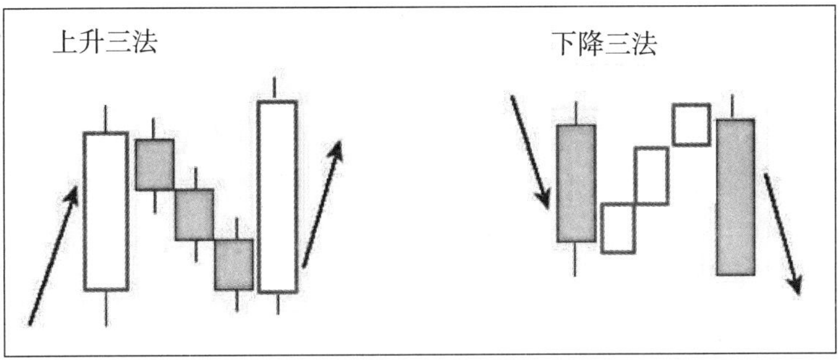

图 6-20 三法

（一）上升三法

上升三法形态由 3 个要素组成，即在上涨途中出现大阳线，然后至少回调 3 日，再出现一根大阳线创新高。其要点提示如下。

（1）上升三法是上涨中途出现调整后再拉升，呈现出“N”型上涨，这是很好的短线买点。从强弱动能来看，实际上是一个“急涨—缓跌—急涨”的形态。

2019 年 1 月第二周，金逸影视（002905）的股价“急涨”收出一根大阳线。其后，该股股价小幅“缓跌”4 周，2 月 18 日这一周再次“急涨”，收出一根大阳线，一举收复之前 4 周“缓跌”的“失地”，形成一个经典的周线级别上升三法形态。如果在上升三法完结后跟进，获利将十分惊人。从上升三法前一周最低价 12.38 元算起，至截图时的 5 月 27 日交易周，短短 20 个交易周，该股累计升幅达 235.86%。如图 6-21 所示。

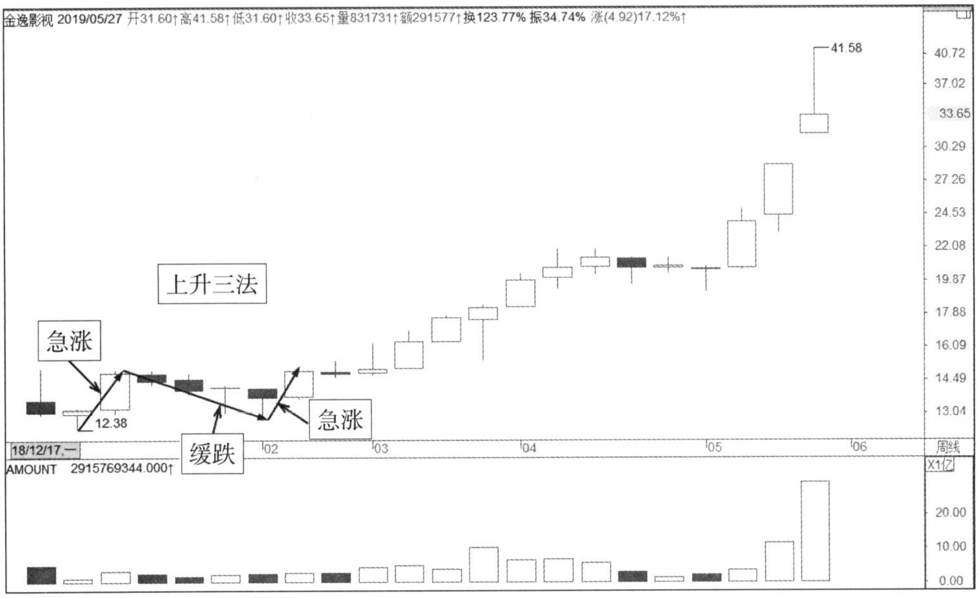

图 6-21 金逸影视（002905）2018 年 12 月—2019 年 5 月的周 K 线图

（2）上升三法至少由 5 根 K 线组成，第一根是大阳线，然后至少出现 3 根小 K 线，最后一根是大阳线。在这个形态里，中间小 K 线必须为缓跌走势，实体越小越好，十字星最佳；中间小 K 线最好不要跌破第一根大阳线的最低价，其下跌幅度越小越好。

2014 年 4 月 14 日这一周，千山药机（300216）的股价收出一根大阳线。其后，该股出现 3 根小 K 线（其中后两根 K 线为十字星），股价缓慢回落。第三根 K 线虽在盘中跌破第一周大阳线最低价，但收盘仍收在第一根大阳线最低价之上。3 周的时间都无法有效跌破第一周大阳线的最低价，可见跌速之慢。5 月 12 日这一周，该股股价收出一根惊天大阳线，一举吞没前三周小 K 线的幅度，与此前第一周大阳线前后呼应，形成上升三法形态。如图 6-22 所示。

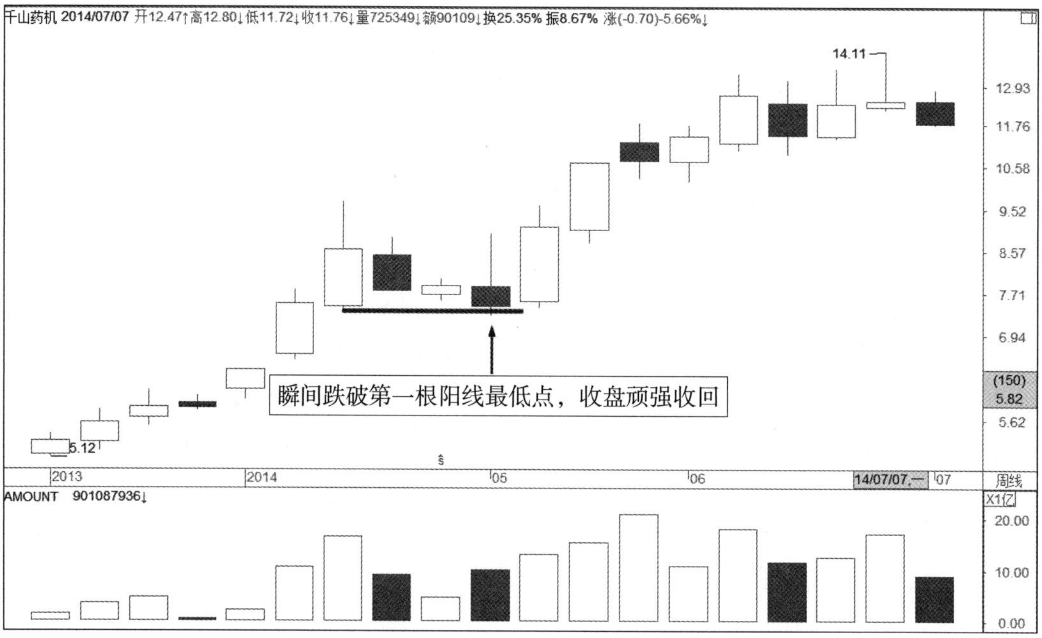

图 6-22　千山药机（300216）2013 年 12 月—2014 年 7 月的周 K 线图

（3）该形态若有量能搭配，效果更佳。其量能要求为：第一根大阳线需放量，为前一根 K 线量能的 1 倍以上，3 倍以下；中间小 K 线为缩量，每根量能柱低于第一根大阳线的一半最佳；最后一根大阳线再次放量。

2016 年 5 月 20 日，英洛华（现名 *ST 华信，000765）的股价收出一根大阳线，成交额达 16 亿元，是前一交易日成交额 7 亿元的 2 倍多。中间小 K 线开始逐渐缩量，至中间第二根小 K 线时，成交量已经回落到第一根大阳线的一半以下。5 月 26 日星期四，该股股价放量收阳，一举吞没此前 3 根小 K 线，与首日大阳线前后呼应，上升三法形态呼之欲出。如图 6-23 所示。

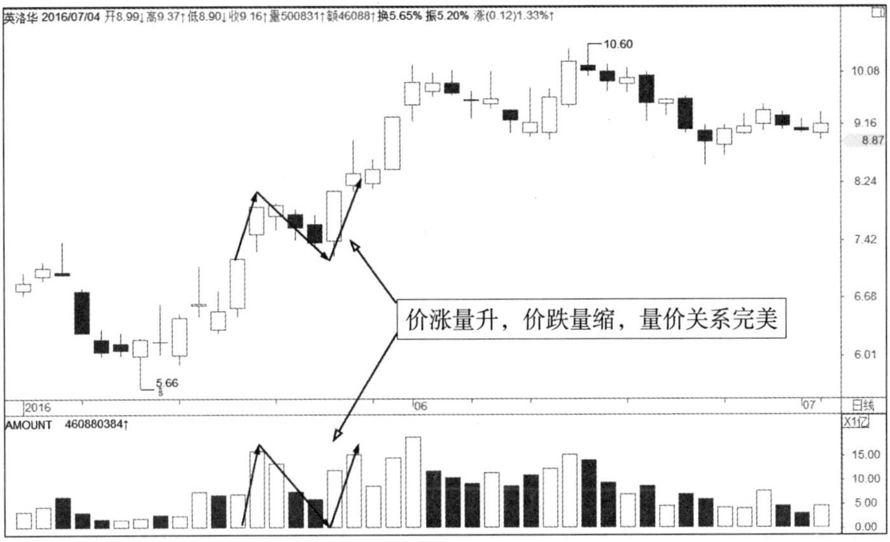

图 6-23　英洛华（现名 *ST 华信，000765）2016 年 5 月—6 月的日 K 线图

（4）谨慎起见，该形态应以收出最后一根大阳线后回调确认时为最佳买点。

2015 年 3 月 16 日，美达股份（000782）的股价收出一根大阳线后，出现 6 根十字星，最后一根十字星盘中瞬间跌破首日大阳线最低点，收盘最终顽强收回。第 7 个交易日收出一根大阳线，一举吞没 6 根十字星，标志着上升三法形态最终形成。

此时，大家不必急于介入，可在下一交易日回调时买入。次日该股股价盘中果然回落，给了大家最好的介入时机。此后该股股价扶摇直上，从上升三法形态次日最低 11.90 元算起，至 5 月 21 日的最高点 29.89 元，短短 38 个交易日，该股累计升幅竟达 151%，升幅相当可观。如图 6-24 所示。

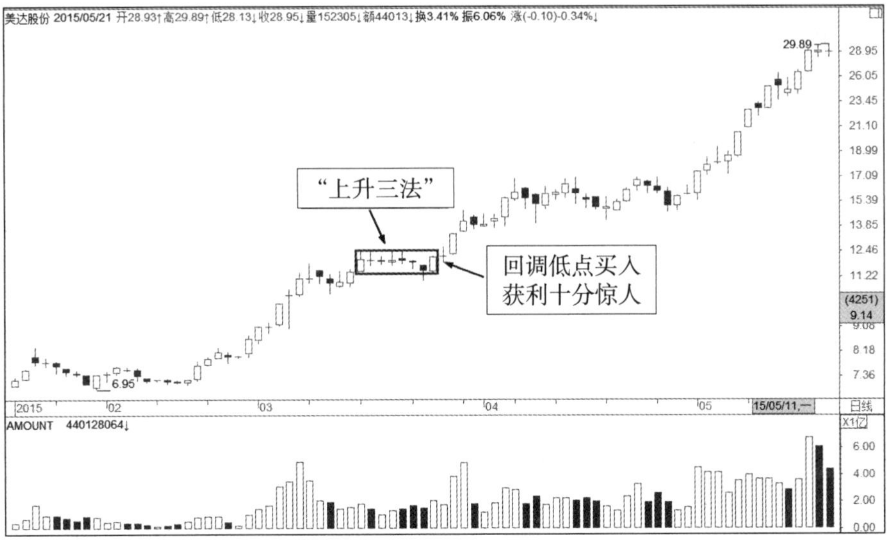

图 6-24　美达股份（000782）2015 年 1 月—5 月的日 K 线图

这个形态理论上需要 3 根小阴线的调整，在实战中，可能会出现多根小阴线或小阴小阳交替调整，只要它们形成缩量缓跌态势即可。

（二）下降三法

与上升三法刚好相反，下降三法是一个“N”型下跌形态，其节奏是“急跌—缓涨—急跌”。中间的小 K 线为 3 根阳线时，很容易被误解为红三兵形态。具体分辨方法是：红三兵应该出现在股价低位或上升途中，下降三法的 3 根阳线应该出现在股价高位或下跌途中。股价急跌后出现缓涨，就要考虑走人了，不一定要等到大阴线出来才出局。具体使用要点可将上升三法的要点反过来理解，兹不赘述。

经历短期连续大幅上涨后，2015 年 6 月 19 日这一周，科融环境（300152）的股价收出一根跌幅达 20% 的惊天大阴线，这根大阴线直接导致 KDJ 死叉。其后，虽然连续 3 周收出阳线，但收盘价始终无法站上第一根大阴线的开盘价 14.38 元。结果，7 月 31 日这一周，再次收出一根惊天大阴线，跌幅达 24.37%，收盘跌破此前第一根大阴线的收盘价，下降三法形态最终形成，也宣告了该股上升趋势完结，股价随后进入漫漫熊途。如图 6–25 所示。

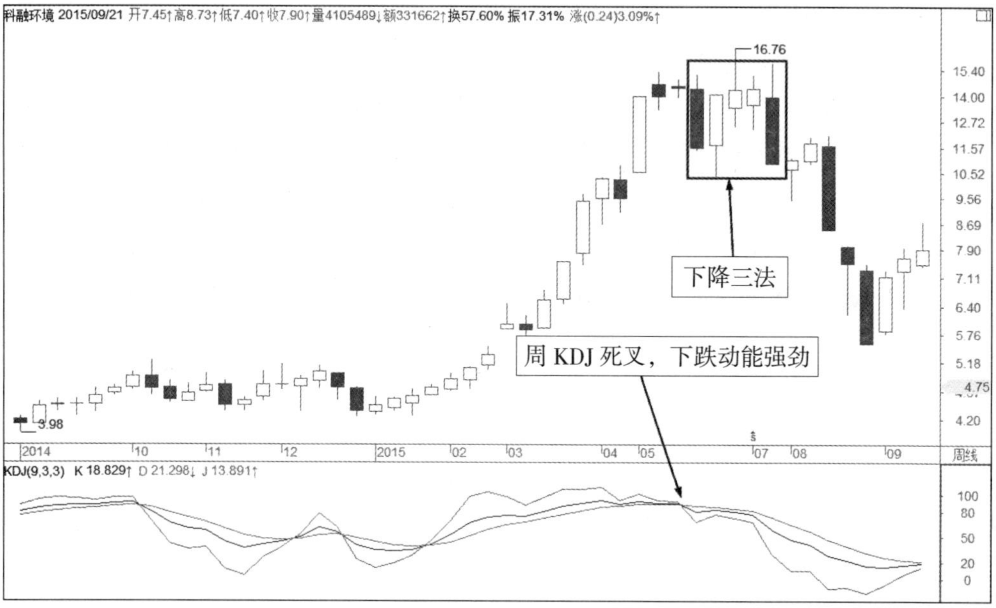

图 6–25　科融环境（300152）2014 年 8 月—2015 年 9 月的周 K 线图

经历 2016 年年初的暴跌后，华虹计通（300330）的股价从 1 月 14 日开始反弹，历经 8 个交易日，始终无法突破 1 月 13 日大阴线的最高价。结果，1 月 26 日一根大阴线吃掉 8 个交易日的全部涨幅，至此，下降三法形态最终完成，直到 29 日出现最低 12.57 元才止跌企稳。如图 6–26 所示。

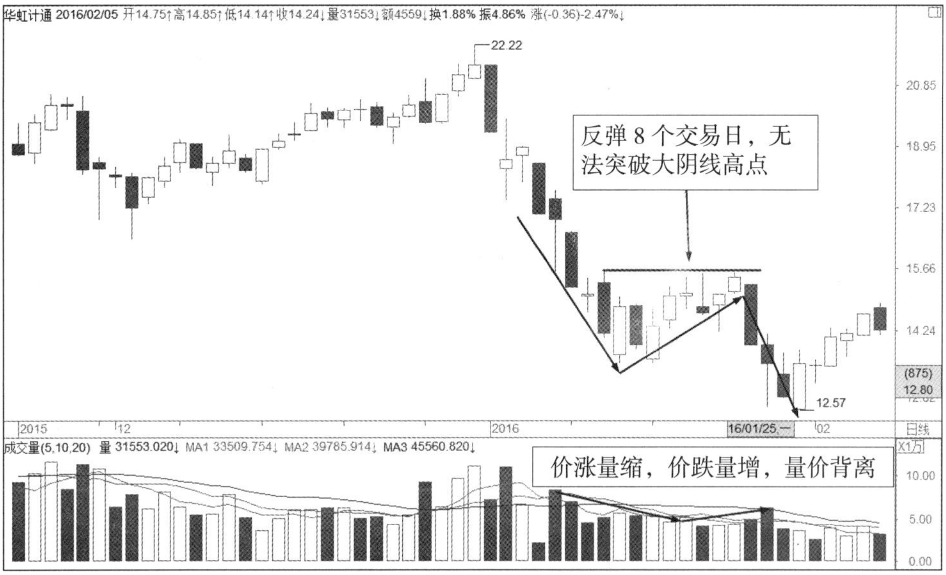

图 6-26　华虹计通（300330）2015 年 11 月—2016 年 2 月的日 K 线图

七、股价走势

前面连续介绍了酒田战法中的四大战法，笔者并不担心大家记不住这些战法的形态。在交易时叫不出这些形态的名字，无关紧要，这不会影响交易结果。但是，如果不能判断这些形态所处的位置，或者误判这些形态所处的位置，就要吃大亏了。

同样的形态，出现的位置不同，结果会有天壤之别。比如，低开的大阳线出现在低位是买入信号，出现在高位是卖出信号，出现在行进途中则是中继信号。

试问：怎么界定现在的走势是在低位还是高位呢？如何区分股票是在上涨途中还是已经到了高位？如果确实走到了高位且得到了量能与指标的验证，但股票不跌反涨，交易者该怎么办？这一节就要解决这几个问题。

（一）6 种波动

在回答上述几个问题前，先来分析一下走势的特征。道氏理论认为，股价有 3 种运动方式，即上涨、下跌和横盘。本节就以这个理论为基础，再来细分一下，将走势细分为 6 种波动。如图 6-27 所示。

（1）上升波：在这种波动里，多头是主角，市场买气十分旺盛，心理面十分乐观，上涨的幅度大，时间久。上升波大多属于急涨，其上涨速度大于此前的下跌速度。

（2）回档波：这是上升波的修正波，它反转向下的幅度小，时间短。回档波的理想状态是缓跌，但实战中也会出现急跌，不过时间很短，有时一步到位。

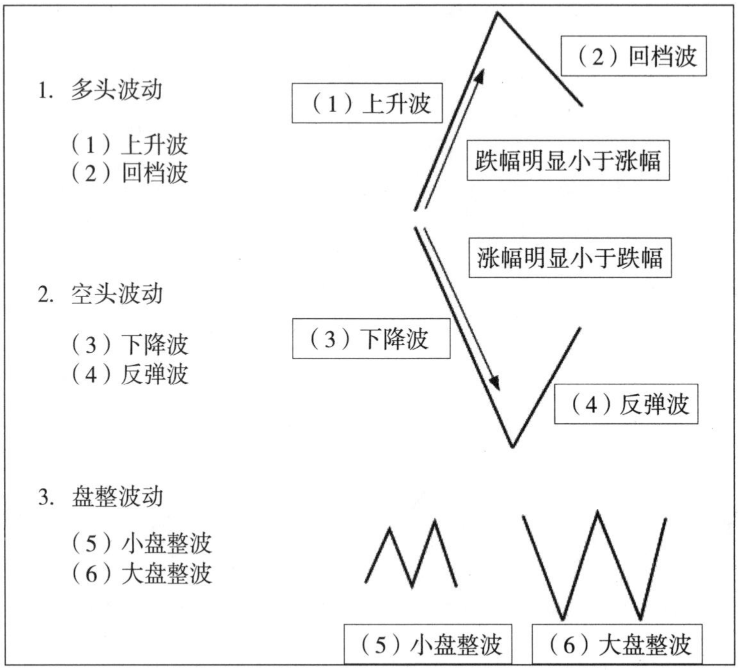

图 6–27　股价的 6 种波动

（3）下降波：此时的主角是空头，股价下跌的幅度很大，心理面异常悲观，市场都在抛售，这时股价表现出来的是急跌。

（4）反弹波：这是下降波深跌后的修正，它反弹向上的涨幅并大不。如果反弹波的速度开始放缓，那么就要当心反弹见顶了。

（5）小盘整波：这种波动的区间很小，成交量下滑，市场各方都在观望。这种波动时常出现在上升波或下降波的中途，成为上涨中继或下跌中继。

（6）大盘整波：这种波动的区间较大，也就是大家常说的“宽幅震荡”。当回档波与上升波、反弹波与下跌波的幅度大致相等时，就是大盘整波。

（二）一波三折

大家常用“一波三折”来比喻事情的变化过程十分曲折。在波浪理论里也讲一波三折，即初升浪、主升浪和末升浪。这里讲的“一波三折”与波浪理论很类似，但不必像波浪理论那样严格数浪，而且缩小周期时可将 1 个波细分为 3 段。

上升波大多会持续 3 周以上，分成 3 段时，3 段的时间差不多都是 1 周左右。回档波的时间不会超过上升波时间的一半，一般为 1/3。如果回档波的时间超过了上升波的一半，那么就会在跌幅上做出让步，也就是以时间换空间。

同理，下降波大多也能持续 3 周以上，其 3 段的区分与上升波一样。注意，只有上升波和下降波才有资格分为 3 段，大小盘整波、回档波、反弹波不可分为 3 段。

在判断酒田战法的形态，或者前文提到过的其他K线形态能否反转时，必须要清楚地知道这个形态处于波的哪一段。如果没有“一波三折”的概念，那么在解读酒田战法的形态时，很容易产生误判。如果心里有了“一波三折”的概念，即使误判了也有回天之术。

（三）4个要诀

在股海里航行，波动是风，K线是船，船跟着风走；波动又像海浪，K线之船在海中漂流，大家必须知道它将漂向何方。在使用“一波三折”时，有20字口诀如下。

抓弱势转折，顺强势操作。
让利润奔跑，后半段出局。

（1）抓弱势转折。市场波动有强势波和弱势波之分，不论涨跌，动能强大、斜率高的波动是强势波，如上升波和下降波。市场上的弱势波主要是指斜率不高的涨跌波动，它们的斜率大约在30°以下，有的波动仅在15°左右，这些都是弱势波，它们主要出现在回档波和反弹波里。

当弱势波里出现酒田战法的形态时，一定要打起精神。在回档波里出现酒田战法的见底形态时，一定要大胆买进。在反弹波里出现酒田战法的见顶形态时，一定要大胆做空，有多单者要毫不犹豫地出局。在这种环境里，酒田战法的胜率是最高的，远高过天顶和大底。

“抓弱势转折”是酒田战法的精髓。笔者看过很多解读酒田战法的书籍，大多会教你抄底逃顶，不能说他们错了，但是要想成功抄底，付出的代价太沉重了，每失败1次，就要割肉1次，失败次数多了，本金就会受到重创。原因在于，抄底行为抓的是强势波（下降波）转折，一个真正的强势波在转向之前，必定还有漫长的反复争夺。

（2）顺强势操作。在抓到弱势波的转折点之后，要“顺强势操作”，也就是顺着强势波的方向操作。注意，这里的顺强势即顺主要趋势，而不是顺弱势即顺次级波动。在交易时，顺弱势的次级波段操作，短期内会有一定盈利，但实际风险很大，因为这种波段持续的时间非常短，有随时结束的可能。比如，2015年6月—2019年1月，A股市场步入惨烈的熊市格局，期间多次出现反弹，但每次反弹都会套住一大批抄底者，原因就是没把握好这一点。熊市中的反弹，当然是弱势反弹，下跌才是大势。所以，才有“看大势者赚大钱”的说法。

（3）让利润扩大。当“顺强势操作”得到市场认可之后，不要着急获利了结，要让利润无限度地扩大，这是获取大利的观念。许多交易者把握不好，套牢时可以酣睡如泥，稍有盈利就睡不着了，非要急忙出局，结果眼睁睁地看着利润离自己而去，多可惜呀。另外，做对时加码是正确的选择，做错时加码摊平则会招致灭顶之灾。

（4）后段时出局。“让利润扩大”并非强调要卖在最高点，而是认为有好的获利就可以出场。一般而言，在“一波三折”的后半段出局是最佳选择。另外，瓜熟蒂就会落，市场波段在成熟之时，大多会爆出天量。

股价上涨到一定程度爆出天量时，这表明主力已经满足了当前的价位，开始大量出货，K 线形态上一定会出现酒田战法里的某种见顶形态，此时获利了结是唯一正确的选择。

如果行情在后半段出现头部迹象，在最该大跌时小跌，然后回头再涨，此时极有可能出现“该跌不跌”的异象，应该果断追涨。这种现象只会出现在非常强的强势股或者大盘非常火爆的行情里，如上证指数（000001）2015 年 2 月 6 日跌破双头的颈线后，就出现了“该跌不跌”的异象，随后大盘愈战愈勇，扶摇直上 5178 点。如图 6–28 所示。

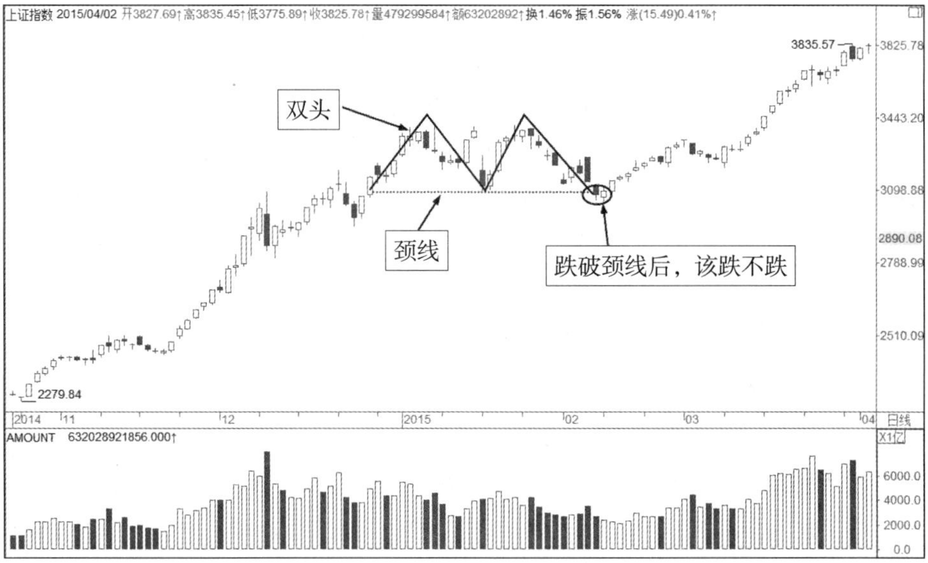

图 6–28　上证指数（000001）2014 年 10 月—2015 年 4 月的日 K 线图

（四）上升波分 3 段

上升波涨幅大，持续时间长，它是多头在唱主角，主要分成 3 段，即上升前段、上升中段和上升末段。上升波的显著特征有以下 3 点。

（1）阳线多，阴线少，尤其在前中段里更明显。

（2）如果阴线的比例增多，那就说明它的成熟期快要来临了。

（3）上升波的 K 线形态中，市场常伴随着向上跳空，线型长而有力，长红线居多，成交量温和放量或保持在较高水平。

2019 年 1 月 4 日，上证指数（000001）以一根大阳线触底回升，于 21 日结束第一段上升。经过短暂回调后，1 月 29 日展开第二段上升，此为最凌厉的一段升势，在波浪理论里称为 3 浪主升。第二段上升于 3 月 7 日结束，再经短暂回调，开启最后一段上升，这段上升于 4 月 8 日以一组“吊颈线”结束。至此，3 段上升全部结束，至截图时，上证指数仍在调整之中。如图 6–29 所示。

图 6–29　上证指数（000001）2018 年 12 月—2019 年 4 月的日 K 线图

（五）回档波不分段

回档波是对上升波的修正，其特征有以下 2 点。

（1）反转向下的跌幅不大，K 线实体比较小，步伐迈不开，连续线较多，很少出现跳空现象。

（2）回档波是一种弱势的下降波，下跌斜率在 30° 以下。

理性的交易者不应该押注在这种斜率不高、难有大利的回档波上，而应该押注在回档波走完之后的转折点上，也就是强势波再度启动之时。成功与毁灭就差在这一小点上，投资就是一个标准的“失之毫厘，谬以千里”的事业。

2014 年 10 月下旬开始，上证指数（000001）涨势良好，一路高歌猛进，势如破竹。从 12 月 8 日开始，涨势进入末升段，出现涨势放缓的迹象。2015 年 1 月 23 日，在 3406 点见顶回落，此后反转向下，但跌势犹豫不决，是很明显的回档波特征，交易者应在见底形态出现时积极介入。结果，从 2 月 9 日开始，出现酒田战法中的红三兵形态，在回档波末期出现红三兵形态，是买入做多的天赐良机。如图 6–30 所示。

（六）下降波分 3 段

下降波跌幅深，持续时间长，它是由空头在唱独角戏，主要分成 3 段，即下跌前段、下跌中段和下跌后段。它的特征有如下 3 点。

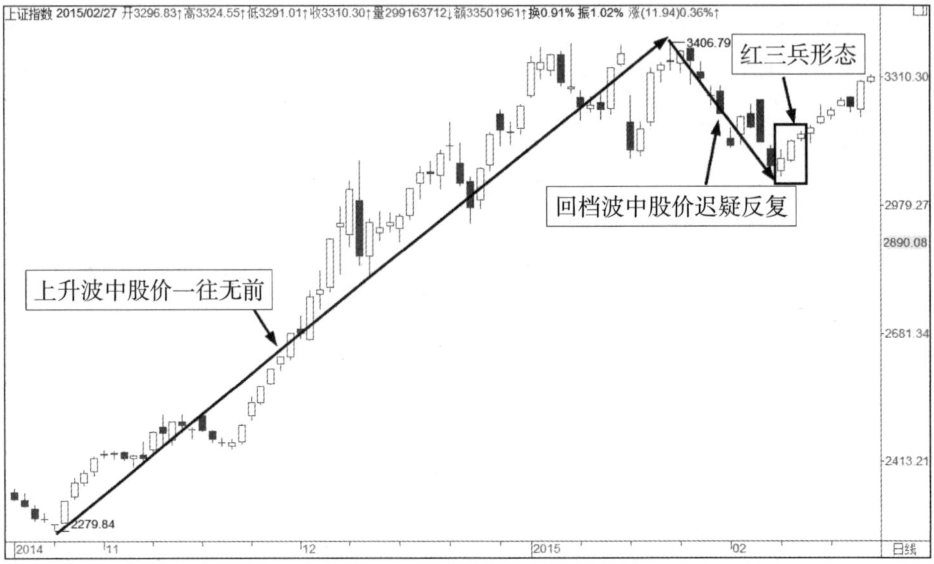

图 6-30 上证指数（000001）2014 年 10 月—2015 年 3 月的日 K 线图

（1）阴线多，阳线少，尤其在下跌的前中段。

（2）如果阳线比例增多，那就说明下降波快成熟了，后段已经来临。

（3）下降波里时常伴有向下跳空缺口，阴线长而有力，长黑线众多。

2015 年 6 月—7 月，创业板指（399006）的快速下跌是一波非常典型的下降波，并且明显分为 3 段。2015 年 6 月 5 日，创业板指出现最高点 4037 点后开始回落，从 9 日开始出现了连续 4 天的小幅反弹。随后进入最为猛烈的下跌中段，历时 12 个交易日后进入末跌段，见到最低 2304 点。巧合的是，初跌段与末跌段均只有 5 个交易日。如图 6-31 所示。

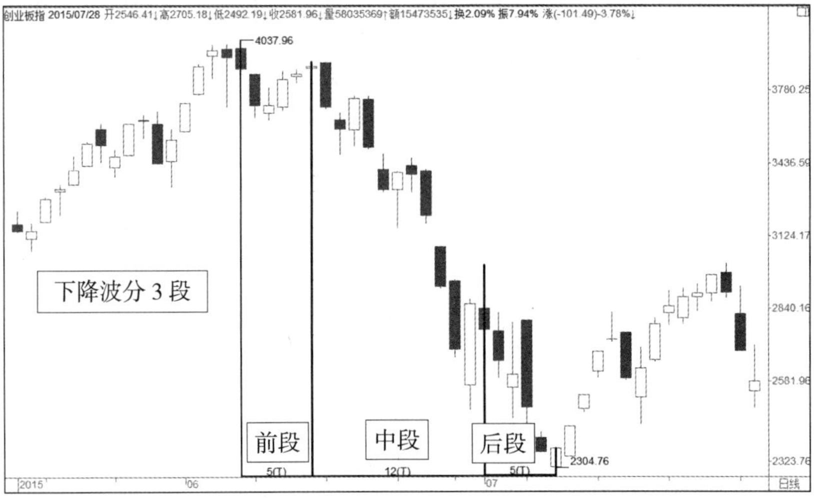

图 6-31 创业板指（399006）2015 年 5 月—7 月的日 K 线图

（七）反弹波不分段

反弹波是针对下降波的修正，其特征有如下 2 点。

（1）向上反弹的幅度不大，K 线实体较小，连续线较多，很少出现跳空。

（2）反弹波是 1 种弱势的上升波，上涨斜率只有 30° 左右，持续时间不会很长。

反弹波结束之后还会下跌，这是股市里的逃命机会。在期货市场上，这是绝佳的做空机会，而且胜率很高，远远超过在天顶放空。股市里理性的交易者，不应该抄底去玩这种反弹波，因为其上涨利润极小，风险却很大。

熊市中，每一波反弹都是逃命的机会，因为绝大多数个股都会是暴跌弱反弹的格局，每一波反弹过后，都有更猛烈的下跌在等着你。2015 年—2018 年的大熊市中，多少高手死在抄底的路上，大家应该引以为戒。现在拿创业板指（399006）举例说明。

2015 年 6 月 5 日，创业板指见顶后，出现暴跌形式的下降波。7 月 8 日，短线见底反弹，仅仅反弹 12 个交易日便草草收场，随之而来的是更加猛烈的暴跌，场面极为惨烈。如图 6–32 所示。

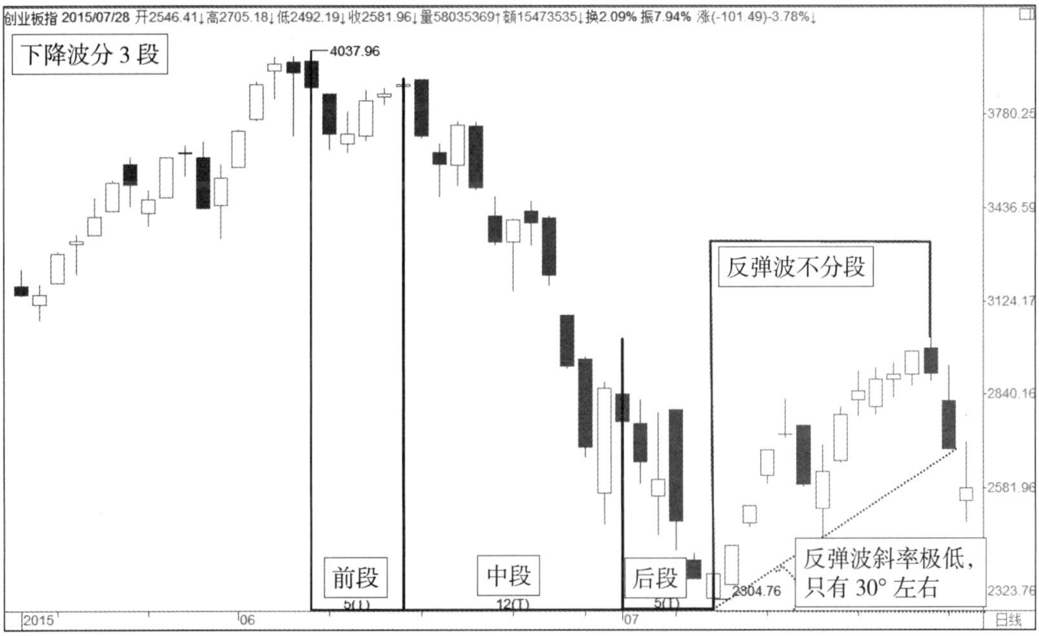

图 6–32　创业板指（399006）2015 年 5 月—7 月的日 K 线图

（八）小盘整波里星线多

小盘整波的 K 线实体最小，交易的波动区间也较小，价格始终在 1 个很窄的箱体内波动，成交量明显下滑。在这种波里，跳空缺口较少，一旦出现跳出箱体的缺口，行情大概率选择了向缺口方向突破（“缺口”见后文）。

2018 年 6 月—7 月，科林电气（603050）的股价在 13 元—14 元之间来回震荡，始终无法突破。直到 8 月 2 日，跳空大阴线突破箱体后，才确认股价跌破箱体飞流直下。值得留意的是：如果股价往上突破，需要带量突破。如果股价往下突破，则没有成交量的限制。如图 6–33 所示。

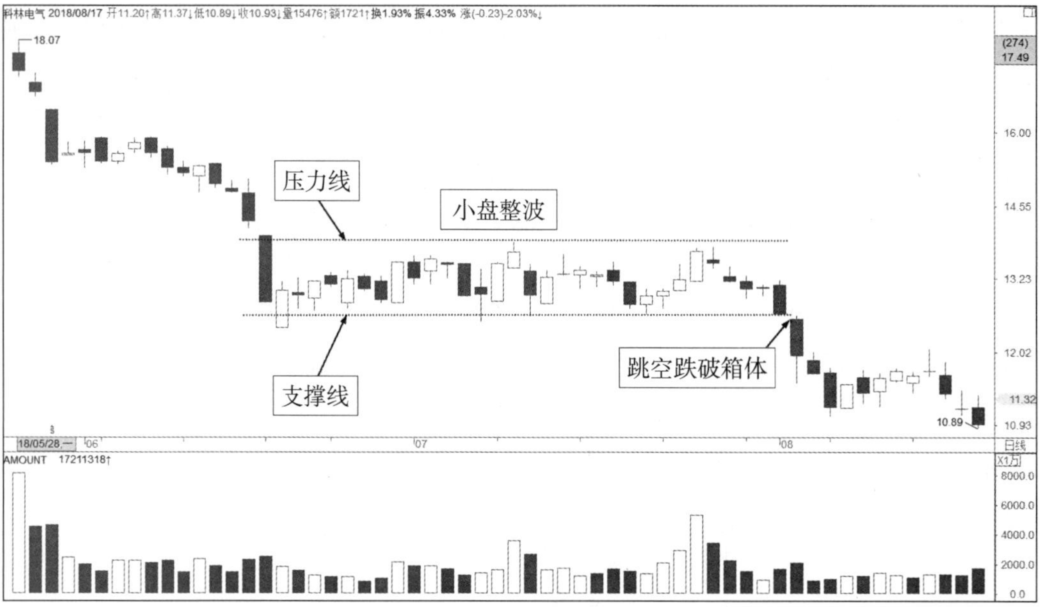

图 6–33　科林电气（603050）2018 年 6 月—8 月的日 K 线图

（九）大盘整波里假跳空

大盘整波比反弹波、回档波还要弱势，波动幅度很小，持续时间不等。大盘整波的波动晃来晃去，看起来没什么章法，难以获利。其主要特征有如下 3 点。

（1）十字星很多，上下影线长短不一。

（2）短实体星线较多，锤子线、倒锤子线大量出现。

（3）在波动区间内会大量出现假跳空，但很快会被回补掉。

2018 年 7 月—12 月，上证 50（000016）指数走出了典型的大盘整波形态，在 2300 点与 2600 点的区间内上下波动，频繁出现十字线和跳空缺口。在大盘整波波动范围内出现的跳空缺口，往往没有任何实质意义。在这 5 个多月的大盘整波里，该指数总共出现 8 次跳空缺口。在此段时间内，如果交易者购买上证 50（000016）指数成分股的话，很难获利。如图 6–34 所示。

图 6-34　上证 50（000016）指数 2018 年 7 月—12 月走出了典型的大盘整波形态

八、心法

（一）戒喜忧

交易中的得失太过平常，要尽量淡化交易对心态的影响，切忌大喜大悲。要把交易视为一种兴趣，一个习惯，一份工作，一个练就自己良好品行的过程。

（二）忘盈亏

没有最后离开市场，始终不能说盈或亏。

走势顺的时候，不要忙于计算账面盈亏；走势看反了，不要心存侥幸，盼望奇迹降临。遵循自己的交易计划，留心观察市场变化，才是重中之重。

（三）记休养

交易是会上瘾的。但是，交易之前要问问自己：方向看清了吗？计划做好了吗？输得起吗？只要有一个答案是否定的，那就什么都不要做。市场里最不缺的就是机会，而最缺的是资金。

（四）勿恋股

对交易者来说，个股永远都是获利的工具。熟悉股性可以，但不要因喜好而持有，不要因持有而生情。

（五）止小损，留大利

“及时止损，让利润奔跑。”这句话大家可能听过无数遍，但往往是最难做到的。若说前面 4 条是初级修炼的话，这句话则是判断交易是否专业的依据。

（六）别人贪婪时我恐惧，别人恐惧时我贪婪

成功的交易者是最孤独的。大家狂热时，最冷静的人就是下一个成功者。

（七）不要被一次大的危机彻底打败

胜败乃兵家常事。戒喜忧虽然作为第一条修炼目标，但真正遇到危机时，比如账户一下子亏损 50% 甚至爆仓，这时该怎么办？从头再来。具有“待从头，收拾旧山河”的气概，才是一个成功交易者的必备品质。

第七章　羽黑战法

一、羽黑战法概述

周 K 线行情分析方法各式各样，在此介绍流传于日本北陆地区的、由羽黑山人（被称为 K 线的权威者）发明的羽黑战法。

羽黑战法是羽黑山人居于深山，抛开一切邪念领悟到的宝贵法则。羽黑山人发明的羽黑战法，是将周 K 线分成 8 种线形，16 类 K 线。

周 K 线的观测方法是历史统计的实证，根据以往的类似线形做出预测。图 7–1 是将 1 星期的变化视为相等长度，以开收盘价在中心价位的上或下作区分绘制的 16 类周 K 线图。

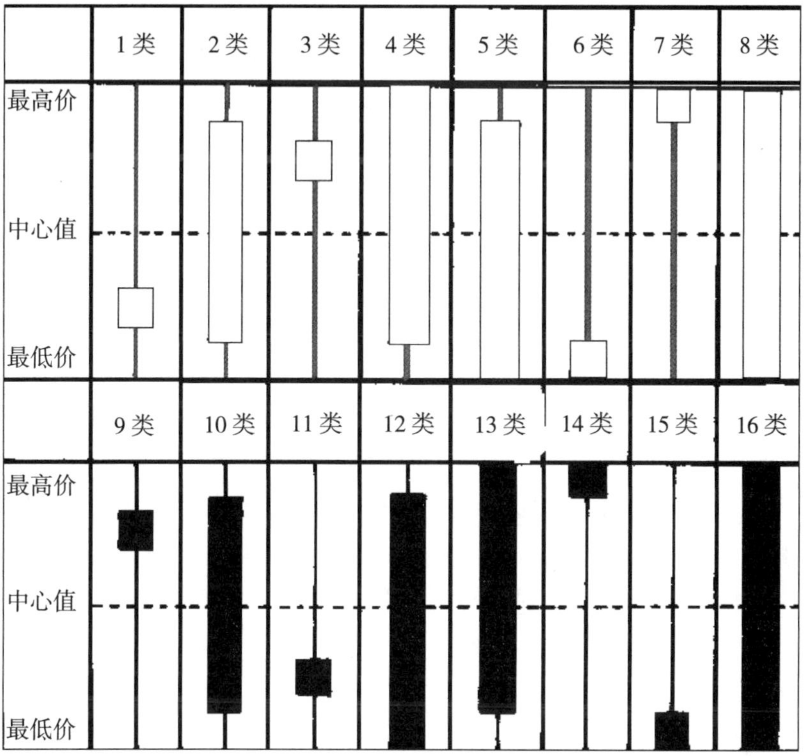

图 7–1　羽黑战法的 16 类周 K 线

二、第一类与第九类周 K 线

（一）第一类周 K 线

第一类周 K 线的实体部分在 1 周股价变化的中心价位下方，该周 K 线是一根带有很长上影线的小实体阳线（上影线是实体部分长度的 1 倍，且占全部价格运动轨迹的 1/2 以上）。如图 7–1 所示。

1. 多空分析

（1）无论价格运动是由开盘价下跌至最低价，然后上升至最高价后又回落至收盘价，还是由开盘价上升至最高价，然后又下跌至最低价后再上升至收盘价，甚至是更为复杂的价格运动轨迹，收盘价低于中心价位的事实说明，股价在中心价位以上时遭到了空方打压，表明空方力量占优。

（2）第一类周 K 线最终形成了较长的上影线，说明价格徘徊在当周高价位的时间较长，经过长时间的上方盘整，在空头抛售的压力下收盘至较低价位。不过，第一类周 K 线未能跌破开盘价，说明多方对行情仍然具有一定的影响力，收盘价成为多头的桥头堡。

综上所述，第一类周 K 线表明多空双方的力量旗鼓相当，下周倾向于形成上下窄幅波动的格局，呈盘整态势。此时，中长线交易者可以暂时观望，短线投机客则可以进行高抛低吸。

2. 操作策略

第一类周 K 线出现后，多半会形成盘整格局。无论是上升还是下降，下周价格一般会围绕收盘价位窄幅波动，运动幅度极为有限。如果下周开盘后价格快速上涨，那么就要择机放空，获利之后及时平仓。如果下周开盘后价格快速下行，那么就应择机做多，获利之后及时平仓。此类周 K 线出现频率极低，一旦遇见，可以进行高抛低吸。

2019 年 4 月第二周，农尚环境（300536）周 K 线以 12.49 元开盘，最高涨至 16.08 元，最低跌至 12.34 元，最终以 13.20 元收盘，形成一根具有极长上影线的周 K 线（阳线）。根据上文对第一类周 K 线的多空分析，初步判断下周（4 月第三周）价格整体不会出现太大波动，因此，交易者可择机进行高抛低吸。结果，第三周股价在第二周收盘价附近开盘，最低下探至 11.90 元，最高涨至 13.67 元，但收盘又回到了第二周收盘价附近，与第二周收盘价仅差 0.02 元。因此，在实际操作中，交易者如果遇到第一类周 K 线，下周可在收盘价附近择机高抛低吸。如图 7–2 所示。

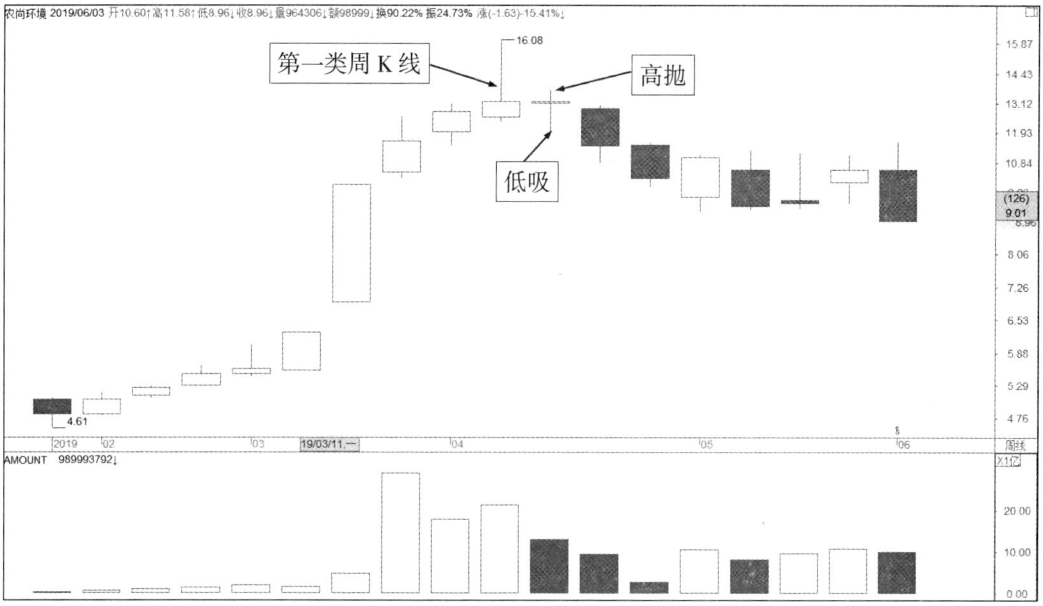

图 7–2　农尚环境（300536）2019 年 1 月—6 月的周 K 线图

（二）第九类周 K 线

与第一类周 K 线完全相反，第九类周 K 线的实体部分在 1 周变化中的中心价位上方。该周 K 线是一根带有很长下影线的小实体阴线（下影线是实体部分长度的 1 倍，且占全部价格运动轨迹的 1/2 以上）。如图 7–1 所示。

1. 多空分析

在日 K 线图中，长下影线表示利好多头的强势格局，而在周 K 线图中，情况就发生了一些变化。依据周 K 线的长短，反映的行情变化有所不同。1 周的开盘价在高价位（中心线以上）开盘，并且一度下探到较低位置（中心线以下），说明行情一度被空方控制局面。由于多头介入，使得收盘价艰难地收到较高价位（中心线以上），但无法收在开盘价之上，最终以低于开盘价的价位报收阴线。

当线体较长时（实体也较长），说明行情已经被空头控制。此时，行情的变动不仅是盘整这么简单，很可能会出现价格崩塌的局面。

当线体较小时（实体也较小），表示多空双方力道相当。接下来的走势是升还是跌，暂不明朗，但这种短小的第九类周 K 线，若出现在价格的谷底区域，行情极有可能转跌为升。

2018 年 12 月最后 1 周，凌云股份（600480）的股价收出一根线体较小的第九类周 K 线。随后该股股价转跌为升，从第九类周 K 线当周的最低 7.42 元，一口气升至 2019 年 4 月第一周的最高 13.08 元，短短 13 个交易周，累计升幅达 76.28%。如图 7–3 所示。

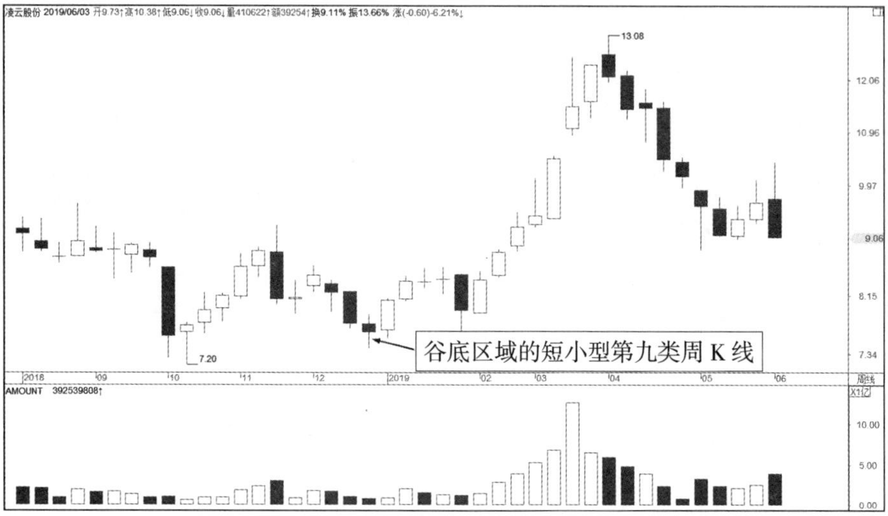

图 7–3 凌云股份（600480）2018 年 7 月—2019 年 6 月的周 K 线图

2. 操作策略

（1）短小的第九类周 K 线出现在价格谷底，极有可能转跌为升，此时应当看多做多。如图 7–3 所示。

（2）长大的第九类周 K 线出现时，表明空头已经掌握主动，此时应当考虑下周开盘弹升至高位时择机卖出。

2019 年 4 月第 3 周，商赢环球（600146）的股价形成长大的第九类周 K 线。此前该股股价已经连续回落两周，此时表明该股空头正盛，交易者应在第四周开盘升至第三周收盘价上方时，择机抛出持股。结果，该股在后面几周继续大跌。如图 7–4 所示。

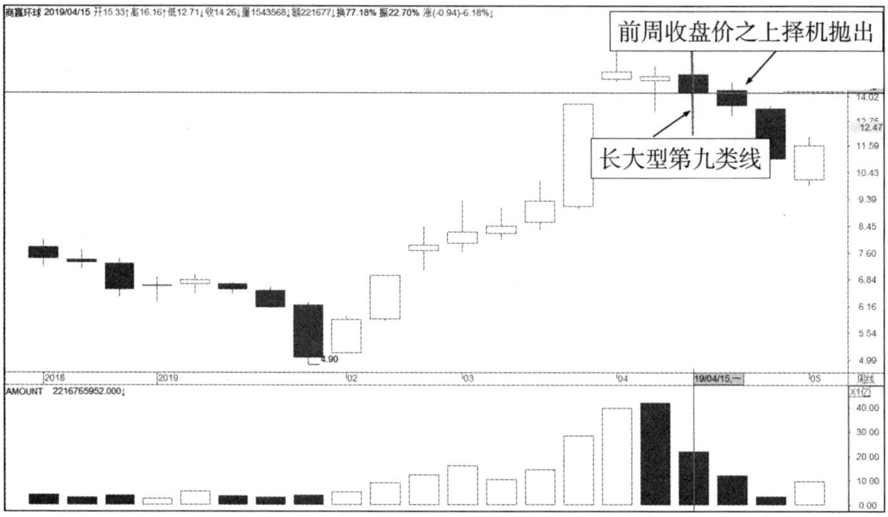

图 7–4 商赢环球（600146）2018 年 12 月—2019 年 5 月的周 K 线图

三、第二类与第十类周 K 线

（一）第二类周 K 线

第二类周 K 线是一根具有较大实体的阳线，且实体的中心与整根 K 线的中心极为接近，表现在图形上就是实体均衡居中，上下各有 1 条不太长的影线。如图 7–1 所示。

1. 多空分析

因为第二类周 K 线在市场上出现的频率很高，所以对后市的预测就显得比较困难。下面分别对各种情况进行分析。从结构上讲，第二类周 K 线可分为短小型和长大型两类。短小型说明在 1 周之内价格变动不大，多空双方处于均衡状态。此时，如果处在价格谷底区域横向整理期间，则更应留心是否底部已经到来。长大型第二类周 K 线表明 1 周之内价格上下波动幅度很大，如果此时已经上升了一定幅度，则应留心上升趋势是否即将终结。

2. 操作策略

第二类周 K 线出现的位置，以及连续出现的次数，是实战操作中十分关键的因素。

（1）当行情在低价区整理，如果此时出现短小的第二类周 K 线，是即将走出谷底的前兆，此时应择机买入，下周及未来出现涨升的概率极大。

经历 2016 年年初的连续暴跌之后，2 月 29 日这一周，加加食品（002650）的股价触底回升，一直在 4.73 元至 5.68 元的区间内窄幅波动。4 月 1 日这一周，股价形成一根长大型第二类周 K 线，以此结束了股价的低位盘整格局，下一周跳空突破了前期盘整平台。之后，股价连续大幅上扬，至 4 月 18 日这一周涨至波段高点 7.40 元，从波段低点 4.73 元算起，累计涨幅达 56.37%。如图 7–5 所示。

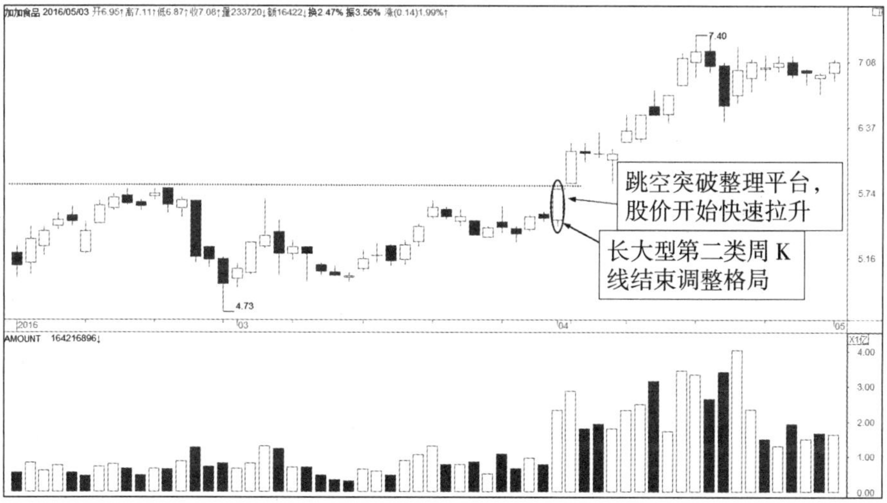

图 7–5　加加食品（002650）2016 年 1 月—5 月的周 K 线图

（2）当行情处于下跌途中时，如果出现短小的第二类周 K 线，且下周开市价格向下滑坡，或出现向下跳空开盘，则应引起高度重视。此时出现第二类周 K 线，大概率是“下跌中继”，价格有暴跌的可能性。

2018 年 3 月 5 日这一周，加加食品（002650）的股价出现一根短小型第二类周 K 线。此时，股价正运行在如瀑布般暴跌的行进过程中，并无止跌企稳迹象。因此，此时交易者不宜贸然出击，而应该观察下周甚至未来几周的走势再做抉择。结果，下一周股价大幅跳空低开，仍持有头寸的交易者不妨在周一果断斩仓，最后该周以暴跌 22.84% 报收。如图 7–6 所示。

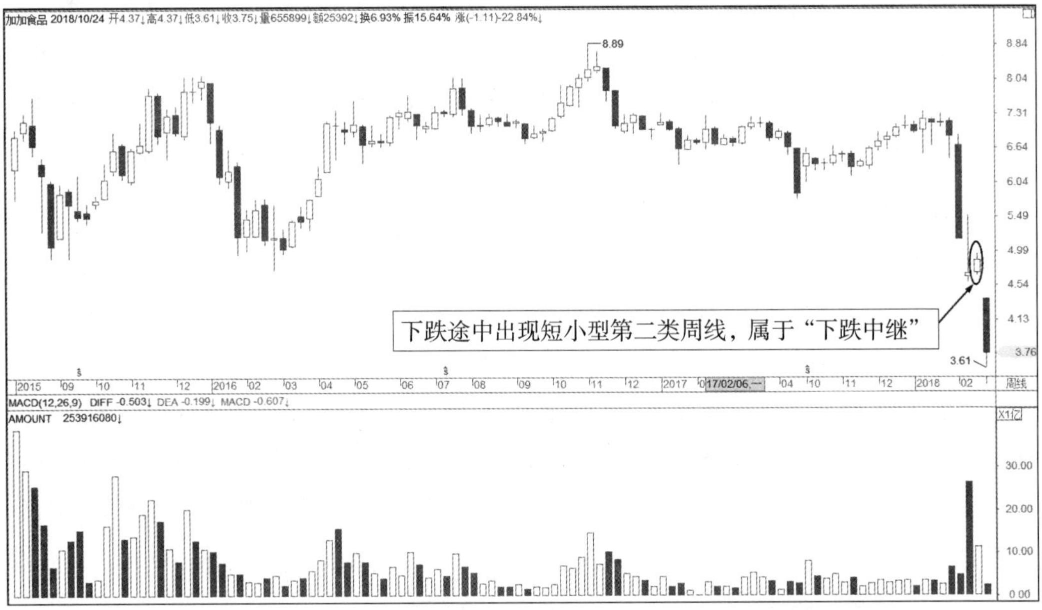

图 7–6　加加食品（002650）2016 年 4 月—2018 年 10 月的周 K 线图

2018 年 11 月 23 日这一周，在下跌过程中的反弹高位，集泰股份（002909）的股价形成了一根实体偏上的第二类周 K 线。下一周，如果股价低开的话，应在股价冲高时卖出。果然，下周股价低开冲高后便告回落，其后连续阴跌 9 周。如图 7–7 所示。

（3）当行情在启动初期或在上涨途中连续出现两根第二类周 K 线，表明行情上涨力量强劲，交易者可择机加仓。

易世达（现名聆达股份，300125）的股价，由 2014 年 4 月 28 日这一周的最低价 5.88 元上升至 10 月 9 日这一周的波段高点 11.63 元。期间，该股股价曾多次出现连续两根第二类周 K 线的情形，表明行情上涨力道强劲，交易者可在回调时积极介入。如图 7–8 所示。

（4）经过大幅攀升后，股价已经处于历史高位区域，此时出现长大型第二类周 K 线，交易者应在下周股价冲高时减仓。

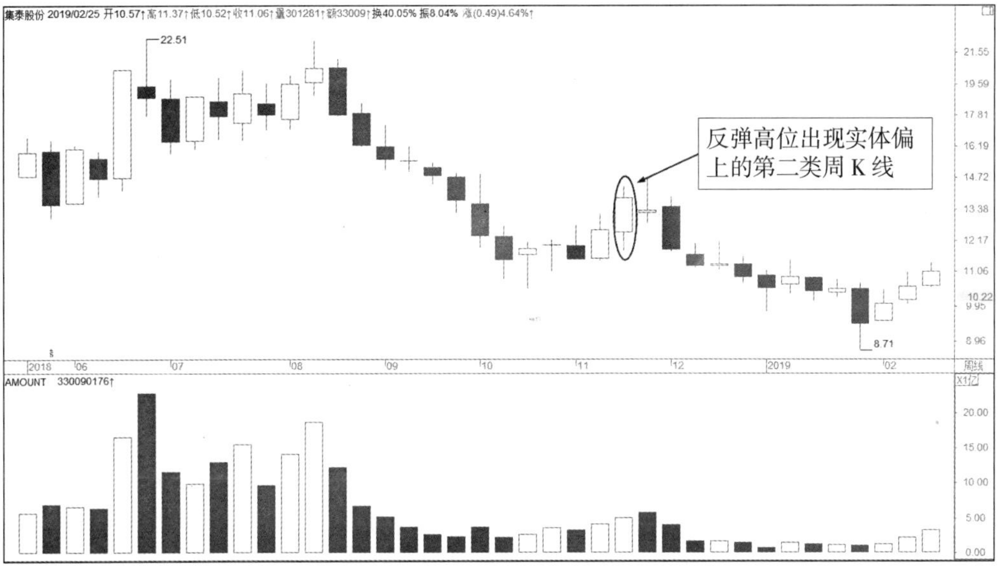

图 7-7　集泰股份（002909）2018 年 5 月—2019 年 2 月的周 K 线图

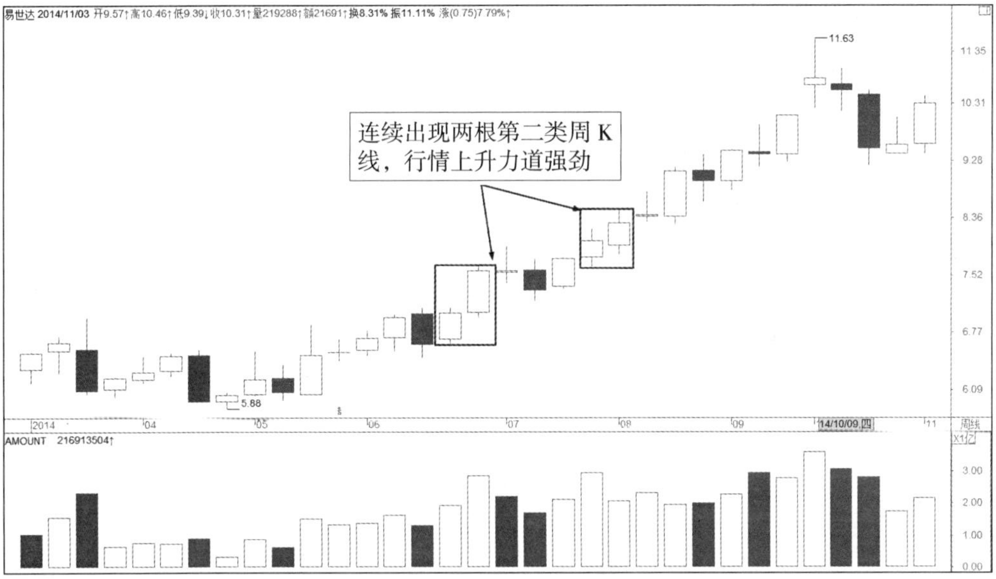

图 7-8　易世达（现名聆达股份，300125）2014 年 3 月—11 月的周 K 线图

2019 年 3 月 22 日这一周，派生科技（300176）的股价形成一根长大型第二类周 K 线。此前，从 2015 年 6 月开始，该股股价已经逆势上扬了近 3 年之久，创下了历史天价。此时，理性交易者应该趁下周冲高时全部清仓。结果，在下周冲高创下历史天价 60.17 元后，该股股价开始回落。从下周开始，股价进入瀑布般的暴跌阶段，历时 11 个交易周，从 60.17 元的历史天价跌到 11.04 元，累计跌幅达 81.65%，跌速之快，跌幅之大，让人触目惊心。如图 7-9 所示。

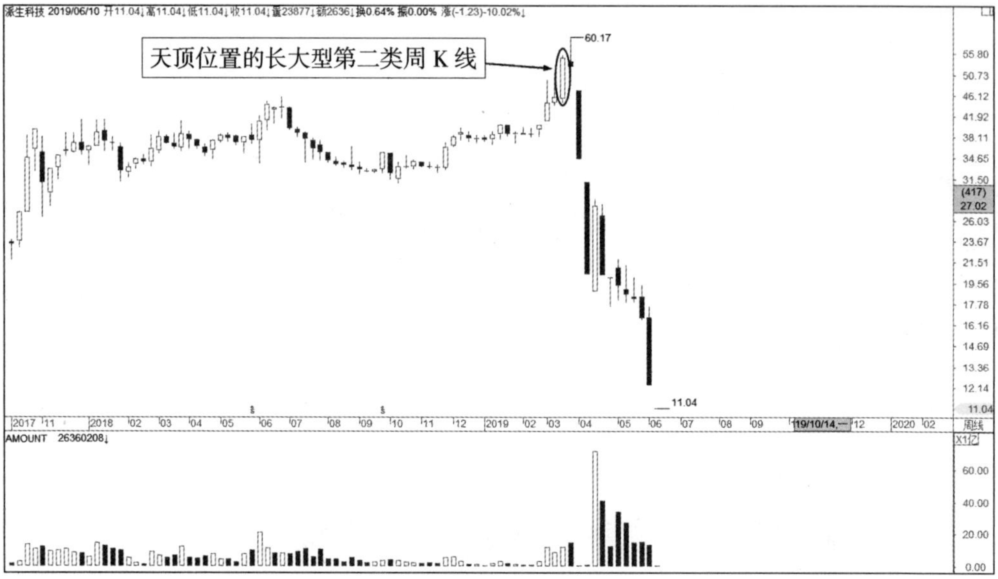

图 7-9　派生科技（300176）2017 年 9 月—2019 年 6 月的周 K 线图

（5）一鼓作气，再而衰，三而竭。在上涨行情行进中，当股价连续出现 3 根及以上第二类周 K 线时，转多为空的可能极大。

从 2015 年 4 月 20 日这一周起，金证股份（600446）的股价连续收出 4 根第二类周 K 线。此时，理性的交易者应该坚决出清持股，有条件的交易者还可以融券放空。结果，5 月 18 日这一周，该股股价摸到最高 88.78 元后转升为跌，一直跌到 2016 年的最低 22.37 元才见波段低点。如图 7-10 所示。

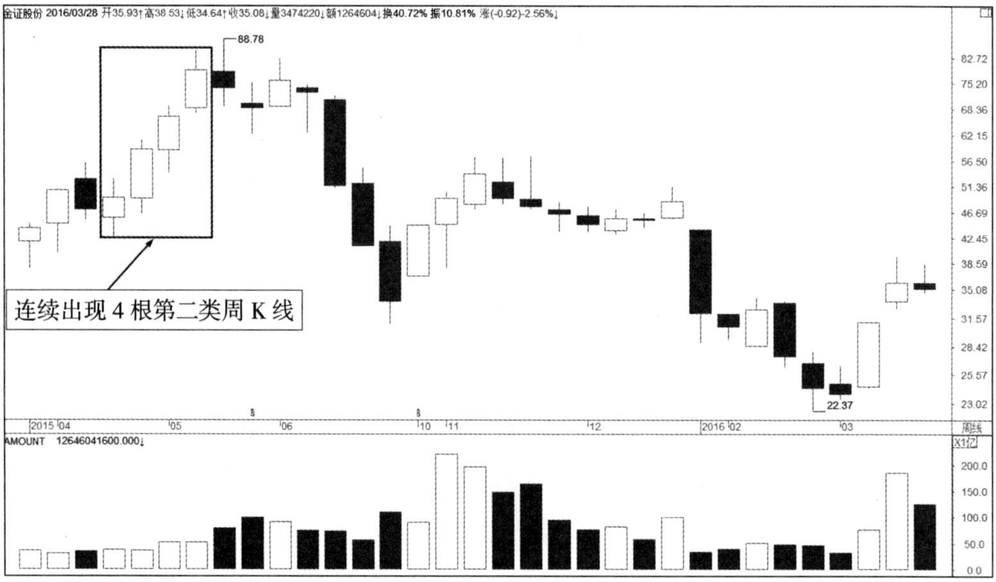

图 7-10　金证股份（600446）2015 年 3 月—2016 年 3 月的周 K 线图

（二）第十类周 K 线

第十类周 K 线与第二类周 K 线互为相反线形。第十类周 K 线是一根具有较大实体的阴线，且实体的中心与整根 K 线的中心极为接近，表现在图形上就是实体均衡居中，上下各有 1 条不太长的影线。第十类周 K 线与第二类周 K 线出现的次数都比较频繁，相较而言，第十类周 K 线出现的次数更为频繁，可以说是羽黑战法中出现次数最多的线形。正因如此，该类线形的分析就显得更加重要。如图 7–1 所示。

1. 多空分析

从线形上来分析，第十类周 K 线属于具有较大实体的阴线，股价从天顶到谷底一路滑下来时，这种周 K 线如影随形。第十类周 K 线出现在天顶附近，预示市场将转升为跌，出现在谷底附近，预示市场将止跌起涨。

在 2018 年年初的反弹高位，上证指数（000001）以一根第十类周 K 线开启下降趋势。在中间的下跌过程中，第十类周 K 线几乎包揽了全部下跌，下跌趋势末端再次出现第十类周 K 线，大有前后呼应之势。中间下跌途中，第十类周 K 线出现次数较多，本书在此不再一一标注，交易者不妨自己找出第十类周 K 线，以提高自己的实战水平。如图 7–11 所示。

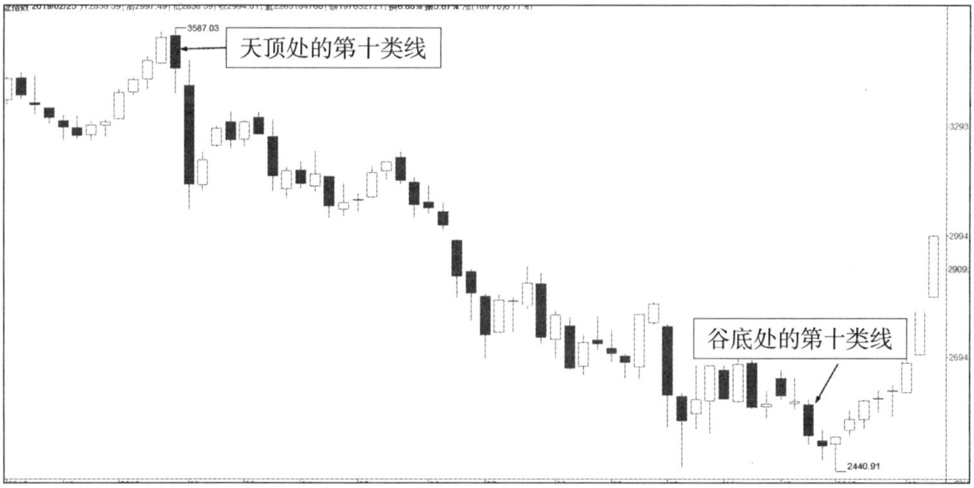

图 7–11　上证指数（000001）2017 年 10 月—2019 年 2 月的周 K 线图

2. 操作策略

（1）当下周在第十类周 K 线的中心值之下收市时，则应考虑尽快卖出。

浙江龙盛（600352）的股价，从 2018 年 10 月 15 日这一周的最低 7.84 元，一口气涨至 2019 年 4 月 8 日这一周的最高 26.24 元，短短 24 周的时间，累计涨幅达 235%，成为 2019 年年初股票市场上一颗璀璨的明星。

见到最高价 26.24 元当周，该股股价开始回调。2019 年 4 月 22 日这一周，收出一根经典的第十类周 K 线，该周的中心值为 20.80 元。下周，股价跳空低开，当周虽有反抽，但最高摸到 20.45 元时，多头就开始节节败退，最终收盘在 19.99 元。此时，按照第十类周 K 线的操作策略，持有仓位的交易者应继续减仓为宜，准备介入该股的交易者还需耐心等待。结果至截图时，该股又连续下跌了 7 周。如图 7–12 所示。

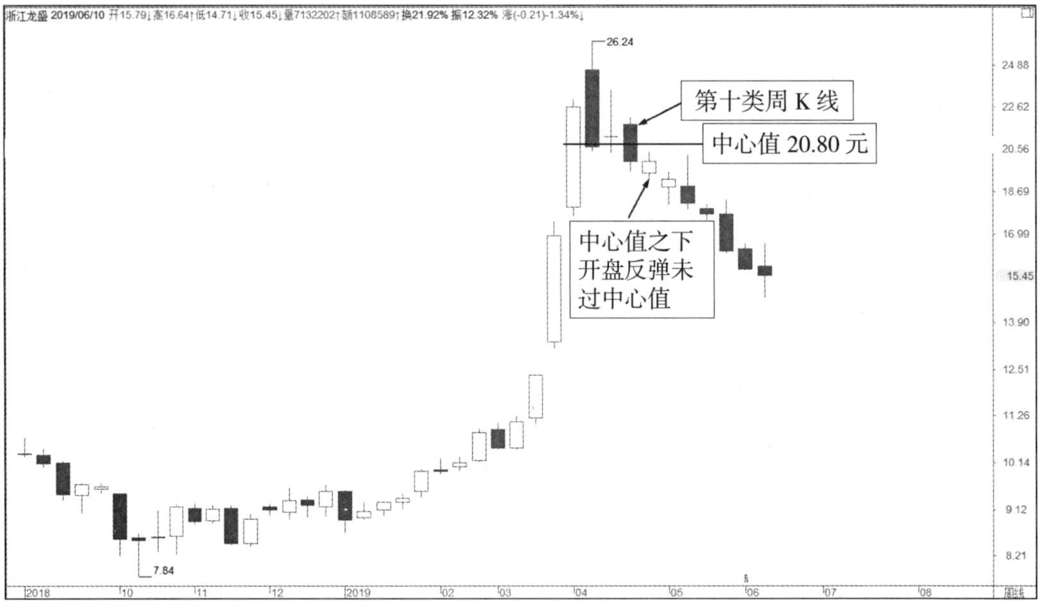

图 7–12　浙江龙盛（600352）2018 年 8 月—2019 年 6 月的周 K 线图

（2）当下周在第十类周 K 线的中心值之上收市时，则应考虑尽快买进。

2019 年 4 月 8 日这一周，福建金森（002679）的股价收出一根第十类周 K 线。下周股价低开高走，收盘价站在中心值以上，此时应该买进。结果，此后 3 周股价连续拉升，最高升至 28.88 元。如图 7–13 所示。

（3）如果在股价低位连续出现两根第十类周 K 线，且第二根的开盘价与收盘价皆在前一根的最高价与最低价之间，未能突破的话，此为最强烈的买入信号，是绝好的买入时机。

2018 年 10 月 8 日，经历连续大幅杀跌后，新赛股份（600540）的股价收出一根长大的第十类周 K 线，最高价为 3.92 元，最低价为 3.27 元。次周，该股股价低开低走，继续收出一根短小的第十类周 K 线，开盘价为 3.46 元，收盘价为 3.29 元。很明显，第二根的开盘价与收盘价都在前一根的波动范围之内。根据第三条操作策略，此为最强烈的买入信号，应当坚决买入。结果，该股从下周开始一改下跌趋势，股价扶摇直上，至截图时，已经由最低 3.12 元涨至 2019 年 4 月 15 日这一周的 6.20 元，短短 25 个交易周，涨幅近 100%。如图 7–14 所示。

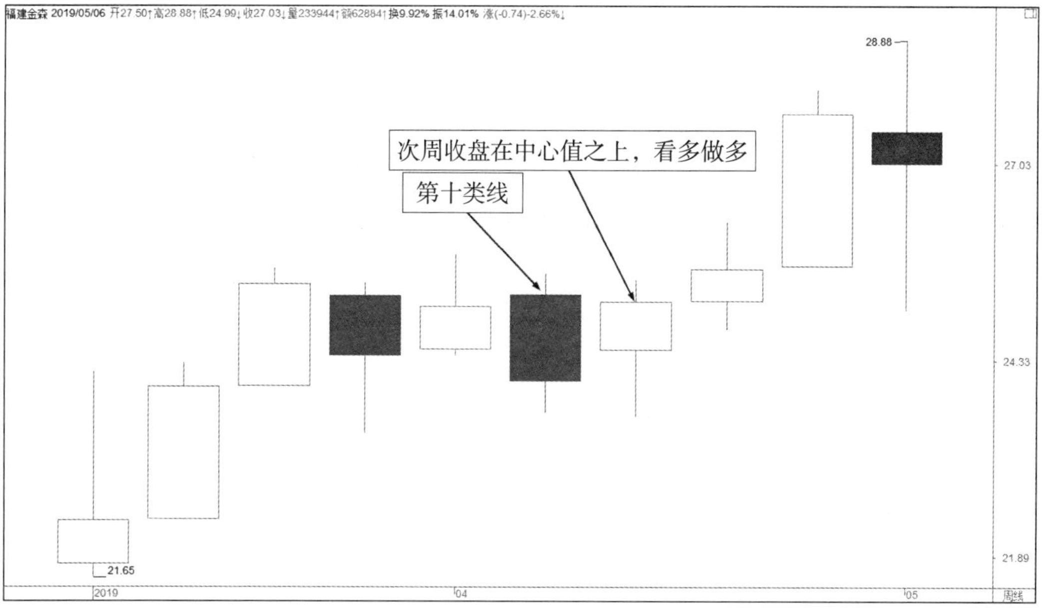

图 7-13 福建金森（002679）2019 年 3 月—5 月的周 K 线图

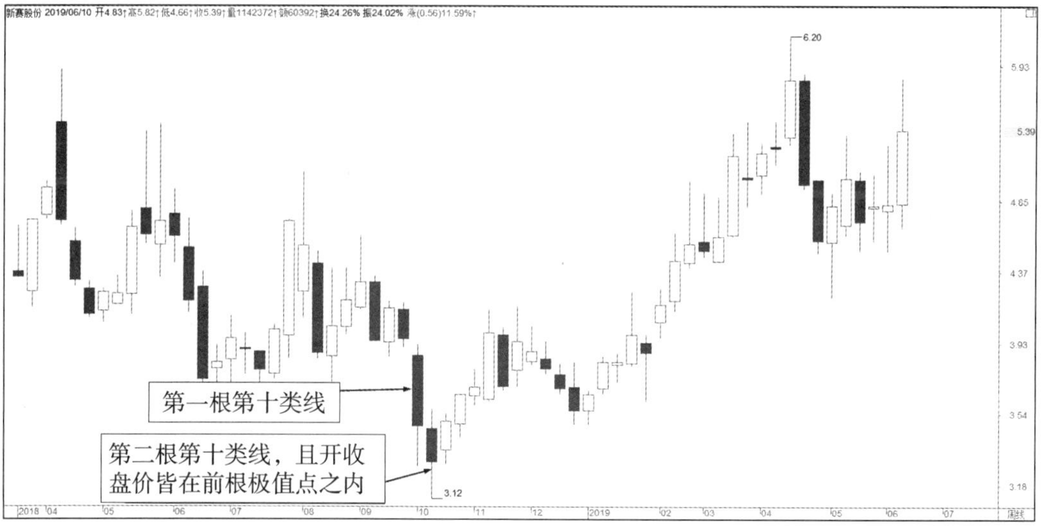

图 7-14 新赛股份（600540）2018 年 3 月—2019 年 6 月的周 K 线图

四、第三类与第十一类周 K 线

（一）第三类周 K 线

第三类周 K 线是实体部分在中心值上方的长下影阳线。因为实体处于中心值上方，因此实体部分会显得相对短小，下影线长度至少占整根 K 线的一半以上。如图 7-1 所示。

1. 多空分析

在日K线图中，下影阳线表示由于空头的抛售，将股价打压到低位后，多头奋起反击，收盘又将股价推高，至收盘推升至开盘价上方。整个日K线的多空博弈过程说明多头仍占优势。但是，周K线与日K线不可同日而语。第三类周K线的实体相对较短，说明多空双方势均力敌，股价1周内在相对狭小的空间中波动。

（1）如果经过大幅下跌，此时股价处于相对低位，那么，出现第三类周K线说明此时空头已经无力将股价推至更低，预示下周将可能上涨。

（2）如果经过大幅上涨之后，此时股价处于相对高位，那么，出现第三类周K线说明多头需要奋起反击，才能将1周的价格推升至开盘价之上，预示下周将有可能下跌。

2. 操作策略

（1）第三类周K线不常出现，但一旦出现，必会引起暴涨暴跌。假设此线出现在天顶位置，且下周收盘价未能收在第三类K线的中心值以上，则必须出清持股，行情将要暴跌。

2015年下半年，众和退（002070）的股价有1波声势浩大的拉升行情，一口气从7月份的8.70元拉升至12月份的31.88元，短短7个交易周，累计升幅达266%。就此可以判断，该股股价处于暴力拉升后的相对高位区域。此后，经历1波为期5周的回调，接下来股价重拾升势。

2016年6月13日这一周，形成一根典型的第三类周K线。由于处在前处天顶附近，大家必须高度重视下周的动向。结果，下周股价收出一根第十类周K线，且吞没了第三类周K线的全部实体以及整个K线的一大部分，收盘在第三类周K线的中心值以下。根据第一条操作策略，大家理应出清持股。加之该次反弹的顶部与前次天顶位置有“两尊”形态之嫌（详见“酒田战法”），必须无条件立即出清持股。结果此后该股步入了漫无边际的下跌之中，直至最后退市，惨烈至极。至截图时，该股股价还剩不到1元。如图7–15所示。

（2）假设第三类周K线出现在谷底，且下周收盘价收在第三类线的中心值以上，行情则会转空为多，将要暴涨。

经历连续大幅下跌后，2018年10月29日这一周，天晟新材（300169）的股价形成一根第三类周K线。此前两周，该股股价一直在1个较小的空间内来回拉锯。因为该股股价处于谷底区域，且已经盘桓整理3周，根据第二条操作策略，此时应该观察下周股价的动向再做进一步打算。结果，下周股价跳空，高开高走，当周收盘股价有所回落，但收盘价仍处于前面第三类周K线的中心值以上，甚至超过了前面第三类K线的收盘价。此时，大家不能犹豫了，应在收盘前积极介入。此后，该股股价一飞冲天，至截图时，最高涨至9.29元。从谷底最低价3.66元算起，31周的时间，累计涨幅达153.83%。如图7–16所示。

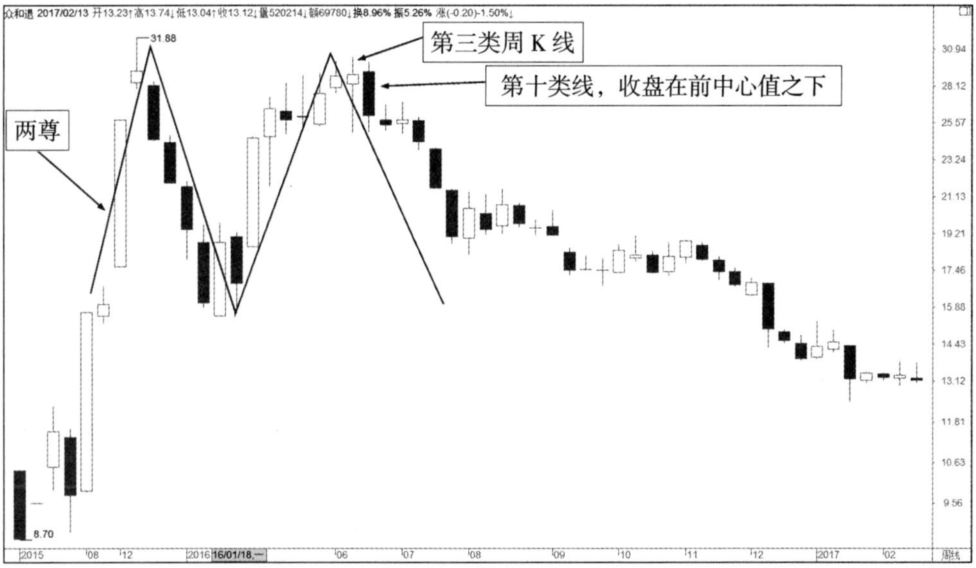

图 7-15　众和退（002070）2015 年 7 月—2017 年 2 月的周 K 线图

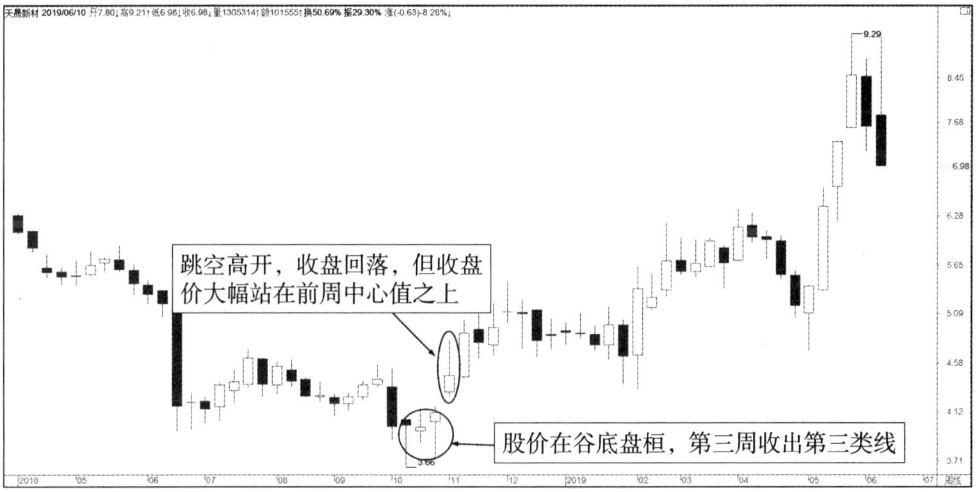

图 7-16　天晟新材（300169）2018 年 4 月—2019 年 6 月的周 K 线图

（二）第十一类周 K 线

第十一类周 K 线是实体部分在中心值下方的长上影阴线。因为实体处于中心值下方，所以实体部分会显得相对短小，上影线长度至少占整根 K 线的一半以上。如图 7-1 所示。

1. 多空分析

一般来说，第十一类周 K 线出现在下跌过程中。从形态上看，1 周之内，多空双方在高低价间反复争夺控制权，一度多头力量占据上风，价格冲高，但最终又受到空头的反戈一击，在低价区收盘，留下了多头奋勇反击后长长的上影线。仅从多空搏杀过程来看，空头获得了最后胜利。

2. 操作策略

第十一类K线是山顶做空、谷底做多的周K线。

（1）当第十一类周K线出现在高价区或反弹高位时，应引起高度警觉。如果下周收盘不能收在第十一类周K线的中心值以上，则必须出清持股。

在经历连续大幅上涨的天顶处，2015年6月8日这一周，华泽退（000693）的股价形成一根第十一类周K线。下周，该股股价收出一根大阴线（第十类线），收盘价大幅低于前周（第十一类线）的中心值，且在K线组合上形成了“黄昏之星”。根据第一条操作策略，此时交易者应该出清手中持股，暂且观望。结果，该股连续大幅下跌至9月中旬才止跌企稳。

11月30日这一周，该股股价再次形成第十一类线，连续反弹了3个多月，此时处于反弹高位，次周收盘未能收在第十一类线中心值以上，理应出清持股。结果这一次，该股没有再给抱有幻想的交易者任何机会，至截图时，股价已经跌到0.85元，跌破股票面值，处于退市边缘。选取这类股票作为案例，是希望交易者在资本市场能够时刻保持敬畏之心，不可孤注一掷。如图7-17所示。

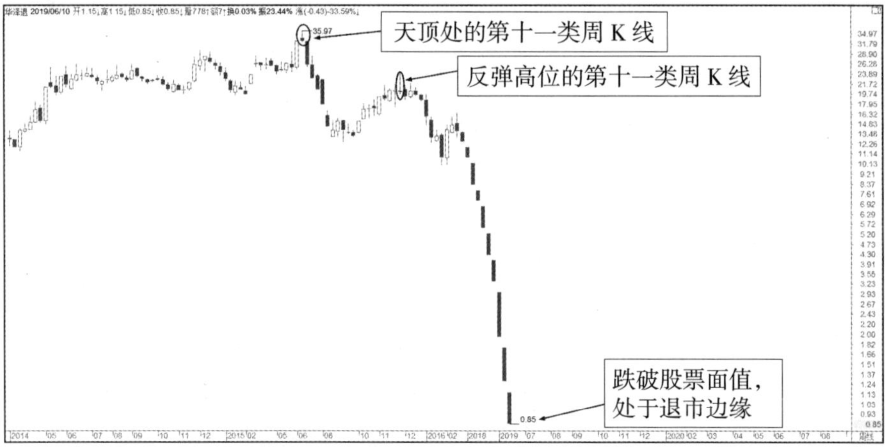

图7-17　华泽退（000693）2014年3月—2019年6月的周K线图

（2）第十一类线出现在上升行情的行进途中，且下周收盘在中心值之上，此时为上涨中继，交易者可持股不动。

2019年上半年，在上升行情的行进途中，名臣健康（002919）的股价两次形成第十一类线，且次周收盘皆收在中心值之上，后面都出现了不错的涨幅。如图7-18所示。

（3）第十一类线出现在下跌行情行进途中，且下周收盘在中心值之下，此时为下跌中继，交易者应离场观望。

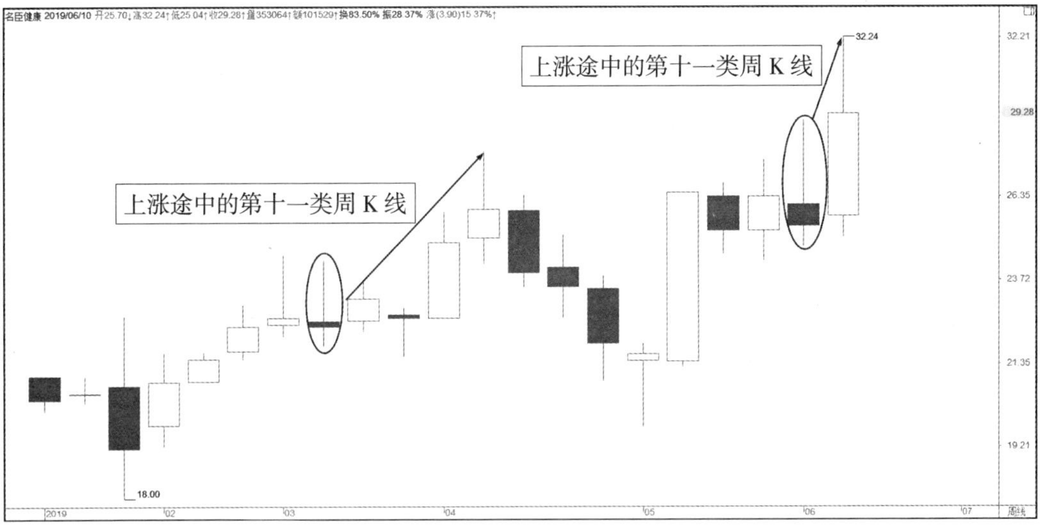

图 7-18　名臣健康（002919）2019 年 1 月—6 月的周 K 线图

2019 年 5 月 27 日这一周，中迪投资（000609）的股价形成一根第十一类线，此时该股正处于下跌途中。根据第三条操作策略，交易者应暂时离场观望。结果，该股股价在下周大跌 8.49%。如图 7-19 所示。

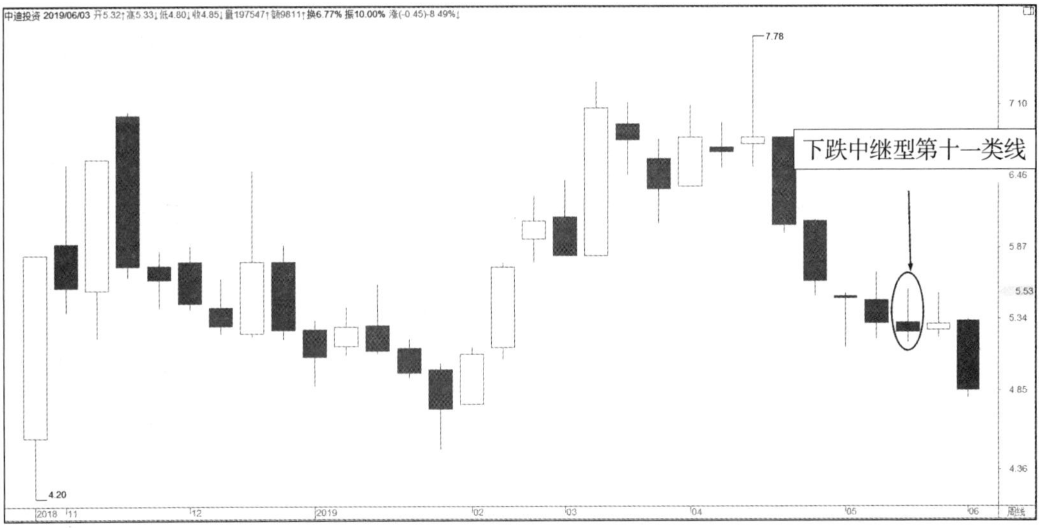

图 7-19　中迪投资（000609）2018 年 10 月—2019 年 6 月的周 K 线图

（4）当第十一类线出现在行情大幅下跌后且在底部震荡一段时间时，如果下周收盘在中心值之上，此时极有可能走出底部，交易者应积极做多。

经历短线大幅连续下跌后，2018 年 2 月 12 日这一周，台基股份（300046）的股价形成一根第十一类线，且下周收盘在中心值之上。根据第四条操作策略，此时交易者应积极做多。结果，该股股价短期出现大幅拉升。如图 7-20 所示。

图 7-20　台基股份（300046）2016 年 10 月—2019 年 6 月的周 K 线图

五、第四类与第十二类周 K 线

（一）第四类周 K 线

第四类周K线较为特殊，是实体部分较长（中心点位于实体部分内）的收盘秃大阳线，此种线形不常出现。如图 7-1 所示。

1. 多空分析

从价格运动的轨迹来看，第四类线 1 周内在最低价附近开盘，收盘却收在最高价，显然是多头占据上风，因此，第四类线是强有力的做多线形。

2. 操作策略

（1）第四类线位于行情涨势的中程之前，导致暴涨的情形很常见。因此强调第四类线出现后，在次周开盘时应积极做多，激进的交易者可在第四类线临收盘前积极介入，以期获得最大利润。

2010 年 7 月 19 日这一周，中钢天源（002057）的股价收出一根第四类线。此时是该股股价刚刚启动上涨的第三周，根据第一条操作策略，交易者应看多做多。结果，该股股价此后大幅拉升，从第四类周 K 线收盘价 3.96 元算起，至 11 月 1 日这一周的最高价 11.19 元止，短短 15 个交易周，累计升幅达 182.48%。如图 7-21 所示。

（2）如果第四类线出现的这一周，由于利好刺激等因素本身涨幅巨大的话（30%以上），此时应该谨慎看待，依赖突发消息以及政策哄抬造成股价短期大幅拉升，只宜冷眼旁观。

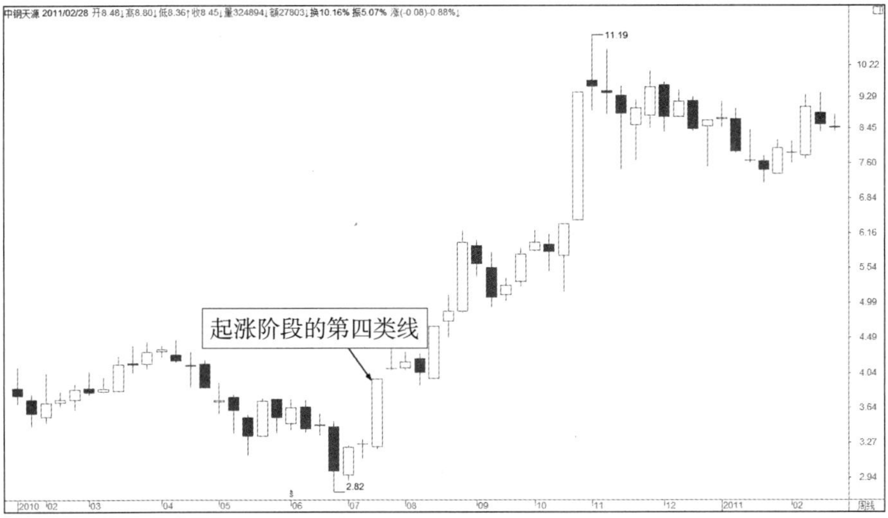

图 7-21　中钢天源（002057）2010 年 1 月—2011 年 2 月的周 K 线图

达安股份（现名中达安，300635）的股价经过数周的底部盘整后，2018 年 12 月 24 日，公司突然公布利好消息，股价当周收出一根第四类线，涨幅竟达 61.11%，表现在日 K 线图上，是 5 个连续的涨停板。股价短期内出现这样的涨幅，不宜贸然做多。下周，该股股价开始冲高回落，陷入调整。如图 7-22 所示。

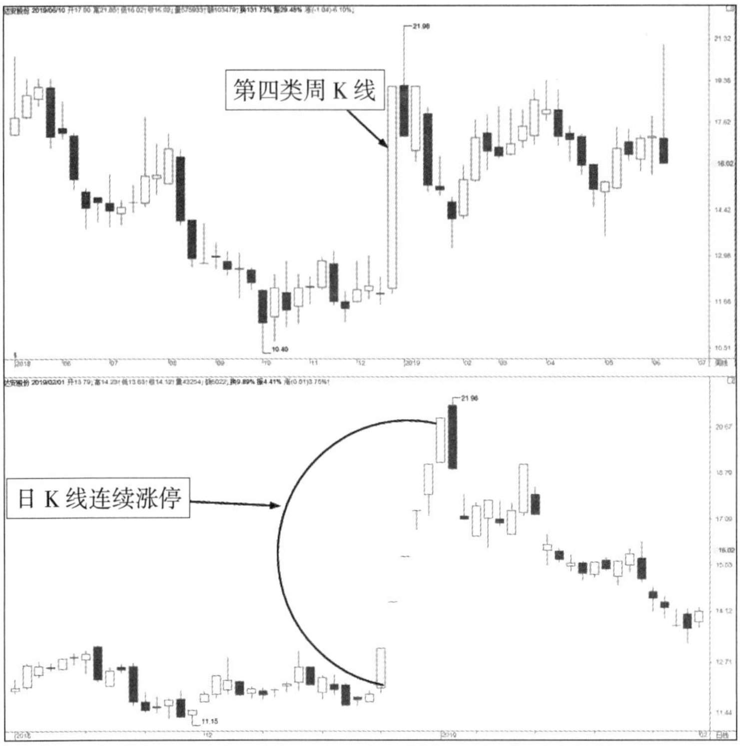

图 7-22　达安股份（现名中达安，300635）2018 年 11 月—2019 年 2 月的周 K 线与日 K 线对比图

（二）第十二类周 K 线

第十二类周 K 线很少出现，是实体部分较长（中心点位于实体部分内），只有很小的上影线的收盘秃大阴线。如图 7–1 所示。

1. 多空分析

从价格运动的轨迹来看，第十二类线 1 周内在最高价附近开盘，收盘却收在最低价，显然是空头占据上风。

2. 操作策略

第十二类线出现在下降趋势的中程之前，导致暴跌的情形很常见。此时，一旦出现第十二类周 K 线，且 K 线实体相对较长，则为强势卖出线，此时应积极做空。

2018 年 6 月 11 日这一周，在下降趋势的反弹波段末端，永安行（603776）的股价收出一根第十二类周 K 线，相邻两线的形态恰好与“乌云盖顶”相吻合，下周开盘理应积极做空。10 月，该股股价跌至 17.64 元，从第十二类周 K 线的最高价 53.75 元算起，累计跌幅达 67.18%，跌幅相当惊人。如图 7–23 所示。

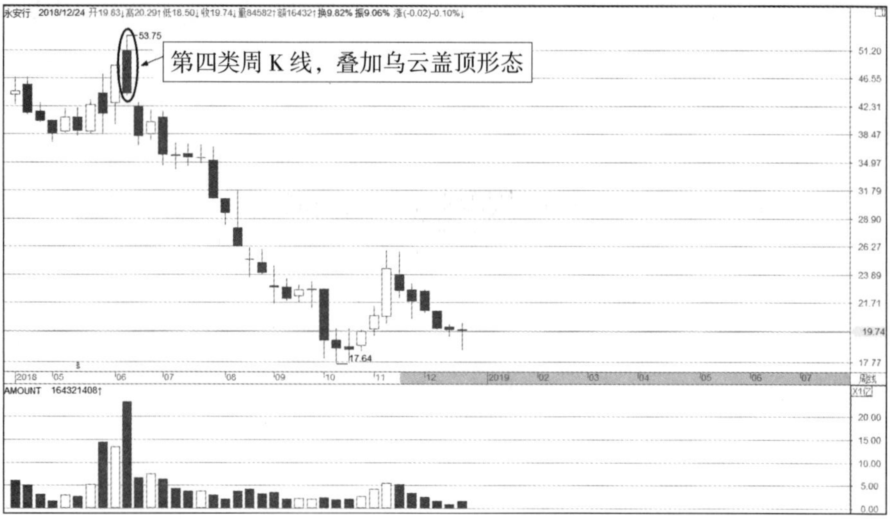

图 7–23 永安行（603776）2018 年 4 月—12 月的周 K 线图

六、第五类与第十三类周 K 线

（一）第五类周 K 线

第五类周 K 线是一根开盘秃大实体阳线，其收盘价位于中心值之上，不论其 K 线长短或大小如何，皆是做多线，而且下周出现相似阳线的可能性很大。如图 7–1 所示。

1. 多空分析

从第五类周 K 线的价格运行轨迹中，可以分析影响市场多空双方力量的强弱对比。首先，开盘价为最低价，说明 1 周内价格未曾跌破周一开盘价，行情在 1 周内相对强势。其次，收盘价在中心值之上，说明实体相对较大，收盘价处于当周的相对高位，说明多头力量占据优势。如果下周在中心值以上开盘，则说明多头承接有力，行情将延续强势格局。

2. 操作策略

当市场出现第五类周 K 线时，预示下周大概率会收出与其形态相似的周 K 线，最佳的狙击位置为下周开盘在中心值与收盘价之间。

2019 年 2 月 11 日这一周，山东矿机（002526）开盘价为 1.93 元，全周最低价也是 1.93 元，当周收盘收在 2.07 元，形成一根典型的第五类线。次周，该股开盘价为 2.08 元，在第五类线收盘价附近位置开盘，符合最佳狙击位置。开盘买入的话，当周便可获得不错的收益。结果，其后几周该股仍然扶摇直上，最高涨至 3.69 元才见波段高点。如果在第五类线出现的次周开盘入场买入的话，那么 3 周时间可获利 77.4%。如图 7–24 所示。

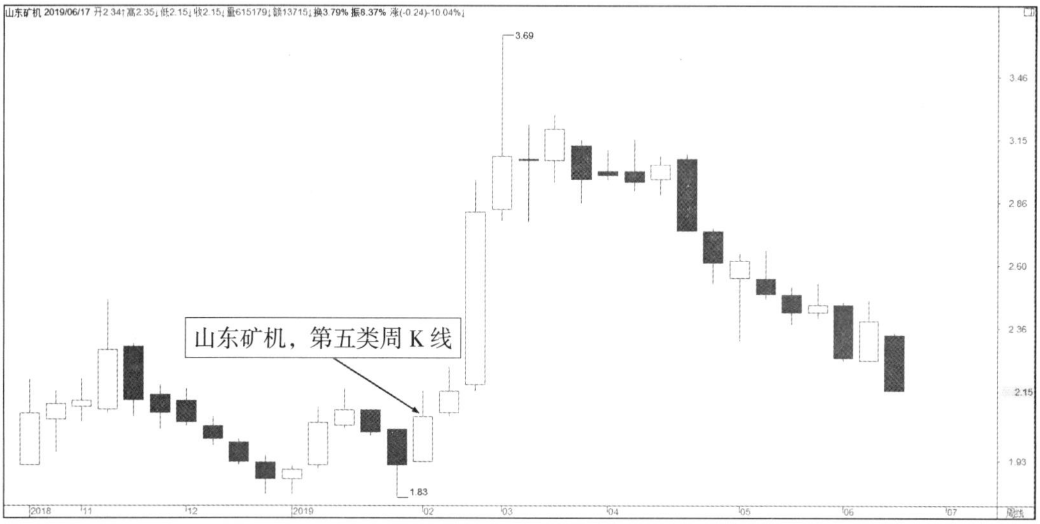

图 7–24　山东矿机（002526）2018 年 10 月—2019 年 6 月的周 K 线图

2018 年 3 月 19 日这一周，广哈通信（300711）的股价收出一根第五类线。结果，次周（3 月 26 日这一周）该股股价在中心值及收盘价之间开盘，符合最佳狙击点要求，应积极买入。事实证明，市场出现第五类线后，下周大概率会收出与之形态相似的周 K 线。如图 7–25 所示。

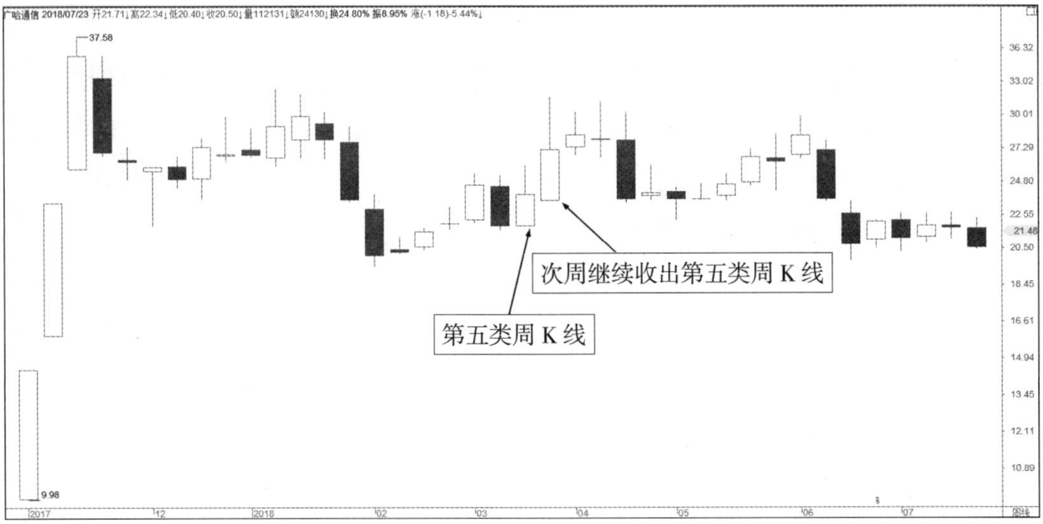

图 7-25　广哈通信（300711）2017 年 11 月—2018 年 7 月的周 K 线图

（二）第十三类周 K 线

第十三类周 K 线是第五类线的相反线形。第十三类周 K 线以全周最高价开盘，随后 1 周内的价格均在开盘价之下运行，直至跌破中心值，在全周最低价附近收盘，留有较短的下影线，形成开盘秃大阴线。第十三类周 K 线是强有力的做空线形。如图 7-1 所示。

1. 多空分析

（1）在第十三类线全周内，空头几乎控制了整个市场行情的走向，形成高开低走的周 K 线形态。次周，股价以低于第十三类线中心值开盘，表明市场承接了上周的弱势格局，开盘已经表明多空力量没有发生实质性转变，但这恰恰为多头反击埋下了伏笔。

（2）相反，如果次周在第十三类线中心值之上开盘，说明市场处于很不稳定的状态，多头怕踏空，空头怕被扎空，主导行情的力量多半为短线客。如果没有突发性实质利好，行情延续上周弱势格局几乎成了板上钉钉的事情。

2. 操作策略

（1）当行情处于相对高位时，出现第十三类线后，次周收盘价在中心值甚至收盘价之下，这是造成日后股价暴跌的前兆。此时，交易者应在冲高回落到中心值以下时迅速出货离场。

2018 年 4 月 2 日这一周，润达医疗（603108）的股价在反弹高位收出一根第十三类线。次周，在第十三类线收盘价附近开盘，随后开始向上反抽。但在冲过中心值 15.68 元以后，遭到空头的猛烈打压，多方无力维持在中心值之上收盘，此时交易者应迅速出逃。结果，该股股价一路暴跌至 2019 年 1 月份的 6.74 元才止跌，股价惨遭腰斩。如图 7-26 所示。

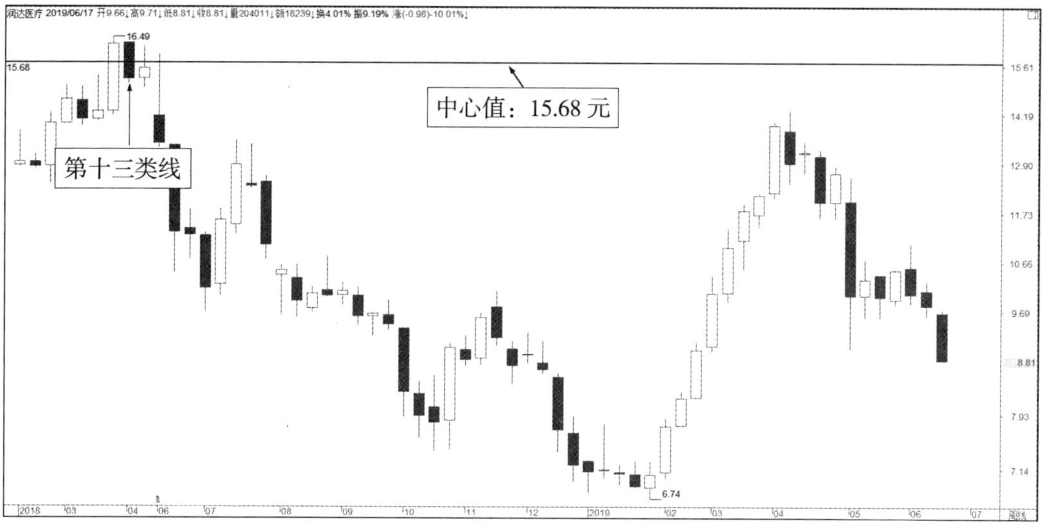

图 7–26　润达医疗（603108）2018 年 2 月—2019 年 6 月的周 K 线图

2015 年 6 月 15 日这一周，经过猛烈的上涨后，红宇新材（300345）的股价在天顶处收出一根第十三类线。次周（6 月 23 日这一周），该股股价在收盘价之下开盘，盘中虽有反抽，但反抽未过中心值 18.72 元便拐头向下，最终收盘在第十三类线收盘价之下。按照第一条操作策略，此时交易者应该坚决出货。结果，该股股价一直跌到 7 月 27 日这一周的 8.82 元才止跌反弹，短短 6 个交易周的时间，股价惨遭腰斩。如图 7–27 所示。

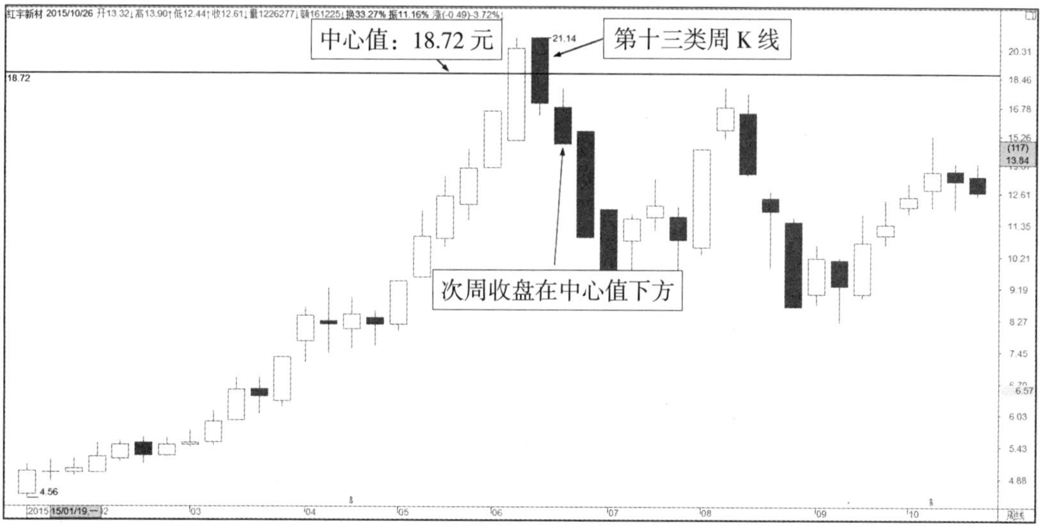

图 7–27　红宇新材（300345）2015 年 1 月—10 月的周 K 线图

（2）当行情处在相对低位，出现第十三类线的次周低开高走，收盘在第十三类线中心值之上的话，可适当买入做多，因第十三类线本身是 1 个强有力的做空线形，所以仓位不宜过重。

2019 年 1 月 28 日这一周，奥飞数据（300738）的股价在相对低位收出一根第十三类线。次周，该股股价低开高走，冲过并成功站在第十三类线中心值 20.18 元之上收盘（21.24 元）。根据第二条操作策略，此时交易者应试探性做多。结果，接下来该股股价出现一波连续数周的上涨，从第十三类线的最低价 18.88 元，一口气涨至 4 月初的 31.54 元。如图 7–28 所示。

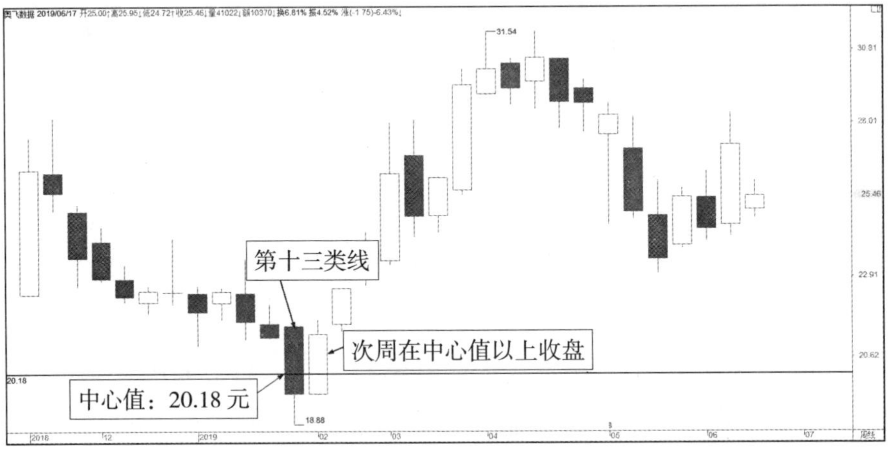

图 7–28　奥飞数据（300738）2018 年 11 月—2019 年 6 月前后的周 K 线图

七、第六类与第十四类周 K 线

（一）第六类周 K 线

第六类周 K 线是开盘秃的长上影阳线。其上影部分较长，实体短小，位于中心值以下，也就是其收盘价低于中心值。如图 7–1 所示。

1. 多空分析

第六类周 K 线很少出现，一旦出现，股价非常容易暴涨暴跌。大家可以从价格的运动轨迹来分析该线的多空力量对比。该线长长的上影线说明多头在 1 周内曾发力上攻，但收盘时被空头无情地打压下来，在中心值之下收盘。

2. 操作策略

一般说来，第六类周 K 线出现在行情上升的中程以及天顶位置，比较有实战意义。

（1）出现在行情上升过程中，第六类周 K 线往往成为上涨中继线形。如果次周在第六类线收盘价之上（附近）开盘，那么后市行情大概率会上扬，甚至刷新历史纪录。

2018 年 5 月 2 日这一周，在上升途中，好太太（603848）的股价收出一根第六类线，收盘价为 21.59 元。次周，该股股价在 21.56 元开盘，与第六类线收盘价仅差 0.03 分，此时可以考虑买入。结果，该股第六类线次周收盘小幅上涨后，此后又连续大涨 3 周才见高点。如图 7–29 所示。

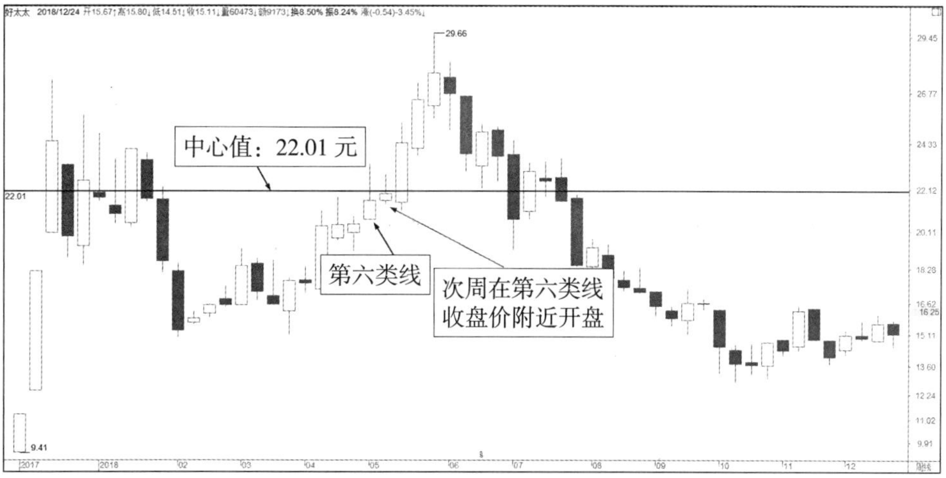

图 7–29　好太太（603848）2017 年 12 月—2018 年 12 月的周 K 线图

（2）假使第六类周 K 线在坚挺走势的极盛期，市场买方士气最旺盛时出现的话，此线创出天价，犹如行情的最后挣扎，行情自此下滑，有可能暴跌。若次周的开盘价是在此线的中心价位以下，则可立即做空。

2016 年 7 月 18 日这一周，盛迅达（300518）的股价收出第六类周 K 线，此前该股已经经历了连续暴涨，此处位置已经处于历史高位。收出此线后，次周股价在该线的中心值以下开盘，应毫不犹豫地坚决做空。结果，该股股价于此处达到历史天顶，此后一路下行。至截图时，该股股价已从天顶 190.43 元跌至 18.20 元，累计跌幅达 90% 以上，交易者如未及时逃顶，日后又不及时止损，结果可能是血本无归。如图 7–30 所示。

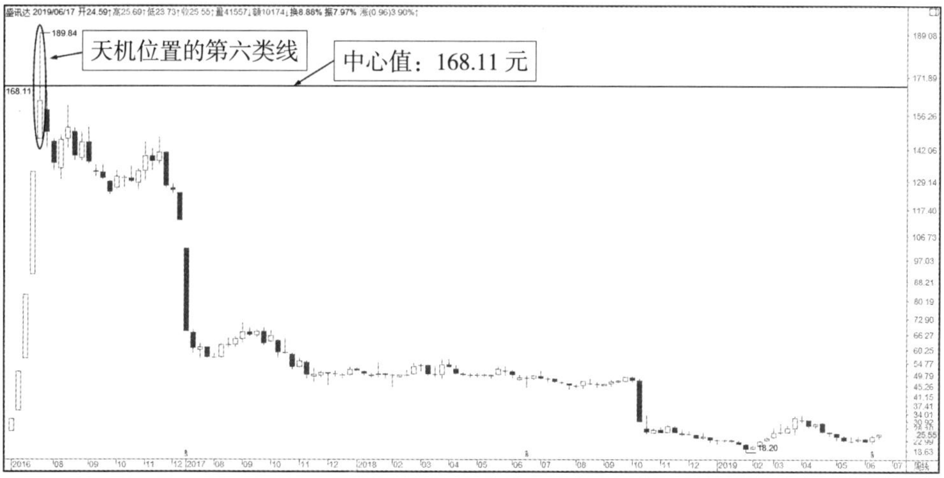

图 7–30　盛迅达（300518）2016 年 6 月—2019 年 6 月的周 K 线图

（二）第十四类周 K 线

第十四类周 K 线是开盘秃的长下影阴线。以最高价开盘，在高于中心值的高价区域收盘，带有一条长长的下影线。如图 7–1 所示。

1. 多空分析

整个交易周内，第十四类线在最高价位开盘。随后空头一度掌握了行情的控制权，将价格打入当周的低价区。但临近收盘时，多头奋起反击，将价格重新推升至高价区收盘，最终未能超越开盘价，形成带有长长下影线的小实体阴线。

2. 操作策略

第十四类周 K 线是低位做多线形，其特征可与日线的“探水竹竿”（锤子线）相比拟。此线意味着后市行情将会攀高暴涨，所以放心进场并无大碍。若在下周开盘时做多，价格非涨反跌，跌破中心值，则应果断卖出止损。但此种走势只是少数例外，通常此线是以强而有力的做多线出现。

2015 年 10 月 22 日这一周，腾龙股份（603158）的股价收出第十四类线。此前，该股股价已经经历了连续 2 次暴跌，在前次低点附近形成此线，似有形成双底的特征。此后，该股股价转跌为升，由第十四类线低点 20.18 元，历经 2 个月的时间升至 32.76 元，累计涨幅达 62.32%。如图 7–31 所示。

图 7–31　腾龙股份（603158）2015 年 3 月—2016 年 8 月的周 K 线图

八、第七类与第十五类周 K 线

（一）第七类周 K 线

第七类周 K 线是一根收盘秃的长下影阳线。此线在全周高价区开盘，随后 1 周内曾一度跌至全周低价区，最后回拉至高位收阳线，整个实体部分位于中心值之上，下影线较长。如图 7-1 所示。

1. 多空分析

在日 K 线图中，长下影阳线多半是 1 种强势买入信号。主要分析依据是：高位开盘，说明控制行情的力量为多头占优，虽然空头一度将价格打压至低价区，但是最终多头重新夺回失去的阵地，并且以高于开盘价的价格收盘。因此，行情的控制权仍然牢牢掌握在多头手中。

从周 K 线上来看，情况就有了微妙变化。周线的运行时间要远远大于日线的运行时间，经过 1 周的运行，收盘仅仅收出一根实体较小的阳线，可以看出，多头有外强中干之嫌。因此，第七类线属于弱势周 K 线。

2. 操作策略

第七类线是 1 种弱势周 K 线，其较少出现，出现的位置是决定日后行情走势的关键。此线出现于行情高价部位的话，在几乎被多头控制大局的情况下出现第七类线，说明此时空头暗中酝酿了足够强大的实力，可以令火爆行情在 1 周内急剧下挫，由于多头仍然掌握着大局，所以仍以高价收盘。至目前为止，劲力十足的多头仍在竭尽全力保持交易热络，促升行情。但第七类线的出现，已经为多头敲响了最后的警钟。因此，在上升行情的后期出现第七类线，应坚决卖出，即使次周仍有涨升，也应忍痛卖出。

2019 年 3 月 25 日这一周，深证成指（399001）形成一根第七类线。由于第七类线极少出现，因此应引起交易者的高度警觉。分析发现，深证成指从 2019 年第一周起涨以来，至此已经连续上涨 11 周之多，且涨幅在 40% 以上。显然，此处处于行情的高价部位，交易者应及时出场，落袋方能为安。

次周，深证成指不跌反升，有经验的交易者应该明白，这不是多头气势再起，而是临死前的回光返照。果不其然，4 月 8 日这一周，行情摸到 10541.19 点之后，收出一根大阴线。4 月 15 日这一周竟然再次收出一根第七类线，如果说第一次没有出场的话，实属侥幸，那么再次在高位出现第七类周 K 线，就是最后的离场时机。果然，在第二次收出第七类线的次周，行情展开暴跌。至截图时，短短 8 周时间，深证成指从高位已经累计跌去 20%。指数跌去 20%，个股的惨烈程度可想而知。如图 7-32 所示。

第七类线有时也会出现在行情扬升过程中，属于上涨中继。但实战中这种情况极为罕见，很难找到上涨中继的这类周 K 线标准形态。

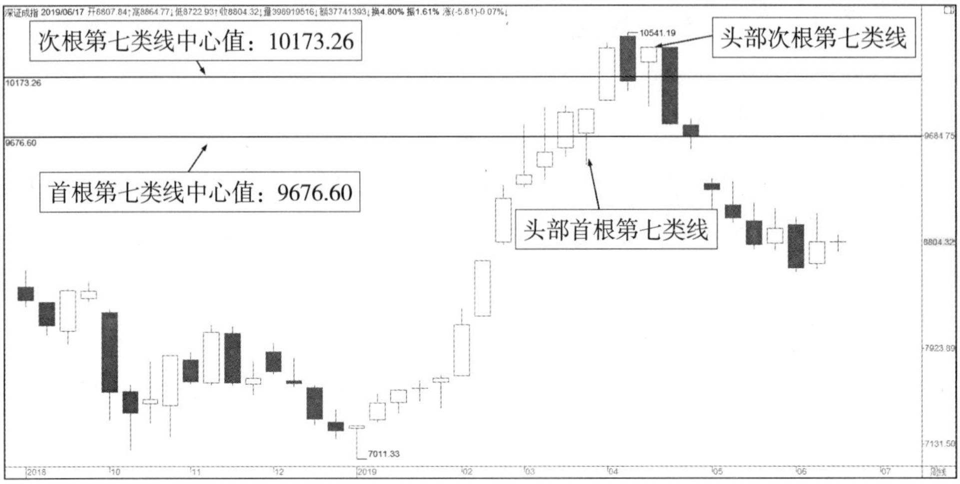

图 7-32　深证成指（399001）2018 年 9 月—2019 年 6 月的周 K 线图

经历 11 周的底部盘整后，2017 年 9 月 1 日这一周，英镑纽元开始向上突破，结果次周（9 月 8 日交易周）收出一根第七类线（非标）。此线的收盘价为 1.8166，而最高价为 1.8185，收盘价与最高价只差 0.0019，可以近似地将其看作第七类线。此时，由于行情刚刚突破底部盘整区域，显然处于行情上扬过程中，因此判断此线为上涨中继线。结果，次周多头发力，收出一根周大阳线，此后行情继续震荡攀升至 12 月份才见波段高点。如图 7-33 所示。

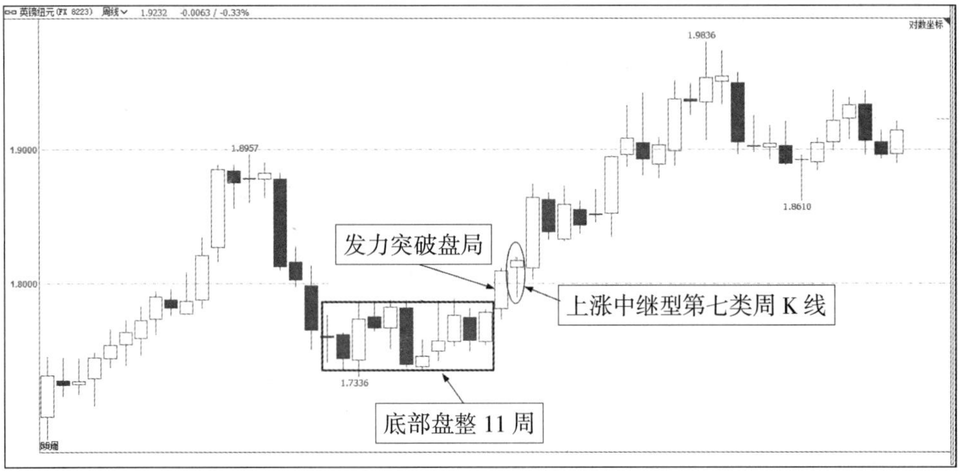

图 7-33　英镑纽元 2017 年 2 月—2018 年 2 月的周 K 线图

（二）第十五类周 K 线

第十五类周 K 线的行情推测与第七类周 K 线相反，是一根收盘秃长上影阴线。此线在全周低价区开盘，随后 1 周内一度涨至全周高价区，最后回拉至低位收阴线，整个实体部分位于中心值之下，上影线较长。如图 7–1 所示。

1. 多空分析

第十五类线属于强势周 K 线，其出现的位置不同，反映的多空力量也不同。该线出现在高价区时，只能说明多头在高位受阻，但接下来何去何从，羽黑山人没有给出明确的态度。相反，该线出现在低价区时，表明此处多头已经在暗中积蓄力量，并且成功地对空头进行了 1 次主动攻击，由于大势属于跌势，股价最终被空头按压下去，长长的上影线就是多空搏杀的战场。收盘时空头拼尽全力才将收盘价打压到开盘价之下一点点，说明空头大势已去，多头将登上舞台。

2. 操作策略

第十五类线出现在天顶处，后市何去何从，羽黑山人没有给出明确答案。交易者应根据实际情况进行操作，但不应该太激进。如果此线出现在股价谷底，则是一根强势线，在该线的次周开盘时，不妨立即下市价单做多。此线的次周通常会出现阳线，且大多是大阳线。即使次周开盘后呈疲软状态，行情跌幅也有限，意味着行情已进入筑底阶段，趋势扭转已经成为必然。

2013 年 7 月 15 日这一周，亚玛顿（002623）的股价收出一根第十五类周 K 线，此时已是该股股价在低价区徘徊的第三周。此时交易者应该大胆地看多做多，即使看错，也只是时间问题。结果，此后该股股价结束了长达 2 年之久的空头行情，转为多头行情。自此股价扶摇直上，从最低 13.73 元一路涨至 2015 年 6 月的 53.87 元，不到 2 年时间，累计升幅达 292.35%。这根第十五类线成了该股的历史性大底之一，直到 2018 年的特大熊市中，才被再次跌破，这是后话。如图 7–34 所示。

图 7–34　亚玛顿（002623）2012 年 8 月—2014 年 9 月的周 K 线图

九、第八类与第十六类周 K 线

（一）第八类周 K 线

第八类周 K 线是全秃阳线，也就是说交易周内以最低价开盘，以最高价收盘。如图 7–1 所示。

1. 多空分析

以日线的观点来看，全秃阳线是强而有力的做多 K 线。但“羽黑战法”的周线观点，可以说是完全无视日线的看法。因为是周线之故，1 星期行情的全秃 K 线，其线体必定比较长大，价格运动往往比较剧烈，高低价位必定非常悬殊。

以第八类周 K 线而言，若此根周线是由 5 根日线组成，其中或许包括光头阳线、光脚阳线，甚至光头光脚阳线。换句话说，可解释为行情几乎连涨了 1 个星期。若是自第八类周 K 线出现以前的 K 线算起的话，或许包含在第八类周 K 线中的日线，已出现过“三跳空”等激烈的上涨情形。

日线中的全秃阳线是强而有力的做多线，但第八类周 K 线则正好相反，属于做空线。通常来说，第八类周 K 线的涨幅部分会在此后再度跌回。如果下周的 K 线急速下挫到此线中心价位以下的话，即表示行情有可能自其中心价位继续下跌。

2. 操作策略

（1）第八类线罕少出现，出现在天顶位置是做空线。出现第八类线时，周线以最高价收盘，可见多头控制市场的过程已经至少持续 1 周，这最后的冲高收盘犹如强弩之末，尤其是如果此时没有成交量的配合，下周应警惕行情盘整做头。如果行情不跌反涨，则应果断放弃做多机会。如果行情开始下跌，甚至跌破中心值，则表明多头大势已去。

2015 年 6 月 8 日这一周，在天顶位置，苏美达（600710）的股价出现一根第八类线，其中心值为 9.51 元，成交量与前峰相比出现大幅萎缩。下周，该股股价高开低走，收出一根近乎光头光脚的阴线，收盘价为 9.54 元，仅仅比中心值高出 0.03 元。此种情形表明该股股价上升趋势大势已去，出逃方为上策。结果，其后 4 周该股股价连续大跌，跌去 50%。如图 7–35 所示。

（2）出现第八类线，还应注意分析其中日 K 线的构成以及所处的位置，同时还需参考成交量的变化，进行综合判断。第八类周 K 线往往出现于新股以及复牌股的情形较多。由于 A 股特殊的新股发行制度，新股上市初期往往连续涨停，而停牌股因利好消息复牌时，往往也会连续涨停，这当中不可避免地会出现大量的第八类线，但此时出现的第八类线毫无分析意义可言。

2017 年 12 月上市初期，科创信息（300730）的股价连续涨停，连续收出 3 根第八类线，但并无实质分析意义。如图 7–36 所示。

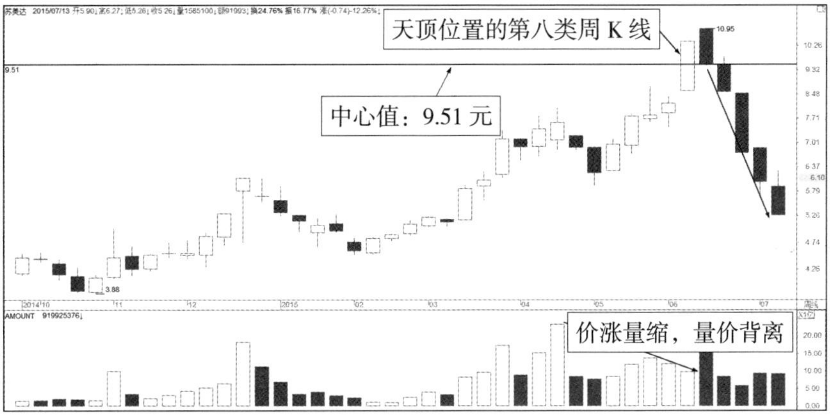

图 7-35　苏美达（600710）2014 年 9 月—2015 年 7 月的周 K 线图

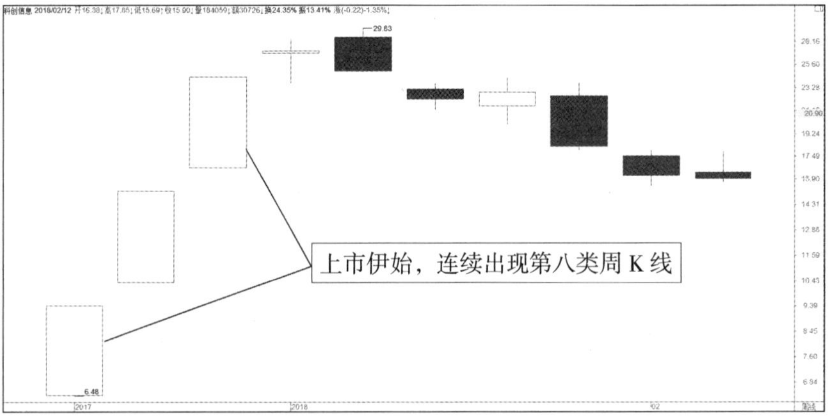

图 7-36　科创信息（300730）2017 年 12 月—2018 年 2 月的周 K 线图

2017 年 11 月复牌之后，因三六零集团借壳上市的利好消息，三六零（601360）的股价出现连续涨停，连收 3 根第八类线，但并无实质分析意义。如图 7-37 所示。

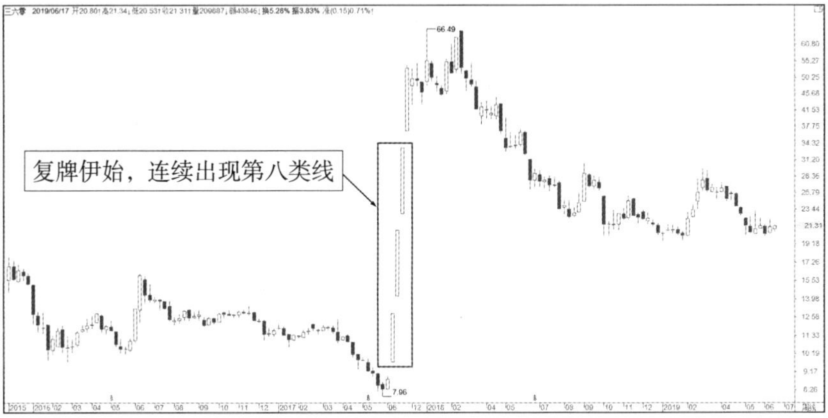

图 7-37　三六零（601360）2015 年 11 月—2019 年 6 月的周 K 线图

（二）第十六类周 K 线

第十六类周 K 线是全秃阴线。也就是说，交易周内以最高价开盘，以最低价收盘。如图 7-1 所示。

1. 多空分析

第十六类周 K 线出现在上升趋势末端，表明上升力度日渐不足，空头猛烈反扑，预示此后将反转下跌，纵使行情次周整周出现上扬，下下周股价必会下挫，此线为高位弱势线。

2. 操作策略

这类周 K 线很少出现，高位出现此线，不应抱有幻想，应立即出逃，减少损失。

经过前期连续上升后，2015 年 6 月 23 日这一周，跃岭股份（002725）的股价收出一根第十六类线，股价全周跌幅达 32%。此时有的交易者会认为，反正已经跌这么多了，不如死捂不放，等待反弹。但行情走势往往事与愿违，下周继续收出第十六类线，跌幅也在 30% 以上。如图 7-38 所示。

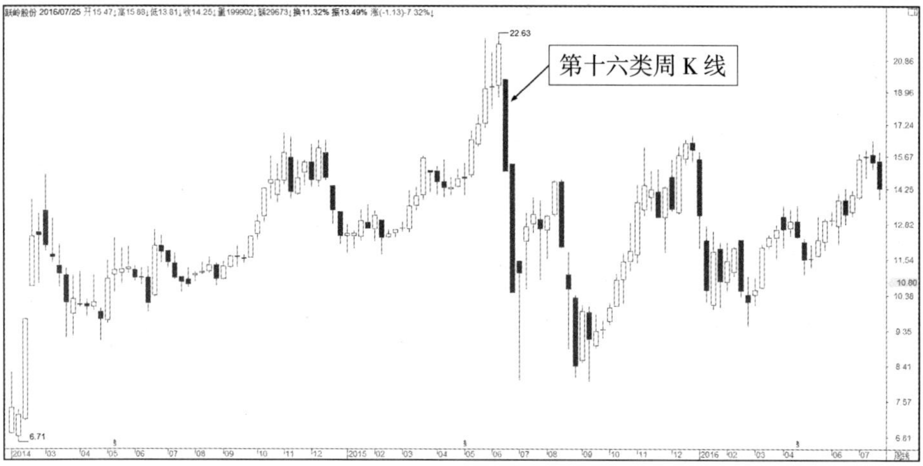

图 7-38　跃岭股份（002725）2014 年 1 月—2016 年 7 月的周 K 线图

第八章　压缩图战法

一、指标奇葩——压缩图

（一）什么是压缩图

压缩图（CAN）是将反映成交价的K线和反映量能的成交量结合在一起，做到在一个指标中既反映股价，又反映当日量能。在众多主图指标中，因其不像其他指标能给出买卖信号据以买卖，压缩图一般常被忽视。不过，犹如另类奇葩一样，并不因少人问津而掩盖其优良的特性。

（二）压缩图的编制原理

（1）用宽度来表示成交量：成交量越大，K线的宽度越大；成交量越小，K线的宽度越小。

（2）当成交量特别大的时候，当天的压缩图宽度会变得很大，并将覆盖掉旁边狭窄的压缩图。换言之，就是成交量小的压缩图会被忽略，只有较宽的压缩图才有分析意义。

图8-1、图8-2是截取的上证指数（000001）2018年1月—2019年1月的K线图与压缩图。通过K线图，需要配合底部的成交量柱才能观察到哪里是放量上涨，哪里是放量下跌。进行观察分析时，不能一目了然地得出结论。通过压缩图来观测的话，就

图8-1　上证指数（000001）2018年1月—2019年1月的日K线图

不需要理会附图上的成交量柱，仅仅依靠主图指标压缩图，就能判定出哪里是量价齐升，哪里是放量下跌。

从图 8–2 中可以明显地观察到：2018 年 10 月之前，市场处于多放量大跌、缩量震荡的格局；2018 年 10 月之后，放量下跌明显减少，改为缩量下跌，并且放量上涨的次数逐渐增加，行情改为放量上涨、缩量下跌的格局。由此可以推断：至截图时，虽然 A 股行情仍处于风声鹤唳之中，但主力已经明修栈道，暗度陈仓，2019 年必定是收获的一年。

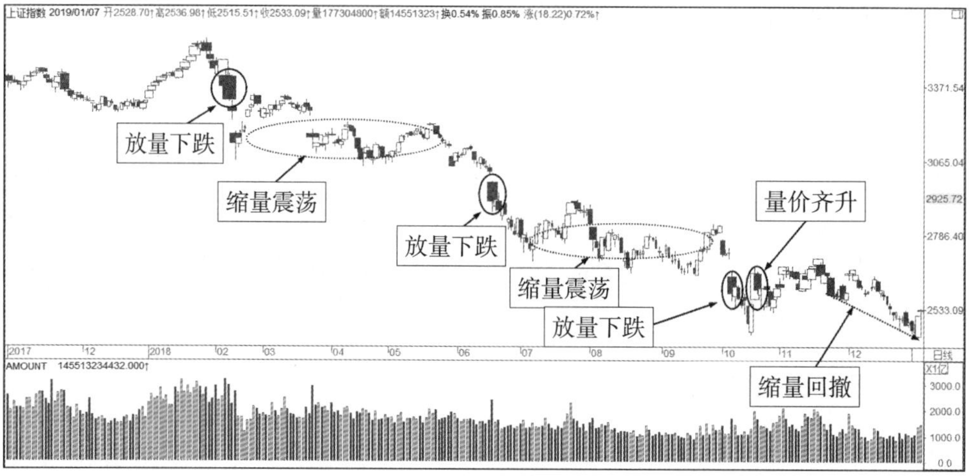

图 8–2　上证指数（000001）2018 年 1 月—2019 年 1 月的日压缩图

二、压缩图的特殊意义

在股价波动的量、价、时、空四要素中，量价起着重要作用。目前，通用的 K 线图和成交量图分离配置，虽也能观察到量价配合的情况，但对于经常出现的盘整、筑底、筑顶等阶段，量柱常处于杂乱无章的无序状态，忽高忽低、参差不齐的量柱图，常使人感到无规律可寻，进而感到无所适从。压缩图的设计正是为了解决两图分离配置、观察量价配合不直观的问题，是对普通 K 线图做出的一种改良。

在 X 时间轴上，按股价相应比例加进量的因素，在 K 线 Y 轴方向不变的前提下，X 轴方向以量的大小按价的一定比例进行缩放，使 K 线图以不等宽的形式出现，这就是压缩图。如图 8–3 所示。

X 轴的时间单元等值不变，压缩图的宽度却是宽窄无序的。地量或小量情况下，压缩图呈针状、细棒状，相邻 K 线之间会出现空隙。天量、巨量情况下，压缩图的宽度会超过正常 K 线宽度的数倍。为使时间单元不错位，压缩图的制作以图表纵向中心轴不错位为前提，允许宽而胖的 K 线互相重叠和覆盖。

与其相似的另一种指标“当量图”，因其允许时间单元错位，虽然不产生宽胖

图 8-3 福建金森（002679）2018 年 11 月—2019 年 6 月的日压缩图

K 线重叠、覆盖的现象，但因时间错位，直观效果上便大不如压缩图。因“当量图”存在先天缺陷，本书在此不进行详细介绍，有兴趣的交易者可以翻阅其他书籍进一步了解。

压缩图作为一项主图指标，其作用不逊于其他主图指标。有的主图指标以价格为因素，有的则以量能为因素，各有短长。压缩图融合了量价配合两大要素，因 K 线的纵向值和属性仍未改变，横向的改变正好使大家从量能的变化中看到股价变化的内在动因，因此充实和丰富了 K 线的生命力和形象化效果。

根据实际体会，笔者认为压缩图的使用主要体现在如下 3 个方面。

（一）上升拾阶攀

股价升势途中，一般有一定的单边升率，不会出现头部那样的 K 线横向挤堆、重叠现象，而呈类似山路逐阶盘升之态，即便边缘部分重叠，也不改变其拾阶而上的主流形态。说其是台阶状，并非像大楼门口的台阶那样整齐、规则，就像人工河床可以开挖得笔直，山区的自然河床却是自然形成的不规则状，故称其为上山时自然形成的不规则的石阶更贴切。因升势途中阳线多于阴线，多数情况台阶呈红色，有时阴阳相间则呈红绿杂色。

2018 年 10 月中旬开始，福建金森（002679）的股价转入上升趋势，前半段的上涨量能较小，后半段放量拉升，不用看附图的成交量指标，压缩图中缩量放量一目了然。由于上涨的天数明显多于下跌的天数，并且多为放量上涨，缩量回调，因此整幅图片给人以“全国山河一片红”的感觉，画面透露给交易者的量价关系非常直观。如图 8-4 所示。

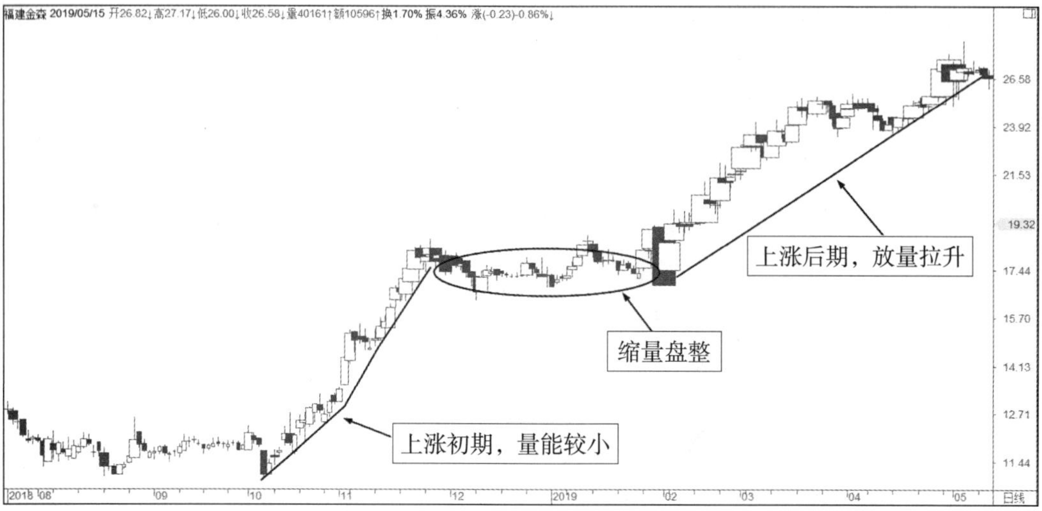

图 8–4　福建金森（002679）2018 年 7 月—2019 年 5 月的日压缩图

（二）下跌碎步行

下跌途中，由于股价多半是缩量阴跌，因此压缩图一般为针式、细棒式、点式等形态，主要特征为单根 K 线宽度较细，较易辨认。

2018 年 3 月—6 月，在盘整过程中，日月股份（603218）的股价量能较大，表现在图中，就是较为明显的压缩图层层堆叠，不分你我。6 月中旬，该股股价开始向下突破，随之而来的便是放量下跌，表现在图表上就是宽胖的绿色柱体。之后，股价开始进入漫漫熊途，表现在图表上为单根 K 线柱体较细，就像一个人迈着小碎步下山一样。如图 8–5 所示。

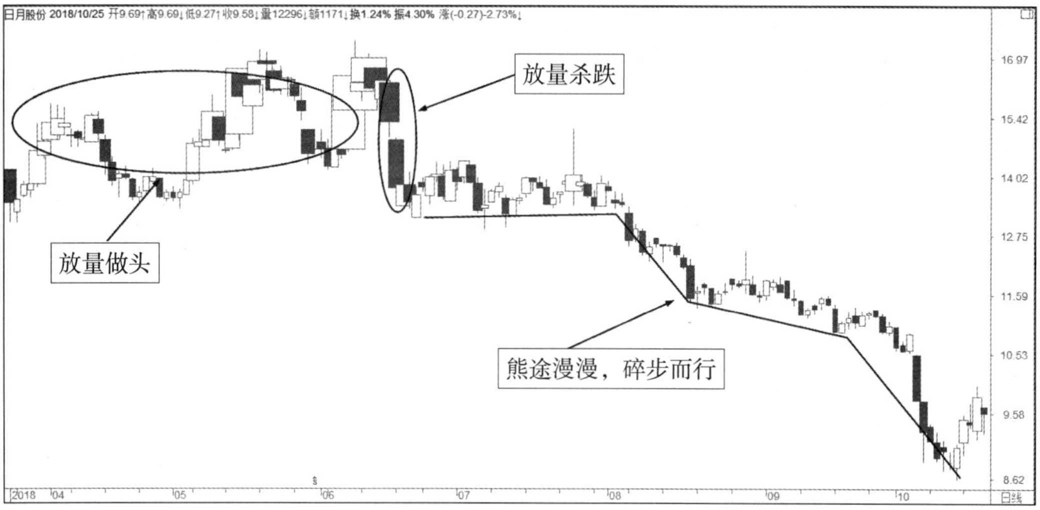

图 8–5　日月股份（603218）2018 年 3 月—10 月的日压缩图

（三）重叠成头，稀疏成底

凡是量增价涨、量减价跌的正常情况下，大、中、小波段头部，都会出现 K 线挤堆、重叠现象。同理，大、中、小波段底部都会出现针、棒等稀疏式 K 线形态。这比使用量价分示图对头部和底部进行判断，更直观可辨。

2019 年 1 月末 2 月初，凌云股份（600480）的股价以针状压缩图筑底，随后而来的是一波强劲的上升趋势，表现在压缩图上是拾阶而上。3 月 18 日开始，该股股价开始出现放量滞涨的现象，随之而来的是做头阶段，表现在图上则为 K 线重重叠叠，大有泰山压顶之势。做头完毕，随后股价进入量减价跌的下跌阶段，表现在图上则为下山之人迈着小碎步艰难下山的样子，偶尔还会出现滑落一段的危险走势（跳空下跌）。如图 8–6 所示。

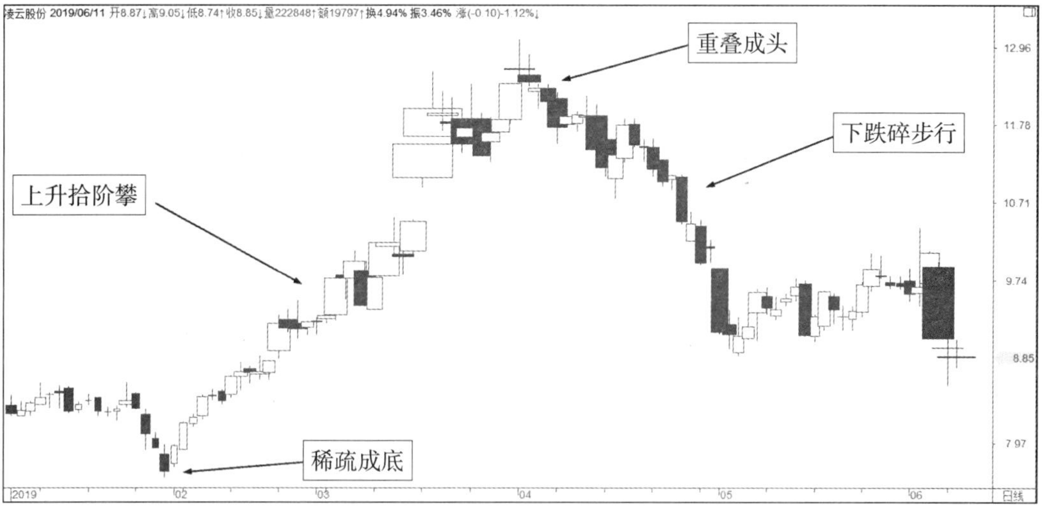

图 8–6　凌云股份（600480）2019 年 1 月—6 月的日压缩图

三、压缩图的实战应用

在实战应用时，对指数和个股的行情顶部判断，压缩图是比较准确的。比如，股价涨升一段时间和空间之后，陆续出现一些体型庞大的 K 线，并且阴线逐渐增多，进而出现重重叠叠的现象，形态上呈现出一种“泰山压顶”之势，这时股价别无选择，只有下跌。

浙江龙盛（600352）的股价，自 2018 年 10 月 19 日以细棒式 K 线见底以来，至 2019 年 3 月 21 日，一直配合较小的成交量缓慢攀升。3 月 22 日开始，该股股价进入主升浪，K 线出现逐渐增粗的现象，说明该股量价齐升。到 4 月 8 日，虽然 K 线依然体型肥硕，但股价出现停滞不前的现象，进而阴线逐渐代替阳线，出现堆叠的现象，说明股价开始构筑头部。此时，经验老到的交易者应该择机卖出，因为头部一旦构筑完成，面临的将是旷日持久的下跌。如图 8–7 所示。

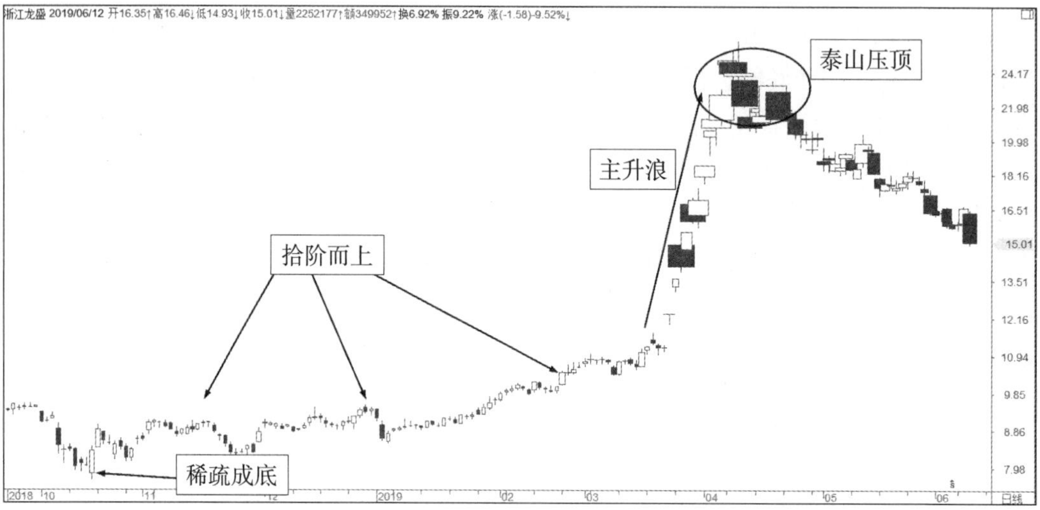

图 8–7　浙江龙盛（600352）2018 年 9 月—2019 年 6 月的日压缩图

上面的案例是运用压缩图判断股价见顶的情况。另外，压缩图对于股价底部的判断也有其独到的方法。当股价连续大幅下跌后，出现星状或红色小实体的 K 线，或者先出现一些较大的方块实体，之后再出现十字星或小型的 K 线实体，一般都可能为底部标志，尤以后者的准确率为高。

经历近 1 年的震荡整理后，2012 年 10 月下旬，创业板指（399006）开始加速下跌，从 10 月 23 日最高 725.38 点，一路狂跌至 12 月 4 日的 585.44 点，中间并未出现像样的反抽。此时，大多数交易者都已经处于崩溃边缘，有的专家甚至喊出了“中国股市必须推倒重来”的口号。但熟悉压缩图的交易者，对行情走向早已洞若观火。

11 月 28 日，创业板指收出一根宽大的 K 线后，小阴小阳线交替出现。12 月 4 日，探低至 585.44 点这一天，出现一根细长的锤子线（K 线形态分析，在压缩图上同样适用）。行情走到今天，底部特征已经非常明显，此处抄底的交易者，就能幸运地抄到创业板的历史大底。相信熟练掌握压缩图用法的交易者，当年抄到历史大底的概率非常之大。如图 8–8 所示。

压缩图还可以用来辨析主力是偷偷吃货还是出货，方法就是比较阴阳柱体的面积。笔者就曾用此法捕捉到 2015 年的特大牛股陕西金叶（000812）。

2014 年 5 月，笔者发现陕西金叶在前期拉升过程中红柱面积特别大，回调时绿柱面积却非常小，与红柱面积相比，不成比例。笔者断定此乃主力大力吃货建仓的征兆。此时距离前期拉升高点已有相当大的跌幅，加之 2014 年 5 月 16 日，MACD 指标发出了底背离买入信号，笔者于当天全仓杀入。至 7 月初，笔者全身而退时，短短 1 个多月的

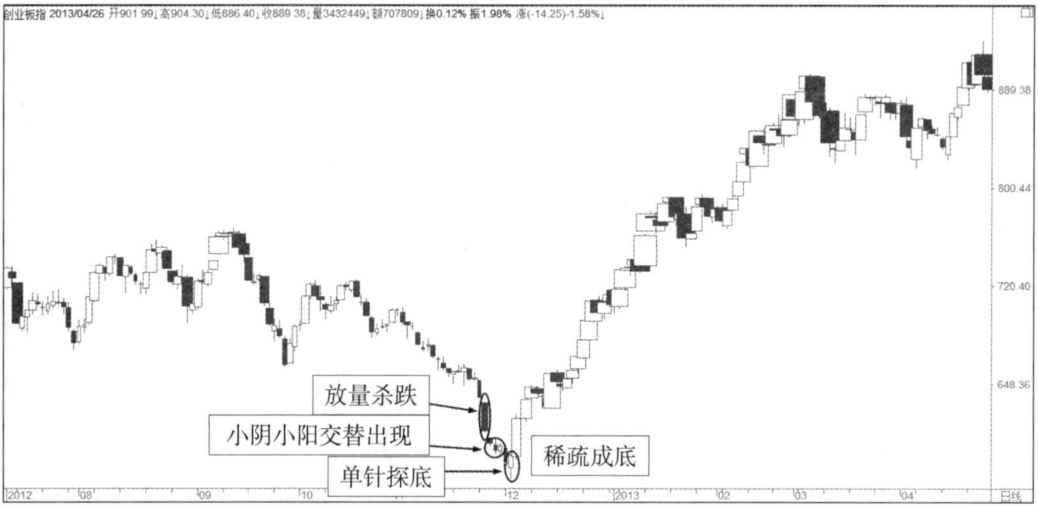

图 8-8 创业板指（399006）2012 年 7 月—2013 年 4 月的日压缩图

时间，累计获利达 80%。但遗憾的是，该股以后的行情与笔者无缘，至 2015 年 6 月 18 日，该股最高涨至 14.27 元，由笔者介入时的 2.75 元算起，累计涨幅达 430% 以上，十分惊人。如图 8-9 所示。

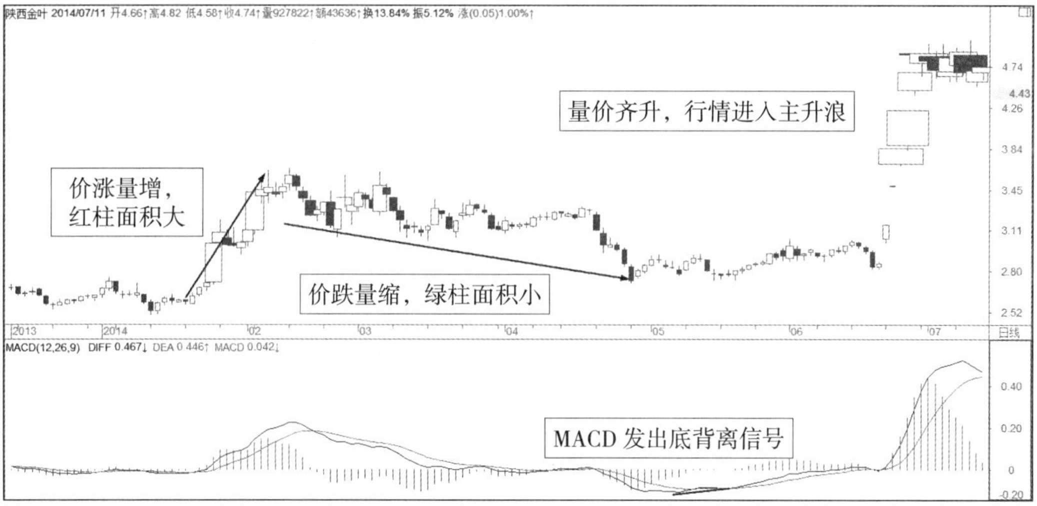

图 8-9 陕西金叶（000812）2013 年 12 月—2014 年 7 月的日压缩图

2018 年 4 月下旬，准白马股国祯环保（300388）的股价开始逆势上涨，并且涨势喜人，很多交易者认为这种绩优股是熊市避险的首选，但结果往往并不是大多数人认为的那样。进入 5 月后，该股股价开始放量滞涨，表现在图上就是 K 线宽度不断增大，出现层层堆叠、停滞不前的局面。此时，稳健的交易者应该离场观望，激进的交易者可等 K 线发出突破信号后再做下一步打算。结果 5 月 21 日，股价收出一根“巨胖”的大阴线，这是对该股股价的最后一记绝杀，该日是交易者最后的出逃机会。如图 8-10 所示。

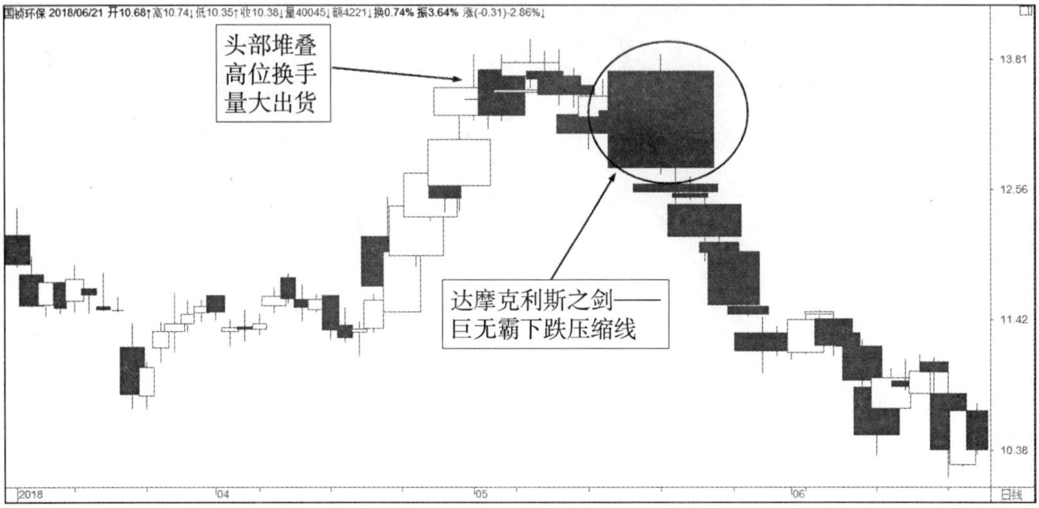

图 8-10　国祯环保（300388）2018 年 3 月—6 月的日压缩图

压缩图把成交量与 K 线图的优点糅合在一起，使交易者对行情走势一目了然，对主力动向一清二楚。这种 K 线走势图是极有分析价值的图表，但目前市面上知道的人少之又少。希望通过本书，大家能够掌握这种图表的分析方法，从此不再被主力玩弄于股掌之间。

第九章　OX 图战法

一、OX 图简介及绘制方法

（一）OX 图

OX 图又称点数图（Point and Figure Chart），源自维克托·德维利尔斯 1933 年出版的《点数图法预测股价变化》一书。OX 图是用“O”和“X”来表示价格升跌的一种图表。与 K 线图、压缩图等截然不同，OX 图注重价格在一定价位上的表现，但不记录价格随时间变化的过程，也不考虑成交量的情况。

OX 图诞生已近 90 年，虽然它的名气和普及程度远不及 K 线图、美国线，但至今仍有不少交易者参考 OX 图制定交易计划。经过近 90 年的发展，它的使用方法变得更加灵活多变。如图 9-1 所示。

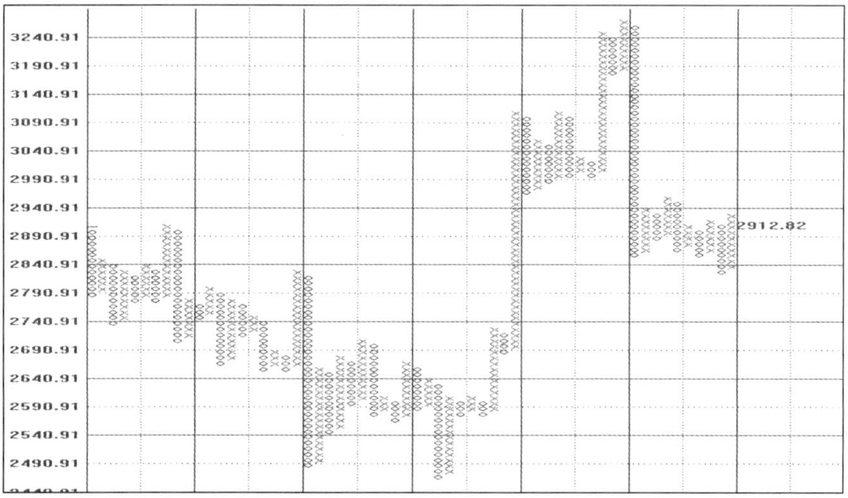

图 9-1　上证指数（000001）2018 年 6 月 19 日—2019 年 6 月 13 日的日 OX 图

（二）OX 图的绘制方法

OX 图的绘制方法与传统的 K 线图和竹线图不同，K 线图和竹线图将每日涨跌情况用一根棒线表示，其横坐标是时间，按时间顺序画下去。OX 图则不考虑时间的因素，将所有的交易在方格内用不同的符号记录下来，用于跟踪当日价格变动和长期价格趋势。

"O""X"符号表示涨跌，反映一段时间内的累计涨跌幅度。

OX 图的绘制规则，是由"格值"确定的。当股价上升达到格值幅度时，就用 1 个"X"表示。当股价下降达到格值幅度时，就用 1 个"O"表示。小方格中的 X 代表价格上升，O 代表价格下降。每个小方格都有自定义的数值，简称格值。转向的标准也是可以更改的，实战中，1 格、3 格、5 格转向是比较常用的标准。

（1）当收盘价持续上升时，就在"X 列"最上方加 1 个"X"，上升几个格值就加画几个"X"。

（2）当收盘价持续下降时，就在"O 列"最下方加 1 个"O"，下降几个格值就加画几个"O"。

（3）上升或下降不足 1 个格值，不加画任何符号。

（4）收盘价由上升转为下降，达到规定的转向值时，则在"X 列"右边转 1 列开始画新的"O 列"，"O 列"最高格比"X 列"最高格仅低 1 格向下开始画"O"，下降几个格值就画几个"O"。

（5）收盘价由下降转为上升，达到规定转向值时，则在"O 列"右边转 1 列开始画新的"X 列"，"X 列"最低格比"O 列"最低格仅高 1 格向上开始画"X"，上升几个格值就画几个"X"。

图 9-2 为上证指数（000001）2018 年 8 月 6 日—2019 年 1 月 16 日的日 K 线图和日 OX 图对比图。OX 图中，X 代表涨升，O 代表下降。格值为 5，转向为 3。

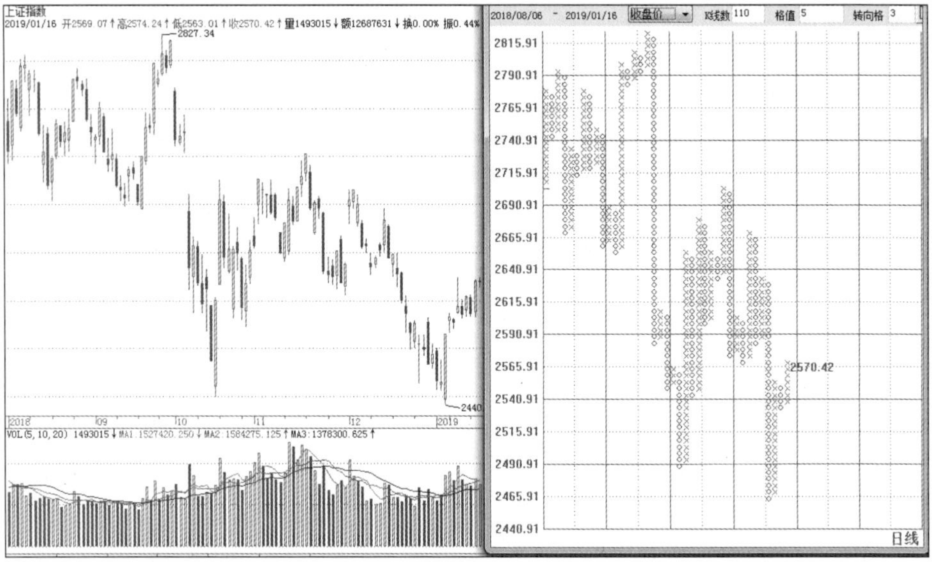

图 9-2　上证指数（000001）2018 年 8 月 6 日—2019 年 1 月 16 日的日 K 线图和日 OX 图

图 9-3 为同期（2018 年 8 月 6 日—2019 年 1 月 16 日）上证指数（000001）格值为 10 的 OX 图与格值为 5 的 OX 图的对比图，其转向格皆为 3。从图中可以看出：格值为

10 的 OX 图反应较为迟钝，格值为 5 的 OX 图反应较为敏感。由此可以看出，格值较大的 OX 图适合长线交易者关注，格值较小的 OX 图适合短线交易者关注。

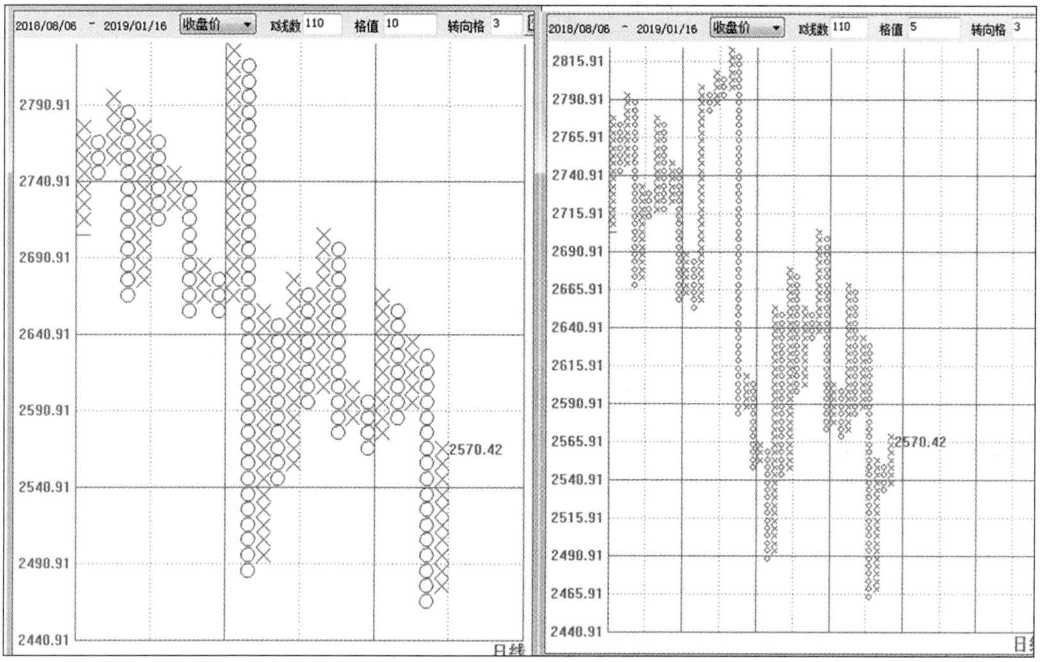

图 9-3　上证指数（000001）2018 年 8 月 6 日—2019 年 1 月 16 日格值为 10 的 OX 图与格值为 5 的 OX 图

二、OX 图的基本买卖信号

相比 K 线图而言，OX 图的买卖信号更加精确，不存在信号模糊的情况。突破信号也比其他图表上的信号明确得多，OX 图的基本买卖信号有以下 4 种。

（1）3 列小方格中，当第二个 X 列高于前一个 X 列时，就发出了买入信号，当第二个 O 列低于前一个 O 列时，就发出了卖出信号。如图 9-4 所示。

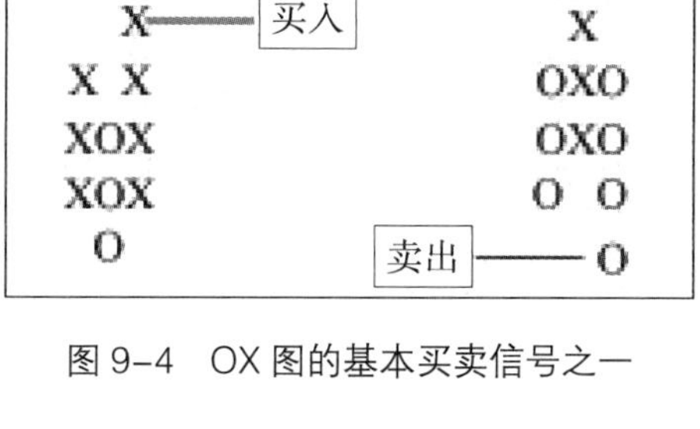

图 9-4　OX 图的基本买卖信号之一

图 9-5 为宁沪高速（600377）2019 年 6 月 4 日—18 日 10 个交易日的日 K 线图与日 OX 图对比图，其中右上角为 OX 图，格值为 0.03，转向格为 3。按照第一条买卖信号中买入信号的说法，6 月 18 日星期二盘中，OX 图给出了明确的买入信号，当盘中高于 10.67 元，即 10.70（10.67+0.03）元时，为买入信号。

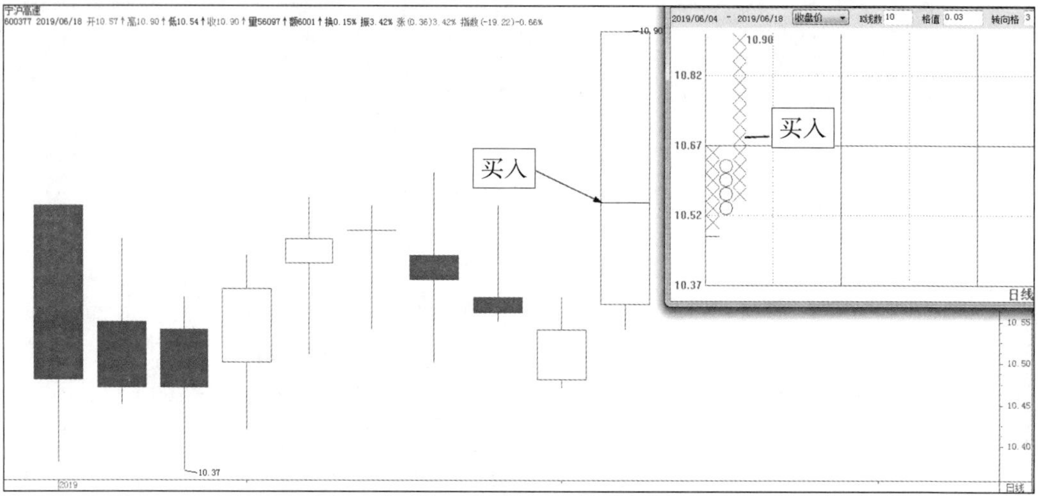

图 9-5 宁沪高速（600377）2019 年 6 月 4 日—18 日的日 K 线与 OX 图

图 9-6 为中文传媒（600373）2019 年 6 月 4 日—18 日 10 个交易日的日 K 线图与日 OX 图对比图，其中右上角为 OX 图，格值为 0.1，转向格为 3。按照第一个买卖信号中卖出信号的说法，6 月 17 日星期一，当价格跌破了 6 月 10 日的收盘价时，OX 图给出了明确的卖出信号。10 个交易日给出 1 次明确的卖出信号，大大避免了交易者利用 K 线图频繁操作止损的弊端。

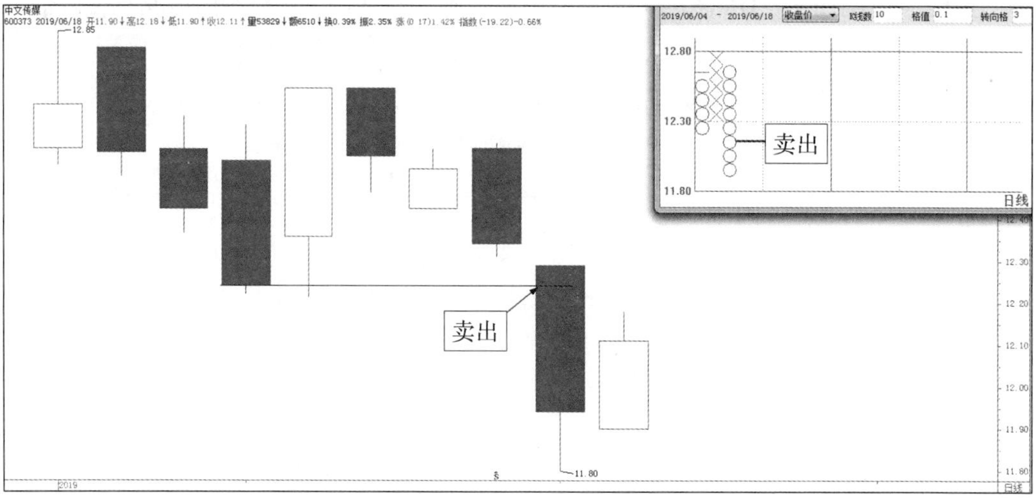

图 9-6 中文传媒（600373）2019 年 6 月 4 日—18 日的日 K 线与 OX 图

（2）4 列小方格中，有 2 个依次上升的 O 列底，第二个 X 列高于第一个 X 列时，发出买入信号；有 2 个依次下降的 X 列顶，第二个 O 列低于第一个 O 列时，发出卖出信号。如图 9-7 所示。

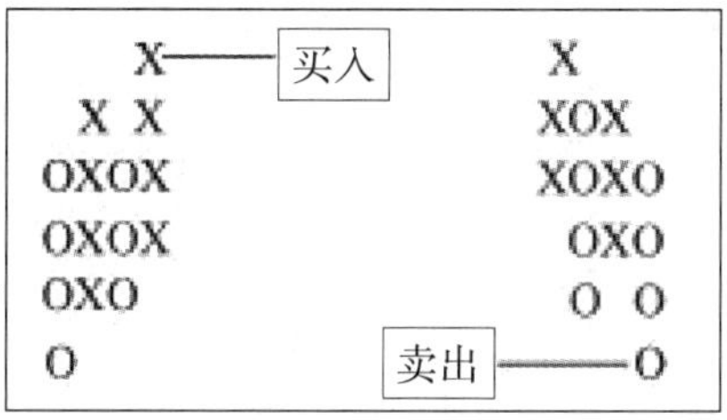

图 9-7　OX 图的基本买卖信号之二

图 9-8 为动力源（600405）2019 年 5 月 6 日—6 月 18 日的日 K 线图与日 OX 图对比图，其中右上角为 OX 图，格值为 0.04，转向格为 3。OX 图中，方框处的 4 列小方格由第四列至第七列构成，其对应的是 5 月 23 日—6 月 13 日的 K 线图，即黑色矩形内的 K 线图。第四列的转向时间为 5 月 23 日，第五列的转向时间为 5 月 27 日，第六列的转向时间为 6 月 3 日，第七列的转向时间为 6 月 10 日。由动力源（600405）的 OX 图可以看出，按照第二条基本买卖信号，在第七列处发出了明确的买入信号。

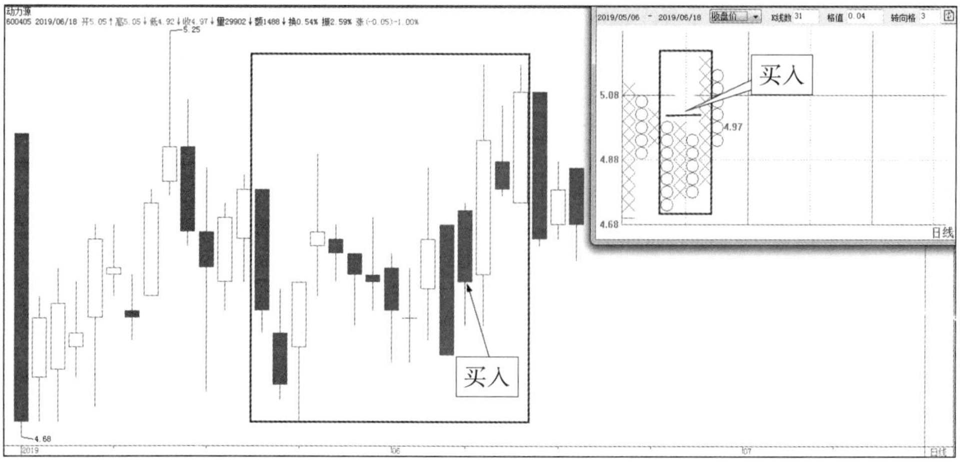

图 9-8　动力源（600405）2019 年 5 月 6 日—6 月 18 日的日 K 线图与日 OX 图

图 9-9 为安源煤业（600397）2019 年 5 月 8 日—6 月 19 日的日 K 线图与日 OX 图对比图，其中右上角为 OX 图，格值为 0.03，转向格为 3。OX 图中，方框处的 4 列小方格由第一列至第四列构成，其对应的是 5 月 23 日—6 月 13 日的 K 线图，即黑色矩形内的 K 线图。第一列的转向时间为 5 月 10 日，第二列的转向时间为 5 月 14 日，第三列的转向时间为 5 月 16 日，第四列的转向时间为 5 月 17 日。由安源煤业（600397）的 OX 图可以看出，按照第二条基本买卖信号，在第四列处发出了明确的卖出信号。

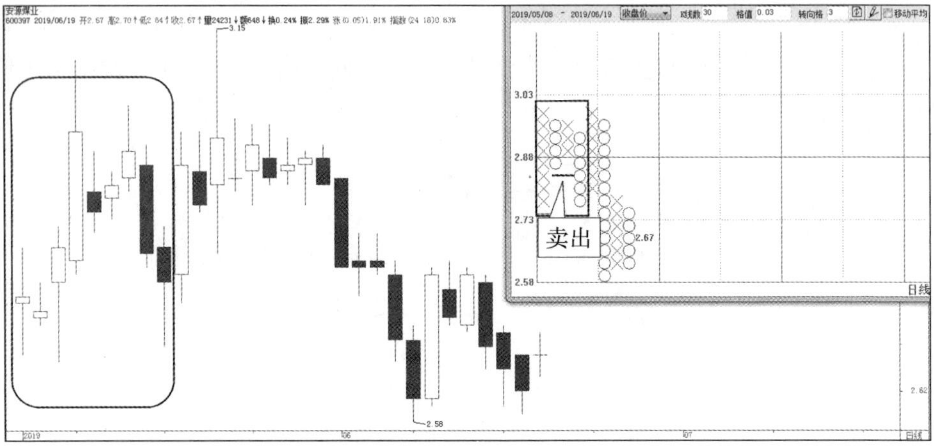

图 9-9 安源煤业（600397）2019 年 5 月 8 日—6 月 19 日的日 K 线图与日 OX 图

（3）5 列小方格中，有 2 个同样低的 O 列和 2 个同样高的 X 列，第三个 X 列高于前两个 X 列时，发出买入信号；有 2 个同样高的 X 列和 2 个同样低的 O 列，第三个 O 列低于前两个 O 列时，发出卖出信号。如图 9-10 所示。

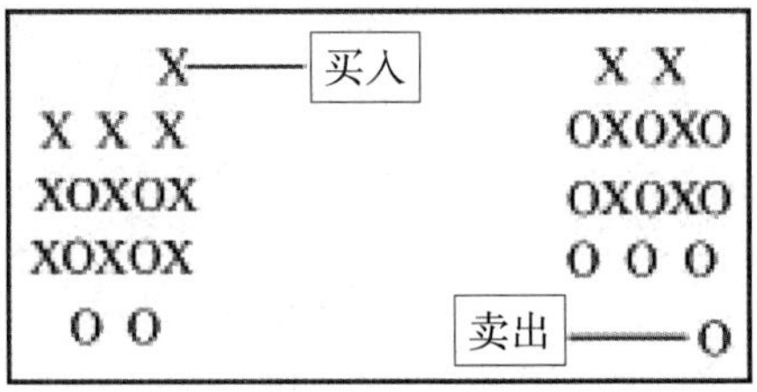

图 9-10 OX 图的基本买卖信号之三

图 9-11 为昆药集团（600422）2019 年 5 月 29 日—6 月 19 日的日 K 线图与日 OX 图对比图，其中左边为 K 线图，右边为 OX 图，格值为 0.09，转向格为 3。OX 图中，方框处的 5 列小方格由第二列至第六列构成。第二列的转向时间为 6 月 11 日，第三列的转向时间为 6 月 12 日，第四列的转向时间为 6 月 13 日，第五列的转向时间为 6 月 14 日，第六列的转向时间为 6 月 17 日。由昆药集团（600422）的 OX 图可以看出，按照第三条基本买卖信号，在第六列处发出了明确的买入信号，其后是连续的"一"字涨停板，如按该信号买入，短期获利十分惊人。

图 9-12 为海越能源（600387）2019 年 5 月 22 日—6 月 19 日的日 K 线图与日 OX 图对比图，其中左边为 K 线图，右边为 OX 图，格值为 0.09，转向格为 3。OX 图中，方框处的 5 列小方格由第二列至第六列构成。第二列的转向时间为 5 月 24 日，第三列的转向时间为 5 月 27 日，第四列的转向时间为 5 月 29 日，第五列的转向时间为 5 月 30 日，第六列的转向时间为 5 月 31 日。由海越能源（600387）的 OX 图可以看出，按照第三条基本买卖信号，在第六列处发出了明确的卖出信号，按该信号卖出，就可避免后续的大跌。

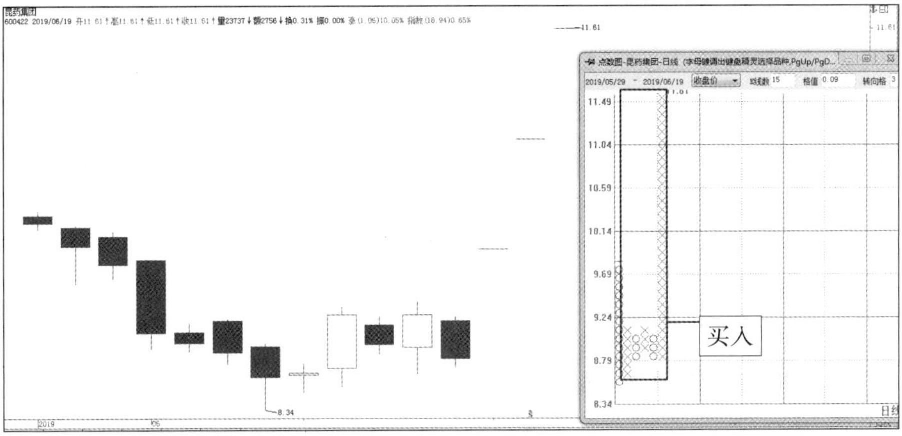

图 9-11　昆药集团（600422）2019 年 5 月 29 日—6 月 19 日的日 K 线图与日 OX 图

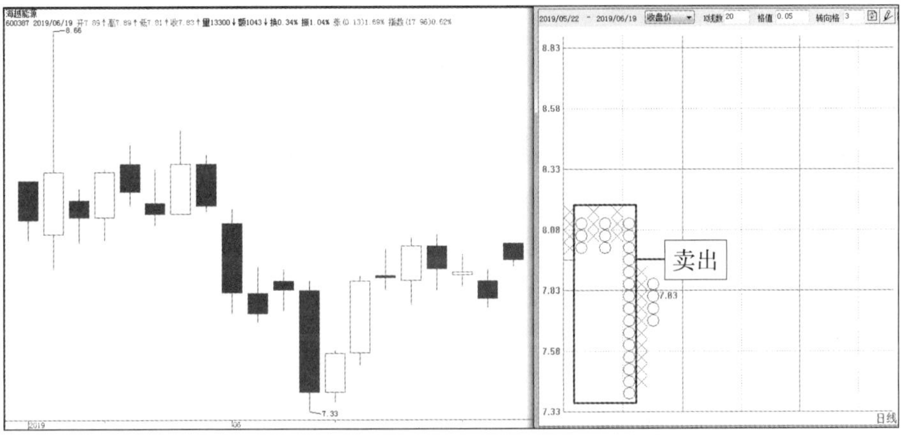

图 9-12　海越能源（600387）2019 年 5 月 22 日—6 月 19 日的日 K 线图与日 OX 图

（4）5 列小方格中，有 2 个依次上升的 O 列底和 2 个依次上升的 X 列顶，第三个 X 列高于第二个 X 列时，发出买入信号；有 2 个依次下降的 X 列顶和 2 个依次下降的 O 列底，第三个 O 列低于第二个 O 列时，发出卖出信号。如图 9-13 所示。

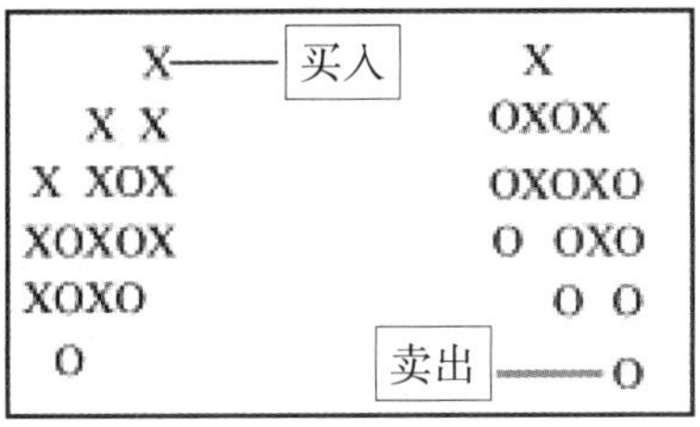

图 9-13　OX 图的基本买卖信号之四

图 9-14 为龙净环保（600388）2019 年 5 月 22 日—6 月 19 日的日 K 线图与日 OX 图对比图，其中左边为 K 线图，右边为 OX 图，格值为 0.05，转向格为 3。OX 图中，

方框处的 5 列小方格由第一列至第五列构成。第一列的转向时间为 5 月 23 日，第二列的转向时间为 5 月 29 日，第三列的转向时间为 5 月 30 日，第四列的转向时间为 6 月 3 日，第五列的转向时间为 6 月 5 日。OX 图中，第三列与第一列一顶比一顶高，第四列与第二列一底比一底高，符合第四条基本买卖信号中的买入条件，此时只要耐心等待第五列顶高于第三列顶，就能等到买入信号。

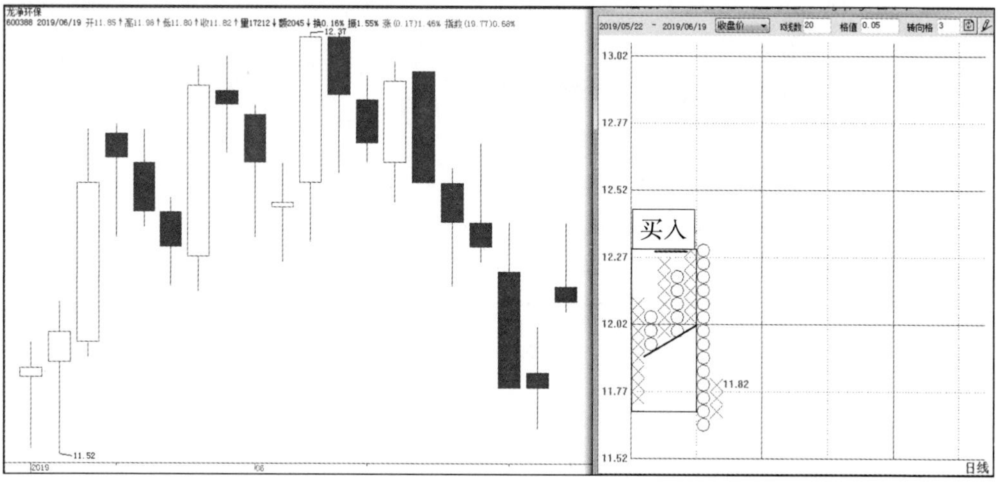

图 9-14　龙净环保（600388）2019 年 5 月 22 日—6 月 19 日的日 K 线图与日 OX 图

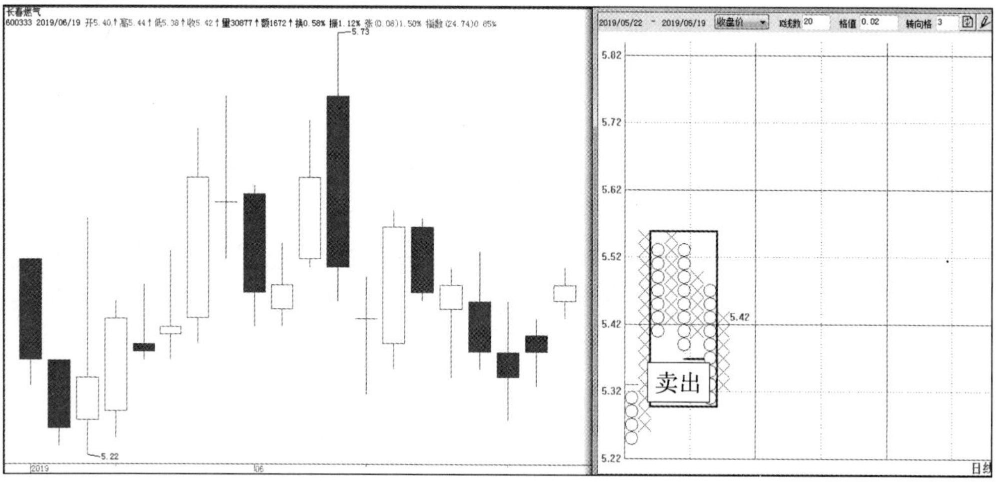

图 9-15　长春燃气（600333）2019 年 5 月 22 日—6 月 19 日的日 K 线图与日 OX 图

图 9-15 为长春燃气（600333）2019 年 5 月 22 日—6 月 19 日的日 K 线图与日 OX 图对比图，其中左边为 K 线图，右边为 OX 图，格值为 0.02，转向格为 3。OX 图中，方框处的 5 列小方格由第三列至第七列构成。第三列的转向时间为 6 月 3 日，第四列的转向时间为 6 月 5 日，第五列的转向时间为 6 月 6 日，第六列的转向时间为 6 月 11 日，第七列的转向时间为 6 月 12 日。OX 图中，第五列与第三列一底比一底低，第六列与第

四列一顶比一顶低，符合第四条基本买卖信号中的卖出条件，此时只要耐心等待第七列跌破第六列低点，就会等到卖出信号。

三、OX 图的实战技法及意义

（一）OX 图中的价格形态及趋势线

在 OX 图中，可以识别形态，绘制趋势线。与 K 线和美国线一样，OX 图中最常见的形态有头肩形、三角形、双底等。

OX 密集区是价格的盘整区域，OX 的突破是强烈的买卖信号，并对后续价格起到支撑和阻挡作用。1 格转向 OX 图绘制趋势线的方法是，依次连接上升的低点或依次连接下降的高点。在上证指数 2018 年 9 月—2019 年 1 月 17 日的日 OX 图中，设置格值为 5，利用 1 格转向 OX 图，可以很容易地辨别出趋势方向，以及各种形态发出的操作信号。

从图 9-16 中，大家可以看到：K 线图中已经发出了明确的突破信号，而 OX 图显示指数并未有效突破下降趋势线。显然，OX 图过滤掉了 K 线图中的一些虚假信号，避免了交易者频繁进出和止盈止损。

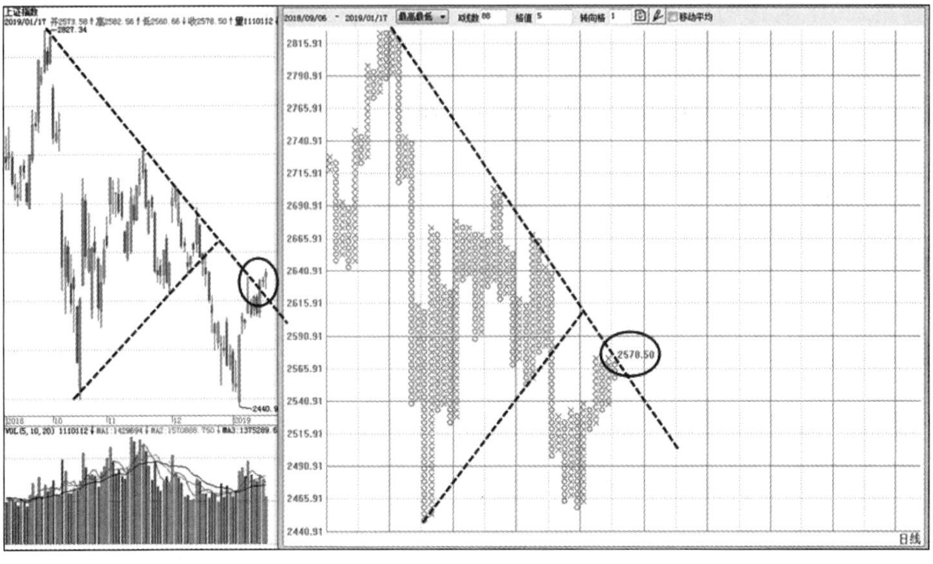

图 9-16　上证指数（000001）2018 年 9 月 6 日—2019 年 1 月 17 日 OX 图（1 格转向）

3 格转向 OX 图绘制趋势线的方法是画出 45° 角的直线。这里以同期的上证指数（000001）举例说明。此处，OX 图同样没有发出有效突破信号。可见，以 3 格转向绘制的 OX 图，同样可以避免 K 线图发出的虚假信号。如图 9-17 所示。

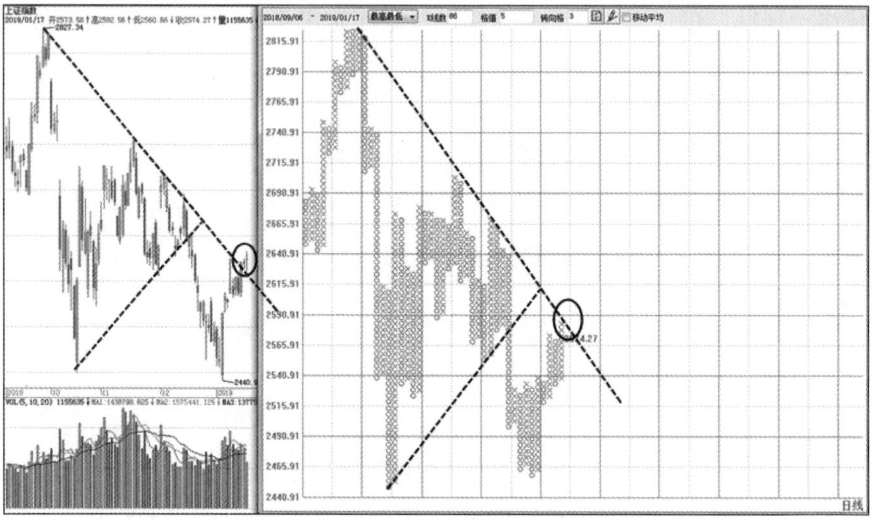

图 9–17　上证指数（000001）2018 年 9 月 6 日—2019 年 1 月 17 日 OX 图（3 格转向）

（二）OX 图的测量技巧

OX 图可以进行水平测量。水平测量的方法是将筑顶或筑底形态的列数乘以 OX 图的格值和转向值。

例如，2018 年 10 月中旬至月末，富瀚微（300613）在 3 格转向、格值为 1 元的 OX 图上，呈现出筑底形态，它的筑底形态为 7 列，那么筑底形态的 7 列乘以 3 元（转向 3 乘以格值 1 元），得出 21 元，再加上形态突破处的 91.42 元，就是形态突破以后有可能抵达的价格目标位，91.42 元加上 21 元等于 112.42 元，与该股实际达到的价格 113.74 元，只差 1.32 元。由此可见，利用 OX 图来测量股价的顶底，有时准得让人难以置信。如图 9–18 所示。

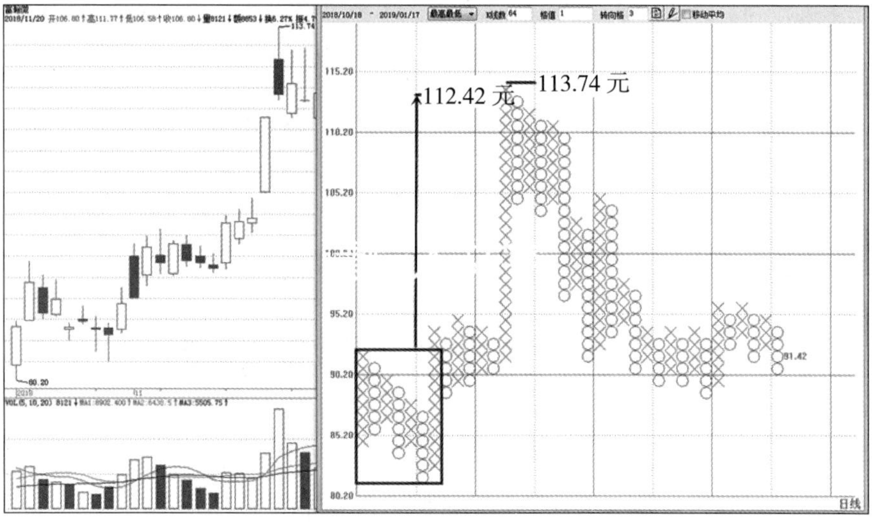

图 9–18　富瀚微（300613）2018 年 10 月 18 日—2019 年 1 月 27 日的 K 线图与 OX 图

（三）OX 图的优缺点

1. 优点

（1）可以灵活调整格数数值与反转格数，OX 图几乎可以适合任何周期的需要。

（2）交易信号有规则，具有机械性，因此不容易受到主观情绪的影响。

（3）可以用较小空间来记载较长时间的股价变动。

2. 缺点

股价续继上扬或下跌时无须转行，因此只考虑了价格行为，忽略了时间因素，也忽略了成交量数据，分析欠全面。但是，忽略时间因素与成交量数据，对分析外汇市场是没有任何影响的。

（四）OX 图的实战意义

从技术分析角度看，OX 图是一种最简单的图表分析方法，但它又是一种较难理解的方法。这一方法的主要特点是，它缺乏时间尺度，并忽视价格的微小变化，只是通过预先确定的点数，将股票价格的变动方向记录在图表上，以此观察市场的价格情况和新的运动方向。

通过调整参数，点数图具有巨大的灵活性。大家既可以采取较小的格值和转向点数来提高点数图的灵敏度，也可以采取较大的格值和转向点数来降低它的灵敏度。单点转向规定可以用于研究短期市场行为，五点转向规定可以用于研究长期趋势的变化。通过采取更小的格值，可以逐步增加点数图对小规模市场变化的灵敏度，这种灵活性是点数图分析法的最大优势之一。交易者可以调整点数图的各种参数，以适应自己的个别需要。

必须注意的是，在制图中，并不考虑时间和成交量因素。因此，变动很小的价格可能会仍然保留在非常狭小的价格范围之内，这对制图来说，工作量就很小了。对不同的股票来说，由 OX 图描述的纵向价格波幅是大不相同的。对每一只股票来说，横轴表示的时期也是不同的，有的股票可能在一天之内发生数次价格波动，有的则可能稳定不动。由此也可以看出，OX 图只表示普通股票价格在时间上的变化方向。

交易者可用 OX 图来寻找股票价格主要变化方向的趋势和轨迹。如果不考虑时间因素，就能够研判供求双方的力量，并且能通过 OX 图来判断支持股价的力量何在，威胁股价的股票供给源自何处。这两种力量通常被解释为压力及支撑水平。

在绘制 OX 图时，如何设定每一方格的代表值十分重要，它直接决定了整张 OX 图将来能否发挥其测市功能，因此，要适当地设定“每格代表值”及多少格升跌才开始“转行”。“格值”增大，即代表波幅较小的波动可以不予理会。在一个成熟的市场中，价格反复波动是市场规律，要剔除它对市场价格动向的干扰，可将“格值”提高。

第十章　宝塔线战法

一、宝塔线简介及绘制方法

（一）宝塔线简介

宝塔线指标又称 TOWER 指标，是以红绿实体棒线来指示股价涨跌，研判其涨跌趋势的一种指标。宝塔线指标将多空之间的搏杀过程与力量转变表现在图表中，并且能够显示适当的买进与卖出时机。宝塔线指标与 K 线及 OX 图类似，注重股价分析的中长期趋向。

宝塔线指标的特征与 OX 图类似，并非记载股价每天或每周的变动过程，而是在股价持续创新高价（或新低价），抑或反转上升或下跌时，再予以记录和绘制。

宝塔线的发明人是谁，缺少文字记载，西方的技术分析著作及技术分析软件，几乎完全忽视宝塔线指标，只有在东方的技术分析著作及分析软件中，偶尔可见宝塔线的简单介绍和运用。笔者认为该指标由香港或台湾的技术分析师草创的可能性较大。

20 世纪 90 年代下半叶，中国大陆有两个人对宝塔线技术的发展做出了较大贡献：一个是常居长江以北的吴全庆先生，他最早提出交易者要关注宝塔线多平顶翻绿和多平底翻红在实战中的多空转向意义，并且指出 5 日均线作为宝塔线辅助工具的防震仓功能。另一个就是常居长江以南的童牧野先生，他指出宝塔线的原理为“爱因斯坦电梯”，并指出主力之所以痛恨宝塔线的原因，指出宝塔线是个人交易者蚕食或鲸吞主力的灵活武器，率先实现对宝塔线的非图化表述（可以不必使用任何软件，可以完全不用绘图方法），同时对其在股市、汇市、期市的实战运用，做了大量的细致工作，并将宝塔线升级为鬼变脸技术（见后文）。

图 10-1 为上证指数（000001）2018 年 8 月 22 日—2019 年 1 月 17 日的日 K 线图与日宝塔线图的对比图，具体有什么不同，交易者不妨自己先观察一下。

（二）宝塔线绘制方法

宝塔线指标以股票的收盘价作为参照，当股价上涨时用白线（或红线），当股价下跌时用黑线（或绿线），通过黑白棒线的变化情况来研判股价的未来走势。

和其他指标的计算一样，由于选用的图表周期不同，宝塔线指标包括日宝塔线指标、

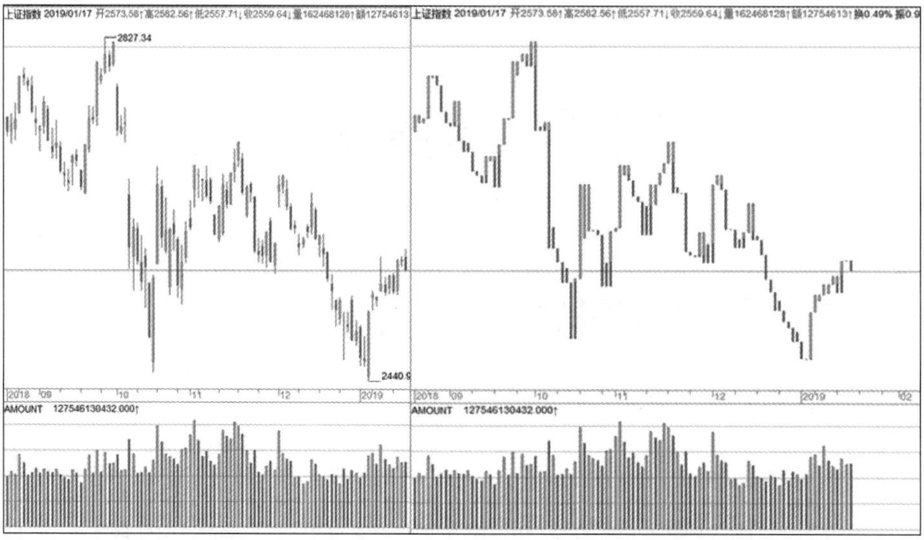

图 10-1　上证指数（000001）2018 年 8 月 22 日—2019 年 1 月 17 日的日 K 线图与日宝塔线图

周宝塔线指标、月宝塔线指标和年宝塔线指标以及分钟宝塔线指标等多种类型。经常用于股市研判的是日宝塔线指标和周宝塔线指标。虽然它们计算时的取值有所不同，但基本的计算方法一样。

以日宝塔线指标为例，其具体画法如下。

（1）当股价上涨时，用白色（或红色）空心棒体表示；当股价下跌时，用黑色（或绿色）实心棒体表示。

（2）以某一日的收盘价作为基准价，每日依次将股票收盘价的涨跌画于图表上。

（3）如果上一日股价是涨升的白色棒体，那么次日下跌，股价未跌破上一日白色棒体低点的那一部分跌幅仍用白色棒体，跌破的部分用黑色棒体表示。

（4）如果上一日股价为下跌的黑色棒体，那么次日上涨，股价未涨过上一日黑色棒体高点的那一部分涨幅仍用黑色棒体，涨过的部分用白色棒体表示。

（5）之后的宝塔线画法依次类推。

宝塔线的特征和画法与 OX 图类似，并非记载每个周期的股价变动过程，而是在股价创新高或新低时才予以记录，这一点不同于 K 线的画法。由于目前股市技术分析软件上的宝塔线是电脑自动生成的，因此交易者不需要自己画，这里主要通过其计算过程来熟悉宝塔线指标。

二、宝塔线的实战应用

宝塔线指标是以不同颜色的棒线来区分股价涨跌的一种主图指标。它将股价多空之间的争斗过程和力量转变显示在图表中，借以研判未来股价的涨跌趋势，帮助交易者选择适当的买卖时机。

宝塔线主要是应用趋势线的原理，引入支撑区和压力区的概念，以确认行情是否反转。对于行情发展可能产生的变化方向，不做主观臆测，而是客观地认同，这一点与其他指标是不同的。宝塔线指标认为，如果一只股票的价格上升趋势已经确认，那么就应该买进股票并持股，不主动去预测股价的高点在哪里，而是在股价从高位出现反转向下的征兆时开始注意，一旦确认股价出现头部卖出信号，就卖出股票。反之，如果一只股票的价格下跌趋势形成，那么就应卖出股票，离场观望，不轻易预测底部在哪里，只有在股价由低位向上反转并出现买入信号时，才开始买入股票。

由上述介绍可知，宝塔线指标信奉的是“涨不言顶”“跌不言底”的投资理念，告诉交易者不要刻意预测股价的高点或低点位置，而是耐心等待买卖信号，待出现买卖信号时，才采取相应的卖出或买入决策。一般而言，按照宝塔线指标揭示的方法买卖股票，虽然不可能抓住价格运动的极值点，但这种方法能吃到趋势行情中的大波段利润，不会轻易在上升途中的盘整行情中被震仓出局。因此，宝塔线指标比较适合稳健操作的交易者。

宝塔线指标的一般研判标准主要集中于：宝塔线黑白棒线的状态及相互之间转化的分析、宝塔线与K线以及均线的配合使用等（在股市分析软件上，黑棒多用绿颜色代替，白棒多用红颜色代替）。

（一）宝塔线指标的单兵应用

（1）当股价由底部向上反转，宝塔线的黑色棒线进入翻白状态时，说明股价开始上涨，交易者可适量介入。

2019年1月4日，顶固集创（300749）日宝塔线黑色棒线在底部区域开始翻白，股价随之起涨，之后一发不可收拾，从1月4日的最低11.74元，一口气涨至2月19日的最高价21.71元才翻黑。此后虽仍有高价，但股价已经开始做波段头部。

通过宝塔线与K线的对比可以发现，同期K线图并未呈现出“全国山河一片红”的壮丽画面，而是阴阳相间，很容易将做多意志不坚定的交易者在主升浪来临前甩下车。这充分证明，利用宝塔线指标研判行情，不会轻易在上升途中的盘整行情中被震仓出局。K线与宝塔线的配合应用，会在后文详细介绍，此处仅仅进行举例说明。如图10-2所示。

（2）股价处在上升途中时，只要宝塔线一直持续出现白色棒线，说明股价一直维持强势上涨态势，交易者应坚决持股或逢低短线买入。

2019年1月4日，顶固集创（300749）的股价翻白后，至2月19日之前，一直未有黑色棒线出现，说明该股处于强势主升阶段，交易者应坚决持股做多，待黑色棒出现时，再考虑是否卖出。短线交易者更可以在K线图的阴线处逢低吸纳。如图10-2所示。

（3）当宝塔线维持白色棒线状态的时间很长，并且股价短期内涨幅已经很大时，

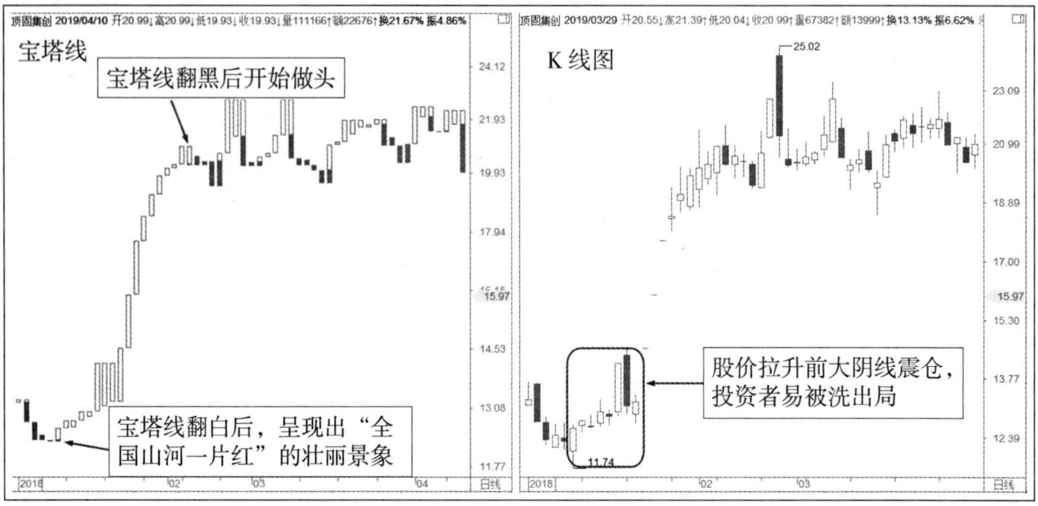

图 10-2　顶固集创（300749）2019 年 1 月—4 月的宝塔线图与日 K 线图

交易者应密切关注宝塔线的状态。一旦宝塔线的白色棒线开始翻黑，说明股价的短期涨势可能结束，交易者应全部卖出股票，离场观望。

在 2019 年年初的行情中，2 月中旬，顶固集创（300749）宝塔线的白色棒线已经延续半月之久，累计升幅达 70% 以上，短期涨幅巨大。此时交易者应该保持高度警惕，一旦宝塔线由白翻黑，应立即离场观望，回避下跌风险。要想在资本市场长久生存，就要永远把控制风险放在第一位。结果自 2 月 19 日后，该股开始盘头，4 月 29 日，该股向下突破。如图 10-3 所示。

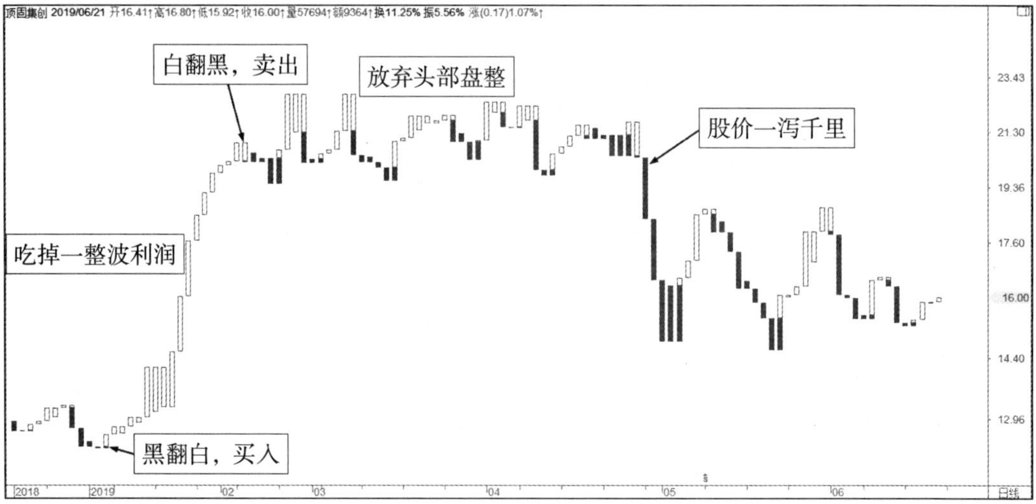

图 10-3　顶固集创（300749）2018 年 12 月—2019 年 6 月的宝塔线图

（4）当股价处于下跌途中时，只要宝塔线的黑色棒线一直持续出现，就说明股价一直维持弱势下跌态势，交易者应坚决持币观望或逢高卖出。

2018 年 1 月 17 日—2 月 7 日，光莆股份（300632）的宝塔线黑多白少，下跌后期基本难觅白色棒线，此时介入，无异于徒手接飞刀。如图 10-4 所示。

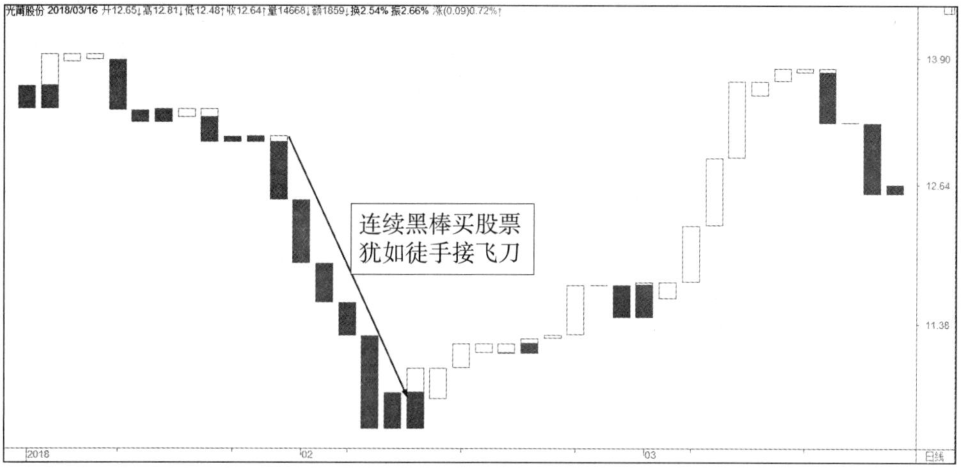

图 10-4　光莆股份（300632）2018 年 1 月—3 月的日宝塔线图

（5）当股价在一定幅度的盘整区间内黑白互现时，只要这个盘整区间没被突破，就说明股价的整理态势没有结束，交易者可以选择持股或持币观望。

2018 年 12 月初—2019 年 1 月末，秦港股份（601326）的股价一直维持在较小的区间内震荡盘整，黑白棒交错互现，呈现出楔形收敛态势。此时，持股者不妨继续持股，待出现破位信号时再行出局；持币者则不妨持币观望，待出现突破信号时再行介入。结果该股宝塔线在 2019 年 1 月 23 日发出破位信号。如图 10-5 所示。

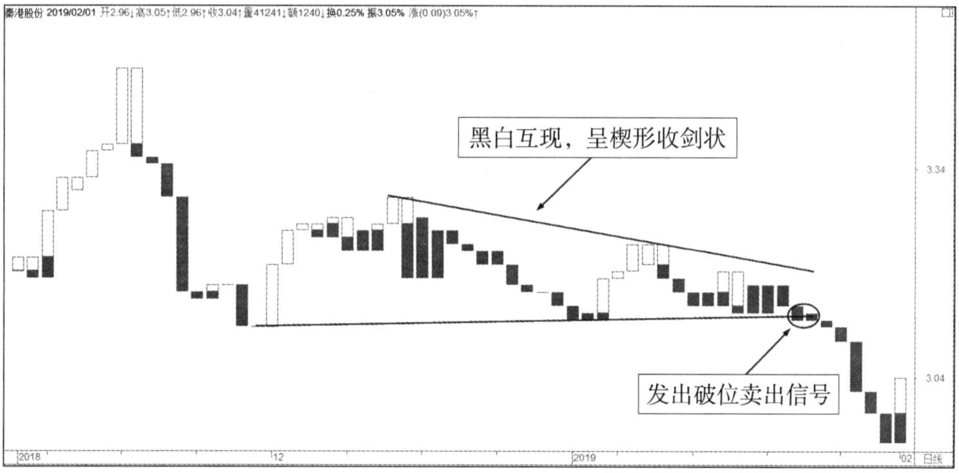

图 10-5　秦港股份（601326）2018 年 11 月—2019 年 2 月的日宝塔线图

（6）股价维持高位盘整时，一旦实体很长的黑色棒线向下突破盘整区间，说明股价高位盘整态势已经结束，将进入一个较长时间的下跌行情，交易者应及时卖出股票，离场观望。

2018 年 9 月 25 日—10 月 16 日，雅运股份（603790）的股价一直维持高位盘整状态。10 月 17 日，一根长而有力的黑色棒线向下击穿整个盘整区间，这标志着主力在头部盘整期间基本出货完毕，17 日收出黑色棒体当天，主力已经实现出逃，交易者应及时跟随主力离场观望。此后，该股进入跌跌不休的下行趋势。如图 10-6 所示。

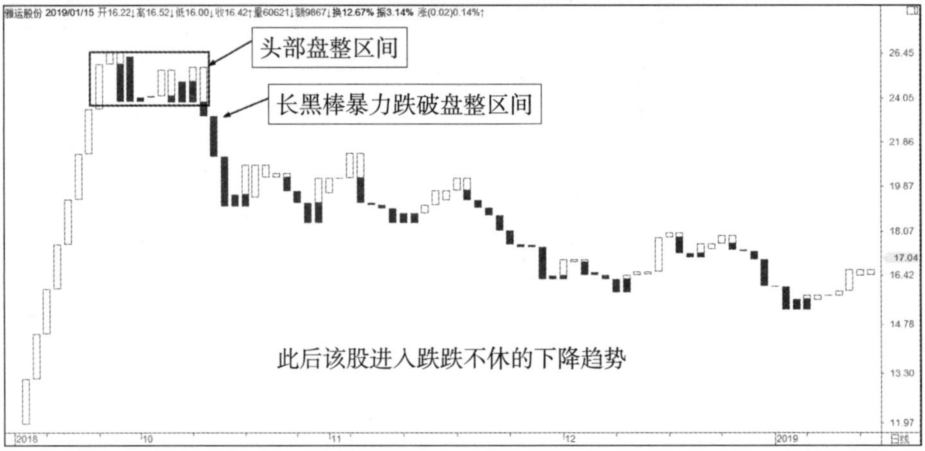

图 10-6　雅运股份（603790）2018 年 9 月—2019 年 1 月的日宝塔线图

（7）当股价在上升途中展开低位短期整理时，一旦实体很长的白色棒线向上突破整理区间，就说明股价中低位整理态势已经结束，将进入一个快速上涨行情，交易者应及时短线买入股票或持股待涨。

2019 年 2 月初，瀚叶股份（600226）的股价从低位开始起涨后，2 月 19 日展开低位短期盘整。2 月 22 日，一个长白棒体突破盘整区间，随之股价进入主升浪。如图 10-7 所示。

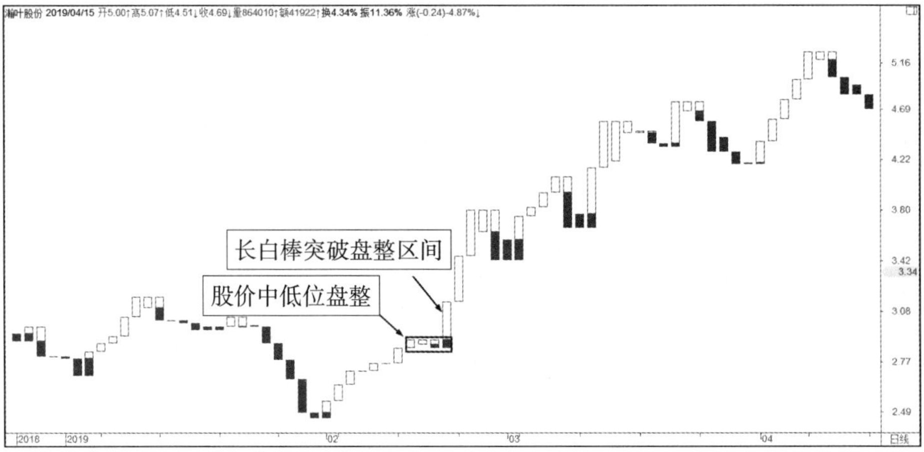

图 10-7　瀚叶股份（600226）2018 年 12 月—2019 年 4 月的日宝塔线图

（8）当股价处于下跌途中时，宝塔线翻黑了一段时间后突然翻红，交易者应再观察几天，不可轻易买入，此时有可能仅为下跌中继，而非趋势反转。

2018 年 12 月初—2019 年 1 月初，海辰药业（300584）的股价一直跌跌不休，其中出现过 4 次“黑翻红”的现象，但都属于下跌中继。如图 10-8 所示。

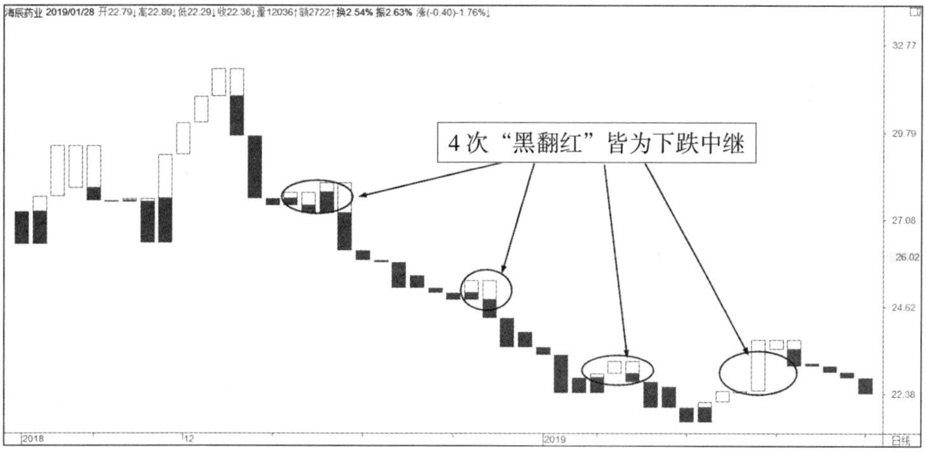

图 10-8　海辰药业（300584）2018 年 11 月—2019 年 1 月的日宝塔线图

（二）宝塔线与 K 线组合研判

（1）当股价在底部横盘很久后，突然出现一根实体很长的向上突破大阳线，如果宝塔线也出现线体较长的白色棒线，就说明股价涨势开始确立，交易者可以及时买进股票。

2019 年 2 月 25 日，理工环科（002322）的股价以一根放量长白棒线突破盘整区间的颈线位。此时观察到 K 线同样以放量长阳线突破盘整区间，这说明该股涨势确立，交易者应该积极介入。其后该股股价进入上涨快车道。如图 10-9 所示。

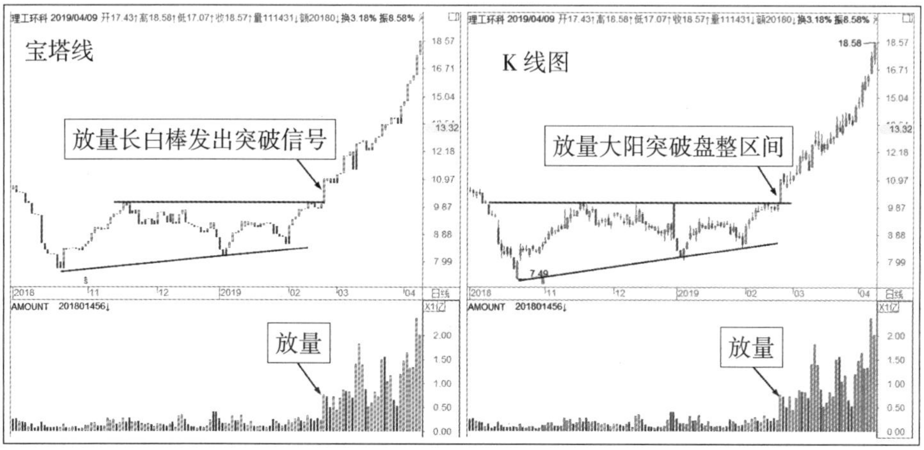

图 10-9　理工环科（002322）2018 年 9 月—2019 年 4 月宝塔线与 K 线对比图

（2）当股价处于中长期的上升趋势途中，股价K线出现阴阳相互交替的向上态势时，只要宝塔线一直维持白色棒线状态，就说明股价涨势强劲，交易者应坚持一路持股待涨，直到宝塔线翻黑发出卖出信号为止。

在2018年4月17日—5月16日的主升过程中，华锋股份（002806）的股价K线形态上，中途出现过两次超级大阴线，交易者很容易被洗出局。从宝塔线来观察，整个主升浪过程中，没有一根黑棒出现，呈现出“全国山河一片红”的美好景象，交易者可以从容持股，待宝塔线转黑时一举卖出，从而可以避免在主升浪中途被洗出局的尴尬局面。如图10–10所示。

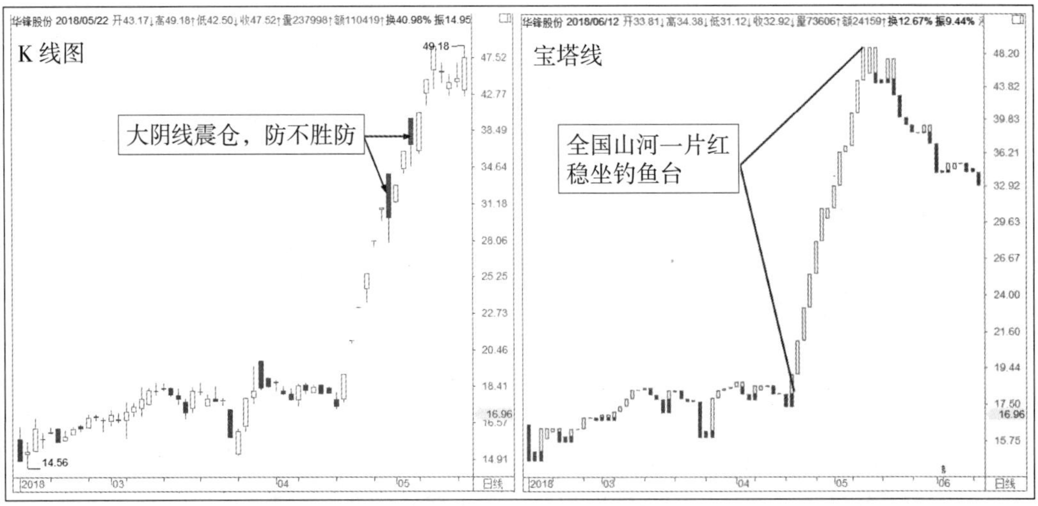

图10–10　华锋股份（002806）2018年2月—6月的日K线与宝塔线对比图

（3）当股价处在中长期下降趋势途中，股价K线出现阴阳相互交替的向下态势时，只要宝塔线一直维持黑色棒线状态，说明股价跌势绵绵，交易者应坚决一路持币观望，这一点和第二点对于股价走势研判的准确率极高。

2018年9月27日—10月23日，荣泰健康（603579）的股价一路下跌。此时K线图呈现出阴阳K线交替的方式盘跌，同期的宝塔线则一直维持黑色棒线状态，发出持币观望信号。如图10–11所示。

（4）经过一段时间幅度较大的上涨行情后，股价在高位出现盘整格局，此时在高位出现一根实体较长、向下突破盘整区间的阴线，宝塔线同时出现一根实体较长、向下突破的黑棒线，说明盘头已经结束，股价跌势已经开始，交易者应及时卖出股票。

2017年2月上市后，江山欧派（603208）的股价一路涨停，2月下旬股价开始盘头。3月29日，K线图上股价以一根大阴线跌破盘整区间，发出卖出信号。与此同时，宝塔线也于同日以一根黑色大阴棒跌破头部盘整区间，两种指标得到相互验证。此时，应坚决卖出股票，持币观望。如图10–12所示。

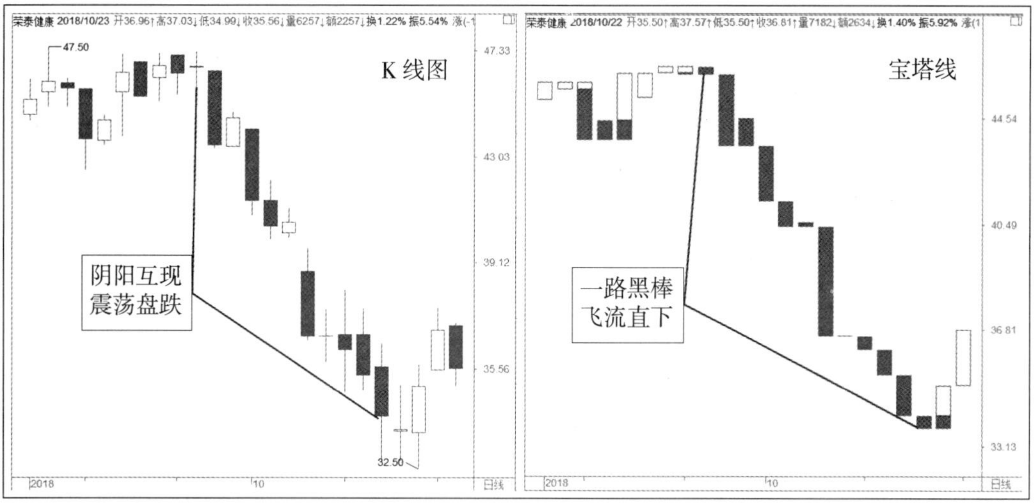

图 10–11　荣泰健康（603579）2018 年 9 月—10 月的 K 线与宝塔线对比图

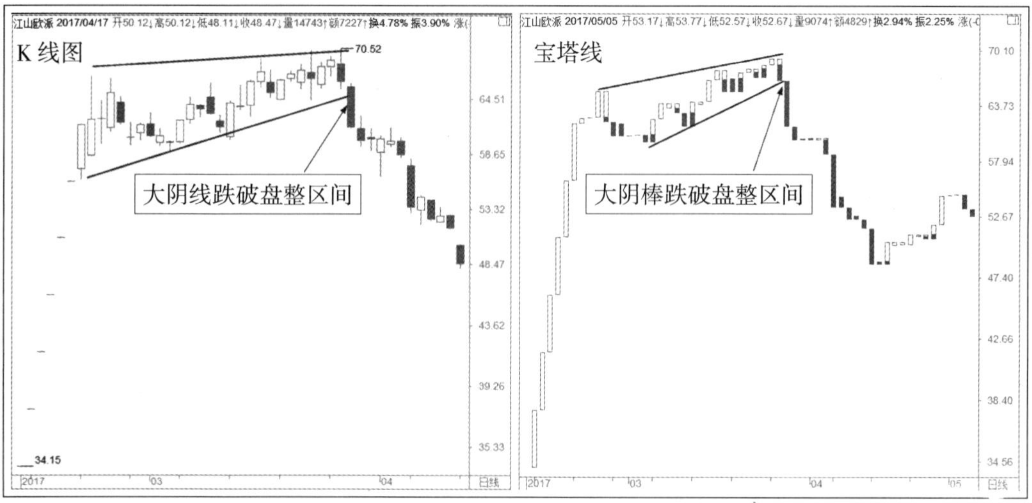

图 10–12　江山欧派（603208）2017 年 2 月—5 月的日 K 线与宝塔线对比图

（三）宝塔线与 5 日均线配合作战

（1）宝塔线为白棒且 5 日均线上行，看多做多。

2019 年 1 月初，兴瑞科技（002937）的宝塔线三平底翻红，随后站上 5 日均线，5 日均线走平后开始上扬。此时交易者可以顺势跟进，众人拾柴火焰高。如图 10–13 所示。

（2）宝塔线为白棒但 5 日均线下行或走平，谨慎看空。

2019 年 3 月 29 日—5 月 6 日，金鸿顺（603922）的 5 日均线一直处于下行趋势，但在此期间宝塔线有过几次翻红，这些红点其实只是夜空中的点点星光，无法改变夜的黑。此时，正是交易者借反弹之机止损出局的大好时机。如图 10–14 所示。

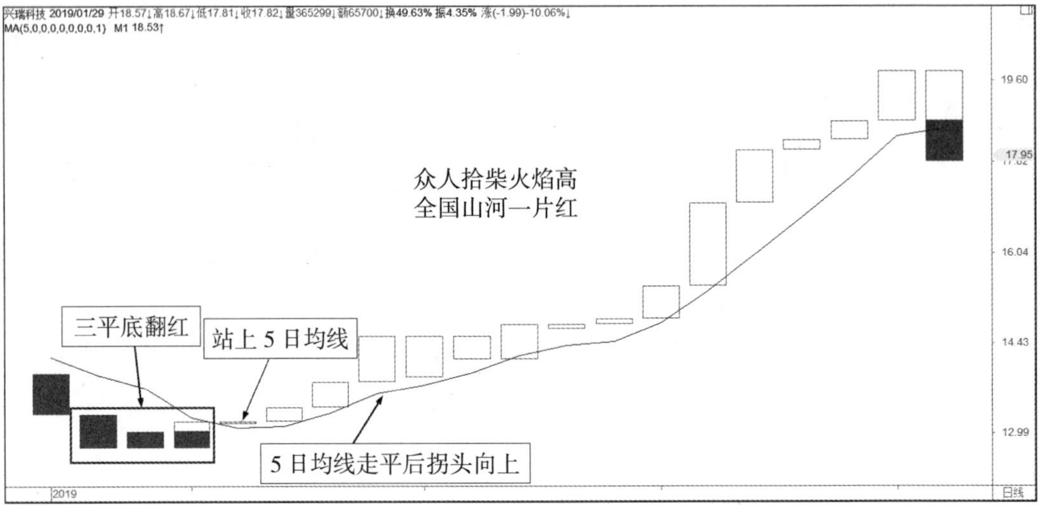

图 10-13 兴瑞科技（002937）2019 年 1 月 2 日—29 日宝塔线图

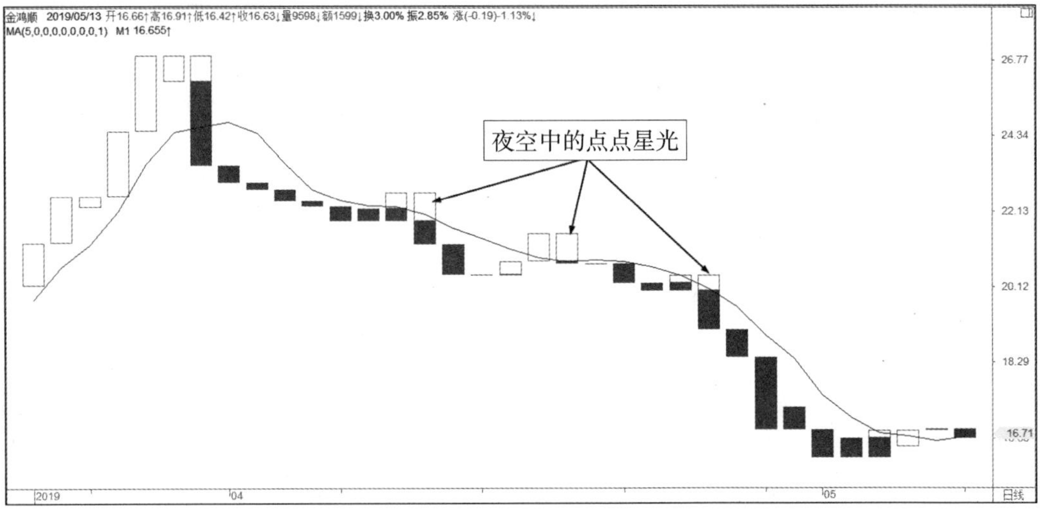

图 10-14 金鸿顺（603922）2019 年 3 月—5 月的日宝塔线图

（3）宝塔线为黑棒且 5 日均线下行，看空做空。

如上文中提到的金鸿顺（603922），从 2019 年 3 月 29 日开始，宝塔线翻绿且 5 日均线下行，此时应不计盈亏快速出逃，中间出现的“点点星光”，是止损减少损失的天赐良机。如图 10-14 所示。

（4）宝塔线为黑棒但 5 日均线上行或走平，谨慎看多。

2019 年 1 月 31 日—3 月 18 日，铁流股份（603926）的 5 日均线一直处于上升趋势，中间虽出现黑棒，但那不过是花的海洋里的几片绿叶而已。在 5 日均线上行期间，如果割肉出局的话，那么失去的将是花的海洋。如图 10-15 所示。

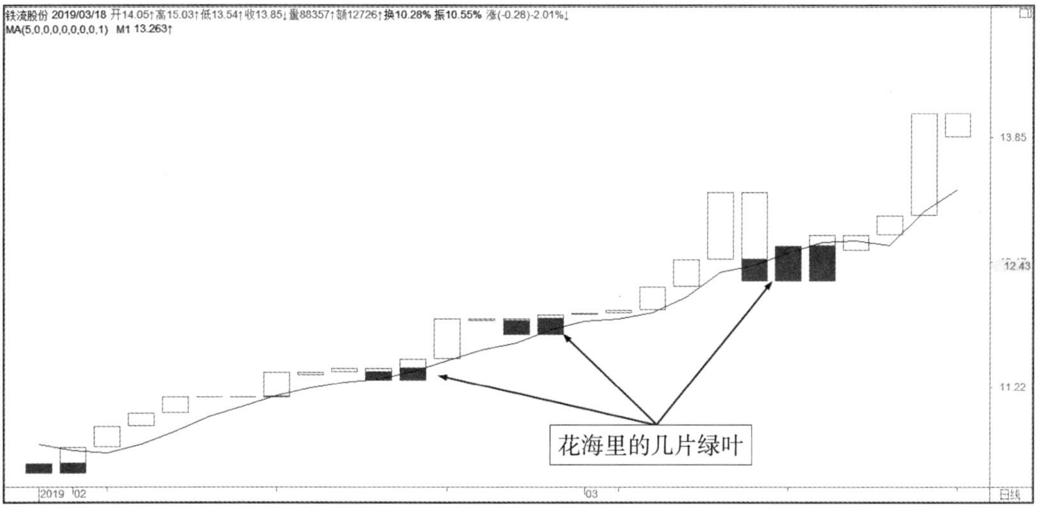

图 10-15 铁流股份（603926）2019 年 1 月 31 日—3 月 18 日的日宝塔线图

（四）宝塔线与多种指标综合研判

（1）当股价在上涨途中进行了一段较长时间的盘整后，一旦宝塔线指标出现三平底翻白形态，并且股价同时依托中长期均线向上扬升（或带量向上突破中长期均线），出现这种配合形态，意味着股价新一轮上涨开始，这是宝塔线指标发出的买入信号，此时交易者应及时跟进买入。

2014 年 12 月 17 日—2015 年 5 月 28 日，沃华医药（002107）的股价依托中期均线 30 日线稳步上扬，每次回落至 30 日线附近，出现三平底翻红时，都是加仓的好时机。如图 10-16 所示。

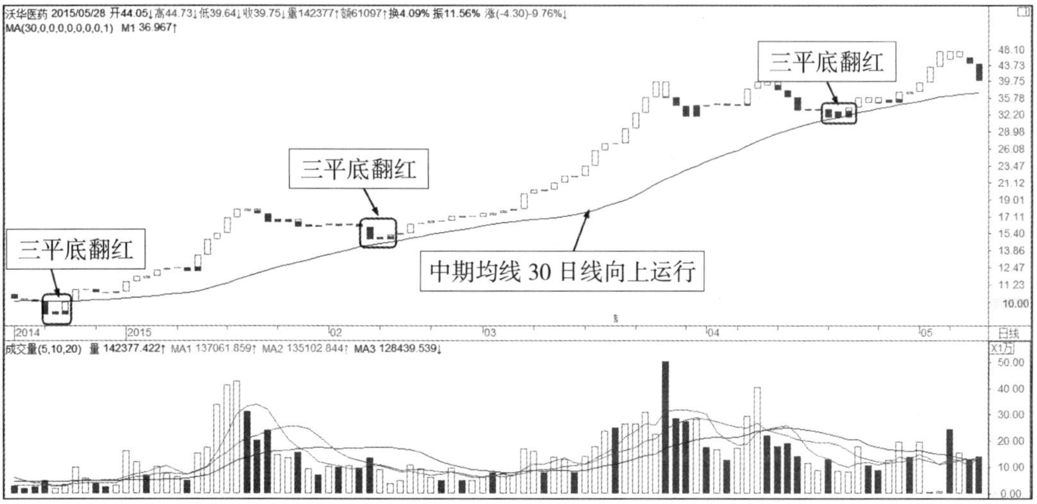

图 10-16 沃华医药（002107）2014 年 12 月 17 日—2015 年 5 月 28 日的日宝塔线图

（2）有了很大一段的涨幅后，股价在中高位区域滞涨盘整，一旦宝塔线指标出现三平顶翻黑的形态，同时向下跌破中长期均线，意味着股价的新一轮跌势开始，这是宝塔线指标发出的卖出信号，此时交易者应及时清仓离场。

经过连续大幅上扬后，2019年4月26日，天邦股份（002124）的股价出现三平顶翻黑，并且伴随着成交量的减少，出现价涨量缩、量价背离的现象，宝塔线指标及成交量指标发出卖出信号，此时稳健交易者应离场观望。

几个交易日后的5月6日，该股再次以大阴棒跌破头部盘整区间以及中期均线30日线，30日线由向上转为走平后向下。这是空头给予多头的致命一击，交易者必须马上清仓离场。其后该股进入震荡盘跌格局。如图10-17所示。

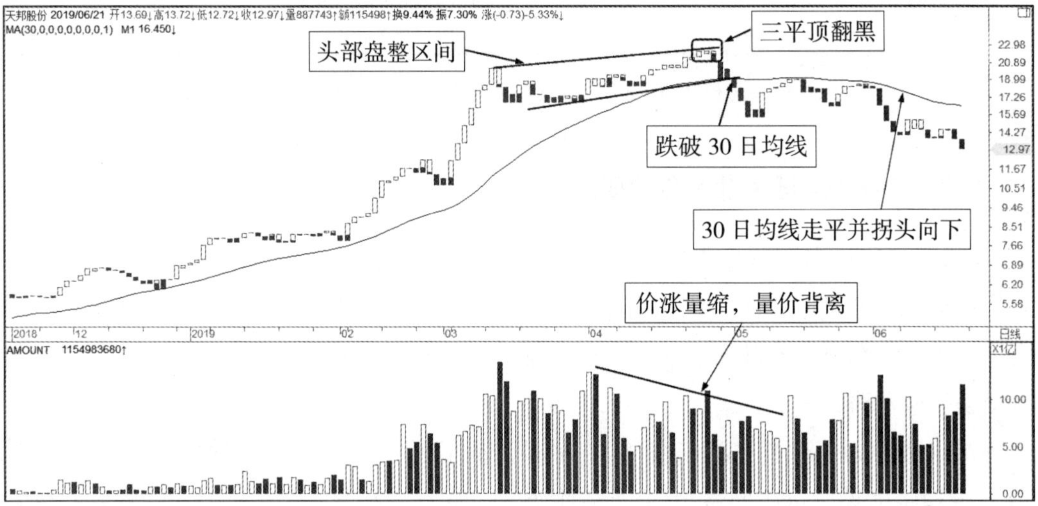

图10-17　天邦股份（002124）2018年11月—2019年6月的宝塔线图

第十一章　鬼变脸战法

一、鬼变脸简介及绘制方法

多数股票行情软件中都有宝塔线指标，这一指标经内地技术派不断研究（以童牧野先生为代表），推陈出现，升级出“鬼变脸”指标。国人很少能发明出技术分析的新技术，而鬼变脸是为数不多的新技术中的一个。股谚有云“会买的是徒弟，会卖的是师父”，这个鬼变脸指标不但能够帮助交易者选择买点，更是解决“卖”这一难点的极佳工具。下面先介绍一下鬼变脸的主要内容。

（一）鬼变脸的特点

（1）鬼变脸指标跟K线不同：大势向上时，虽然K线可能翻红翻绿频繁变化，但鬼变脸指标会一直呈现红脸。反之，大势向下时，虽然K线也可能翻红翻绿频繁变化，但鬼变脸指标会一直呈现绿脸。

（2）按照鬼变脸的翻红脸和翻绿脸顺势买卖，可以赢得大波段，输掉小波段。有时鬼变脸会频繁翻红翻绿，意味着大势方向不定。

（二）鬼变脸的绘制方法

1. 鬼变脸的初始化

第一个鬼脸，以昨收盘为“今开端”，以今收盘为“今末端”，画出类似K线的矩形棒体。注意：忽略当天的开盘、最高、最低数据（这些数据是不稳定的、偶然的，收盘数据则是多空双方全天对垒的相对稳定的结果）。今末端比今开端高，视为红脸，反之为绿脸。新股上市首日，没有昨收盘，则以今开盘代替今开端。

2. 昨红脸，以其上端为今开端

（1）今收盘比昨红脸额头（上端，下同）更高，则画上升新红脸——继续看多。如果连绵不断地涨升，则会不断出红脸，一直看多。鬼变脸指标没有“钝化”之说，在单边牛市或单边熊市，可能帮助交易者赚得更多。

（2）今收盘低于昨红脸的额头，但又高于昨红脸的下巴（下端，下同），今仍是红脸，今额头与昨额头平齐。这是上攻乏力的症状，但空头尚未得势，表明多方虽腿软，但仍

守着要害防线。

（3）今收盘低于昨红脸的下巴，今为红翻绿的双色鬼脸，变色于昨红脸下巴的位置。今上半截红脸的额头与昨红脸的额头平齐，今上半截红脸的下巴与昨红脸的下巴平齐，今下半截绿脸的额头与昨红脸的下巴在同一位置，今绿脸的下巴为今收盘——这是多翻空转势信号。

3. 昨绿脸，以其下端为今开端

（1）今收盘处于昨绿脸下巴之下，今仍是绿脸，是继续下跌的绿脸。

（2）今收盘处于昨绿脸的下巴与昨绿脸的额头之间，今仍是绿脸，是积极抗跌的绿脸。

（3）今收盘处于昨绿脸的额头之上，今为绿翻红的双色鬼脸，变色于昨绿脸额头的位置。

（三）鬼变脸“实时解说”

跟象棋的解说一样，鬼变脸可以完全不用图形，只用文字来解说。在此以上证指数为例来介绍鬼变脸指标的实时解说。

2019 年 1 月 4 日，上证指数的鬼变脸第一天翻红，可以用文字表达成“2464.36 红一 2514.87 涨 2.05%”。意为：用前一根宝塔线（绿二）的下端 2464.36 点为今开端，这天收盘指数反转上行，这天的鬼变脸翻红，而且是这一轮红色鬼变脸的第一根，简称“红一”，至于“涨 2.05%”，指的是“这天收盘”比“上一个交易日的收盘”涨了 2.05%。“红一”鬼变脸的下端 2464.36 点，就成了下一个交易日的“多空敏感位”，收盘跌破此位，则鬼变脸翻绿，收盘仍被多方守住，则下一根鬼变脸继续为红色。如图 11-1 所示。

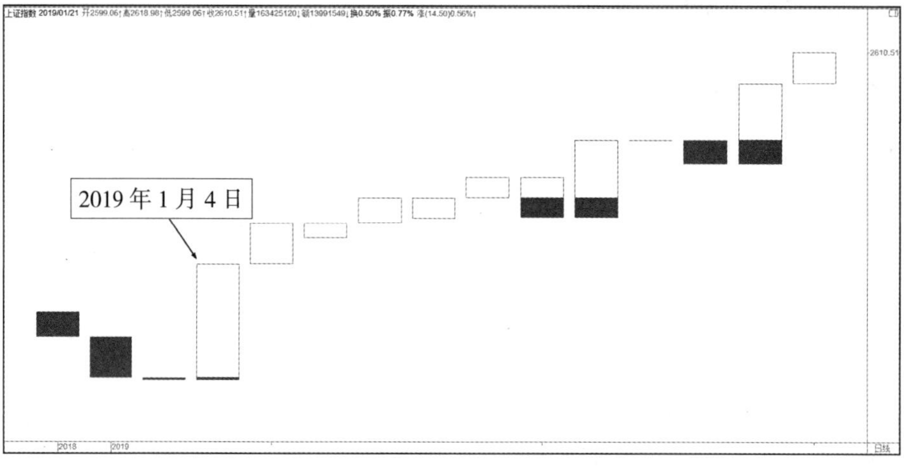

图 11-1 上证指数（000001）2018 年 12 月 28 日—2019 年 1 月 21 日鬼变脸图

1 月 5 日、6 日，A 股休市。

1 月 7 日，股市恢复交易，上涨 0.72%，收盘 2533.09 点。鬼变脸的文字表述为

2514.87 红二 2533.09 涨 0.72%。依此类推：

1 月 8 日 2533.09 红三 2526.46 跌 0.26%

1 月 9 日 2526.46 红四 2544.34 涨 0.71%

1 月 10 日 2544.34 红五 2535.10 跌 0.36%

1 月 11 日 2535.10 红六 2553.83 涨 0.74%

1 月 14 日 2553.83 绿一 2535.77 跌 0.71%

1 月 15 日 2535.77 红一 2570.34 涨 1.36%

1 月 16 日 2570.34 红二 2570.42 涨 0.00%

1 月 17 日 2570.42 绿一 2559.64 跌 0.42%

1 月 18 日 2559.64 红一 2596.01 涨 1.42%

1 月 21 日 2596.01 红二 2610.51 涨 0.56%

这里用最简单的鬼变脸“实时解说”，用上述最“笨”的方法琢磨它，其涨跌惯性异常清晰，其多空立场也把握得相当准确。赢家之法，可以不用画图，也可以不用软件，就像有的象棋大师下盲棋一样。熟能生巧，甚至可以免掉上述文字功夫，瞄一眼 5 天来的大盘收盘指数或个股收盘股价，就知道鬼变脸的红绿状态及最新的多空敏感位，心算出均线的升降姿态，做出多空决断。

上述实时解说的鬼变脸，运用到美国股市中依然有效。

2019 年 1 月 1 日道琼斯工业平均指数 23331.12 红五 23327.46 跌 0.02%

1 月 2 日 23327.46 红六 23346.15 涨 0.08%

1 月 3 日 23346.15 绿一 22638.41 跌 3.03%

1 月 4 日 22638.41 红一 23433.16 涨 3.51%

以此类推……如图 11-2 所示。

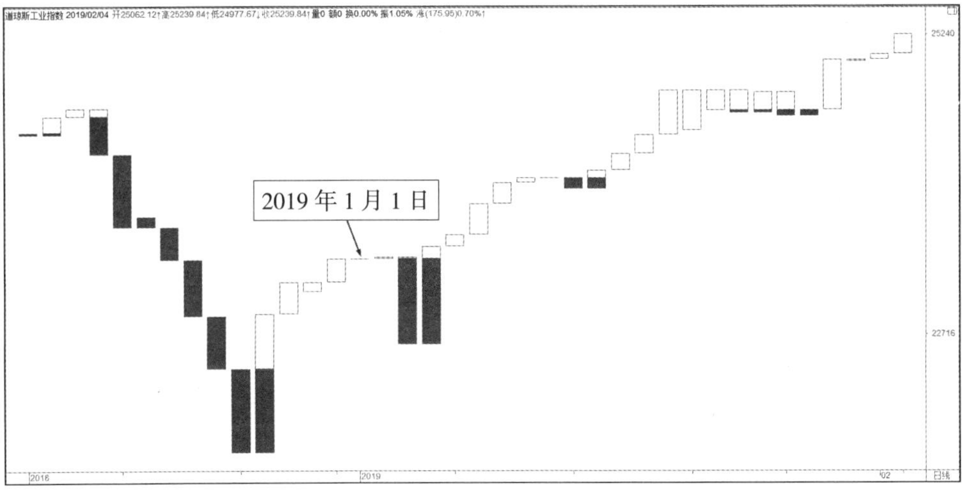

图 11-2　道琼斯工业平均指数（DJI）2018 年 12 月 11 日—2019 年 2 月 4 日鬼变脸图

鬼变脸的实时解说，用在股市、汇市、期市都行。对于股评家以及券商和证券投资公司的基金经理们来说，这一突破性创新的实用价值是非常大的。更重要的是，利用鬼变脸的实时解说，可以更加清晰地理解鬼变脸的原理。

二、鬼变脸与宝塔线之比较

鬼变脸和宝塔线具有颇深的渊源关系，鬼变脸是从宝塔线演变来的。但鬼变脸不是传统的宝塔线，犹如人是从猿演变来的，人不再是猿一样。

鬼变脸和宝塔线的共同之处在于，都忽略开盘价、最高价和最低价，比较注重收盘价。二者的不同有以下几点。

（一）开端不同

鬼变脸指标永远以今天红脸的红额头（或今天绿脸的绿下巴）作为明天鬼脸的红开端（或绿开端）。传统宝塔线则不然，它以今天的收盘作为明天宝塔线的开端。这种差异导致的结果是，鬼变脸指标的多平顶或多平底现象比传统宝塔线的此类现象更多，更能精确显示多方或空方遇到的重大阻碍。

（二）变色位不同

鬼变脸永远以今天红脸的红下巴（或今天绿脸的绿额头）作为明天鬼脸的变色位。传统宝塔线则不尽然，如果今天红翻绿，明天的变色位则被设定在红色区域的上端（相当于把变色位设定在红额头）。反之，如果今天绿翻红，明天的变色位则被设定在绿色区域的下端（相当于把变色位设定在绿下巴）。这种差异导致的结果是：鬼变脸指标的隔日纠错功能比传统宝塔线更敏感、更快速。

（三）适用场景不同

传统宝塔线指标最初用于分析境外市场。鬼变脸指标是童牧野先生对传统宝塔线的有益改良，比传统宝塔线更适合 A 股市场。

（四）表述方法不同

传统宝塔线的表述，只用过绘图法。鬼变脸不但可用绘图法表述，还能像中国象棋一样，不用看棋盘，用文字将多空博弈的过程解说出来。

三、鬼变脸的实战应用

（一）利用鬼变脸技术，预知次日多空敏感位

（1）今红脸的下端是明天的多空敏感位，明天向下跌破后收盘，则鬼脸红翻绿。今绿脸的上端是明天的多空敏感位，明向上冲过去收盘，则鬼脸绿翻红。

（2）可以把红翻绿的多空敏感位当作多头的止损位（或止盈位），红脸下端被向下击穿，多头出局。止损位和止盈位，都是同一位置：对于出局属于盈利结账的，就是止盈；对于出局属于亏损结账的，就是止损。

利用鬼变脸技术，须严格执行“及时跟变”的操盘纪律和买卖决策点位，丝毫不能含糊。鬼变脸技术看多看空一目了然，既可以确保大牛市发动之初必有鬼脸绿翻红的买进信号，又可以确保大熊市发动之初，必有鬼脸红翻绿的卖出信号。如果严格按鬼变脸翻红第一天就做多，翻绿第一天就做空，该指标只能带来 3 种结果，即小输、小赢和大赢，大亏的可能性彻底避免。但是，如果一年中做 1000 次交易，其中 400 次小输，400 次小赢，200 次大赢，结果就是 400 次小输同 400 次小赢互相抵消，剩下 200 次大赢，但那互相抵消的 800 次小输小赢，也是让大多数交易者望而生畏的。

（二）避免小亏的实战法则

（1）前面介绍过的宝塔线 5 日均线防震仓技巧，对鬼变脸同样适用。利用 5 日均线的升降来过滤鬼变脸买卖信号，可以减少蒙受小亏的次数。虽然这样会放过一些赚钱的机会，但能最大程度地避免亏损。专业交易者尤其短线选手，首先一点就是要做到行情上涨时甩不掉，行情下跌时套不着。

比如 2019 年 2 月 1 日，上证指数（000001）鬼变脸“三平底”翻红，并伴随着 5 日均线拐头向上，此时专业交易者可在尾盘跟进。只要 5 日均线一直保持上行，即使鬼变脸短暂翻绿也可谨慎看多，一路持有至 3 月 8 日，5 日均线拐头向下且鬼变脸翻绿才卖出，从而赚取上涨行情中最大的波段利润。如图 11-3 所示。

（2）大盘指数的鬼变脸和个股的鬼变脸都同步看多，做多个股。大盘多而个股空（牛市中的熊股），或大盘空而个股多（主力逆势自救），都放过去，不做多。尽管这样做可能会错过大批黑马，但根据“弱水三千，只取一瓢饮”的战略，当一个绝佳机会迎面扑来时，您周围的人都被高位套牢，只有您才拥有大资金入市交易，是不是只有您才抓住了赚钱的绝佳时机呢。看过 20 世纪 90 年代初电视剧《大时代》的人应该知道，丁蟹在剧中的一句话特别应景，“这次真的是全都死了，就我没死”。

（3）要留意沪深两市的上证指数、深证综指、创业板指鬼变脸之间的相互验证。主力可以制造大盘指数的鬼变脸骗线（在鬼变脸上造骗线，最终受害最惨的是主力自己），

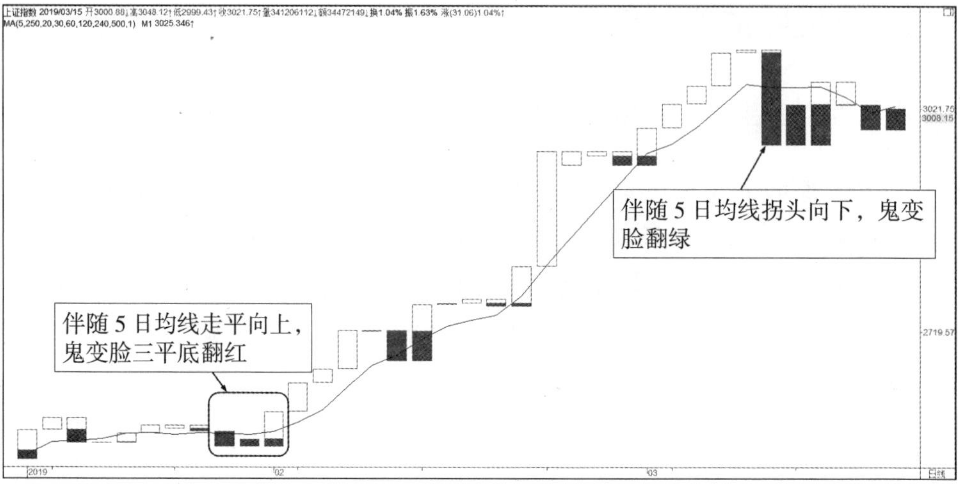

图 11-3　上证指数（000001）2019 年 1 月—3 月鬼变脸日线图

但在上述 3 种指数的鬼变脸相互验证中，这种骗线常常会暴露出来。比方说，上证指数涨，但深证综指不涨反跌，创业板指也不涨反跌，意味着主力在刻意美化大盘而暗中出货。这时要用深证综指或创业板指的鬼变脸买卖信号，取代上证指数的鬼变脸买卖信号指导操作。

比如 2018 年 1 月 26 日（周五），上证指数鬼变脸红九涨 0.28%，深证综指绿一跌 0.16%。深证综指的鬼变脸指标率先翻绿，并且伴有趋势指标 MACD 的顶背离信号。而同日上证指数则未发出顶背离信号，趋势指标 MACD 依然呈强势格局。在其后的下跌过程中，上证指数鬼变脸曾一度翻红，但深证综指一波到底，鬼变脸才出现翻红的现象。最后，两种指数同时以三平底翻红，互相印证，市场才真正结束波段下跌，展开波段反弹。如图 11-4 所示。

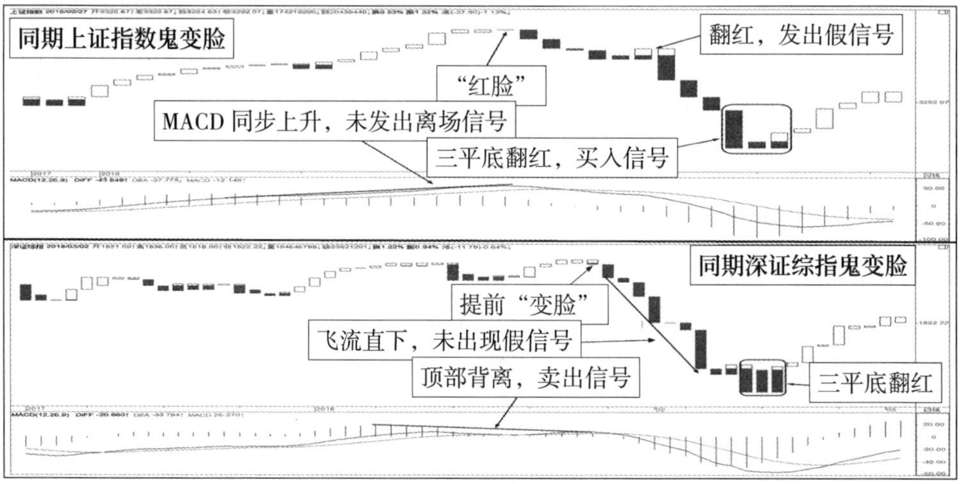

图 11-4　上证指数（000001）与深证综指（399106）2017 年 12 月—2018 年 3 月的日鬼变脸图

第十二章　其他主图战法

一、收盘线战法

很多交易者选好个股之后，大都不太会把握买卖点位，常常被行情的假突破导致高位追买或者低位止损。那么，如何过滤掉这些假突破的情况呢？这里有个妙招，就是利用收盘线来清除掉那些因为假突破而导致的虚假信号，把图形修复得较为圆滑清晰。

（一）收盘线辨压力位

图 12-1 为上证指数（000001）2005 年—2007 年特大牛市的收盘线图。图中的圆圈为波段高点，它们成为了有效的压力位，多点连线则形成了压制线。压力点越多，证明这条压制线的作用越大。突破最后一个压力位后不再跌破压制线，则表明最佳买点出现。

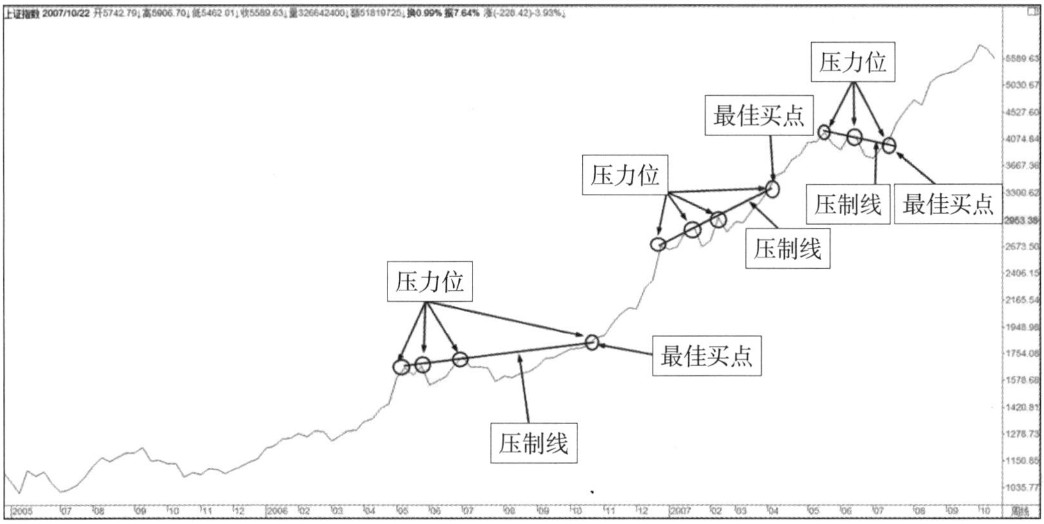

图 12-1　上证指数（000001）2005 年 5 月—2007 年 10 月的周收盘线图

（二）收盘线辨趋势线

大家也可以在收盘线图上绘制趋势线，两点连线构成一条趋势线，第三次回试不破趋势线，往往就是最佳的买点。为什么是 3 次回试呢？这正应了那句话：一鼓作气，再而衰，三而竭。

2012 年 12 月 4 日，劲胜智能（300083）的股价第三次回试没有跌破趋势线，构成最佳买点。到 2013 年 4 月，4 个多月的时间涨至波段最高点，最高收盘 6.15 元。从介入点最低收盘 2.50 元算起，4 个多月累计涨幅达 146.55%。如图 12-2 所示。

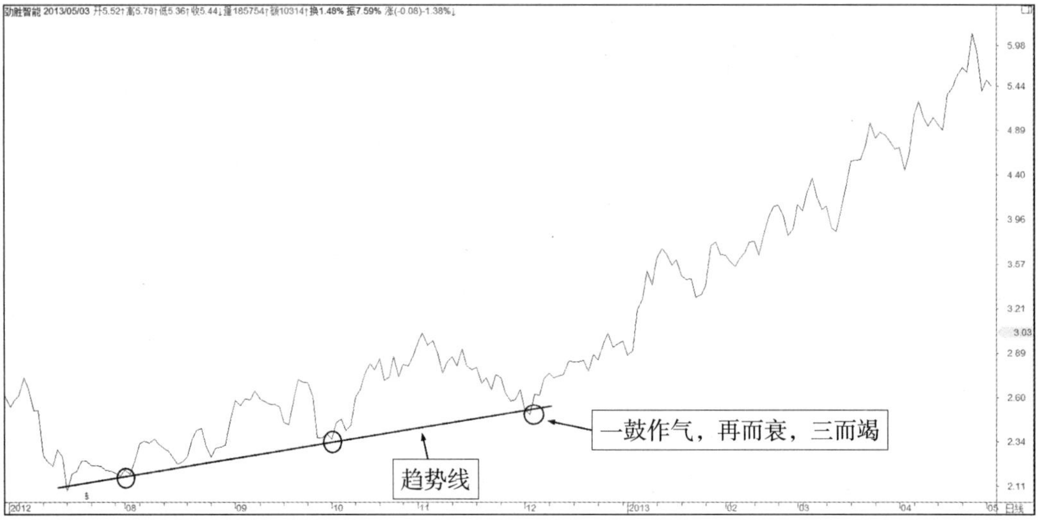

图 12-2　劲胜智能（300083）2012 年 6 月—2013 年 4 月的日收盘线图

（三）收盘线辨技术图形

在收盘线图上，通常的技术图形往往比在 K 线图上更加清晰可辨。当收盘线图彻底突破盘整图形后可以买入并持有，区间震荡时还能不断做高抛低吸，以便摊低成本。最重要的一点是，收盘线图发出的买卖信号中，假突破的次数要远远少于包括 K 线在内的其他主图类型。

以日收盘线来看，从 2014 年年初—2015 年年初，迪威迅（300167）的股价构筑了一个长达 1 年之久的巨型楔形形态，股价在楔形区间内波动，波动幅度逐渐收窄，收窄到极限后，爆发向上。在区间波动时，大家可以高抛低吸操作，降低持仓成本，待突破后可加仓介入。激进的投资者可在突破时第一时间加仓买入，稳健的交易者可在突破回踩时加仓追买。突破后的最小涨幅一般与楔形最宽处等长，最小量度目标为 24 元。结果该股第一波一口气就突破最小量度目标，涨至最高 29.17 元，第二波更是一口气涨至 56.24 元。无论在突破时第一时间买入，还是回落时追买，都会获得可观的利润。由此可见，根据收盘线辨识技术图形的买卖信号来操作，有时获利十分惊人。如图 12-3 所示。

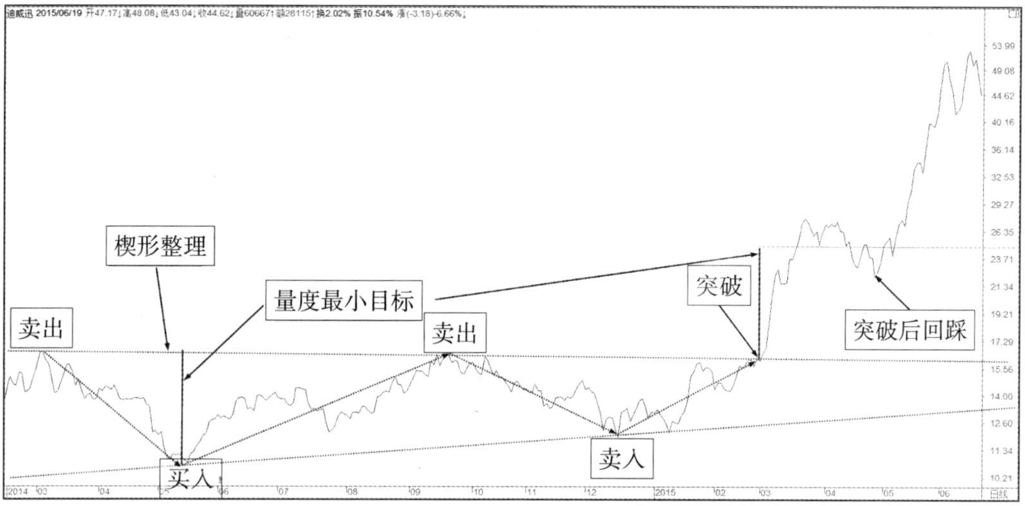

图 12-3 迪威迅（300167）2014 年 2 月—2015 年 6 月的日收盘线图

（四）利用收盘线巧止损

除了利用收盘线捕捉买点，大家也可以利用收盘线来止损。

2015 年 10 月—12 月，迪威迅（300167）的股价在 20 元区域具有有效支撑，此时只要股价回落到 20 元区域即可逢低介入，当有效跌破 20 元区域的支撑线时，则应立即出局。一般来说，股价会在支撑线上方回落 3 次，第四次回落时要多加小心，一旦跌破，后期的走势不言而喻。如图 12-4 所示。

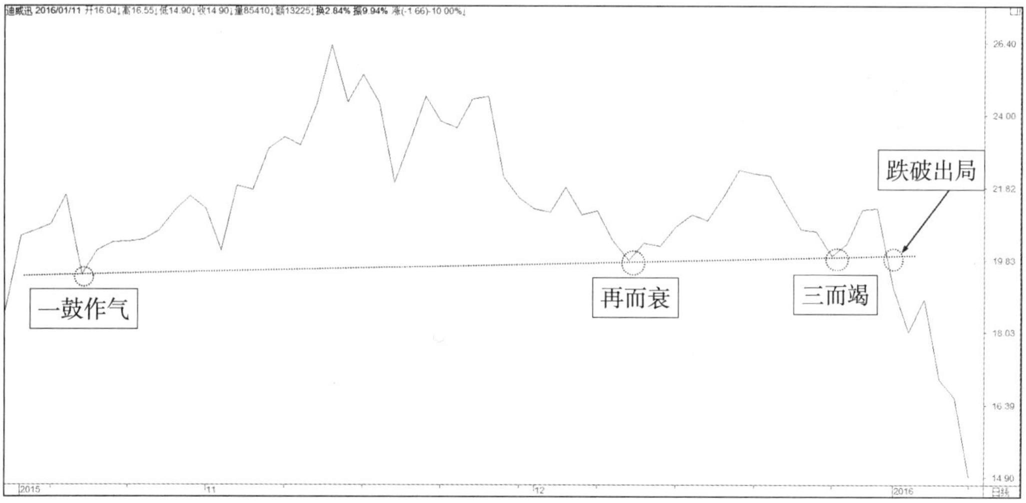

图 12-4 迪威迅（300167）2015 年 10 月—2016 年 1 月的日收盘线图

以上分析，把大家看到的普通 K 线换成了收盘线，收盘线的优点是会抹掉一些 K 线留下的上影线或下影线，使得价格走势变得平滑，更加清晰可见。交易者可在自己选择的个股上，把 K 线换成收盘线，平时多加实战，假以时日，相信能将收盘线战法运用得如鱼得水。

二、美国线战法

（一）美国线简介

美国线又称柱线图、竹线图或棒形图。

美国线的构造比 K 线简单。美国线的直线部分，表示当天行情的最高价与最低价间的波动幅度。左侧横线代表开盘价，右侧横线代表收盘价，绘制美国线比绘制 K 线简单得多。如图 12-5 所示。

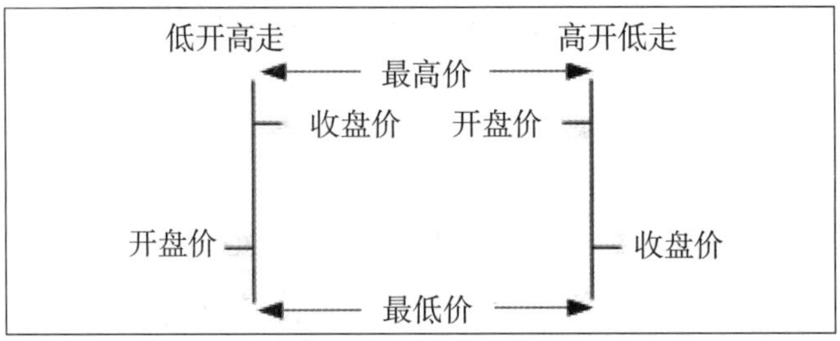

图 12-5　美国线

（二）美国线的作图方法

以交易时间为横坐标，价格为纵坐标，将每个交易周期的最高价与最低价连成柱状，开盘价在价格竖线左边画上小横线，收盘价则在价格竖线右边画上小横线，即成柱线图。

（三）美国线与 K 线的比较

K 线表达的含义较为细腻敏感，与美国线相比较，K 线较容易掌握短期内的价格波动，也易于判断多空双方的强弱状态，作为进出场交易的参考。

美国线偏重于趋势面的研究。另外，在美国线上，大家可以更清楚地看出各种形态，如反转形态、整理形态等。

图 12-6 为深证综指（399106）1995 年—2019 年 6 月的 K 线图与美国线图的月线对比图，从图中可以明显观察到美国线要比 K 线图更平滑，在大趋势的研判上一目了然，并且更容易识别出具体的技术形态。笔者撰写此书时，正值 A 股行情的一个拐点，在此笔者大胆假设，2020 年前后，A 股可能将爆发一波堪比 2005 年—2007 年的声势浩大的上涨行情。也就是说，现在的位置堪比 2005 年圆圈处的位置。是耶？非耶？还请拭目以待！

图 12-6　深证综指（399106）1995 年 12 月—2019 年 6 月 K 线图与美国线对比图（月线）

（四）美国线与布林线配合使用

上文提到，因为美国线偏重反映趋势，布林线也是经典的趋势指标。这里着重讲解美国线与布林线的配合研判技巧，算是抛砖引玉。交易者也可以举一反三，将美国线与其他指标配合使用。

（1）当美国线在布林线下轨运行了一段时间后，如果美国线的运动方向有掉头向上的迹象，并由布林线下轨下方向上突破布林线下轨时，表明股价短期内将止跌企稳，短期行情可能回暖，交易者可以逢低少量建仓，博短线反弹行情。

2018 年 10 月 19 日，创业板指（399006）在布林线下轨运行了 6 个交易日后，于第 7 个交易日拐头向上，并于收盘时突破布林线下轨。此时，交易者应该顺势轻仓跟进，博短线反弹行情。如图 12-7 所示。

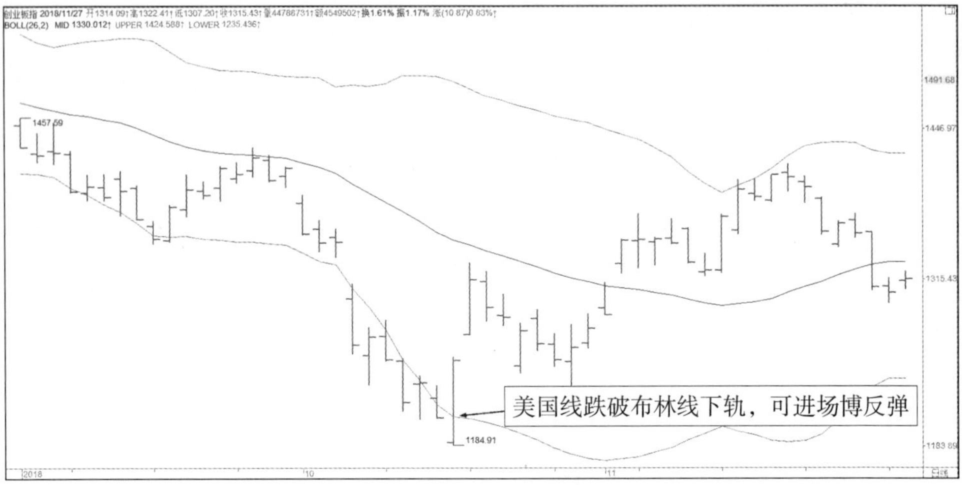

图 12-7　创业板指（399006）2018 年 10 月 19 日美国线跌破布林线下轨（日线）

（2）当美国线从下向上突破布林线中轨线时，预示着股价的强势特征开始出现，股价将快速上涨，交易者应以中长线买入股票为主。

2019 年 2 月 11 日这一周，深证综指周线自 2018 年来首次从下向上突破中轨（收盘价），此时交易者该做的就是买入并持有，至 4 月中旬，深证综指（399106）累计涨幅接近 50%。指数如此暴涨，个股走势不言而喻。如图 12-8 所示。

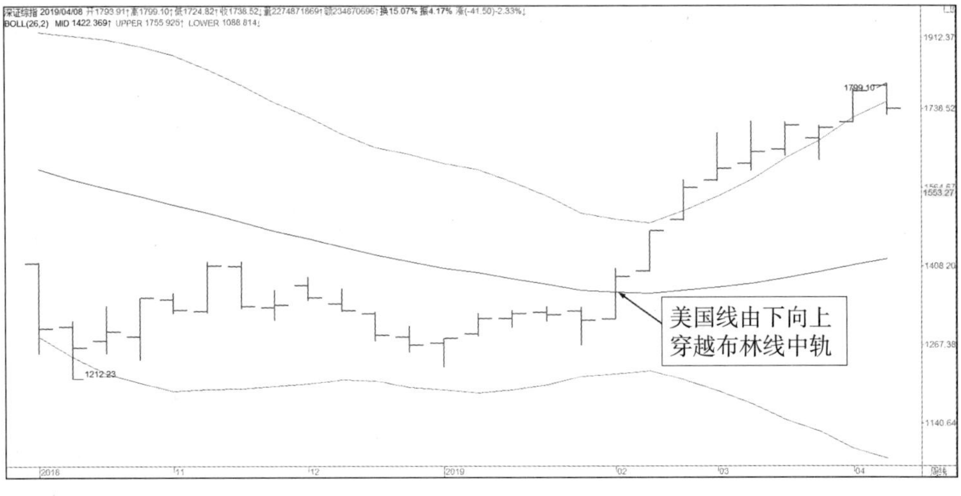

图 12-8　深证综指（399106）2018 年 10 月—2019 年 4 月的美国线图（周线）

（3）当美国线一直处于中轨线上方，并和中轨线一起向上运动时，表明股价处于强势上涨过程中，只要美国线不跌破中轨线，交易者就应坚决一路持股。

2013 年 6 月 26 日，深证综指（399106）的美国线由布林线下方向上站上下轨，此时按第一条法则，应入场博反弹。其后在 7 月 11 日，美国线再次突破布林线中轨，并一直在中轨线和上轨线之间向上震荡攀升。此时，没有很强持股定力的交易者容易被清洗出局。如果坚决执行本条法则，则可以吃掉近 4 个月整个波段的全部利润，并于 10 月 24 日美国线跌破布林线中轨时全身而退。如图 12-9 所示。

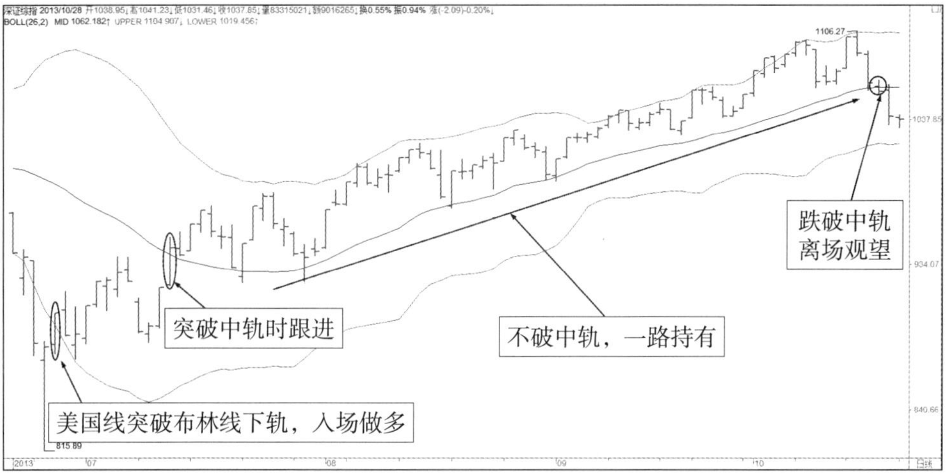

图 12-9　深证综指（399106）2013 年 6 月 20 日—10 月 28 日的美国线图（日线）

（4）当美国线从布林线的中轨线以上向上突破上轨时，预示股价的强势特征已经确立，股价将可能短线大涨，交易者应以持股待涨或短线买入为主。

以深证综指（399106）为例，2019 年 2 月 25 日这一周，美国线周线强势突破布林线上轨并站稳。此时，深证综指的强势特征已经在 2 月末确立，下周或下下周将继续大涨，交易者不应被盘中小波动清洗出局，应坚决持股待涨。追求高风险偏好的交易者还可逢低继续介入。结果，深证综指继续在布林线上轨强势运行 5 周。如图 12-10 所示。

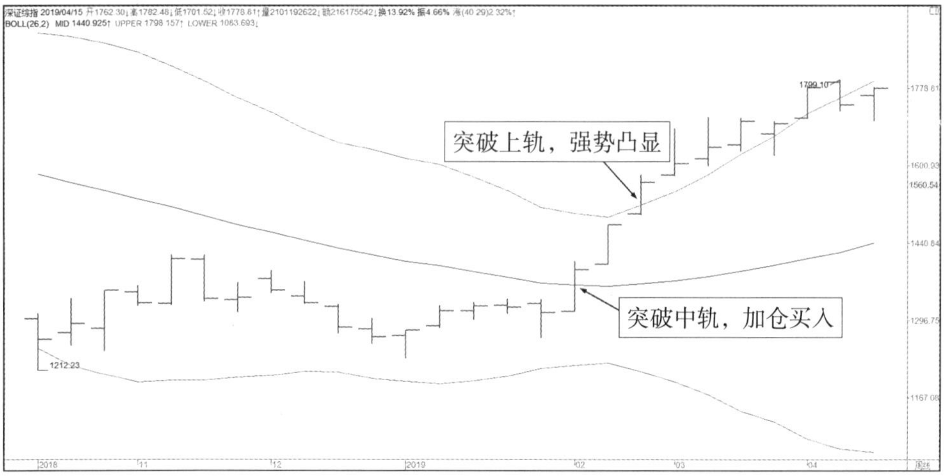

图 12-10　深证综指（399106）2018 年 10 月—2019 年 4 月的美国线图（周线）

（5）当美国线向上突破布林线上轨以后，其运动方向继续向上时，如果布林线的上中轨运动方向也同时向上，则预示着股市的强势特征依旧，股价短期内还将上涨，交易者应坚决持股待涨，直到美国线的运动方向有掉头向下的迹象时，才密切注意行情是否转势。

比如华锋股份（002806）的股价 2016 年从高位下跌以来，美国线一直未能站上布林线上轨，直到 2018 年 4 月 18 日，美国线才成功站上布林线上轨，此后整整 11 个交易日，美国线都在布林线上轨上方运行，并且上中轨的方向同时上升。此时，交易者应该做的就是持股不动。从突破之日的 21.03 元算起，至 2018 年 5 月 16 日冲上 48.92 元，短短 11 个交易日，股价涨幅达 132.63%。可见，当美国线穿过布林线上轨并站稳后，短期爆发力惊人，交易者应持股不动，这样才能获取最大利润。如图 12–11 所示。

图 12–11　华锋股份（002806）2016 年 11 月—2018 年 5 月的美国线图（日线）

（6）美国线在布林线上轨运行一段时间后，如果运动方向开始掉头向下，交易者应格外小心。一旦美国线掉头向下并跌破布林线上轨，预示着股价短期的强势行情可能结束，股价将大跌，交易者应及时卖出股票，离场观望。特别是那些短线涨幅很大的股票，更应特别小心。

比如 2015 年 2 月 16 日这一周，深证综指（399106）的美国线周线突破布林线上轨后持续上行，且上中下轨也同时上行，这预示着行情非常强势，还将继续上涨，交易者应坚决持股待涨。结果，股价在 3 月 16 日这一周开始加速上升。在 4 月末 5 月初这两周，股价停顿了一下，但还没等美国线拐头向下，指数即于 5 月 11 日这一周重拾升势，高歌猛进。到 6 月 15 日这一周，美国线直接掉头向下并跌破布林线上轨，此时交易者应出清持股，离场观望。从图中可以看到，此方法虽然不能确保交易者卖在最高点，但可以确保交易者吃掉整个波段的“鱼身”，这不正是对“鱼身理论”的最佳实践吗？如图 12–12 所示。

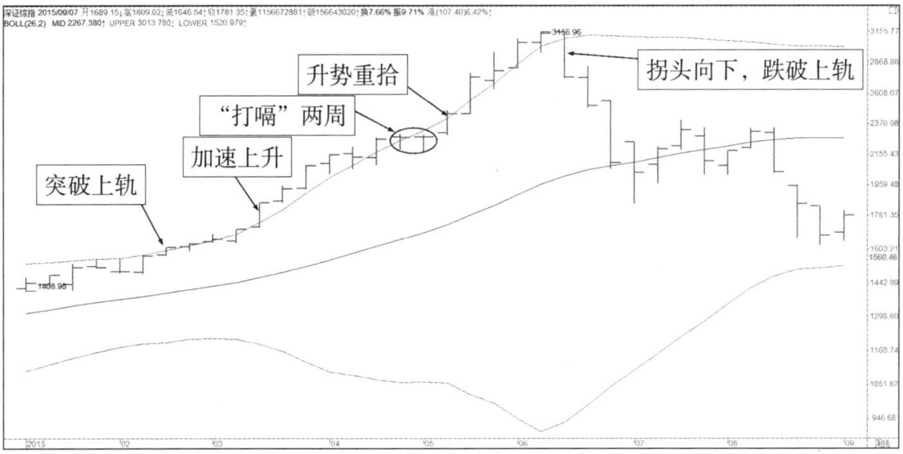

图 12-12　深证综指（399106）2015 年 1 月—9 月的美国线图（周线）

（7）当美国线从上向下跌破布林线中轨时，预示着股价前期的强势行情已经结束，股价中期下跌趋势已经形成，交易者应及时卖出股票。如果布林线上中轨同时向下运行，则更能确认下跌趋势。

比如 2018 年 5 月 30 日，华通热力（002893）的股价首次跌破布林线中轨。由于布林线的三轨同时处于向上运行的状态，对股价有一定的支撑作用，所以股价出现了一段极其弱势的反弹。6 月 8 日，股价反弹途中再次跌破中轨，但此时三线向上，所以反弹延续。6 月 15 日，当美国线第三次跌破布林线中轨时，布林线中轨与下轨也拐头向下，上轨紧随其后拐头向下，形成“三线”向下态势，此时终于确认了这波中期下跌趋势，交易者应在 6 月 15 日收盘价附近不计成本地卖出股票。如图 12-13 所示。

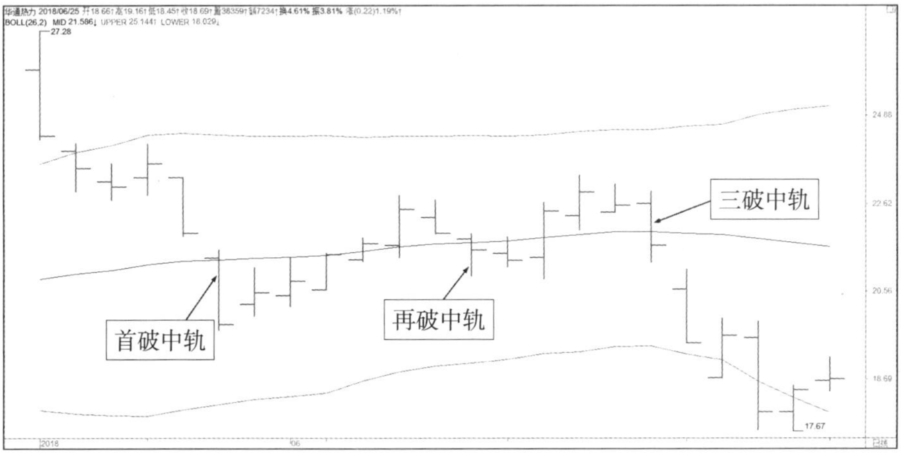

图 12-13　华通热力（002893）2018 年 5 月 23 日—6 月 25 日美国线图（日线）

（8）当美国线一直处于布林线中轨线下方，并和中轨线一起向下运动时，表明股价处于弱势下跌过程中，只要美国线不向上反转突破中轨线，稳健的交易者都可以一路观望。

比如 2017 年 12 月 25 日，移为通信（300590）的美国线跌破布林线中轨后，股价一直在中轨与下轨之间运行，并且伴随着布林线中轨由上升至走平再至向下的过程。稳健的交易者在美国线跌破中轨之日起便应离场观望。2018 年 1 月 31 日，多空争斗宣告结束，盘局被打破，美国线向下突破布林线下轨，主跌浪随之开启。如图 12–14 所示。

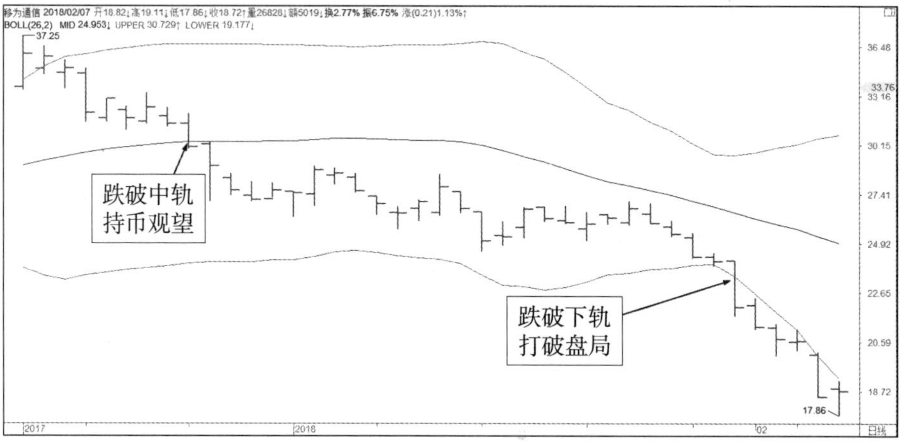

图 12–14　移为通信（300590）2017 年 12 月 13 日—2018 年 2 月 7 日美国线走势图（日线）

（9）当美国线向下跌破布林线的下轨并继续向下时，预示着股价处于极度弱势行情，交易者应坚决以持币观望为主，尽量不买入股票，待出现本节第一条的情形时，再考虑买入股票也不迟。

比如 2018 年 10 月 11 日，天富能源（600509）的美国线直接从布林线中轨以上跌破布林线下轨，这说明该股行情处于极度弱势中，切不可去接空中掉落的飞刀。10 月 22 日，美国线向上穿越了布林线下轨，才证明股价止跌企稳，此时可以小仓位博短线反弹。如图 12–15 所示。

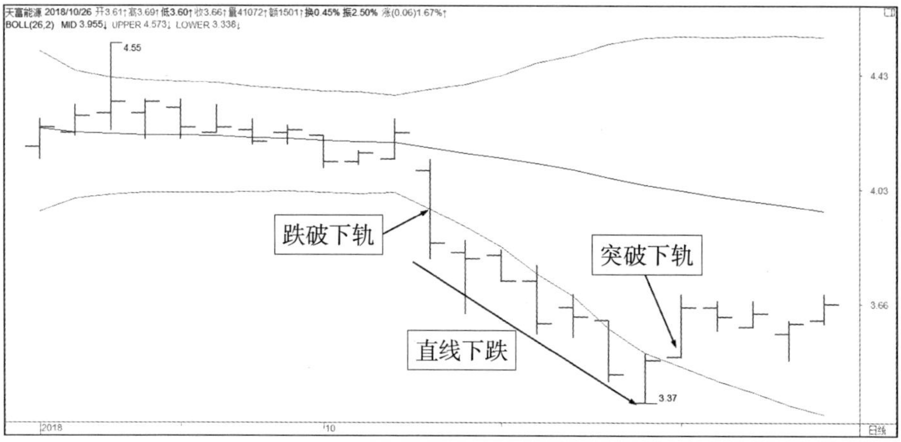

图 12–15　天富能源（600509）2018 年 9 月 18 日—10 月 26 日美国线图（日线）

三、等比 K 线战法

等比K线的原理同K线类似，一般说来，在高点位和低点位上涨或下跌同样的点数，对交易者产生的影响呈等比关系，基于此，等比 K 线图有其深远的含义。

等比 K 线图是如何表现市场行情走势的呢?

等比 K 线图通过 Y 轴等比坐标反映股市发展方向，表现市场行情，K 线的长度是等比的。

例如某日股价由 100 点上涨到 110 点，另一日股价由 1000 点上涨至 1010 点，因为这两天都上涨了 10 个点，所以这两天的 K 线必然是等长阳线，但涨幅则相差甚远。100 点涨 10 个点，涨幅是 10%，而 1000 点上涨 10 个点，涨幅仅 1%。这就出现了一个问题，市场主力盈利的标准是什么？普通 K 线能否准确反映主力的盈利状况，能否分析出主力在何时进货，何时出货。

主力盈利的标准不是盈利数额，而是盈利的比率。任何主力都不会宣称在本轮行情中利润是 10 万元或 100 万元。因为投资 100 万元盈利 10 万元，和投资 1000 万元盈利 10 万元，差距还是很大的。利用普通 K 线进行分析，无法反映主力盈利比率，其准确程度也不尽人意。

反映主力盈利比率的 K 线就是等比 K 线。等比 K 线需将 Y 轴改为等比坐标，也就是说它所绘制的 K 线，100 点上涨 10 个点与 1000 点上涨 100 个点的阳线是等长的，下跌同理。这种 K 线表现形式，就能较准确地反映主力在一轮行情中的进出状况。按照趋势理论分析，等比 K 线相较普通 K 线更加精确一些。

图 12-16 为华信退（002018）2013 年 11 月—2019 年 9 月的月线图，图中左边部分为普通 K 线，右边部分为等比 K 线。从视觉上看，普通 K 线越跌越慢，而等比 K 线则

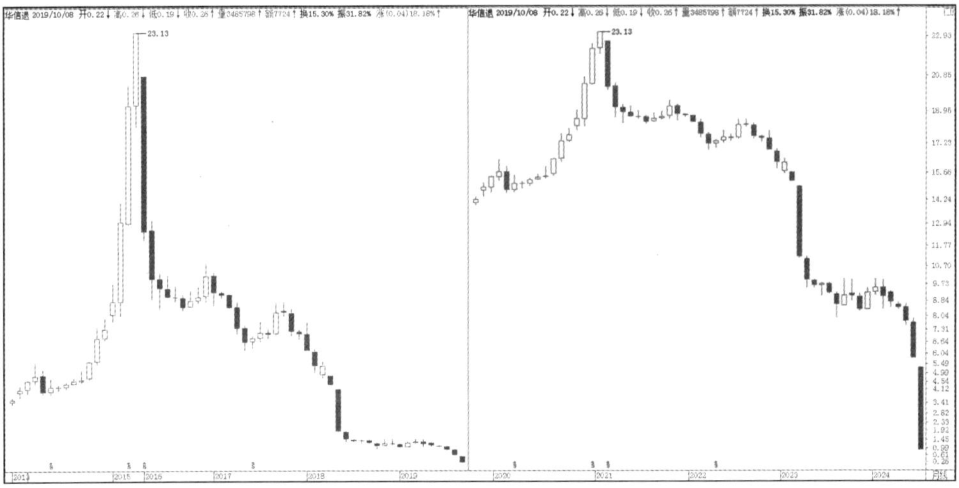

图 12-16　华信退（002018）2013 年 11 月—2019 年 9 月的月线图

越跌越快。普通 K 线的长度就是前后两个数值的差，比如从 23 元跌到 20 元与从 4 元跌到 1 元的差是一样的，即 K 线长度相同。但二者跌幅大不相同，前者跌幅只有 13%，后者则有 75%，这样就难免会造成“越跌越慢”的错觉。等比 K 线则避免了这种视觉上的欺骗，因为等比 K 线由 20 元跌到 10 元与从 2 元跌到 1 元的比例是一样的，即 K 线长度是相同的。因此，运用等比 K 线，可以使盈利比率在图表上一目了然，避免出现只赚差价不赚盈利这种尴尬局面。

第十三章　盘口战法

一、盘口信息特征

盘口信息语言，就是盘口上显示的买卖五档信息。主力要在低位吸货，即买进股票，就会在盘口信息中有所表现，散户可从盘口特征来判断主力是否在建仓。可以说，盘口是观察主力行动的窗口。

（一）从内外盘数据分析股价涨跌

外盘就是大家通常所说的买盘，内盘就是大家通常所说的卖盘。简单地说，场外资金进场买进成交的申报称为外盘，场内资金卖出成交的申报称为内盘。如果股价跌停或者涨停，那么以跌停价格成交的申报都纳入外盘，以涨停价格成交的申报都纳入内盘。图 13-1 是展鹏科技（603488）2019 年 6 月 26 日的盘口信息及右侧边栏数据明细。

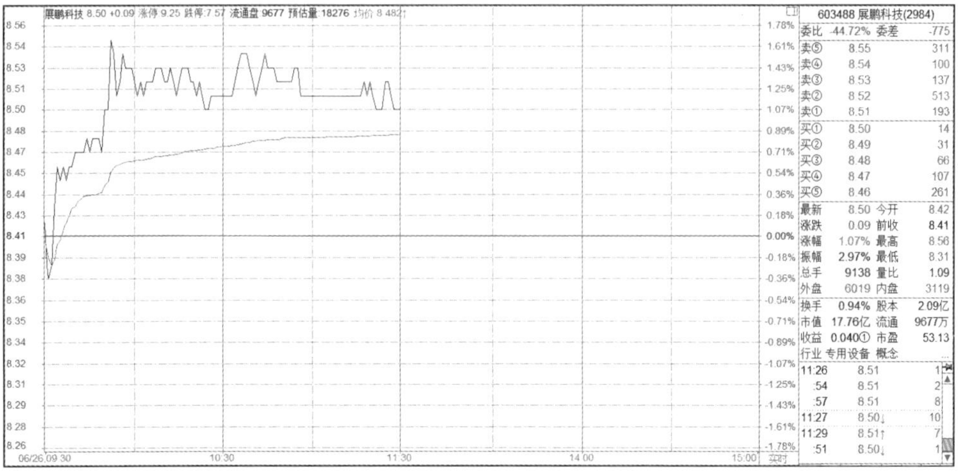

图 13-1　展鹏科技（603488）2019 年 6 月 26 日的盘口走势图以及右侧边栏数据明细

通过观察外盘、内盘数量的大小和比例，交易者可以观察主动性的买盘多还是主动性的抛盘多，从中发现主力动向，因此内外盘数据是一个极为有效的短线分析指标。

使用外盘和内盘数据时，交易者要注意结合股价在低位、中位和高位的成交情况以及该股的总成交量情况。因为外盘、内盘数量分析并不是在所有时间都有效，许多情况下，外盘数量大股价不一定上涨，内盘数量大股价也不一定下跌。

（二）股价涨跌规律

在大量实践中，笔者总结出如下 6 条规律。

（1）经过较长时间的震荡下跌，股价处于较低价位，成交量极度萎缩。此后成交量温和放量，当日外盘数量增加，大于内盘数量，股价将可能上涨，这个结论相对来说比较可靠。

比如2019年4月18日，平潭发展（000592）的股价见到4.93元的高价后，一路震荡下跌，成交量也逐渐减少。至6月18日，成交额已经由高位的17.3亿元缩减至4564万元。其后，股价开始温和放量。6月26日当日，外盘数量增至568293手，而内盘仅有352737手，外盘明显大于内盘，股价当日如期出现上涨，盘中一度涨停。如图13–2所示。

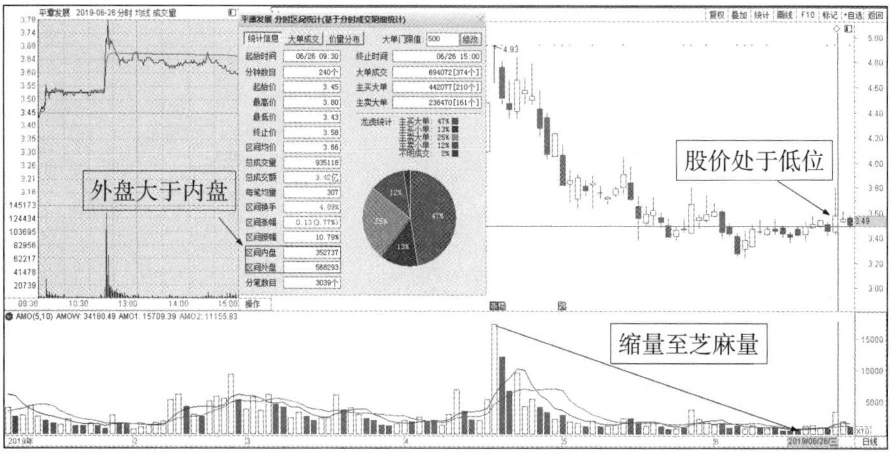

图 13–2　平潭发展（000592）2019 年 6 月 26 日盘口分时图及其前后日 K 线图

（2）经过较长时间的上涨，股价处于较高价位，成交量出现量价背离时，当日内盘数量放大，大于外盘数量，预示股价将可能转为下跌。

比如 2019 年 4 月 22 日，亿晶光电（600537）的股价见到最高价 4.60 元后，呈现出明显的量价背离态势。次日即 23 日，盘口显示内盘数量明显放大，外盘小于内盘，预示股价将会下跌。结果，该股股价当天大幅下挫。如图 13–3 所示。

（3）在股价阴跌过程中，时常会出现外盘大、内盘小的现象，这种情况并不表明股价会上涨。因为有时主力会用几笔大抛单将股价打至较低位置，然后在卖 1、卖 2 挂卖单，然后自己买自己的卖单，造成股价暂时横盘或小幅上升的假象。此时盘口会显示外盘明显大于内盘，诱导交易者认为主力在吃货，纷纷买入，结果次日股价继续下跌。

比如2019年3月，日海智能（002313）的股价见到最高价28.34元后，先暴跌再阴跌。6月26日（星期三），当日区间内盘显示为62959手，外盘76603手，外盘明显大于内盘，但当日股价大幅下挫，报收于跌停板位置，并且成交量明显放大，证明主力在自买自卖，卖多买少，后续股价应该还能见到更低价位。如图 13–4 所示。

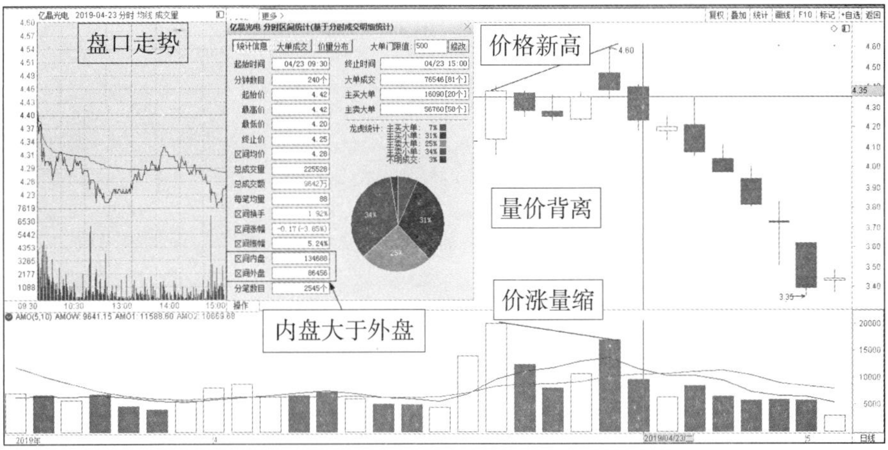

图 13–3　亿晶光电（600537）2019 年 4 月 23 日盘口分时图及其前后日 K 线图

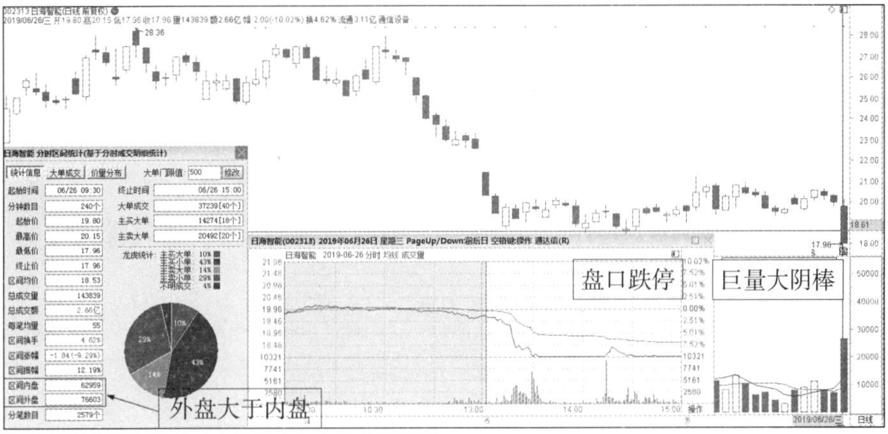

图 13–4　日海智能（002313）2019 年 6 月 26 日盘口分时图及前后日 K 线图

（4）在股价上涨过程中，时常会发现内盘大、外盘小的情况，这种情况并不表示股价一定会下跌。因为有时主力会用几笔买单将股价拉至一个相对高位，然后在股价小幅下跌后，在买 1、买 2 挂买单。一些交易者认为此时股价会下跌，于是纷纷以市价卖出股票，主力则分批挂买单，将散户抛单通通接走。这种先拉高后低位挂买单的手法，常会显示为内盘大、外盘小，达到欺骗交易者的目的，待主力接足筹码后，便会迅速推高股价。

比如 2019 年 8 月 20 日（星期二），华鹏飞（300350）开盘不久，股价便出现大幅拉高。至收盘时，出现内盘大、外盘小的现象，说明主力手中还没有吃够筹码，需要拉升吃货。由于主力还处在吃货过程中，今后还会将行情推至更高，因此日后该股还有更高的价可期待。如图 13–5 所示。

（5）股价已有较大涨幅，如某日外盘大于内盘，但股价不涨，交易者要高度警惕主力制造假象，准备出货。

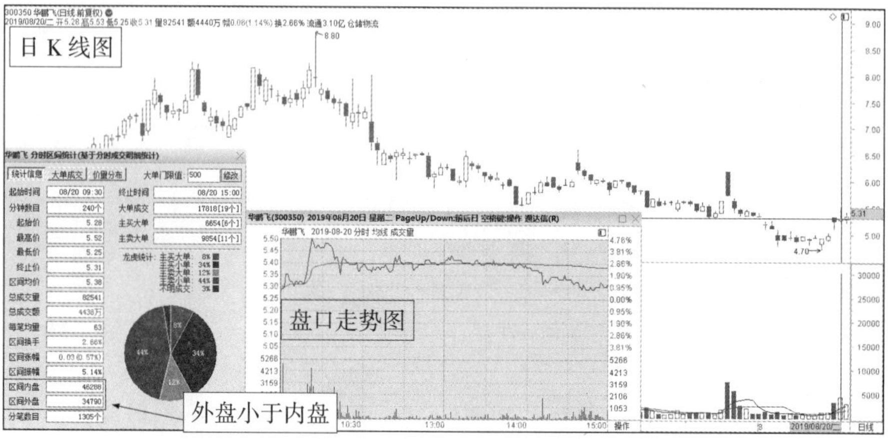

图 13-5　华鹏飞（300350）2019 年 8 月 20 日盘口分时图及前后日 K 线图

比如 2018 年 11 月 20 日，盛运环保（300090）的股价以大阳线报收，最高摸到 3.07 元。次日即 21 日，股价本应顺势冲高，却收出一根开盘价与收盘价相同的“十字线”。两个交易日的 K 线组合成“十字胎”的 K 线组合形态（详见第四章第十二节“孕线”），该组合 K 线形态出现在高位，本身属于看跌 K 线组合，加之当日盘口外盘数量巨大，股价却以平盘报收，且相对于昨天股价不涨反跌，可以认定主力已经开始出货。此后股价跌势不止，一直跌到 2019 年 1 月 31 日最低 1.61 元才波段止跌，此时股价已几近腰斩。如图 13-6 所示。

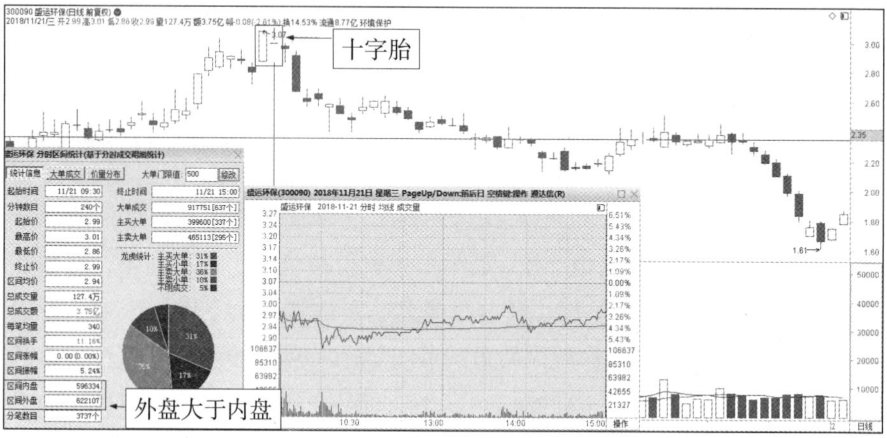

图 13-6　盛运环保（300090）2019 年 11 月 21 日盘口分时图及前后日 K 线图

（6）股价已下跌了较大幅度，如某日内盘大于外盘，但股价不跌，交易者要高度警惕主力制造假象，假打压真吃货。

比如 2019 年 5 月 7 日，经历短期大幅下跌后，一拖股份（601038）的股价低位收出一根“十字线”，与前一个交易日的阴线组合成看涨的“十字胎”K 线组合形态（详见第四章第十二节“孕线”）。当日盘口信息十分诡异，显示内盘大于外盘，股价却不跌反涨，这说明有主力在假打压真吃货，必须看多做多。结果至截图时，该股已经涨到12.18元，从低位算起，累计涨幅达162%。如图13-7所示。

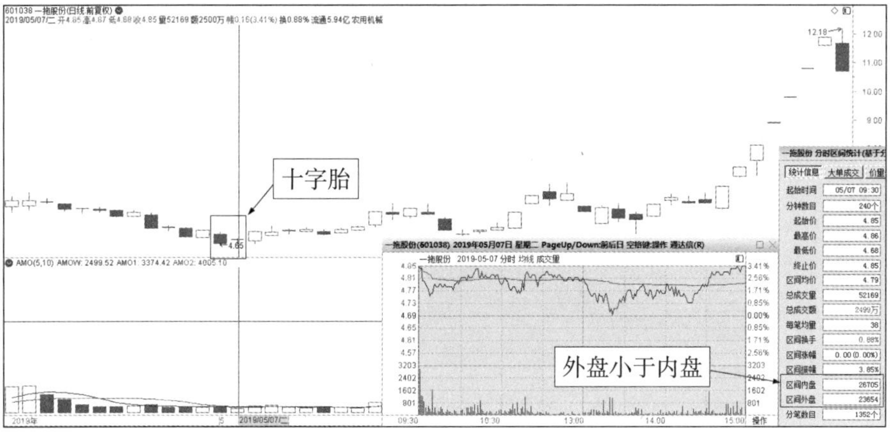

图13-7　一拖股份（601038）2019年5月7日盘口分时图及前后日K线图

二、开盘六大口诀定式

（一）开盘2升1跌

开盘2升1跌即开盘后两浪上升，之后一波下跌浪的低点比开盘价低。这表示当天行情买卖双方皆较有力，行情以震荡为主。如果多头能够占据前面两浪的高点，则意味着全天多方将逐步占据优势地位，行情会向上缓慢爬行。

比如2019年3月18日，中油资本（000617）的股价开盘后走出了2升1跌的格局，当多头拿下前两波高点时，可择机介入。其后，全天股价震荡攀升。如图13-8所示。

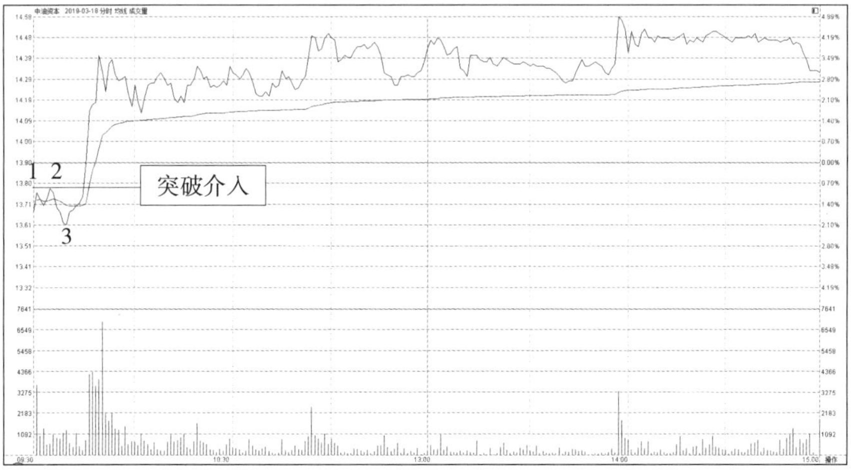

图13-8　中油资本（000617）2019年3月18日盘口分时图

（二）开盘 2 跌 1 升

开盘 2 跌 1 升即开盘后两波下跌，一波拉升，拉升的高点高于开盘价。这表示开盘虽空方力量大于多方，但多方积极反击，底部支撑较为有力，一般收盘为有支撑的探底反弹阳线。

比如 2019 年 3 月 18 日，大通燃气（000593）的股价开盘后走出了 2 跌 1 升的格局，其后多头发力攻克开盘价，收盘大涨近 5%，当日日 K 线为带下影线的大阳线。如图 13-9 所示。

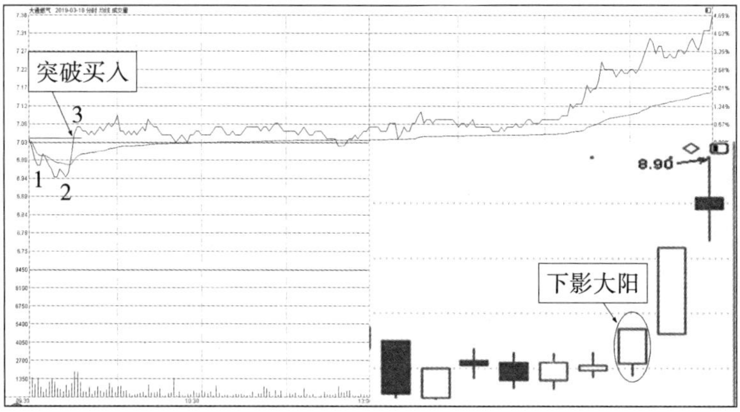

图 13-9　大通燃气（000593）2019 年 3 月 18 日盘口分时图及当日日 K 线图

（三）开盘 3 浪下跌

开盘 3 浪下跌是典型的空头特征，表明空头力量十分强大，当天收阴线概率大于 80%。

比如 2019 年 3 月 18 日，龙韵股份（603729）开盘后，分时走势呈现出明显的 3 浪下跌走势，表明空方力量强大，结果当天该股大跌 4.3%。如图 13-10 所示。

图 13-10　龙韵股份（603729）2019 年 3 月 18 日盘口分时图

（四）开盘 1 升 2 跌

开盘 1 升 2 跌即开盘后一波上升，两波下跌，且两波下跌的低点低于开盘价。这表明当天多空力量比较均衡，但空方比多方更有力，是震荡拉高出货的走势。

比如 2019 年 3 月 18 日，徕木股份（603633）的股价开盘 1 升 2 跌，主力全天震荡出货。如图 13-11 所示。

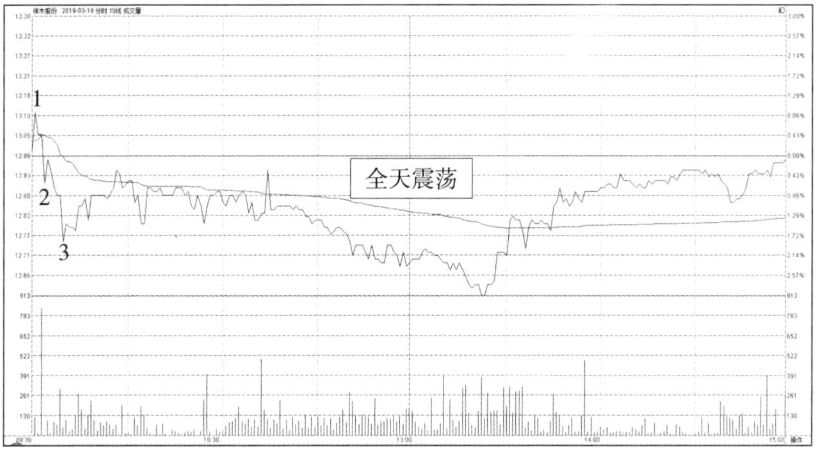

图 13-11　徕木股份（603633）2019 年 3 月 18 日的盘口分时图

（五）开盘 1 跌 2 升

开盘 1 跌 2 升即开盘一波下跌后，被随之而来的两波上涨拉回开盘价之上。这表示今日的空头防线被多头击破，反弹成功，日内将是逐步震荡向上的走势。

比如 2019 年 3 月 5 日，移为通信（300590）的股价开盘 1 跌 2 升，第二波上升浪击破开盘价，说明当天该股多头占优，尾盘该股封住涨停板。如图 13-12 所示。

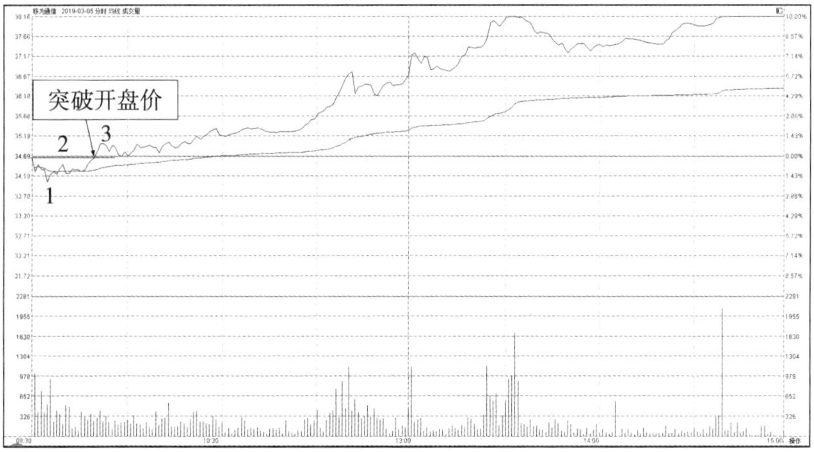

图 13-12　移为通信（300590）2019 年 3 月 5 日的盘口分时图

（六）开盘 3 浪上升

开盘 3 浪上升表明多头势头强劲，当天行情趋好的可能性较大，一般日 K 线会收阳线，概率超过 90%。但如果 10:30 以前成交量放天量，则有主力故意拉高出货之嫌，出现这种情况，应以减持为主，交易者要格外注意。

比如 2018 年 4 月 3 日，润禾材料（300727）的股价开盘价为 34.50 元，随后走出 3 浪上升，股价皆比开盘价高，表明当天多头势头强劲，行情趋好，日 K 线多会收出阳线，最终该股以涨停价报收。如图 13-13 所示。

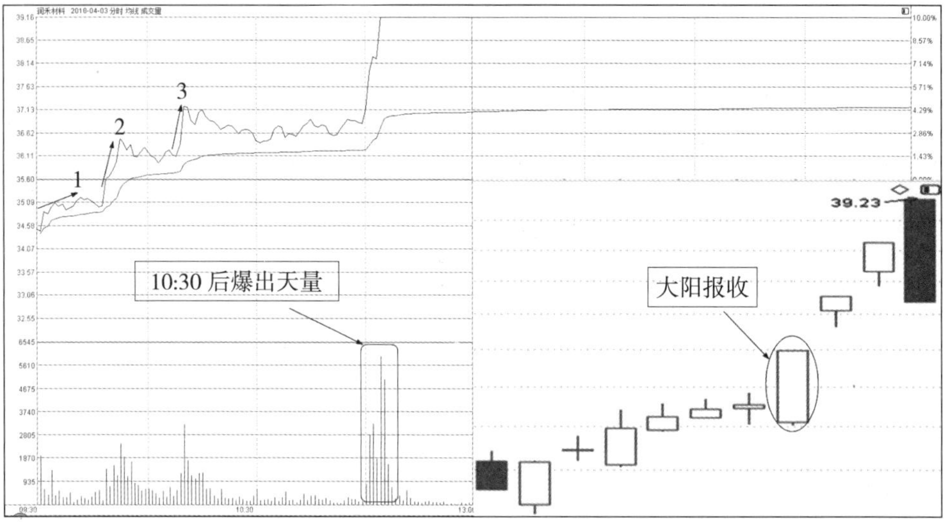

图 13-13　润禾材料（300727）2018 年 4 月 3 日盘口分时图及当日日 K 线图

三、带量低开盘

（一）造成大幅低开的几种情况

（1）内幕交易。这里所指的内幕交易，可能与大家平常熟知的内幕交易不同，此处特指主力的朋友或利益相关者可能需要拿一些低价筹码，于是主力会安排其在集合竞价时进行交易，俗称“发红包”。如果是低开送股行为，那就说明主力迟早会拉升股价，或者当天就会拉升股价。大幅低开的开盘现象值得交易者密切关注，这从每日的“今日振幅排名”中可以发现该行为的痕迹。它的特征是：大幅低开后股价瞬间回位，可能继续昨天的走势，也可能马上就上涨。

（2）对敲试盘。通过低开低走的方式，主力可以引发一波抛盘，以达到震仓洗盘的目的。有时，震仓的过程可能只有几十分钟，有时可能会持续几天，这要看主力的控盘计划和交易策略。如果主力当天吃货比较积极，可能股价当天就能回涨到原来的价位。

如果没有适合的成交量，则说明主力没有逼出抛盘，之后会继续震仓。所以，对于大幅低开的开盘行为，最好持续观察5～10分钟，看清楚主力意图再决定自己的操作策略。

（3）做图需要。有时，主力可以通过制造低开高走的大阳线吸引交易者的注意力或跟风，同时稳住持股者的信心。这种走势的特征是：股价大幅低开后，会缓慢回升到昨日收盘价附近。

（4）主力出货。低开出货是屡见不鲜的主力出货方式。识别低开出货的前提是个股前期涨幅巨大，至于何谓大，何谓小，不同的股票不能一概而论，需要交易者根据经验进行判断。当主力要出货时，有时会出现砸盘动作，大幅低开甚至跌停开盘都很正常。

（二）实战解析

（1）2018年3月26日（星期一），石化机械（000852）的股价开盘时跳空低开，随后持续下行，成交量显著放大。尾盘股价回到前一日收盘价下方时，出现资金进场吸货的迹象，成交量表现为稳步放量。

结合上述分析的几种情况以及当时所处的回档走势来看，可以推断主力在此压盘是为了逼迫散户交出筹码，以达到自己吸货的目的。结果，此后该股股价从当日最低点5.54元一路涨至最高8.52元，短短8个交易日，累计升幅达53.89%。如果当日低开后在低位介入的话，仅3月26日当天，就可获利6%左右。由此可见，低开盘往往隐藏着巨大的获利机会。如图13-14所示。

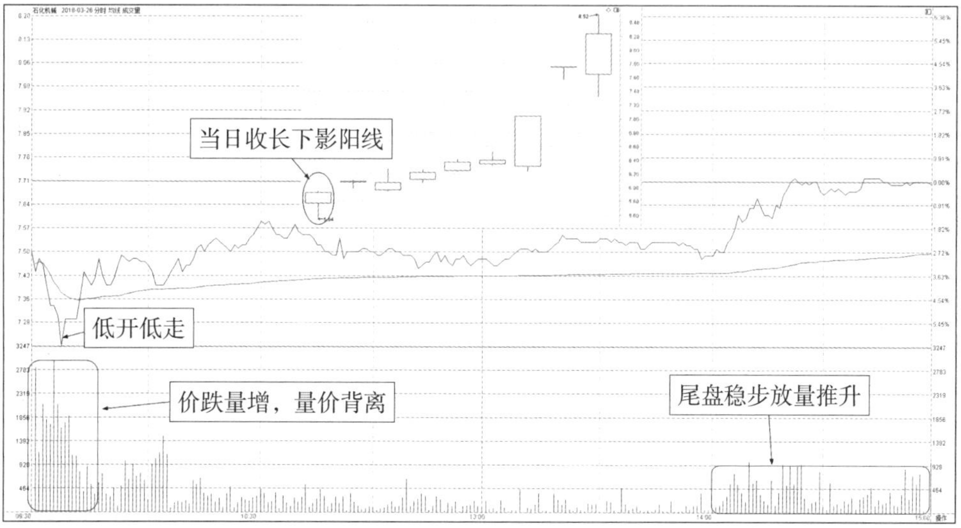

图13-14　石化机械（000852）2018年3月26日（星期一）的盘口分时图及当日日K线图

（2）2019年4月26日（星期五），盛运环保（300090）的股价开盘跳空低开，股价呈现出2升1跌走势，成交量显著放大。根据本章第二节“开盘六大口诀定式”第一条规则，可以知道，此时多空双方势均力敌，谁能在盘中占据上风，是收盘上涨或下跌的决定性因素，结果此后多方不敌空方。实战中，交易者不必等到当日收盘，盘中股价走弱时，就应该先行离场。

当股价跌破3浪低点时，空方优势已经暴露无遗，收盘下跌是十之八九的大概率事件。加之早盘带量低开，应是主力出货的先兆，应早早抽身为妙。结果当天尾盘以跌停报收，此后该股仍出现连续下跌。如图13-15所示。

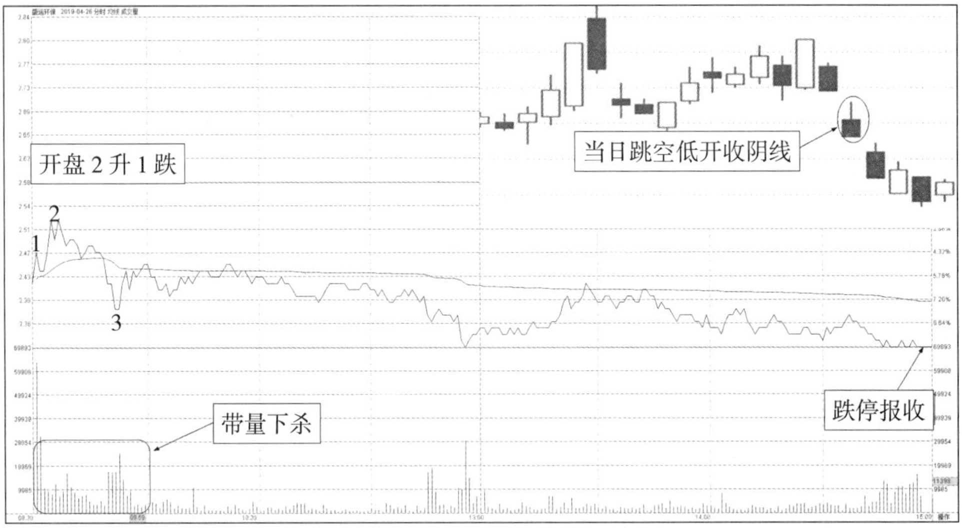

图13-15　盛运环保（300090）2019年4月26日（星期五）的盘口分时图及当日日K线图

四、带量高开盘

通常而言，大幅高开的个股，股价往往需要冲破数个价位的压力，因而成交量也会较同期有所放大。这种带量的高开异动行为，常常有如下4种可能。

（一）内幕交易

所谓内幕交易，是指主力与自己熟识的人员进行的一场有约定的交易。比如，主力的朋友或利益相关者的筹码需要高位套现，主力便会安排其在集合竞价高开的状态下进行换手，以完成某种特定意义的利益输送。

之所以要在集合竞价的状态下完成利益输送，是因为此时看不到股价当天的运行趋势，普通交易者一般不会在昨日收盘价附近挂出大量买卖盘（除非昨日收盘价很高或很低）。此时，在某一高位进行大笔交易，不仅完成交易的时间非常短，也不影响日内股价的正常运行，还能避免在连续竞价时要突破大量买卖盘的障碍才能完成该笔成交的麻烦。当有利益相关者需要获利退出时，主力就会在集合竞价时以高价接手其股票，因而出现股价大幅高开的现象。

如果开盘之后股价波动不大，且成交量恢复正常，那就说明集合竞价中的大幅高开行为只是一次性的利益输送。但这一细节同时意味着主力让利益相关者先行撤离，此后，股价在短期内下跌的可能性比较大。

2018年12月13日（星期四），一拖股份（601038）的股价带量高开，其后迅速拉起，但拉起时成交量明显低于开盘时的成交量，说明主力并没有用真金白银买入股票。此时，开盘时的带量高开行为令人值得深思。此后该股股价跌势不断，从当天的最高价5.80元，一路跌至2019年1月31日的3.94元才止跌为升，期间累计跌幅达32.07%，2018年12月13日带量高开时追高介入的短线交易者，如果之后没有果断止损出局，损失将会非常严重。如图13-16所示。

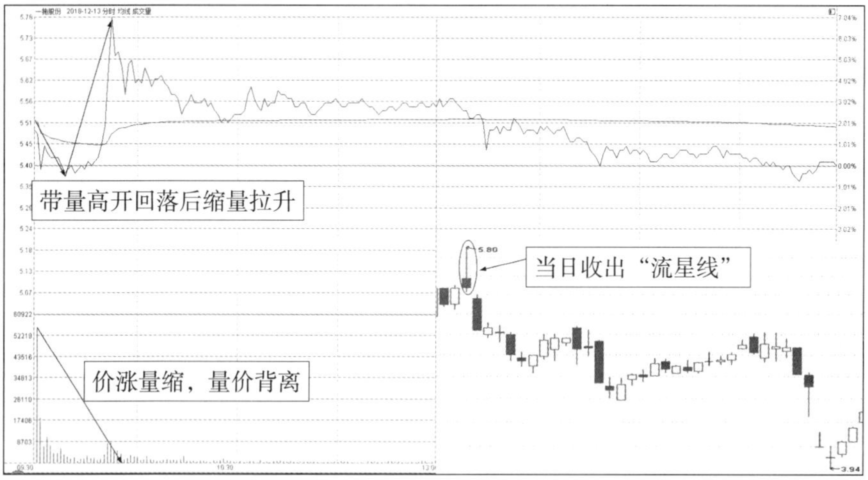

图13-16　一拖股份（601038）2018年12月13日盘口分时图及其日K线图

（二）对敲试盘

很多时候，主力通过开盘大幅高开，可以进入当天的“今日涨幅排名”中，引起超短线交易者的关注。这些超短线交易者大都是职业交易者，也就是所谓的大户或机构交易员。普通交易者在看不清形势的情况下，是不会在集合竞价时贸然大量交易的。主力通过高开、大成交量的特征吸引市场的注意，无非是想引起市场跟风，提升股价的活跃性。这种行为的目的往往是试盘，如果买盘蜂拥而起，则随后股价一路高走。如果卖盘汹涌而出，随后则股价节节下滑。

既然是对敲而不是一路扫货行为，则说明主力并不缺少筹码，也就是说，此处已经脱离了主力的建仓区。如果开盘后有很多时间给普通交易者买入上车的机会，则往往意味着主力在刻意诱多，吸引散户跟风买入，希望大家一起来抬轿，合力拉升股价。如果主力真的很看好该股的后期走势，该阶段往往会采取开盘直接涨停的控盘行为，而不是采取大幅高开后再诱导散户短线跟风。

股价开盘大幅高开，可以分为以下 3 种情况。

1. 股价处于阶段性的上涨过程

一方面是主力将股价拉升一段空间之后，放给市场跟风者一段利润空间，目的是在中部价位洗掉一部分持股意志不坚定的坐轿者。另一方面是吸引跟风盘，通过换手的方式来提高市场参与者的持仓成本，继续拉高股价时不会有大量抛盘涌出，保持市场稳定（普通交易者越是后期以较高价格进入，越不会在高位卖出）。只要交易者能确定此时的股价处于阶段性的上涨位置，大盘不会持续走低，那么该高开现象就值得短线参与。

比如，2019 年 2 月 25 日，中科曙光（603019）的股价带量高开，这时的高开有 3 个原因。一是此位置面临上方的筹码密集区，高开跳过上方筹码密集区，会减少很多抛盘阻力。二是高开后让低位参与者感到恐惧，逼迫他们止盈出局，甩掉部分持有廉价筹码的坐轿客。三是吸引短线客入场做多，在行情拉升过程中进行适当换手，以利于后期继续拉升股价。如图 13-17 所示。

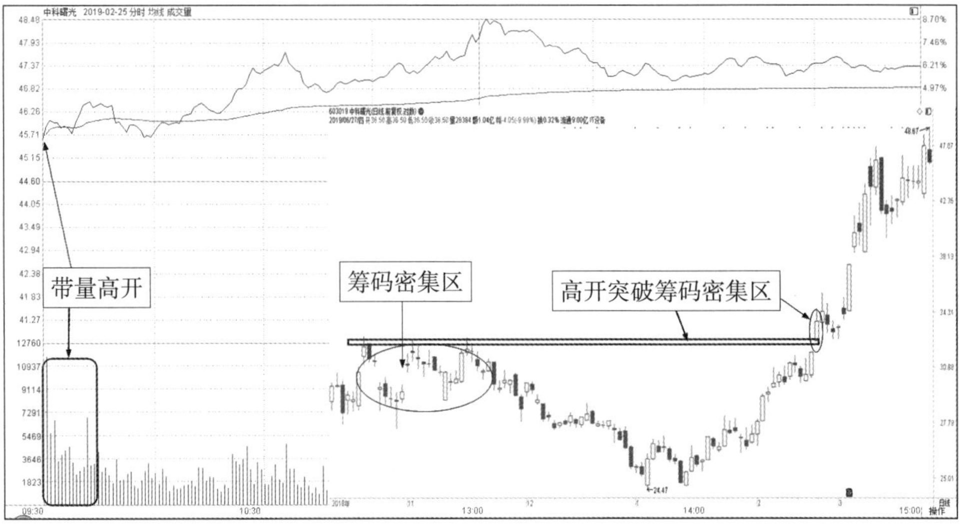

图 13-17 中科曙光（603019）2019 年 2 月 25 日盘口分时图及其日 K 线图

2. 股价处于高位

这往往是主力为了出货而制造的股价将持续上涨的假象，目的是想制造交投持续活跃、短线有利可图的市场假象，诱使短线客跟风介入，从而达到最终套牢他们的目的。对于这种高开现象，交易者应该坚决予以回避，因为此时主力的第一要务就是出货。

比如，2019 年 6 月 24 日，黑芝麻（000716）的股价带量高开，此时的高开只有一个原因，那就是制造股价继续大幅上涨的假象，诱使短线客进场接盘，方便主力出货。此前，该股股价已由 2018 年 10 月 19 日的低点 2.53 元涨至 2019 年 5 月 15 日的最高 6.45 元，股价已经实现翻倍，显然处于高位。当日，主力利用高开的方式意图制造股价创出新高、再起升势的假象，来吸引跟风盘入场，方便自己出货。不料当日股价高开低走，并没有再起升势，而是做了“两尊”的图形。此后 3 日，该股股价连续跌停。如图 13–18 所示。

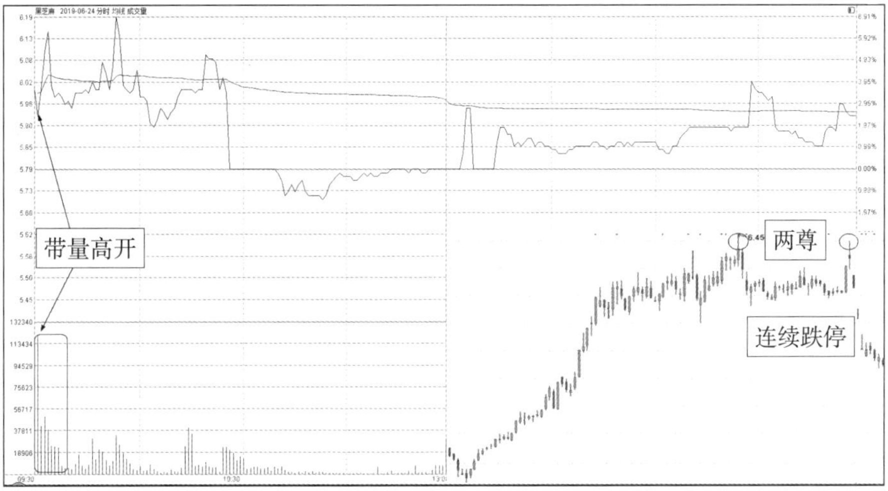

图 13–18　黑芝麻（000716）2019 年 6 月 24 日盘口分时图及其日 K 线图

3. 股价处于高位回落后的中部位置

这往往是主力在高位没有出完货时制造的反弹假象，目的是再次出货，也有可能是短庄制造的超跌反弹现象。

比如，2019 年 4 月下旬，中曼石油（603619）的股价走出了一波跌势，4 月 30 日股价带量高开高走。观察发现，该股股价前两日刚刚跌破前期头部整理平台，应该认定该处是跌破头部平台后的反抽，高开是为了继续出货，绝不是升势再起。结果次日该股重回跌势，续跌 5 个交易日后，到 5 月 10 日才见到最低价 14.60 元。如图 13–19 所示。

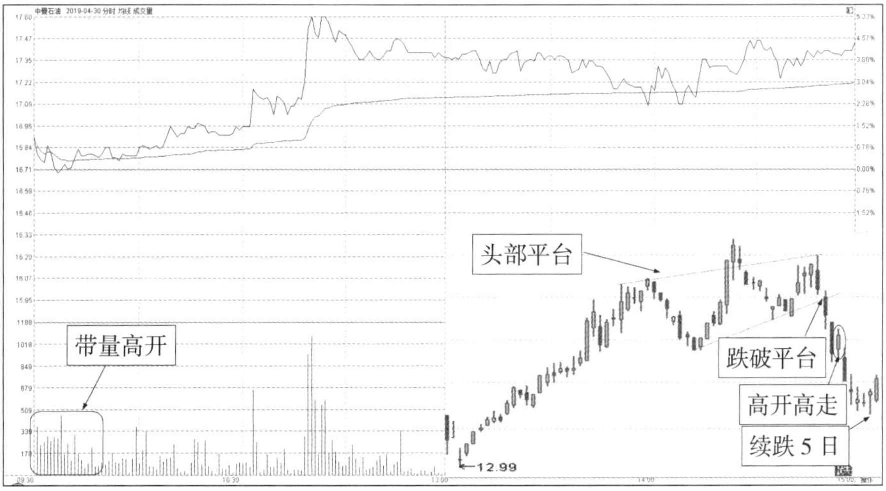

图 13–19　中曼石油（603619）2019 年 4 月 30 日盘口分时图及其日 K 线图

无论是以上哪一种形式的高开，只要是原来的股价确实已经持续下跌到低位了，且从有量一直跌到了芝麻量，那么即使现在有主力对敲在先，只要开盘后有大量的交易者积极参与，这样的股票还是值得短线参与的。但要注意，如果开盘时下面的买一处仍然挂在昨日收盘价附近的价格，则说明开盘后买盘并不积极，纯粹是主力对敲的单方面行为，股价马上回落的可能性比较大。

（三）做坏图形

如果个股莫名其妙地高开，交易量不大，随后股价又无声无息地自行滑落，这可能是主力故意做高开盘价的行为。主力通过制造高开低走的大阴棒，恐吓部分持股者在随后的震仓走势中出局。这种走势特征和内幕交易有些相似，只是成交量通常比较小。

比如，2019 年 2 月 26 日（星期二），派思股份（603318）的股价无量高开，之后股价自由回落。观察可知，此处处于该股历史低位，大盘并未出现较大调整，可以认定主力的意图是制造高开低走的大阴线，属于暴力震仓行为，交易者应坚决持股不动。结果，此后该股股价扶摇直上，一路涨至 5 月 20 日的 27.70 元才转升为跌。从前期低位的 11.29 元算起，不长的时间内累计升幅近 150%。由此可见，识穿主力阴谋何等重要。如图 13–20 所示。

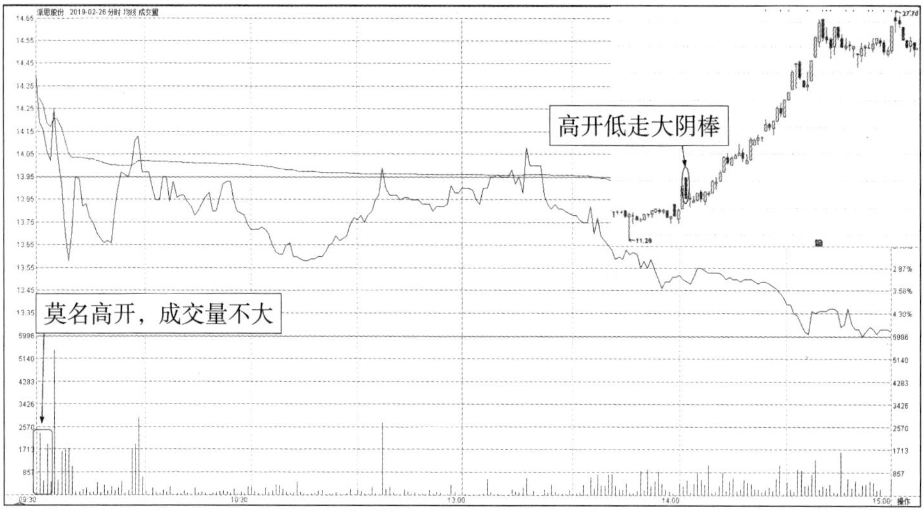

图 13–20　派思股份（603318）2019 年 2 月 26 日盘口分时图及其日 K 线图

（四）高开吸筹

高开行为有可能是主力打压吸筹不易获得筹码的情况下，反手采取拉高吸筹的高价收购策略以完成建仓目标。主力运作思路是：当股价高开甚至涨停后，必然会引起市场关注，打破市场死气沉沉的局面，当涨停板被打开或股价冲高回落时，汹涌的抛盘就会接连涌出，这些筹码正好落入主力的口袋。

比如，2018 年 4 月 20 日（星期五），国祯环保（300388）的股价带量跳空高开，随后低走，开盘成交量较为活跃，全天呈下跌态势。尾盘在下跌到前一日收盘价附近时，有资金进场吸货，将股价小幅拉起。通过观察分析可知，该股股价波段反弹刚刚启动，目前股价仍处在反弹较低位置，可以推断主力在此吸筹的可能性较大。结果，次日开始至 5 月 8 日达到波段高点，该股股价连续上涨 20% 以上。如图 13-21 所示。

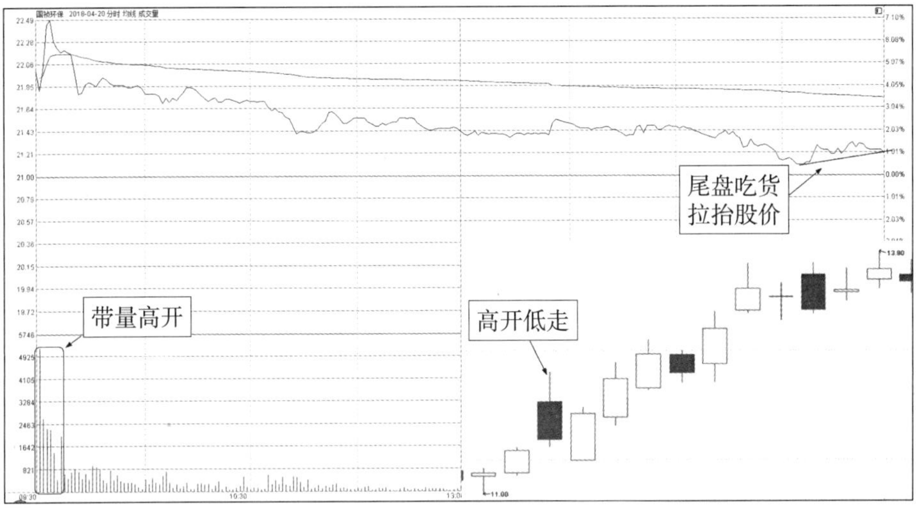

图 13-21　国祯环保（300388）2018 年 4 月 20 日盘口分时图及其日 K 线图

五、带量平价开盘

（一）什么是带量平价开盘

开盘价是市场经过一晚深思熟虑后的交易结果。如果没有重大消息的影响，一只股票的开盘价应该与昨日收盘价基本保持一致。如果集合竞价成交价高于前一交易日的收盘价，就是高开。如果集合竞价成交价与前一交易日的收盘价基本持平，就是平开。如果集合竞价成交价低于前一交易日的收盘价，就是低开（实战中，高开很少或者低开很少，皆以平开来看待，不能算作高开或者低开）。

带量是相对于同期成交量来说的。比如，开盘第一笔成交量就达到了昨天成交量的 1/10。这种开盘现象常常有两种可能：第一种是大户与主力相识，由于种种原因，大户需要将筹码兑现，于是与主力协商后，在集合竞价时间段进行换手交易。第二种是主力利用自己的多个账户对倒放大量开盘，这样可以吸引市场交易者的注意，特别是短线交易者。对倒开盘说明主力有所动作，值得交易者关注。但此时还无法确定主力是想向上大幅拉升股价，还是想诱多出货。

带量平价开盘后，就进入连续竞价阶段。连续竞价阶段，如果成交量恢复正常，那就说明带量开盘是“内幕交易”或利益输送的可能性较大，没有什么特别的研究意义。在连续竞价时，如果出现了大笔买入或卖出，说明此时的市场性质发生了变化，可能主力正在做盘。特别是盘中出现几次大手笔的交易，但并没有影响股价的正常运行轨迹时（此种情况相当少见），主力做盘的可能性就更大，之后可能会出现放量上冲或杀跌，总之，会出现有利于主力后期运作的 K 线走势。

（二）实战解析

1. 乐惠国际（603076）

2019 年 5 月 6 日，经历短期连续大幅下跌后，乐惠国际（603076）的股价带量平开。此时，交易者应高度关注，因为前几个交易日，该股出现了连续低开大幅杀跌的现象。如果按照杀跌惯性来看，股价应是继续低开，那么此处带量平开必有蹊跷。结果，开盘后该股股价走势平平，但 14:00 左右开始放量杀跌。

根据经验可知，此处不宜跟风杀跌，原因有四：一是此前该股短期跌幅巨大，需要修复性反弹；二是当日并未跳空低开，而是带量平开，说明主力开盘时已展开自救行动；三是震荡指标 KDJ 发出背离信号；四是尾盘杀跌乃散户割肉所致，并非主力所为。结果该股当天的最低价即成为波段最低点。如图 13-22 所示。

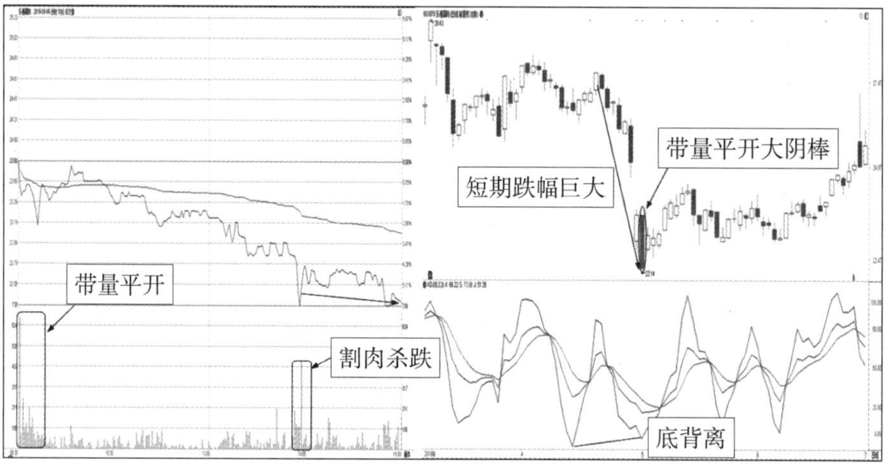

图 13-22　乐惠国际（603076）2019 年 5 月 6 日盘口分时图及其日 K 线图

2. 江化微（603078）

2019 年 6 月 3 日，经历短期大幅上涨之后，江化微（603078）的股价带量平开，盘中有带量杀跌的迹象，并且尾盘也是带量杀跌。

综合分析，这种现象乃主力出货之征兆，原因有三：一是该股股价短期涨幅巨大，从 5 月 6 日的低位 18.48 元，至 5 月 31 日最高摸到 30.86 元，用时不到 1 个月，涨幅达 67%；二是做头特征明显；三是 RSI 指标发出顶部背离信号。结果，次日该股主力撕下伪装，跳空跌破头部盘整区域，形成“岛形反转”形态。如图 13-23 所示。

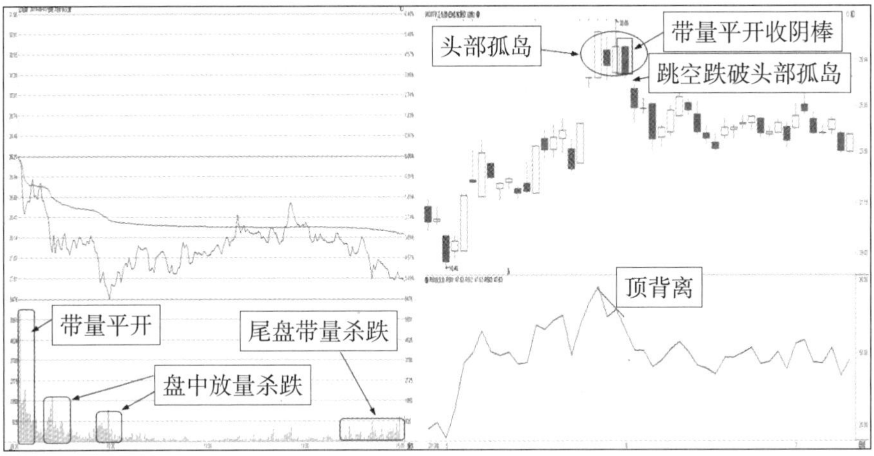

图 13-23 江化微（603078）2019 年 6 月 3 日盘口分时图及其日 K 线图

3. 新疆火炬（603080）

2019 年 3 月 21 日，经历短期大幅上涨之后，新疆火炬（603080）的股价带量平开，尾盘放量杀跌。

综合分析，此处乃主力出货的征兆，原因有三：一是该股股价短期涨幅巨大，1 月 29 日—3 月 20 日，波段涨幅达 61%；二是前一交易日收出一颗长腿十字星，有变盘的征兆；三是 KDJ 指标发出顶背离信号。结果，次日该股股价跳空低开，将前两个交易日入场吃货的交易者牢牢套在山顶。此后股价连续大幅下跌，跌到前低附近时才止跌。如图 13-24 所示。

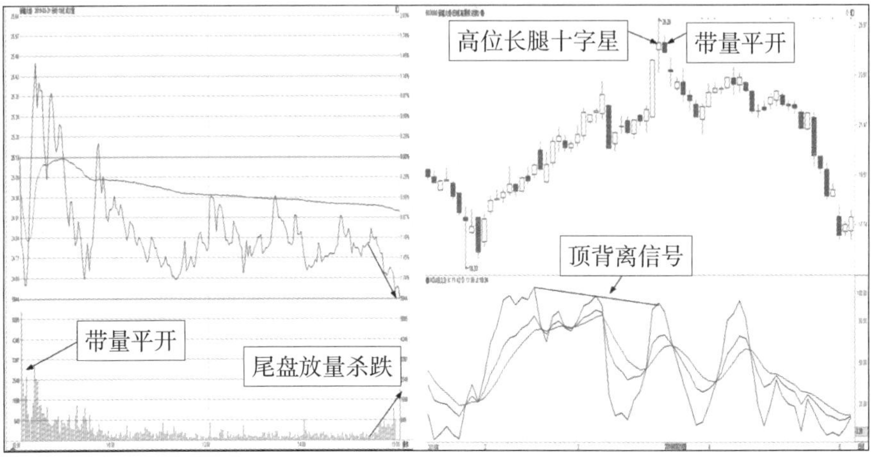

图 13-24 新疆火炬（603080）2019 年 3 月 21 日盘口分时图及其日 K 线图

从以上案例中不难发现，盘口走势与K线走势是相辅相成、互为表里的。笔者真诚希望交易者朋友能够举一反三，将盘口与其他类型的走势图（宝塔线、鬼变脸、美国线）配合应用，以更好地助力投资成功。

六、盘口擒主力（一）

盘口的语言很丰富，股价所处的相对位置不同，主力盘中的操盘手法也不一样。对于即将启动上涨的强势个股，以及即将启动暴跌的弱势个股，想知道如何识别主力的盘口语言吗？请耐心看完第六节与第七节，相信大家必定有所收获。

（1）以涨停或很大升幅高开的形式开盘，盘中又令股价自由回落。主力这样做的目的是利用高开突破关键价位，不想由于红盘而引起他人大量跟风，故意做出阴线，以恐吓场外的短线客。这样做还有震仓、吸筹、试盘等附加效果，主力何乐而不为呢？

2015年3月3日，盛运环保（300090）的股价大幅高开，盘中曾有冲高行为，但随后呈现出自由回落的运动轨迹。值得注意的是，前一交易日，主力已经利用高开高走的方式成功突破前期关键阻力位，今天高开高走收阴线，其实主力是想利用大阴线对昨日的跟风交易者进行当头棒喝，意欲将他们清洗出局。随后，主力利用7个交易日的时间继续震仓吸筹，之后才展开直线拉升。

通过细节观察，可以一窥主力的诡计。虽然主力洗盘长达8个交易日，但始终不肯回补3月3日形成的向上跳空缺口。主力好不容易让股价越过了重要的阻力位，怎能轻易让股价回头去回补缺口？这一点从连续回落的成交量也能看出，主力此时并未出货，而是趁机洗盘吸筹。如图13-25所示。

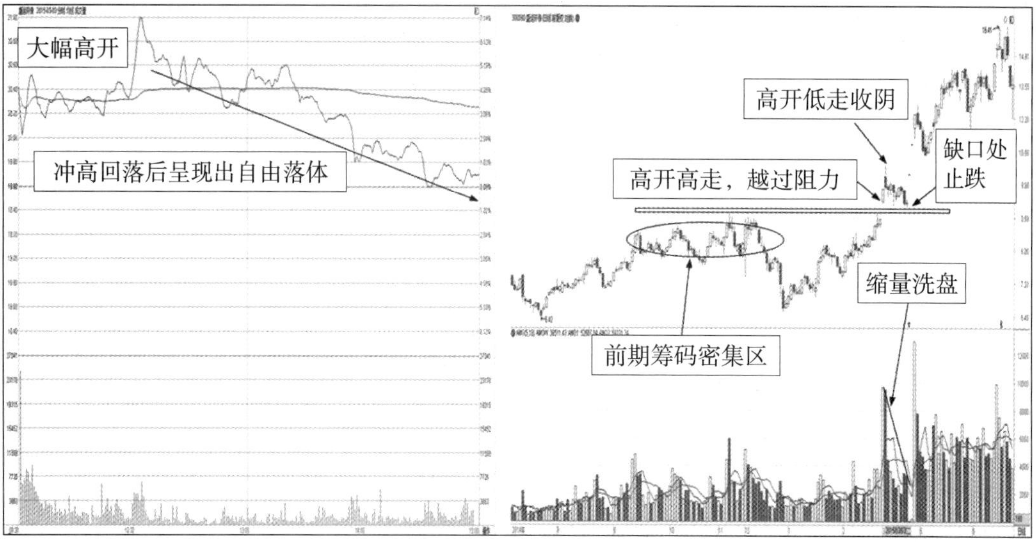

图13-25 盛运环保（300090）2015年3月3日盘口分时图及其前后的日K线图

（2）在股价上升途中，以跌停或很大跌幅低开的形式开盘。主力这样做的目的，一是在开盘时打压吸筹，二是收盘收出阳线，使图形更好看，吸引跟风盘，大家合力进一步推升股价。

2018 年 11 月 30 日，东方通信（600776）的股价开盘几近跌停，全天低开高走收阳线。利用暴力低开的形式，主力吸纳了大量廉价筹码。此后，该股股价扶摇直上，开启了 10 倍上涨之旅，不到半年时间，从 2018 年 10 月 19 日低位的 3.70 元，一路涨至 2019 年 3 月 8 日的 41.88 元，令无数交易者叹为观止，该股也成为 2019 年年初 A 股市场上最闪亮的“明星股”。如图 13-26 所示。

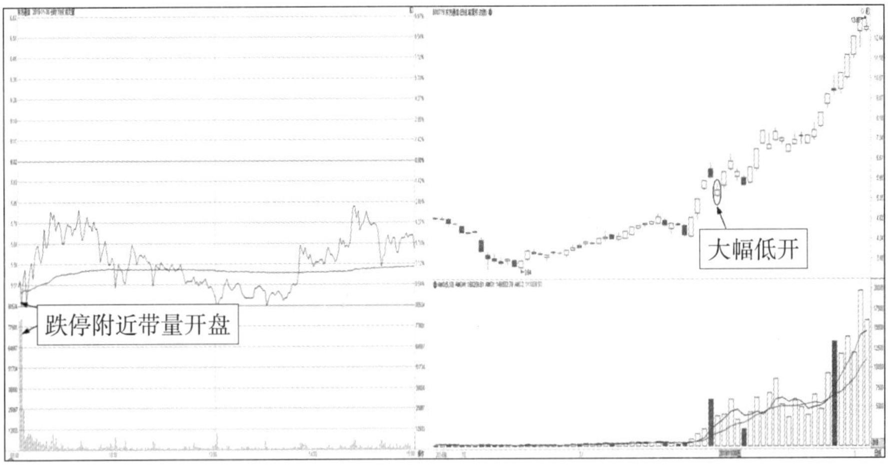

图 13-26　东方通信（600776）2018 年 11 月 30 日盘口分时图及其前后的日 K 线图

（3）主力盘中瞬间大幅拉高股价，其目的主要有以下 4 种：试盘动作，试探上方抛盘压力大小；主力未吃够货，当日采用拉升的方式吃货；做出长上影线，使图形看起来很难看，甩掉坐轿者；主力资金不足，无法承接汹涌的抛盘。

2019 年 6 月 19 日，宣亚国际（300612）的股价盘中大幅放量拉升，一度触及涨停板。通过观察其后几个交易日的股价运行走势，可以清晰地发现，KDJ 指标随后发出了顶背离信号。由此看出，6 月 19 日盘中的拉升行为是由于主力资金不足导致的，应尽快减仓或清仓。如图 13-27 所示。

（4）主力盘中瞬间大幅打压股价，一般来说有以下 4 种目的：试盘动作，试试下方承接盘的支撑力及市场关注度；主力在对倒，以进行筹码换手；做出长下影线，使图形显得很好看，吸引交易者跟风入场；主力资金不足，抛出部分股票后，用返回的资金继续拉升股价。

2019 年 5 月 10 日，金银河（300619）下午盘中股价瞬间遭到大幅打压。由于该股股价刚刚经历短期暴跌，此次大幅下杀虽然释放了强大的做空动能，但股价随后直接反转的概率比较小，可以断定此处的下杀动作是主力向下的试盘行为。如图 13-28 所示。

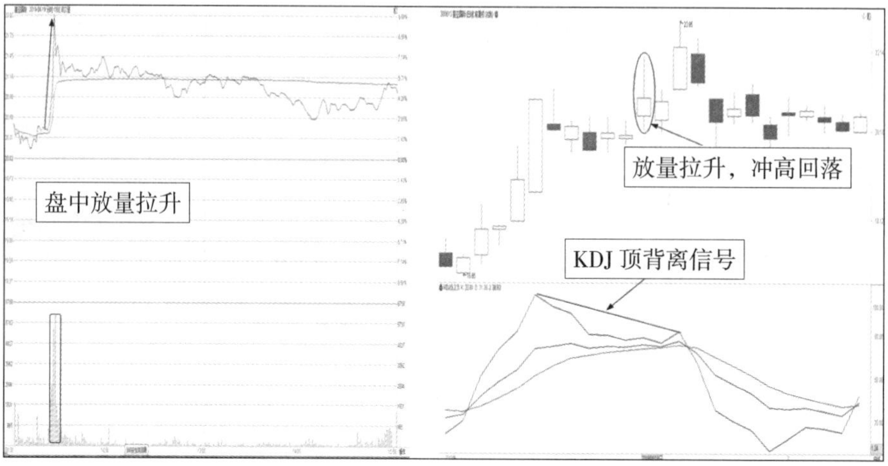

图 13-27　宣亚国际（300612）2019 年 6 月 19 日盘口分时图及其前后的日 K 线图

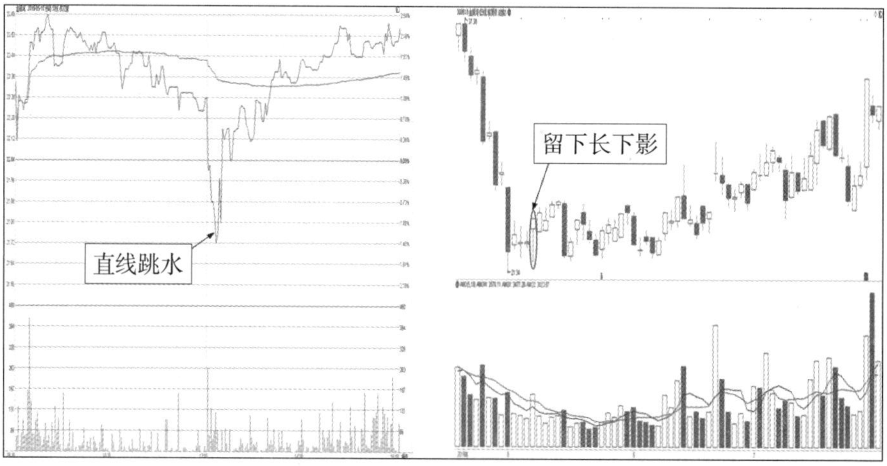

图 13-28　金银河（300619）2019 年 5 月 10 日的盘口走势图及其前后的日 K 线图

（5）在全天收盘前几分钟突然出现一笔或几笔大卖单，降低很大档位将筹码抛出，把股价砸至较低位置。这明显是主力的操盘动作，通过这种操作，主力可以达到 3 个目的：做坏图形，使日 K 线形成光脚大阴线或十字星等较“难看”的图形，让持股者感动恐惧，从而达到震仓的目的；使第二天股价能够高开并大涨，从而跻身涨幅榜前列，吸引交易者跟风入场；主力对倒以实现筹码换手。

2019 年 1 月 31 日尾盘，杭萧钢构（600477）盘口遭大单打压，当日收出一根大阴线，股价收盘价跌破前期 1 月 4 日的最低点，大有破位下跌之势。结果，次日该股股价不跌反涨，高开高走。随后该股走出一波声势浩大的中线行情，由当日最低价 2.86 元一路上涨至 3 月 12 日的波段高点 4.29 元，短短 23 个交易日，累计升幅达 50%。通过观察日 K 线图 MACD 指标可知，该指标当时发出了明显的底背离信号，由此推断，该股当日尾盘走势属于主力假出货、真震仓的操盘动作。如图 13-29 所示。

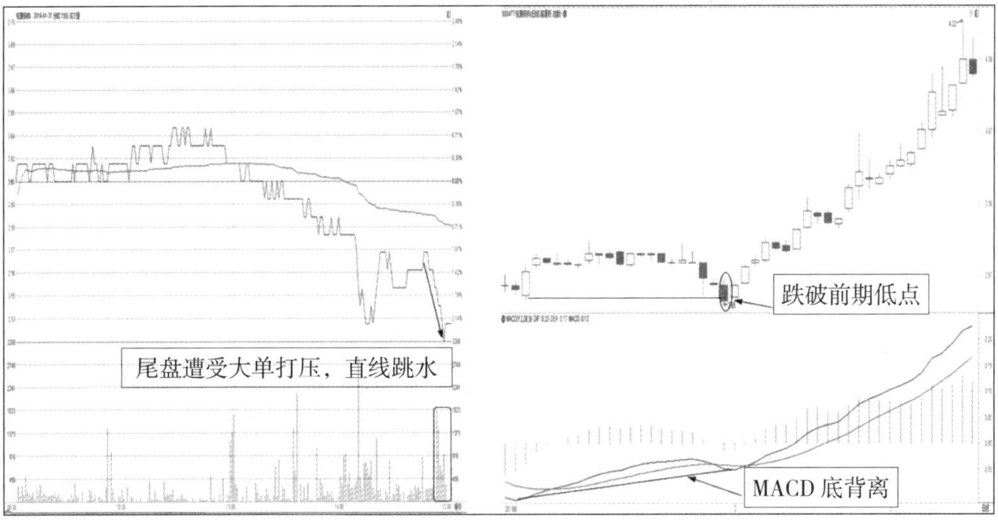

图 13-29　杭萧钢构（600477）2019 年 1 月 31 日盘口走势图及其前后的日 K 线图

（6）在全天收盘前几分钟，突然出现一笔或几笔大买单，加几角甚至几元钱把股价抬拉至较高位置。这种情况说明有主力在操盘，主力这样操作可能是因为资金实力有限，为节约资金，在尾盘拉升股价，使股价收在较高位或突破具有强阻力作用的关键价位。利用尾市搞“突然袭击”，瞬间拉高股价，出现此类现象，一则预示该股人气不高，市场买卖冷淡；二则预示主力资金实力不强，后期股价难有持续的上涨行情，卖出为宜。

2017 年 5 月 11 日与 15 日两个交易日，好利来（002729）连续两天主力在收盘前搞突袭，将股价拉至涨停价，意欲做高股价，吸引市场跟风，以便在更高的位置出货。这说明该股市场人气涣散，主力资金实力不强，拉高出货难于上青天。如图 13-30 所示。

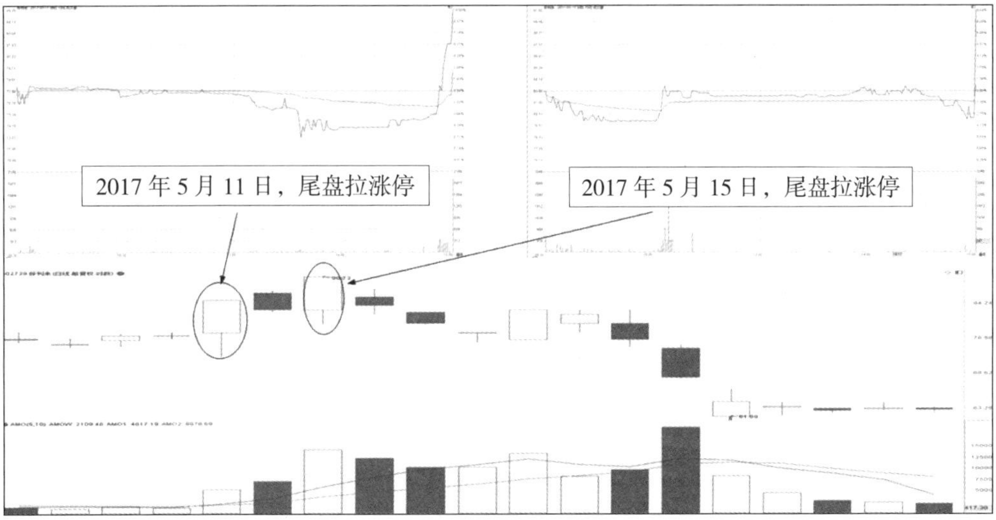

图 13-30　好利来（002729）2017 年 5 月 11 日与 15 日的盘口走势图及其前后的日 K 线图

（7）盘中主力在五档买盘处挂大买单，而不是直接进场扫货。这种迹象往往意味着主力资金实力不够雄厚，企图借此吸引散户买盘入场推高股价。对于这种股票，交易者不宜作为中长线持仓标的。

2019 年 6 月 28 日，尔康制药（300267）在买二处挂有万手大单，股价却不涨反跌。几个交易日后，股价盘中虽再创新高，但已经无法阻挡跌势的到来。如图 13-31 所示。

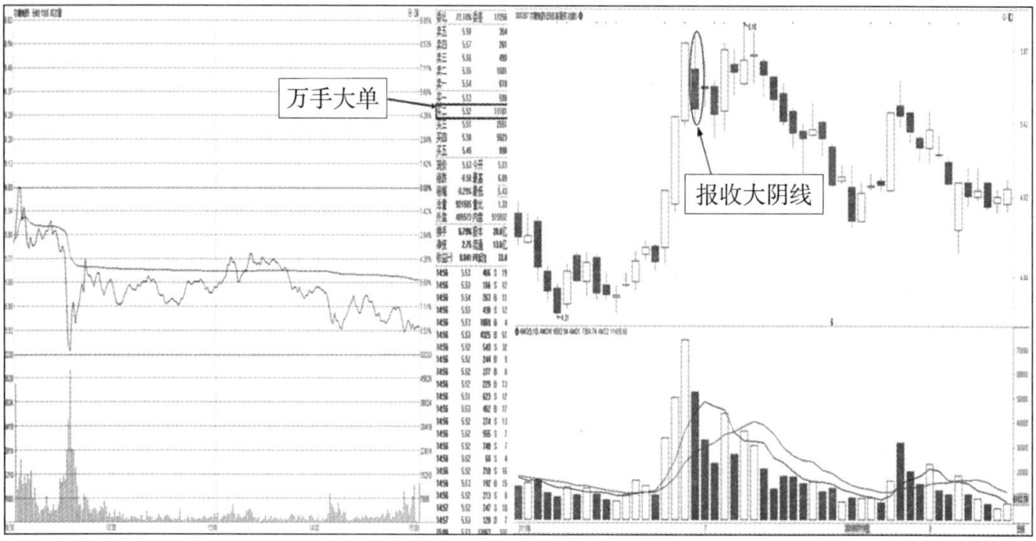

图 13-31　尔康制药（300267）2019 年 6 月 28 日盘口走势图及其前后的日 K 线图

（8）在个股的盘口走势中，股价开始基本上保持某一斜率上行，之后突然直线大幅跳水，形成一根类似垂钓“鱼竿”及“鱼线”的图形。此为主力将股价拉升至高位并引来跟风盘后，突然降低好几个价位抛出大卖单所致。如果此时接盘不多，主力出不了多少货，后期可能仍会将股价拉回去，否则股价就会一泻千里。若下方根本没有承接盘，股价维持在高位是由于主力基本控盘或多数筹码套牢在上方的缘故，那么一旦股价启动下跌，在盘口上就会表现出“一字断魂刀”的走势。

2018 年 1 月 26 日 13:30 之前，中储股份（600787）的股价沿均价线呈 45° 角缓慢攀升的走势；13:30 之后，股价开始大幅跳水，一泻千里。截至收盘，股价由涨幅 4.15% 转为回落翻绿。成交量方面显示，拉升过程中出现许多小量堆，这是主力盘中对敲留下的印记。尾盘杀跌过程中，成交量放大，呈现出放量杀跌的态势，这是主力急于出货形成的走势，此时主力已露出狰狞的面目。

再配合日 K 线进行观察，可以看到该股股价当时已处在波段高位，当日收盘 K 线为一根顶部反转形态的“射击之星”形态，证明该股早盘的拉升是主力在“钓鱼”，交易者应尽快出清持股，否则面临的将是连续大幅杀跌。如图 13-32 所示。

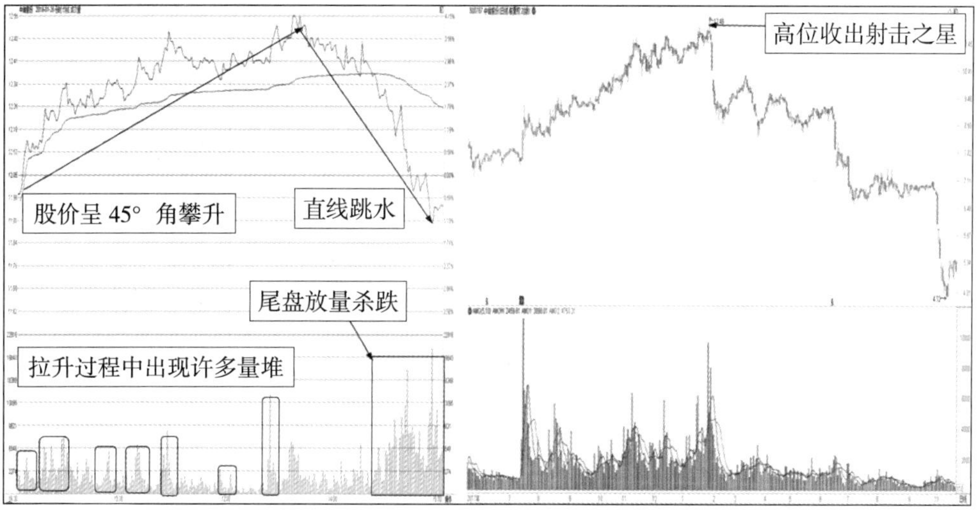

图 13-32　中储股份（600787）2018 年 1 月 26 日盘口走势图及其前后的日 K 线图

七、盘口擒主力（二）

（1）股价处于上涨行进途中，此时外盘大于内盘，股价持续上升，可以继续看涨。

2019 年 10 月 18 日（星期五），中广天择（603721）当日外盘 5470 手，内盘 3481 手，外盘大于内盘，股价当日上涨 1.18%，后市还可看高一线[1]。如图 13-33 所示。

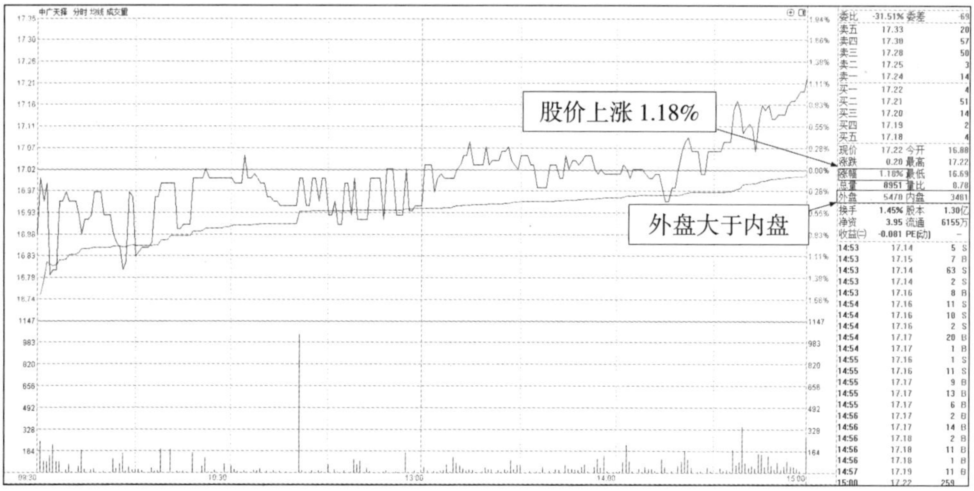

图 13-33　中广天择（603721）2019 年 10 月 18 日（星期五）的盘口分时图

[1] 因行情软件限制，截取当天的盘口走势图，才能显示盘口右边栏，故有时无法确认股价所处的相对位置。本节所举实战案例，仅作盘口解析之用，如用作预测后期走势或不精确，交易者在实战中还需按照股票所处相对位置进行具体分析。

（2）股价在上涨行进途中，“换手率”高于前一阶段换手率 80% 以上，且仍然呈增加趋势，应持股待涨。

（3）股价处于相对高位，股价下方有大量买盘形成价格托板，与此同时出现大量隐形内盘，股价却不上涨，可以认为主力有出货的迹象。

2019 年 10 月 18 日（星期五），神州信息（000555）盘口五档卖盘中，买一至买五处有大量买盘形成的价格托板，委差高达 4587 手，委比高达 78.8%。与此同时，外盘只有 147028 手，内盘有 243954 手，股价却不涨反跌，尾盘逼近跌停。可以认为，该股主力有出货迹象，后续应还有大跌。如图 13-34 所示。

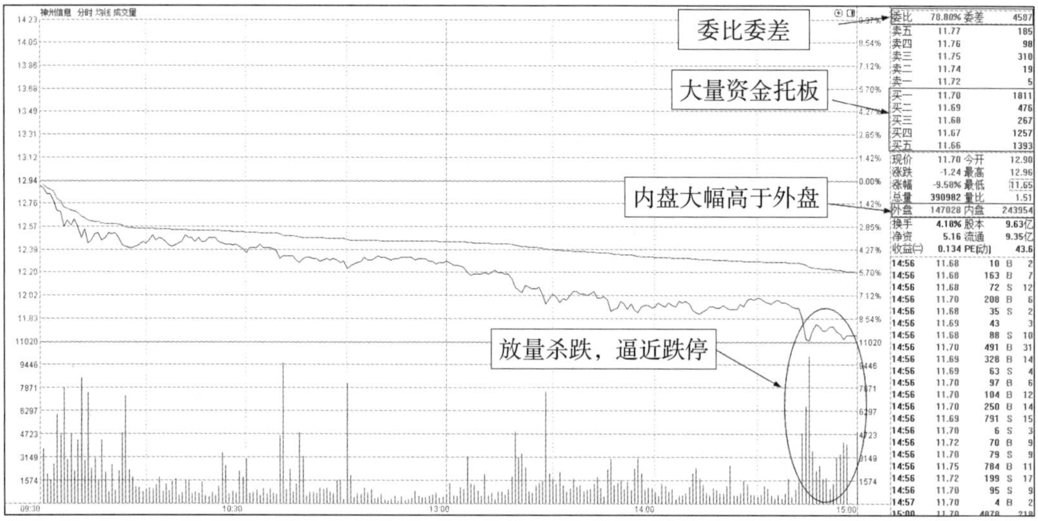

图 13-34　神州信息（000555）2019 年 10 月 18 日（星期五）的盘口分时图

（4）股价处于相对高位，外盘大于内盘，股价却不上涨，可以关注是否有主力在暗中出货。

2019 年 10 月 18 日（星期五），科斯伍德（300192）外盘为 177441 手，内盘为 175273 手，外盘大于内盘。而该股尾盘冲高回落，放量杀跌，由大涨 7% 至大跌 6.27% 报收，此时应高度关注其主力后续是否暗中出货。如图 13-35 所示。

（5）股价处于相对高位，内盘大于外盘，价格持续下跌，但成交量持续攀升，形成价跌量增的格局，此时是跟随主力出货的重要时机。

2019 年 10 月 18 日（星期五），奥马电器（002668）外盘为 647248 手，内盘为 750610 手，内盘大于外盘，当日该股以跌停报收。截至尾盘，量比高达 1.23，是典型的价跌量增格局。该股盘中曾一度逼近跌停，但直至收盘前几分钟才封死在跌停板，这给持有该股的交易者营造了很好的跟庄出货机会，理应把握住。如图 13-36 所示。

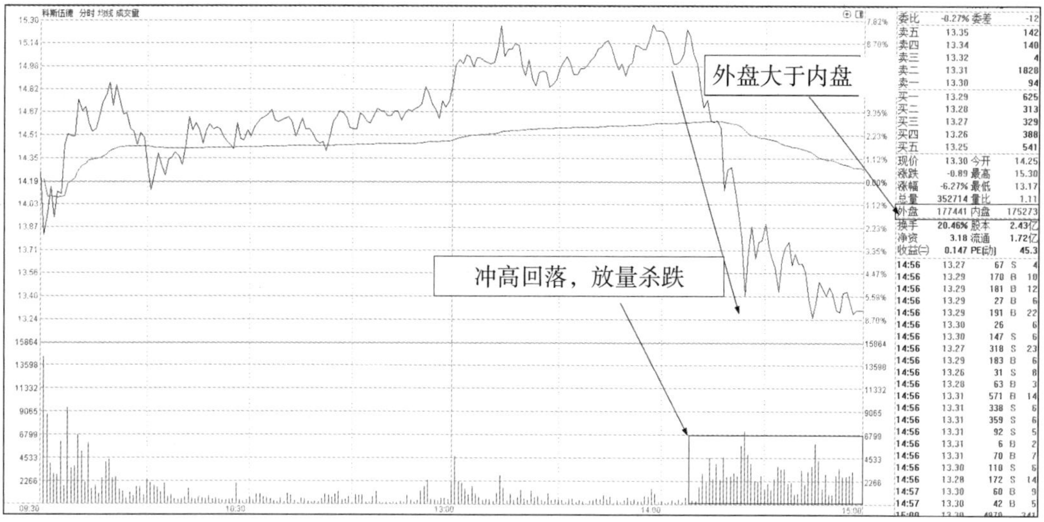

图 13-35　科斯伍德（300192）2019 年 10 月 18 日（星期五）的盘口分时图

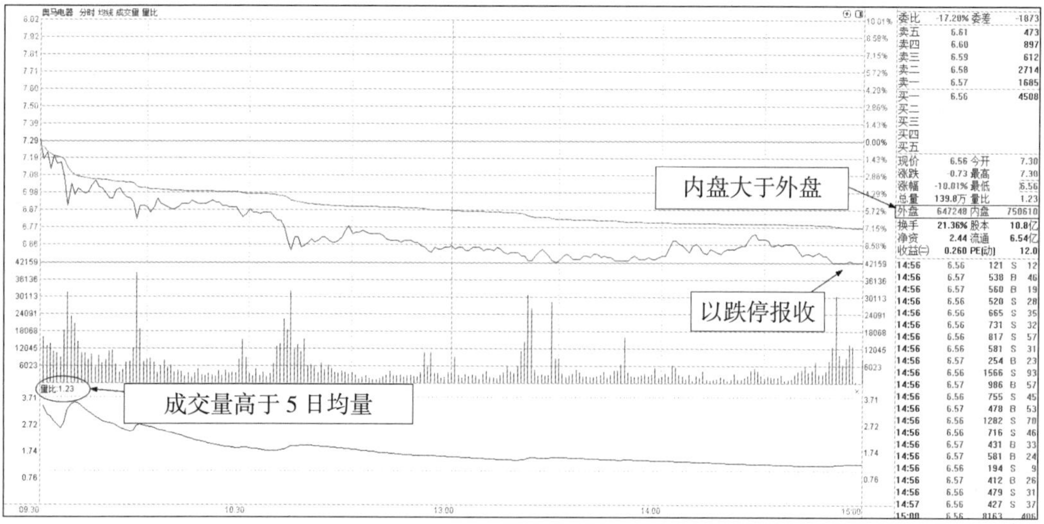

图 13-36　奥马电器（002668）2019 年 10 月 18 日（星期五）的盘口分时图

（6）股价处于相对高位，在 3 ～ 5 个月内，换手率累计超过 200% 的股票应及时卖出。

（7）股价处于相对低位，某日上方有大量大资金形成的价格压板，与此同时出现大量隐形外盘，这只股票的股价却不下跌，可以认为该股将企稳反弹。

2019 年 10 月 18 日（星期五），南钢股份（600282）盘口五档卖盘中有大量卖盘形成的价格压板，委差达 -12379 手，委比达 -26.98%。与此同时，外盘明显大于内盘，尾盘却以平盘报收，可认为该股出现止跌企稳的迹象。如图 13-37 所示。

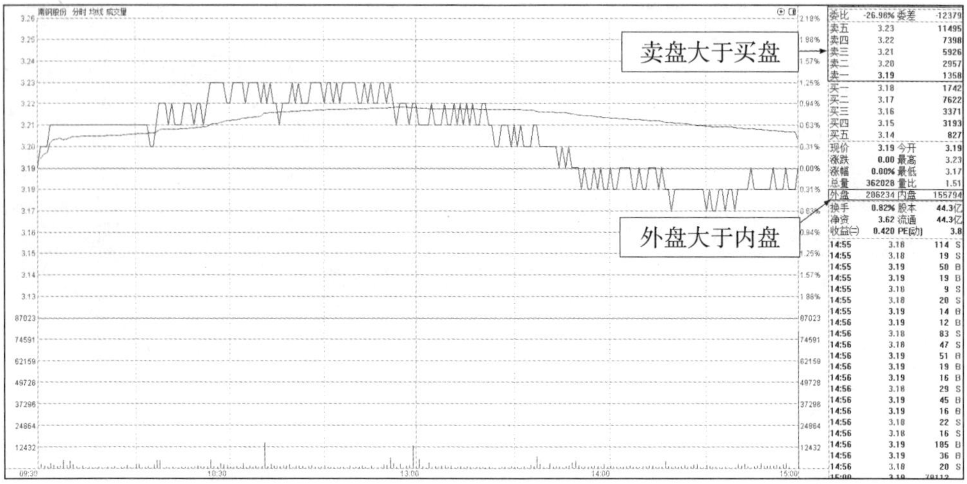

图 13-37　南钢股份（600282）2019 年 10 月 18 日（星期五）的盘口分时图

（8）股价处于相对低位，内外盘都较小或内盘大于外盘，股价却不跌反涨，可以认为主力已锁定筹码，此时正在轻轻地托着股价缓慢上行。

2019 年 10 月 18 日（星期五），昭衍新药（603127）当日内盘仅有 9906 手，外盘仅有 9565 手，内盘虽然大于外盘，股价当日却只微涨 0.01%，可认为该股主力已锁定筹码，正在稳步拉升股价，交易者应逐步跟进。如图 13-38 所示。

图 13-38　昭衍新药（603127）2019 年 10 月 18 日（星期五）的盘口分时图

（9）股价处于相对低位，低开后伴有大手笔成交，股价却未有明显上涨或平稳上涨，可择机买进。

2019 年 10 月 18 日（星期五），恒天海龙（000677）的股价低开后平稳上涨，盘中不时有大手笔成交，此时可择机买入，至收盘时股价封至涨停板。如图 13-39 所示。

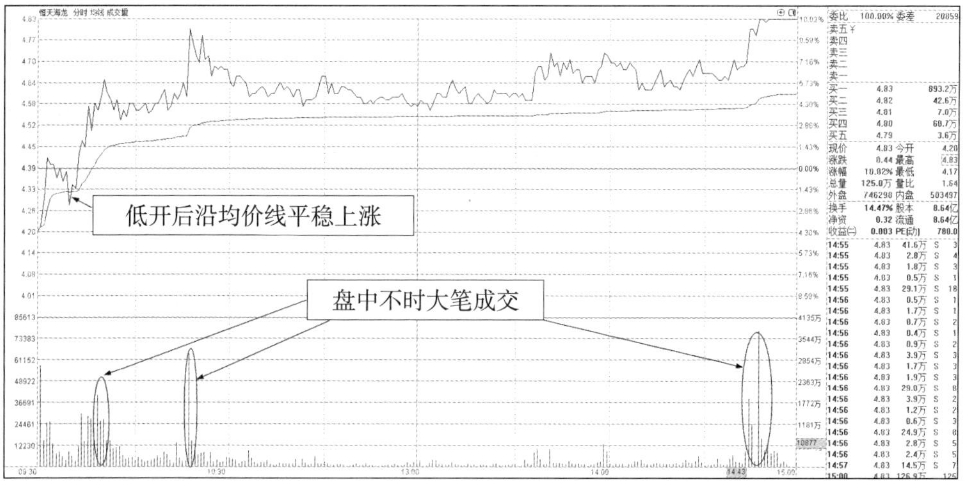

图 13-39　恒天海龙（000677）2019 年 10 月 18 日（星期五）的盘口走势图

（10）股价处于相对低位，盘中涨幅不多而突然放量上涨的个股，可及时买进。同时，交易者应把握好成交量剧增股及同类股的良机，趁热打铁，买就买热点。

2019 年 10 月 18 日（星期五），珠海中富（000659）的股价开盘后横盘震荡。当股价站上均价线时，突然放量拉升，此时可立即跟进，其后股价封在涨停板。如图 13-40 所示。

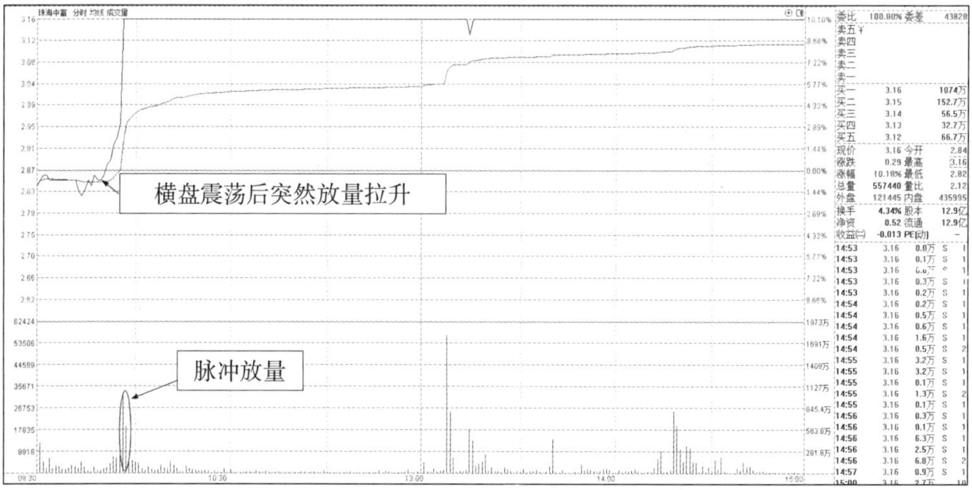

图 13-40　珠海中富（000659）2019 年 10 月 18 日（星期五）的盘口分时图

（11）股价处于相对低位，虽然近阶段股价既冲不过压制线，又跌不破支撑线，但是在盘口分时走势图上，经常出现忽上忽下的宽幅震荡，委买、委卖价格差距非常大，给人一种股价飘忽不定的感觉，这是主力在高抛低吸，等大势明朗，主力就会发力上攻。

2018 年 10 月 25 日，经历前期大幅杀跌后，梦网集团（002123）的股价做空动能已经基本衰竭，股价进入三角形整理阶段。其间，股价在三角形内来回震荡整固，盘口分时图上经常出现大涨大跌的宽幅震荡格局，11 月 30 日的分时图便是其中的代表。分析可知，股价大幅下挫后，需要横盘整固，目前处于历史低位，向上突破的概率较大。结果，2019 年 1 月 7 日，股价突破三角形整理区间，随后一飞冲天。如图 13-41 所示。

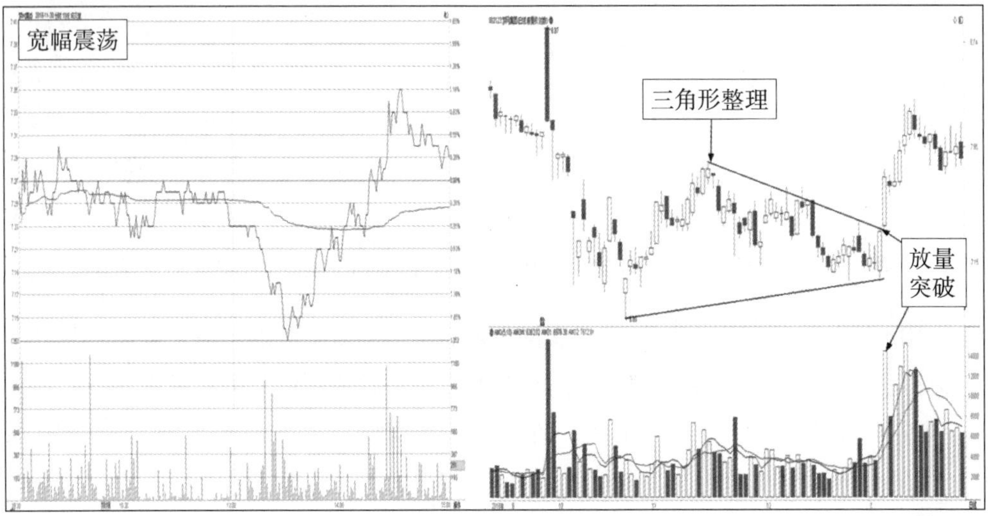

图 13-41　梦网集团（002123）2018 年 11 月 30 日盘口分时图及其前后的日 K 线图

（12）股价处于相对低位，委托卖出笔数大于成交笔数，大于委托买进笔数，但价格在上涨，应择机跟进。

（13）股价处于相对低位，近期每笔成交数已经达到或超过市场平均每笔成交股数的 1 倍以上。比如，目前市场上个股平均每笔成交为 700 股左右，而近期该股每笔成交股数超过了 1400 股，可择机买进。

（14）股价处于相对低位，盘口分时图尾盘跳水，但第二天低开高走，应择机跟进。

（15）股价处于相对低位，小盘股中，经常出现 100 手（1 手 =100 股）以上买盘，中盘股经常出现 300 手以上买盘，大盘股经常出现 500 手以上买盘，超大盘股经常出现 1000 手以上买盘，可择机跟进。

（16）股价处于相对低位，在早盘开盘时，量比较大且形态较好的个股，可参照分时图走势即时买进，不放量不买。

2019 年 10 月 18 日（星期五），科沃斯（603486）日 K 线显示，该股刚刚经历了一波 5 浪下跌，成交量极度缩量。当日 5 日均量线上穿 10 日均量线，震荡指标 KDJ 底背离后于该日出现金叉。盘口显示，开盘后量比急剧放大到 6 倍以上。综合以上分析，应在开盘后股价回踩均价线时入场，结果股价当日报收涨停板。如图 13-42 所示。

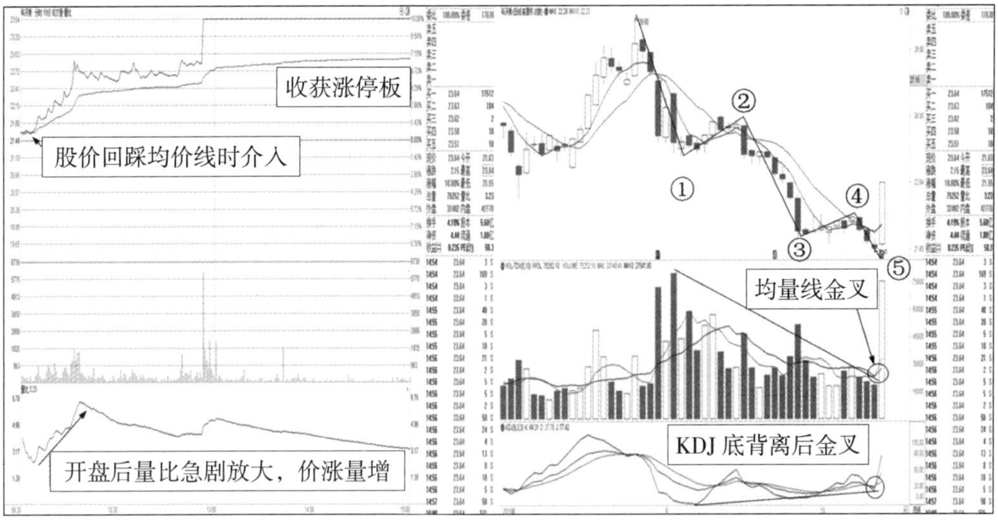

图 13-42　科沃斯（603486）2019 年 10 月 18 日（星期五）的盘口分时图及其前期日 K 线图

（17）根据上文第九条所述，交易者早盘可根据量比排行榜，选择量比同步放大的低位同类个股，寻机买进，图 13-43 所示为 2019 年 10 月 18 日全 A 量比排行榜。

	代码	名称	涨幅%	现价	量比↓	地区	换手%	总股本(亿)	细分行业	AB股总市值	市盈(动)	市净率	上市日期
1	603786	科博达	10.01	51.54	33.87	上海	6.08	4.00	汽车配件	206.21亿	48.95	6.99	20191015
2	600677	航天通信	R 5.51	9.96	14.18	浙江	19.20	5.22	通信设备	51.97亿	–	1.58	19930928
3	603002	宏昌电子	9.97	4.30	13.33	广东	8.28	6.14	化工原料	26.42亿	62.34	2.39	20120518
4	000532	华金资本	3.50	14.50	8.93	广东	22.03	3.45	多元金融	49.98亿	142.86	6.29	19940103
5	603615	茶花股份	4.56	9.85	8.86	福建	13.92	2.45	家居用品	24.10亿	33.99	1.80	20170213
6	600209	ST罗顿	1.59	2.56	7.91	海南	2.73	4.39	综合类	11.24亿	–	1.91	19990325
7	002178	延华智能	-3.02	3.85	7.66	上海	7.60	7.12	建筑工程	27.42亿	–	3.34	20071101
8	300536	农尚环境	8.54	8.64	7.18	湖北	12.04	2.93	建筑工程	25.34亿	45.67	4.31	20160920
9	002228	合兴包装	7.04	4.56	7.01	福建	9.48	11.70	广告包装	53.33亿	19.94	1.90	20080508
10	600496	精工钢构	4.06	2.82	6.49	安徽	3.14	18.10	钢加工	51.05亿	14.02	1.01	20020605
11	300100	双林股份	4.82	6.31	6.19	浙江	6.37	4.66	汽车服务	29.39亿	131.55	1.07	20100806
12	603918	金桥信息	-1.01	12.69	6.16	上海	11.26	2.33	软件服务	29.61亿	80.44	5.09	20150528
13	600481	双良节能	R 9.91	3.77	5.96	江苏	1.45	16.37	环境保护	61.73亿	36.01	2.80	20030422
14	600876	洛阳玻璃	9.96	11.70	5.74	河南	3.64	5.60	玻璃	36.25亿	105.87	5.07	19951031
15	002061	浙江交科	4.91	5.56	5.32	浙江	2.24	13.76	建筑工程	76.49亿	16.34	1.06	20060816
16	300730	科创信息	-2.83	17.49	5.30	湖南	24.74	1.58	软件服务	27.64亿	–	7.17	20171205
17	600081	东风科技	R 3.59	12.41	5.10	上海	8.35	3.14	汽车配件	38.91亿	23.32	2.92	19970703
18	603165	荣晟环保	-6.32	17.80	4.98	浙江	22.66	1.77	造纸	31.57亿	12.75	2.48	20170117
19	603687	大胜达	-1.90	19.10	4.68	浙江	52.52	4.11	广告包装	78.47亿	54.21	5.56	20190726
20	000662	天夏智慧	9.96	4.97	4.66	广西	7.70	10.93	软件服务	54.33亿	41.74	0.95	19961216
21	600880	博瑞传播	R -3.54	3.81	4.29	四川	4.03	10.93	广告包装	41.66亿	55.12	1.48	19951115
22	600381	青海春天	1.12	5.41	4.29	青海	0.96	5.87	医疗保健	31.76亿	575.80	1.33	20010508
23	002298	中电兴发	-5.97	8.67	4.15	安徽	19.50	6.92	软件服务	59.95亿	26.28	1.40	20090929
24	000639	西王食品	R -5.38	4.75	4.11	山东	2.55	10.79	食品	51.27亿	11.43	1.13	19961126
25	002448	中原内配	10.05	6.24	4.10	河南	4.79	6.08	汽车配件	37.92亿	20.14	1.43	20100716
26	300090	盛运环保	9.55	1.72	4.08	安徽	8.56	13.20	环境保护	22.70亿	–	-27.55	20100625
27	002765	蓝黛传动	-7.73	5.49	4.07	重庆	12.10	4.81	汽车配件	26.43亿	–	1.64	20150612
28	300043	星辉娱乐	10.10	5.78	3.96	广东	13.21	12.44	文教休闲	71.91亿	15.91	2.33	20100120
29	002131	利欧股份	R 5.52	1.91	3.90	浙江	7.42	66.51	互联网	127.04亿	28.07	1.59	20070427
30	603398	邦宝益智	9.99	11.01	3.89	广东	4.31	2.96	文教休闲	32.63亿	39.70	4.55	20151209
31	002582	好想你	4.89	8.80	3.83	河南	5.46	5.16	食品	45.38亿	17.90	1.36	20110520
32	300605	恒锋信息	-4.28	13.88	3.76	福建	24.44	1.65	软件服务	22.95亿	66.39	4.51	20170208
33	600156	华升股份	4.48	4.66	3.76	湖南	3.75	4.02	纺织	18.74亿	–	2.57	19980527
34	002571	德力股份	4.32	5.07	3.68	安徽	5.73	3.92	玻璃	19.87亿	51.02	1.39	20110412
35	600300	维维股份	R 0.00	3.11	3.61	江苏	2.10	16.72	软饮料	52.00亿	28.42	1.92	20000630

左图方框内为量比排行榜

图 13-43　2019 年 10 月 18 日（星期五）A 股行情报价表

（18）强者恒强，今天继续强势的昨日强势股，可逢低买入。可按如下步骤选择昨日强势股，以行情软件“通达信”为例：第一步点击“板块”；第二步选择“风格板块”；第三步通过选择“昨日涨停”或“昨日较强”，以此来选择昨日强势股。如图 13-44 所示。

（19）尾盘后 10 分钟进入涨速排名榜前 10 名的个股，可今天买明天卖。图 13-45 所示为 2019 年 10 月 18 日（星期五）的全部 A 股涨速排行榜。

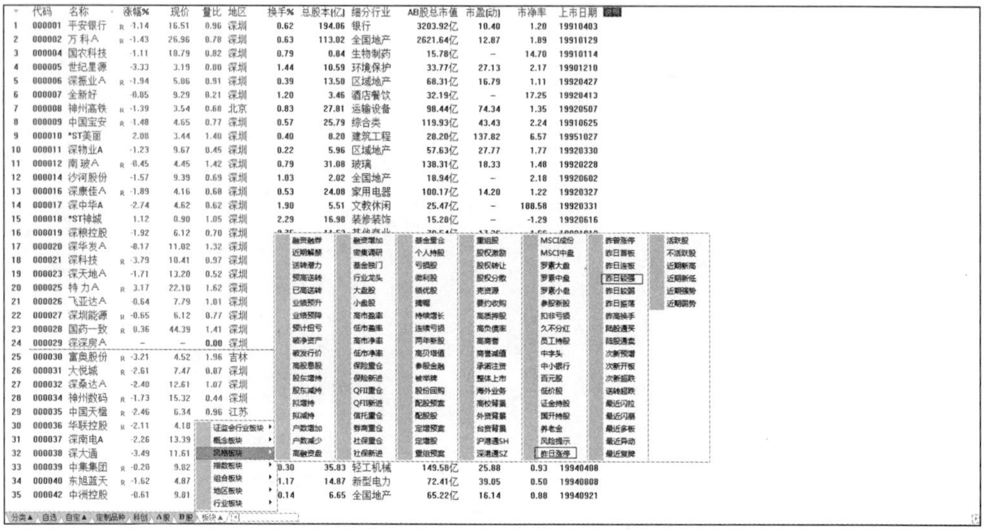

	代码	名称	涨幅%	现价	量比	地区	换手%	总股本(亿)	细分行业	AB股总市值	市盈(动)	市净率	上市日期
1	000001	平安银行	R -1.14	16.51	0.96	深圳	0.62	194.06	银行	3203.92亿	10.40	1.20	19910403
2	000002	万科A	R -1.43	26.96	0.78	深圳	0.63	113.02	全国地产	2621.64亿	12.87	1.89	19910129
3	000004	国农科技	-1.11	18.79	0.82	深圳	0.79	0.84	生物制药	15.78亿	–	14.70	19910114
4	000005	世纪星源	-3.33	3.19	0.80	深圳	1.44	10.59	环境保护	33.77亿	27.13	2.17	19901210
5	000006	深振业A	R -1.94	5.06	0.91	深圳	0.39	13.50	区域地产	68.31亿	16.79	1.11	19920427
6	000007	全新好	-0.85	9.29	0.21	深圳	1.20	3.46	酒店餐饮	32.19亿	–	17.25	19920413
7	000008	神州高铁	R -1.39	3.54	0.68	北京	0.83	27.81	运输设备	98.44亿	74.34	1.35	19920507
8	000009	中国宝安	R -1.48	4.65	0.77	深圳	0.57	25.79	综合类	119.93亿	43.43	2.24	19910625
9	000010	*ST美丽	2.08	3.44	1.40	深圳	0.40	8.20	建筑工程	28.20亿	137.82	6.57	19951027
10	000011	深物业A	-1.23	9.67	0.45	深圳	0.22	5.96	区域地产	57.63亿	27.77	1.77	19920330
11	000012	南玻A	R -0.45	4.45	1.42	深圳	0.79	31.08	玻璃	138.31亿	18.33	1.48	19920228
12	000014	沙河股份	-1.57	9.39	0.69	深圳	1.03	2.02	全国地产	18.94亿	–	2.18	19920602
13	000016	深康佳A	R -1.89	4.16	0.68	深圳	0.53	24.08	家用电器	100.17亿	14.20	1.22	19920327
14	000017	深中华A	-2.74	4.62	0.62	深圳	1.90	5.51	文教休闲	25.47亿	–	188.58	19920331
15	000018	*ST神城	1.12	0.90	1.05	深圳	2.29	16.98	装修装饰	15.28亿	–	-1.29	19920616
16	000019	深粮控股	-1.92	6.12	0.70	深圳							
17	000020	深华发A	-8.17	11.02	1.32	深圳							
18	000021	深科技	R -3.79	10.41	0.97	深圳							
19	000023	深天地A	-1.71	13.20	0.52	深圳							
20	000025	特力A	R 3.17	22.10	1.62	深圳							
21	000026	飞亚达A	-0.64	7.79	1.01	深圳							
22	000027	深圳能源	R -0.65	6.12	0.77	深圳							
23	000028	国药一致	R 0.36	44.39	1.41	深圳							
24	000029	深深房A	–	–	0.00	深圳							
25	000030	富奥股份	R -3.21	4.52	1.96	吉林							
26	000031	大悦城	R -2.61	7.47	0.87	深圳							
27	000032	深桑达A	-2.40	12.61	1.07	深圳							
28	000034	神州数码	R -1.73	15.32	0.44	深圳							
29	000035	中国天楹	R -2.46	6.34	0.96	江苏							
30	000036	华联控股	R -2.11	4.18									
31	000037	深南电A	-2.26	13.39									
32	000038	深大通	-3.49	11.61									
33	000039	中集集团	R -0.28	9.82			0.30	35.83	轻工机械	149.58亿	25.88	0.93	19940408
34	000040	东旭蓝天	R -1.62	4.87			1.17	14.87	新型电力	72.41亿	39.05	0.50	19940808
35	000042	中洲控股	-0.61	9.81			0.14	6.65	全国地产	65.22亿	16.14	0.88	19940921

图 13-44　昨日强势股的选择方法

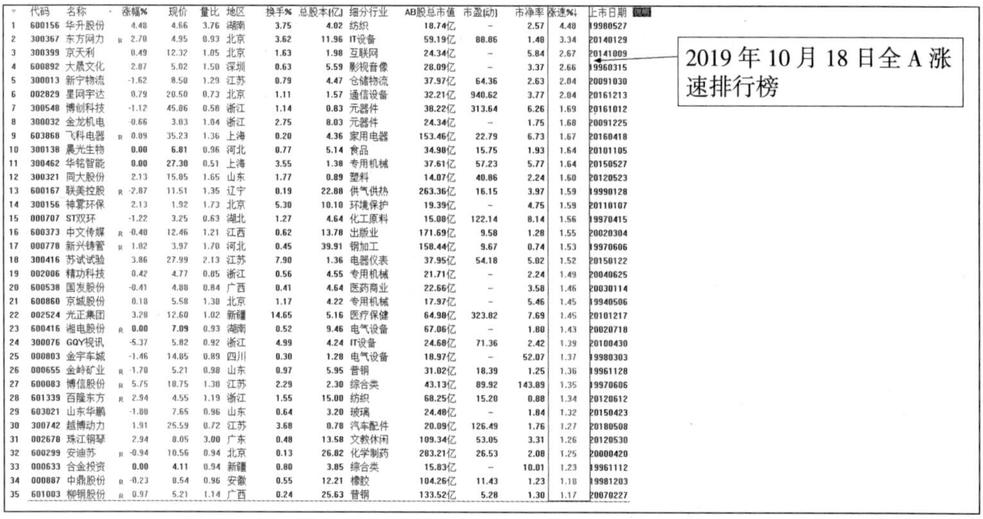

	代码	名称	涨幅%	现价	量比	地区	换手%	总股本(亿)	细分行业	AB股总市值	市盈(动)	市净率	涨速%	上市日期
1	600156	华升股份	4.48	4.66	3.76	湖南	3.75	4.02	纺织	18.74亿	–	2.57	4.48	19980527
2	300367	东方网力	R 2.70	4.95	0.93	北京	3.62	11.96	IT设备	59.19亿	88.86	1.48	3.34	20140129
3	300399	京天利	0.49	12.32	1.05	北京	1.63	1.98	互联网	24.34亿	–	5.84	2.67	20141009
4	600892	大晟文化	2.07	5.02	1.50	深圳	0.63	5.59	影视音像	28.09亿	–	3.37	2.66	19960315
5	300013	新宁物流	-1.62	8.50	1.29	江苏	0.79	4.47	仓储物流	37.97亿	64.36	2.63	2.04	20091030
6	002829	星网宇达	0.79	20.50	0.73	北京	1.11	1.57	通信设备	32.21亿	940.62	3.77	2.04	20161213
7	300548	博创科技	-1.12	45.86	0.58	浙江	1.14	0.83	元器件	38.22亿	313.64	6.26	1.69	20161012
8	300032	金龙机电	-0.66	3.03	1.04	浙江	2.75	8.03	元器件	24.34亿	–	1.75	1.68	20091225
9	603868	飞科电器	R 0.09	35.23	1.36	上海	0.20	4.36	家用电器	153.46亿	22.79	6.73	1.67	20160418
10	300138	晨光生物	0.00	6.81	0.96	河北	0.77	5.14	食品	34.98亿	15.75	1.93	1.64	20101105
11	300462	华铭智能	0.00	27.30	0.51	上海	3.55	1.38	专用机械	37.61亿	57.23	5.77	1.64	20150527
12	300321	同大股份	2.13	15.85	1.65	山东	1.77	0.89	塑料	14.07亿	40.86	2.24	1.60	20120523
13	600167	联美控股	R -2.87	11.51	1.35	辽宁	0.19	22.88	供气供热	263.36亿	16.15	3.97	1.59	19990128
14	300156	神雾环保	2.13	1.92	1.73	北京	5.30	10.10	环境保护	19.39亿	–	4.75	1.59	20110107
15	000707	ST双环	-1.22	3.25	0.63	湖北	1.27	4.64	化工原料	15.08亿	122.14	8.14	1.56	19970415
16	600373	中文传媒	R -0.40	12.46	1.21	江西	0.62	13.78	出版业	171.69亿	9.58	1.28	1.55	20020304
17	000778	新兴铸管	R 1.02	3.97	1.70	河北	0.45	39.91	钢加工	158.44亿	9.67	0.74	1.53	19970606
18	300416	苏试试验	3.86	27.99	2.13	江苏	7.90	1.36	电器仪表	37.95亿	54.18	5.02	1.52	20150122
19	002006	精功科技	0.42	4.77	0.85	浙江	0.56	4.55	专用机械	21.71亿	–	2.24	1.49	20040625
20	600538	国发股份	-0.41	4.88	0.84	广西	0.41	4.64	医药商业	22.66亿	–	3.58	1.46	20030114
21	600860	京城股份	0.18	5.58	1.38	北京	1.17	4.22	专用机械	17.97亿	–	5.46	1.45	19940506
22	002524	光正集团	3.28	12.60	1.02	新疆	14.65	5.16	医疗保健	64.98亿	323.82	7.69	1.45	20101217
23	600416	湘电股份	R 0.00	7.09	0.93	湖南	0.52	9.46	电气设备	67.06亿	–	1.80	1.43	20020718
24	300076	GQY视讯	-5.37	5.82	0.92	浙江	4.99	4.24	IT设备	24.68亿	71.36	2.42	1.39	20100430
25	000803	金宇车城	-1.46	14.85	0.89	四川	0.30	1.28	电气设备	18.97亿	–	52.07	1.37	19980303
26	000655	金岭矿业	R -1.70	5.21	0.98	山东	0.97	5.95	普钢	31.02亿	18.39	1.25	1.36	19961128
27	600083	博信股份	R 5.75	18.75	1.38	江苏	2.29	2.30	综合类	43.13亿	89.92	143.89	1.35	19970606
28	601339	百隆东方	R 2.94	4.55	1.19	浙江	1.55	15.00	纺织	68.25亿	15.20	0.88	1.34	20120612
29	603021	山东华鹏	-1.80	7.65	0.96	山东	0.64	3.20	玻璃	24.48亿	–	1.84	1.32	20150423
30	300742	越博动力	1.91	25.59	0.72	江苏	3.68	0.78	汽车配件	20.09亿	126.49	1.76	1.27	20180508
31	002678	珠江钢琴	2.94	8.05	3.00	广东	0.48	13.58	文教休闲	109.34亿	53.05	3.31	1.26	20120530
32	600299	安迪苏	R -0.94	10.56	0.94	北京	0.13	26.82	化学制药	283.21亿	26.53	2.08	1.25	20000420
33	000633	合金投资	0.00	4.11	0.94	新疆	0.80	3.85	综合类	15.83亿	–	10.01	1.23	19961112
34	000887	中鼎股份	R -0.23	8.54	0.96	安徽	0.55	12.21	橡胶	104.26亿	11.43	1.23	1.18	19981203
35	601003	柳钢股份	R 0.97	5.21	1.14	广西	0.24	25.63	普钢	133.52亿	5.28	1.30	1.17	20070227

图 13-45　2019 年 10 月 18 日（星期五）的 A 股涨速排行榜

（20）上午不论何因停盘的股票，复牌后只要不涨停立即卖掉（无论利好利空）。

可以肯定，只要主力介入某只股票，上述信号中总有几个信号能和它对上号，使主力露出蛛丝马迹。当然，究竟哪几个信号对上了，哪几个信号没有对上，在不同时期，情况是不一样的，这个只能靠大家平时多琢磨，多分析。但是，只要大家掌握一个原则，就可以大大提高判断的准确率。

这个原则是：如同时有 5 个信号出现，说明该股很有可能有主力介入。如果同时有 8 个信号出现，说明该股十有八九有主力介入。如果同时有 10 个以上信号出现，则基本上可以断定该股主力已经深度介入。

第十四章　缺口战法

一、缺口理论

对于图形分析者来说，缺口就是一段没有交易的价格范围。这个概念很重要，它可以帮助大家来解释一些技术问题。日 K 线图中的缺口就是一只股票某一天的最低价比前一天的最高价还要高，或是某一天的最高价比前一天的最低价还要低，从而使价格趋势呈现出跳空的现象。周 K 线图上发生的缺口，必须是一周中的最低价比上一周的最高价还要高，或一周中的最高价比上一周的最低价还要低。月 K 线图缺口在热门股中很少出现，它们几乎都发生在月底和下月初恐慌下跌的少数例子中。

通常情况下，如果缺口不被迅速回补，就表明行情有延续的可能；如果缺口马上被回补，则表明行情有反转的可能。

（一）缺口分类

缺口是指股价在快速大幅变动过程中，有一段价格区间没有任何交易，显示在价格趋势图上是一个真空区域，这个区域称为“缺口”，通常又被称为跳空。股价出现缺口，经过几天甚至更长时间的变动，然后反转过来，回补原来的价格缺口时，称为缺口封闭，又称补空。

缺口可分 4 种，即普通缺口、突破缺口、中继缺口和衰竭缺口。从缺口发生的部位和缺口大小，可以预测价格走势的强弱，确定是突破还是已运行到趋势尽头，是研判各种形态时最有力的辅助工具之一。

1. 普通缺口

这类缺口通常出现在密集的交易区域中，因此许多需要较长时间形成的整理或转向形态，如三角形、矩形等，都可能出现这类缺口。

2013 年 6 月—2014 年 8 月，上证指数（000001）形成大型收敛三角形，在图形内频繁出现向上跳空与向下跳空的缺口，由于这类缺口出现在整理形态内，并未有效突破（跌破）整理区间，因此实战分析意义不大。如图 14–1 所示。

图 14-1　上证指数（000001）2013 年 6 月 21 日—2014 年 8 月 6 日的日 K 线走势图

2. 突破缺口

突破缺口是在一个密集交易区或整理形态完成后突破盘局时产生的缺口。当股价以一个很大的跳空缺口远离形态时，表示真正的突破终于形成了。错误的价格移动很少会产生缺口，同时缺口能显示突破的力度，突破缺口愈大，表示未来的变动愈强烈。

2015 年 5 月末 6 月初，经历前期猛烈的上涨后，证通电子（002197）的股价停滞不前，在一个大的矩形箱体内来回震荡。6 月 19 日（星期五），市场终于选择了突破方向，股价跳空跌破震荡月余的头部箱体，完成了顶部反转，此后股价一泻千里。如图 14-2 所示。

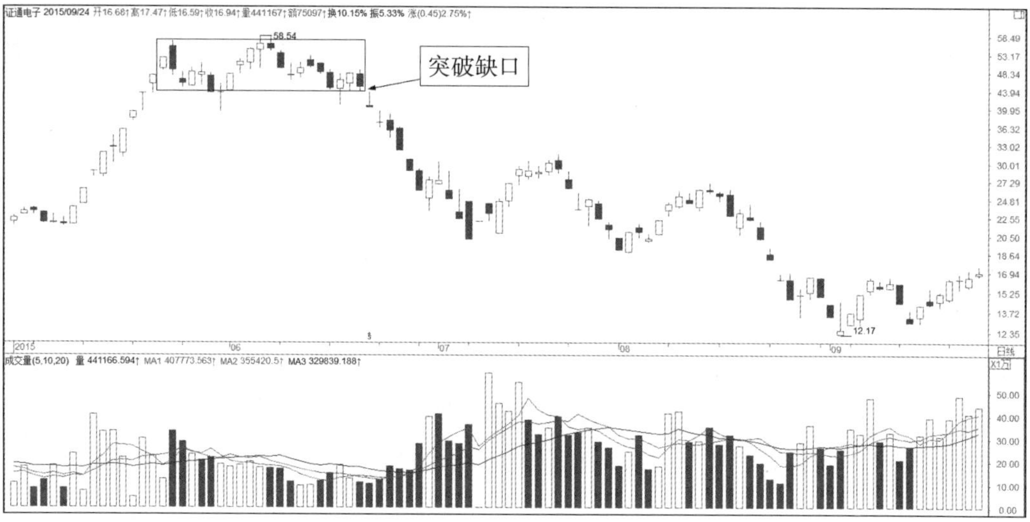

图 14-2　证通电子（002197）2015 年 4 月 29 日—9 月 24 日的日 K 线图

3. 中继缺口

股价在上升或下跌途中出现的缺口，可能是中继缺口。这种缺口一般不会和突破缺口混淆，任何离开整理形态或密集交易区域后，在急速上升或下跌过程中出现的缺口，大多是中继缺口。这种缺口可帮助大家估计后市股价能够达到的位置（后续行情至少会上涨到该缺口至突破缺口处的直线距离），因此也被称为量度缺口。

2015 年 10 月 26 日，神思电子（300479）在完成对前期底部反转形态“头肩底”的突破后，在极速上升过程中形成一个中继缺口。依据中继缺口的量度特性可以判断，后市股价上涨的最低量度目标在 50 元左右，最终该股股价一口气涨至 66.06 元，比最低量度目标高出一大截。如图 14–3 所示。

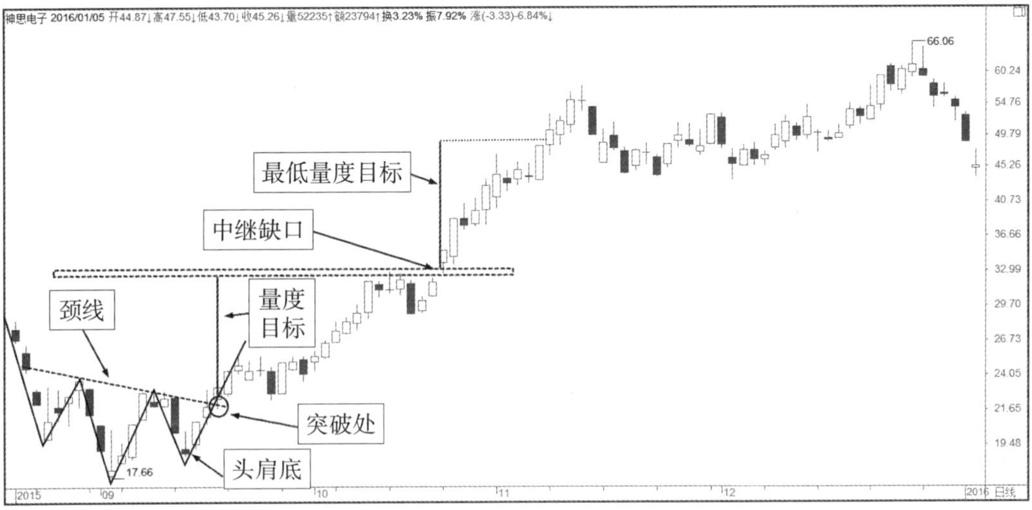

图 14–3 神思电子（300479）2015 年 8 月 20 日—2016 年 1 月 5 日的日 K 线图

4. 衰竭缺口

和中继缺口一样，衰竭缺口是伴随快速、大幅的股价波动出现的。在急速的上升或下跌中，股价波动并非渐渐出现阻力，而是阻力来得愈来愈急。当价格做最后的奋力跳升或剧烈的下跌时，出现的缺口大多是衰竭缺口。通常来说，衰竭缺口大多出现在恐慌性抛售或消耗性上升的末段。

2015 年 5 月 7 日—22 日，证通电子（002197）的股价走出了一波声势浩大的主升行情。在这段疯狂的上升行情中，突破缺口、中继缺口相继出现。其后，股价越涨越快，越涨越猛，就在近乎疯狂的上涨中，伴随着衰竭缺口的出现，上涨行情戛然而止。上帝欲让其灭亡，必先让其疯狂。这种经历 3 次跳空后股价反转的情形，可称为“三跳空，气数尽”。如图 14–4 所示。

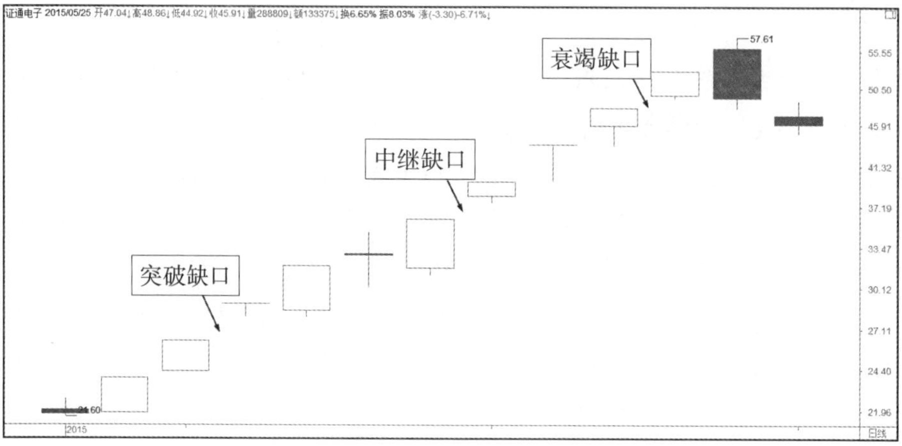

图 14–4 证通电子（002197）2015 年 5 月 7 日—22 日的日 K 线图

（二）市场含义

（1）普通缺口并无特别的分析意义，一般在几个交易日内便会完全回补，它只能帮助大家辨认清楚股价是否处于某种整理形态中。普通缺口在整理形态中出现的概率要比在反转形态中大得多，所以当发现发展中的三角形和矩形有许多普通缺口的话，就应该更加坚信它是整理形态。

（2）突破缺口的分析意义较大，经常出现在重要的转向形态如头肩形态突破中，这种缺口可以帮助大家辨认突破信号的真伪。股价突破支撑线或阻力线时，如果以一个很大的缺口跳离形态，那就说明突破强而有力，很少有错误信号发生。

形成突破缺口的原因是：其水平的阻力经过一段时间的争斗后，供给的力量完全被吸收，短时间缺乏货源，买进的交易者被迫要以更高的价格求货。或是其水平支撑经过一段时间的供给后，购买力完全被消耗，出货时须以更低的价格才能找到买家。假如缺口发生前有很大的成交量，缺口发生后成交量相对减少，则有一半的可能是不久缺口将被封闭。若形成缺口后成交量并未随着股价远离缺口而减少，反而加大，则短期内缺口将不会被封闭。

（3）中继缺口的技术性分析意义最大，它通常出现在股价突破后远离形态至下一个反转或整理形态的中途。中继缺口能大致预测股价未来可能移动的距离，所以又称量度缺口。其量度的方法是从突破点开始，到持续缺口始点的垂直距离，就是未来股价将会达到的幅度。或者可以说，股价未来所走的距离，和过去已走过的距离一样。

（4）出现衰竭缺口，表示股价趋势将暂告一段落。如果出现在上升趋势末期，即表示将要转为下跌。若出现在下跌趋势末期，就表示即将回升。不过，衰竭缺口尽管意味着有转向的可能，但并非意味着市道必定会转向。在缺口发生的当天或后一天，若成交量特别大，而价格似乎不能随着增加的成交量上升时，这就可能是衰竭缺口。假如在缺口出现的后一天，行情直接跳过去向反方向运动，就形成了“岛形反转”，更可确定是衰竭缺口。

衰竭缺口很少是突破前一形态大幅变动过程中的第一个缺口，绝大部分情形是前面至少有一个中继缺口。因此可以假设，在快速直线上升或下跌变动中期，出现的第一个缺口为中继缺口，但随后出现的每一个缺口都可能是衰竭缺口，尤其是当这个缺口比前一个空间更大时，更应特别注意。中继缺口是股价大幅变动中途产生的，因而短时期内不会封闭，但是衰竭缺口是变动即将到达终点的最后现象，所以多半会在2～5天内封闭。

（三）要点提示

（1）普通缺口都会封闭。因为缺口是一段没有成交的真空区域，反映了交易者当时的冲动行为，当市场情绪平静下来时，交易者反省过去的行为有些过分，于是缺口便告封闭。其实并非所有类型的缺口都会封闭，其中突破缺口、持续性缺口未必会封闭，最起码不会马上封闭。只有衰竭缺口和普通缺口才可能在短期内封闭，所以普通缺口封闭与否，对交易者观察后市帮助不大。

（2）突破缺口出现后会不会马上封闭，大家可以从成交量的变化中观察出来。如果突破缺口出现之前有大量成交，而缺口出现之后成交相对减少，那么迅速填补缺口的概率就占到了五成。假如缺口形成之后成交大量增加，股价在持续移动过程中仍保持十分大的成交量，那么缺口短期填补的可能性就变得很低。就算股价出现回抽，也会在到达缺口前确认完毕。

（3）股价在突破密集成交区时急速上升，成交量初期较大，然后在上升过程中不断减少，当股价停止原来的趋势时，成交量又迅速增加，这是多空双方激烈争斗的结果。其中一方获得压倒性胜利之后，形成一个巨大的缺口，这时成交量又开始减少，这是形成中继缺口时的成交量变化情形。

（4）衰竭缺口通常是形成缺口的当天成交量最高（但也有可能出现在成交量最高的翌日），接着成交量减少，显示市场购买力（或沽售力）已经消耗殆尽，于是股价很快便告回落（或回升）。

（5）在一次上升或下跌的过程中，缺口出现愈多，显示其趋势愈接近终结。举例来说，当升市出现第三个缺口时，暗示升市接近终结。当出现第四个缺口时，短期下跌的可能性将大大增加。

二、缺口不补，黄金万两

“缺口不补，黄金万两。”买在涨停前或许是一种可遇不可求的事情，但买在涨停后，则相对比较容易。涨停板次日的跳空缺口，就成为需要重点关注的目标。涨停板次日的跳空缺口，大家将其定义为“涨停缺口”。如图 14–5 所示。

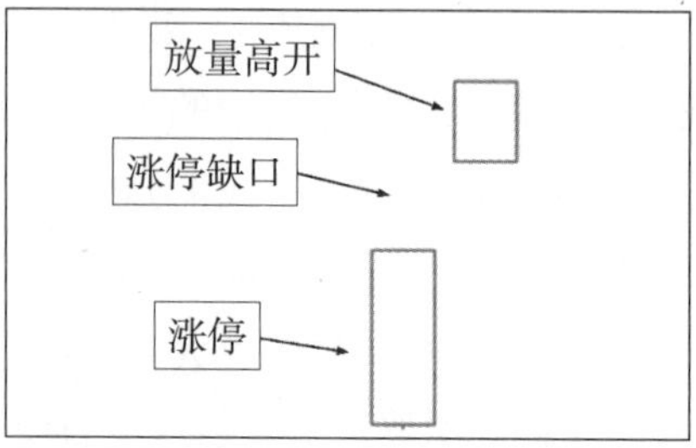

图 14-5　涨停缺口

（一）技术要点

（1）涨停缺口出现在涨停板之后，第二个交易日股价跳空高开，量能较涨停日明显放大。

（2）形成涨停跳空缺口当天，股价最低点不能有封闭缺口的现象。

（3）形成跳空之前，股价离上涨启动点最好不要超过 20% 的涨幅。

（二）操作策略

（1）股价盘中调整至缺口附近时缩量，下跌动能衰竭时买入。

（2）股价放量突破盘口关键价位时追买。

（三）实战解析

1.*ST 津滨（现名津滨发展，000897）

2019 年 3 月 5 日，*ST 津滨（现名津滨发展，000897）的股价冲击涨停。次日（6 日），该股股价放量高开，出现涨停缺口。根据盘口走势图，早盘在突破整理形态时买入，下午盘可在突破均价线时买入。3 月 7 日，股价冲高回落，量能不济，可在收盘前予以卖出。本次涨停缺口处买入，隔夜卖出可获利 15% 左右。如图 14-6 所示。

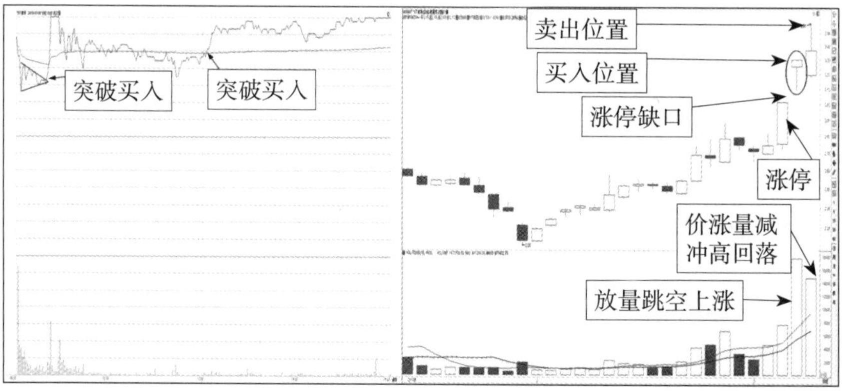

图 14-6　*ST 津滨（现名津滨发展，000897）2019 年 3 月 6 日盘口走势图及其前后的日 K 线图

2. 航天科技（000901）

2019 年 1 月 3 日，航天科技（000901）的股价低位启动，放量涨停。次日（4 日）股价高开高走，出现涨停缺口，交易者可在股价回试均价线附近买入，当日即可斩获一个涨停板。1 月 7 日，盘口显示为放量震荡格局，K 线形态上收出“向上跳空星线”，发出卖出信号，此时可卖出股票。本次涨停缺口处买入，隔夜卖出可获利 15% 以上。如图 14-7 所示。

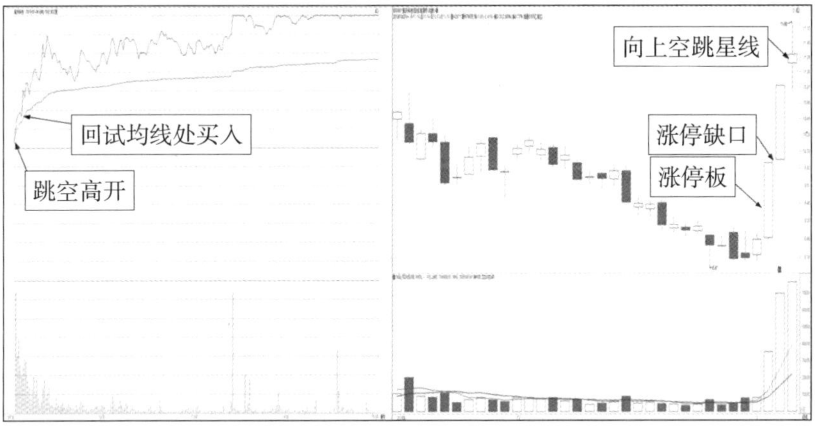

图 14-7 航天科技（000901）2019 年 1 月 4 日盘口走势图及其前后的日 K 线图

3. 国电南自（600268）

2018 年 3 月 20 日，国电南自（600268）的股价启动涨停。次日（21 日），股价高开高走继续涨停，当天从盘口处寻找买入点，可在股价突破“倒三尊”右边佛头后回踩均价线时逢低买入。22 日，该股股价全天基本在昨天收盘价之下运行，直到尾盘才放量拉涨停，说明主力实力不济，可出掉部分仓位。23 日，股价冲高回落收巨量阴线，与 22 日的大阳线形成高位看跌的“阳孕阴”形态，应全部清仓。如图 14-8 所示。

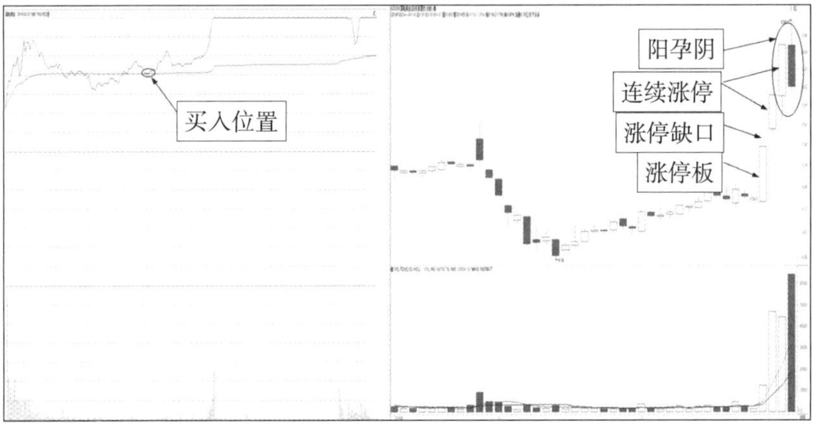

图 14-8 国电南自（600268）2019 年 3 月 21 日盘口走势图及其所在的日 K 线图

三、三跳空，气数尽

（一）什么是“三跳空，气数尽”

在K线理论中，中国人把“空”称为“窗户”，美国人则把“空”称为“缺口”。A股市场习惯把当天价格全部高于前一天价格的形态称为“向上跳空”，把当天价格全部低于前一天价格的形态称为“向下跳水”。在K线理论中，“空”的概念相当重要，它不仅是行情买卖力道大小的表现，更是观察能量消耗程度的依据。

不论向上跳空还是向下跳水，都代表该日成交价格与前一日没有交集，因此在K线图表上留下了一段空白。在第一节中提到缺口的分类，即普通缺口、突破缺口、中继缺口和衰竭缺口。除去普通缺口不论，后面3种缺口，出现在不同的位置，其代表的市场意义也不同。股价在行进的过程中先是一步跃起或两步跃起，最后第三步则需使出全身力气一跃而上。最后，当所有冲刺的力量消失之后，暗示股价将开始反转向下。

中国人把“空”称为“窗户”，“三跳空”则代表3扇“窗户”。一段上涨或下跌的波段行情中，如果出现3次跳空，K线图上就会出现3个断裂区，再高大的建筑物也会随时倒塌。“基础不牢，地动山摇。”由于“空”代表股价是直接跃过去的，其中并没有任何成交，因此那个“空”的位置未来将不会形成任何支撑或压力。中国人认为未来这3扇“窗户”最终都会关起来，因为这3个“空”都是虚的，最终必须把它填补起来，否则股价结构便会不完整。

因此，当股价因为跳空上涨而留下“缺口”时，未来一旦股价反转下跌，必然会回跌至缺口的位置而把“窗户”关起来。当股价因为跳水下跌而留下缺口时，未来一旦股价反转回升，也必然会回升至缺口的位置而把“窗户”关起来。总之，就是空的那个位置会一撇而过，成交量不会太大。

出现“三跳空”形态的股票，一般都是极度强势或者极度弱势的个股，图表上K线走势大都以笔直陡峭的形态出现，最后在接近涨幅或者跌幅目标时奋力跳出第三个“空”，股价随即因力竭而反转下跌，或者最后一次大跌后股价反转向上。当行情完成了“三跳空”形态后，并非所有股票都会立即反转，有的股票会先行减速，以盘整的方式酝酿头部或者底部，直到所有交易者情绪逐渐平复之后，行情才开始正式反转，由此完成“三跳空”形态。

（二）实战解析

1. 中飞股份（300489）

2015年9月—12月，中飞股份（300489）的股价掀起了一波声势浩大的波段上涨行情，该上升波段中出现了3次跳空。第一次在9月22日，股价跳空向上，一字涨停，完成向上突破。第二次在 11 月 3 日，股价跳空突破前期筹码密集区，由此开启了上涨行情的后半段。第三次出现在 11 月 12 日，上涨行情腾空而起，一跃而上，豪气干云，但次日该缺口便告回补，预示着这段行情末日即将到来。此后，行情又震荡盘整了一段时间，以完成头部的构筑，最终彻底反转向下。由此可见，“三跳空，气数尽”，此言不虚。如图 14–9 所示。

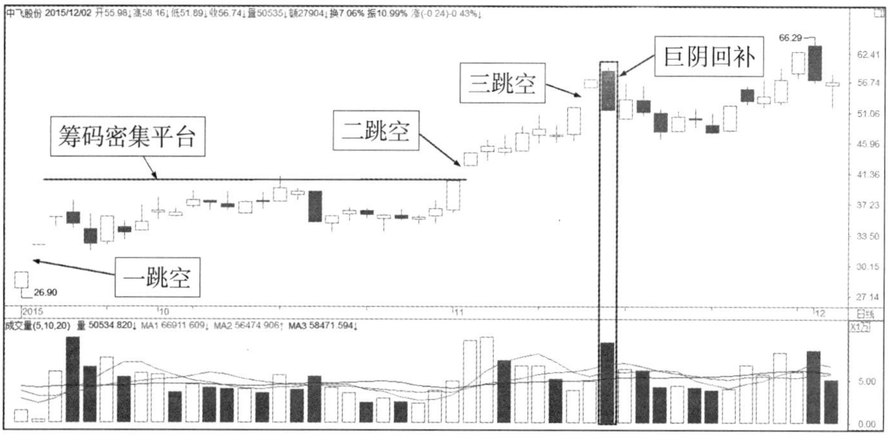

图 14–9　中飞股份（300489）2015 年 9 月 21 日—12 月 2 日的日 K 线图

2. 福建水泥（600802）

2019 年 4 月 18 日—5 月 6 日，福建水泥（600802）的股价开启了一波速度极快的下跌行情。从 60 分钟图观察可知，这次波段下跌从一个向下跳空缺口开始，以一个向下跳空缺口结束，一共经历了 3 次跳空。一跳空是在 4 月 19 日 9:30，开盘跳空向下跌破头部平台。二跳空是在 4 月 23 日 9:30，股价向下跳空，形成下跌中继。三跳空是在 5 月 6 日 9:30，股价向下跳空，下跌动能开始衰竭，其后股价开始由跌转升。如图 14–10 所示。

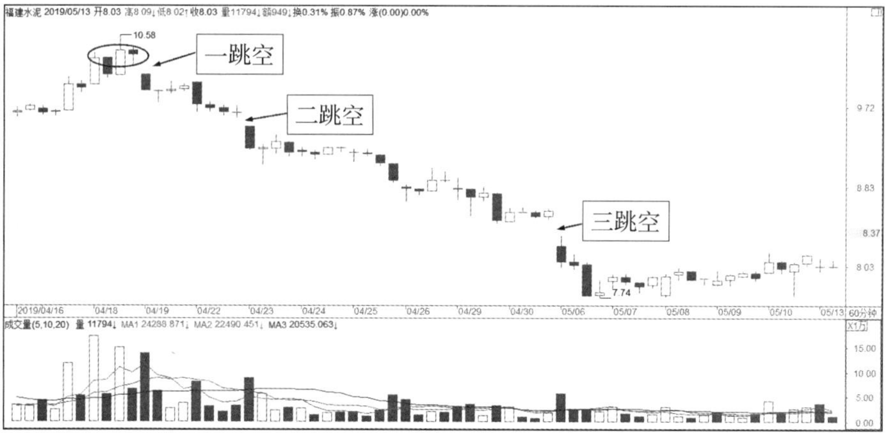

图 14–10　福建水泥（600802）2019 年 4 月 18 日—5 月 6 日的 60 分钟 K 线图

3. 广州浪奇（000523）

2015 年 6 月 15 日—7 月 7 日，A 股出现断崖式下跌，广州浪奇（000523）的股价以向下三跳空的方式结束下跌波段，随后开始反弹。6 月 26 日，股价向下跳空跌破头部盘整区间。7 月 3 日，股价跳空低开低走，视为下跌中继。7 月 7 日，空头奋力向下跳空低开，至此，空头力竭，次日展开波段反弹行情。如图 14-11 所示。

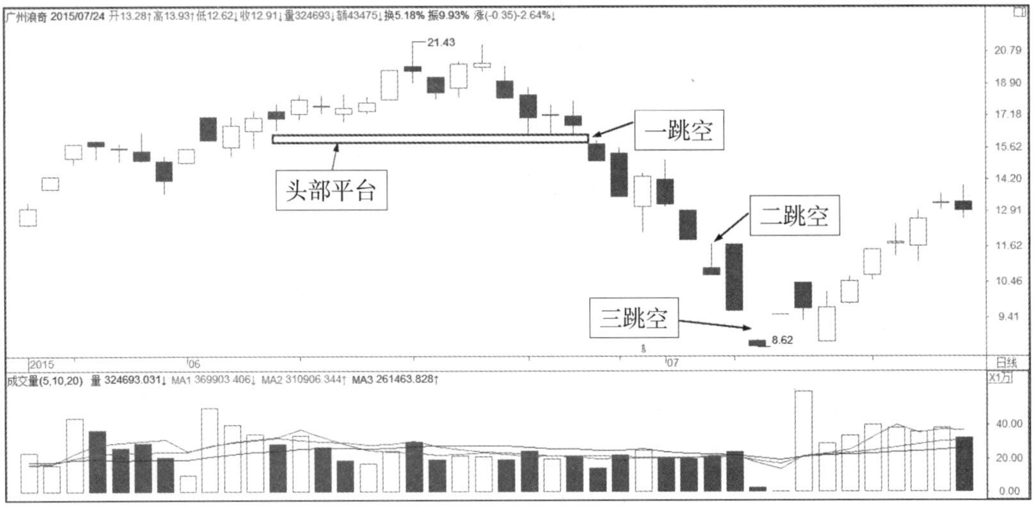

图 14-11　广州浪奇（000523）2015 年 5 月 21 日—7 月 24 日的日 K 线图

四、缺口的意义

（一）指导意义

由于市场不是昼夜不停地交易的，因此价格会出现一些大小不等的跳空缺口，市场上也随之出现了相应的“缺口理论”。用缺口测市的交易者不在少数，而且该理论的一些名言名句如“逢缺必补”“三跳空，气数尽”“缺口不补，黄金万两”等，在市场中广为流传。那么，缺口理论对市场的指导意义究竟有多大呢？

A 股市场历来有“逢缺必补”的习惯，缺口往往是在外界突发因素刺激下，由多空双方的冲动情绪造成的。事后，市场对刺激因素逐步消化后，买卖双方逐渐恢复理智，理论上缺口都会出现回补现象。一般而言，缺口若不被下一个次级行情封闭，则有可能由下一个中级行情回补，时间若更长，最终将由下一个更大的趋势封闭。

笔者认为，“缺口”本身很直观，易于测市，但该理论不过是市场涨跌规律派生的一种现象。例如“三跳空，气数尽”，如果市场出现向上或向下的三跳空，短期内向上做多或向下做空的能量大量释放，即便不出现缺口，短期内多方或空方的力量都已经是强弩之末，市场不久也会出现反转。缺口理论并无特别神秘之处，它的最大特点是给交易者提供一个直观测市的机会，其基本原理其实很简单。

当然，市场是信奉“存在即合理”的，该理论在市场中存在多年，自有其生存的基础。该理论的市场地位已被主力机构认可，并经常加以利用。缺口理论中一个重要形态，即缺口对缺口产生的向上或向下的“岛状”反转形态，是市场中主力最为认可的形态。但要注意，岛形反转形态，会被多方或空方用来骗线，该形态有成交量的支持才可靠。这一点不仅对大盘有效，对个股也是一样，交易者对此一定要高度关注。

一般来讲，缺口理论地位比较突出，市场主力十分重视这一理论，但任何事物都有两面性，关注不等于迷信，毕竟该理论也是技术分析中的一种。价格走牛，几个跳空缺口肯定阻止不了市场前进的方向。某些个股有严重透支的炒作行为，倘若出现大跌，几个向下跳空缺口出现后，该股不会就此止跌。

交易者应当像对待其他技术指标一样，对缺口理论的市场意义不可过分迷信，使用时也要结合当时的市场情况，并结合其他指标进行研判。例如，1999 年 5 月 19 日，著名的“5·19”行情启动后，市场曾出现过三跳空现象，但多方气数并未到头，最终出现 4 个跳空缺口后，行情才戛然而止。这虽是一种特殊情况，但反映出适时把握市场趋势，辅以技术指标，才是最重要的。任何理论都有缺陷，关键在于发挥其长处，规避其短处，这样才能提高市场生存能力。如图 14–12 所示。

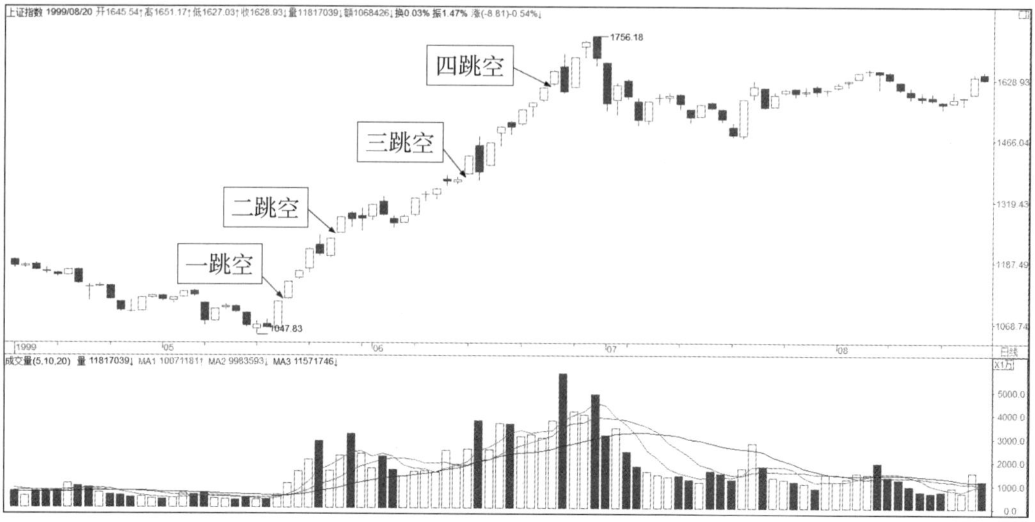

图 14–12 上证指数（000001）1999 年 4 月 13 日—8 月 20 日的日 K 线图

（二）给投资留一个“缺口”

巴尔扎克有一个癖好，就是只用有缺口的杯子。他买了新杯子，会用汤匙在杯子上轻轻地敲出一个小小的缺口，而且无论在家写作还是参加宴会，他都会带着它。

有一次，雨果去找巴尔扎克，巴尔扎克用咖啡招待，但将书房找了个遍，也没有发现完好的杯子，只好用有缺口的杯子给雨果冲咖啡。雨果这才注意到，巴尔扎克房间里所有的杯子都有一个小小的缺口。他很好奇，就问巴尔扎克，为什么他的杯子都有一个缺口。

巴尔扎克停下手中的笔，微笑着说："每次喝咖啡，我都想喝满满一杯。但我用有缺口的杯子喝咖啡时，就会想着上一杯咖啡还没有喝完，所以接着喝下一杯，再下一杯。喝得越多，流掉的咖啡就越多。我永远不能把一杯咖啡喝完，我就不满足，总想把流掉的咖啡喝回来，这样我就不会停止喝咖啡了。"

巴尔扎克说完，冲雨果笑了一下，又埋头写他的文章。雨果轻轻地端起杯子，微抿了一口咖啡，再看巴尔扎克的样子，终于明白：巴尔扎克用有缺口的杯子，是想提醒自己，无论写了多少作品，这些作品都有一个缺口，以此来激励自己写下一部，将这个缺口补上，所以他才会不停地写下去。

正因为抱着这样的心态，在20余年的写作生涯中，巴尔扎克才能写出91部不朽的传世之作。

交易者都有追求完美的倾向，但追求完美不是不留一点缺憾。有时，给投资留一个缺口，才会在完美之路上走得更远。

在操作股票的时候，笔者从来不会妄想抄底逃顶，抄底逃顶只有"神"才能做到。笔者要做的就是买在底部区域，一路持股，然后在顶部区域卖出股票，最后的那一段利润，留给别人好了。有句话说得好——做人留一线，日后好相见。

话是这么说，但落实到具体行动上，还是有一定难度的。2018年10月19日，笔者在个人自媒体上大声疾呼：大底已至，入场抄底。这几乎是一个神话般的预言。其实，按照这次买入的点位，已经算是买在底部区域了，并且是最低点当天买入。但笔者把这句话放到自媒体平台上，等于放大了人性的弱点——争强好胜。

2018年11月，笔者预感到市场会有一波调整，11月19日喊出"卖出股票，等待回落"的口号。经过10月19日的胜利，自己错误地估计了行情的韧性，所以这一次没有那么幸运，导致2019年1月4日的大底与自己擦肩而过。面对这次错误，笔者不得已只能在2月13日市场突破前期（2018年11月19日）高点后，于2月15日市场回调时入场，总算没有踏空这一大波行情。

有了上次的经验教训后，面对无情的市场，笔者再也不敢妄自尊大，而是小心翼翼，如履薄冰，如临深渊。此后，一路持有至2019年4月8日创出最高点3288.45点当天才进行减仓操作。有兴趣的交易者可以翻看笔者的个人微博记录，来品味这一段精彩的实战经历。如图14–13所示。

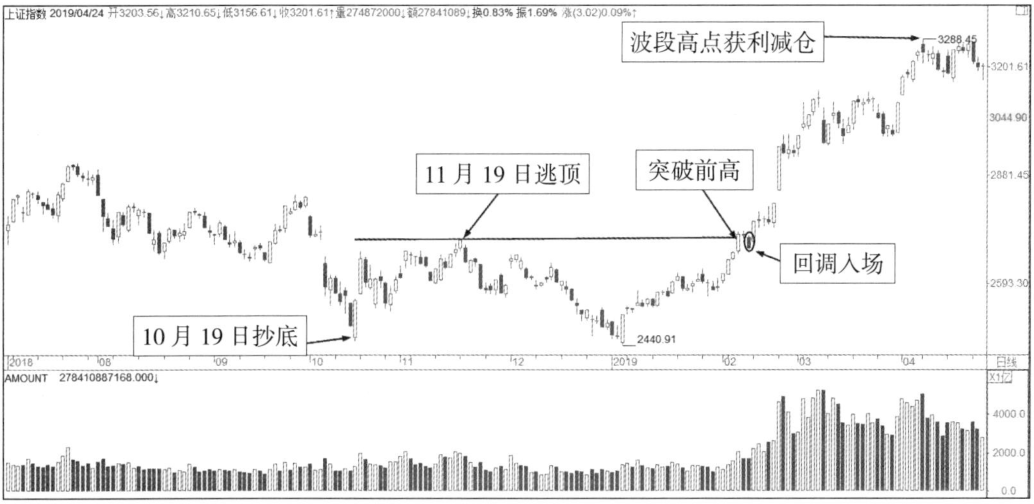

图 14-13　上证指数（000001）2018 年 7 月 6 日—2019 年 4 月 24 日的日 K 线图

有时，给投资行为留下一个缺口，会激发自己不断去追求，去弥补这个缺口。在这个过程中，会一步步接近成功。其实，在漫漫人生路上，岂止投资需要留下缺口，人生有时也需要留下缺口。没有缺口的人生是不完美的，就像国画中的留白，人生不可或缺。

第十五章　均线战法

一、移动平均线概述

（一）基本概念

移动平均线（Moving Average），英文简称 MA，是用统计分析的方法，将一定时期内的证券价格（指数）加以平均，并把不同时间的平均值连接起来形成一条曲线，用以观察证券价格变动趋势的一种技术指标。

移动平均线是由著名的美国投资专家格兰维尔（Joseph E.Granville）于 20 世纪中期提出来的。均线理论是当今应用最普遍的技术理论之一，它能帮助交易者确认现有趋势，判断将出现的趋势，发现过度延伸即将反转的趋势。

在选股的时候，交易者可以把移动平均线作为一个参考指标，移动平均线能够反映出价格趋势走向。交易者可以将平均线叠加在 K 线图上进行分析，这样就非常直观了。

移动平均线最常用的方法，就是比较移动平均线与价格的关系。当价格上涨，升破移动平均线时，则产生买入信号。当价格下跌，跌破移动平均线时，则产生卖出信号。之所以产生买入或卖出信号，是因为人们认为：移动平均线是支撑或阻挡价格运动的有力标准。

（二）绘制方法

移动平均线就是将一定周期内的收盘价相加，得到的和除以对应的周期数，并把不同时间的平均值连接起来形成的曲线。以 5 日移动平均线为例：把相邻 5 天的收盘价加起来，再除以 5，得到一个数值。然后把最旧的一个数值去掉，再加上最新的一个数值，同样求和再除以 5，又得到一个数值，以后依此类推，将得出 N 个数值，最后将这 N 个数值用线连接起来，就是 5 日移动平均线。10 日移动平均线或者 N 日移动平均线的算法都一样，只是求和的数量不同而已。

（三）基本分类

移动平均线常用周期有 5 天、10 天、30 天、60 天、120 天和 240 天。其中，5 天和 10 天均线称为短期移动平均线，是短线操作的参照指标，称为日均线指标；30 天和

60 天均线是中期均线指标，称为月均线指标；120 天和 240 天是长期均线指标，称为年均线指标。

二、单均线战法

（1）股价由上向下跌破 5 日均线，表示短线由多翻空，卖方力量增强，后市下跌可能性大，预示着卖出信号出现。交易者应逐步离场观望，重新等待短线机会。

2018 年 4 月 11 日（星期三），联化科技（002250）的股价由上向下跌破 5 日均线。此后，股价先阴跌后暴跌继而阴跌，直到 5 月 14 日跌到 7.67 元才止跌，此时已由高位 10.86 元跌去近 30%。如图 15–1 所示。

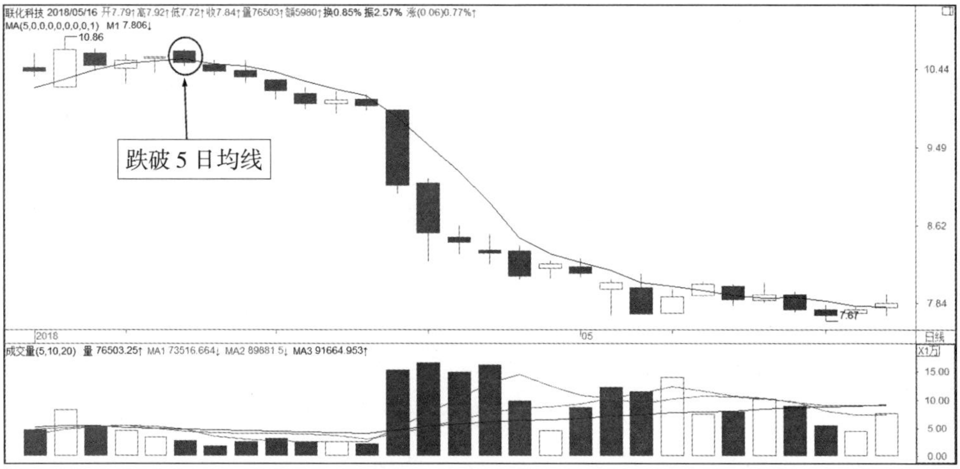

图 15–1　联化科技（002250）2018 年 4 月 2 日—5 月 16 日的日 K 线图

（2）股价在中高位盘整较长时间，此时如果 10 日均线拐头向下，表示空头力量增强，后市将继续下跌，为卖出时机。

2015 年 6 月上旬，岷江水电（现名国网信通，600131）的股价出现高位连续盘整。6 月 19 日（星期五），股价跌破 10 日均线，随后 10 日均线拐头向下，空方力量不断增强，其后股价一泻千里。如图 15–2 所示。

（3）30 日均线是股价中短期趋势的生命线，是波段操作的重要参考指标。股价跌破此重要中短期支撑位时，往往预示着中短期下跌行情即将展开。特别是股价跌破 30 日均线后，30 日均线有向下拐头的迹象时，表示跌幅会较深，应卖出股票离场观望。

2018 年 6 月 8 日（星期五），天邦股份（002124）的股价跌破 30 日均线，表明该股空头气氛浓厚。此后不久，该股 30 日均线拐头向下，表示跌幅会较深，应卖出股票，离场观望。结果，此后该股股价一路狂泄，直到 7 月 6 日，股价收出“锤子线”后才止跌为升。此时，股价已经从高位跌去 40% 以上。如图 15–3 所示。

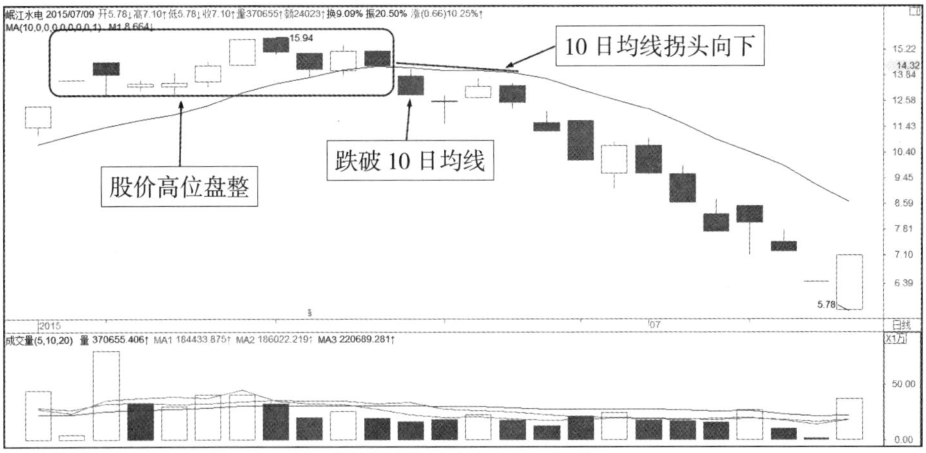

图 15-2　岷江水电（现名国网信通，600131）2015 年 6 月 4 日—7 月 9 日的日 K 线图

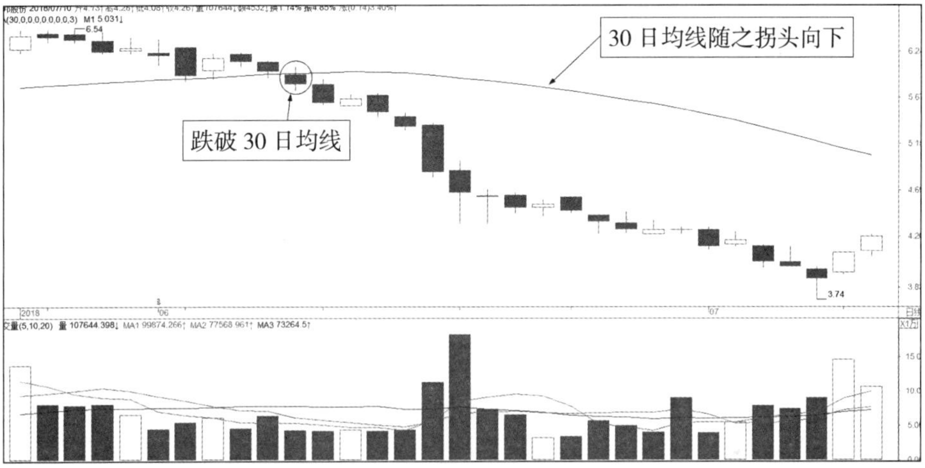

图 15-3　天邦股份（002124）2018 年 5 月 25 日—7 月 10 日的日 K 线图

2017 年 4 月 7 日（星期五），集智股份（300553）的股价跌破 30 日均线后，30 日均线拐头向下且一路下行不回头，股价沿着 30 日均线做“波浪运动”。期间，股价虽短暂站上 30 日均线，但在 30 日均线不改变下行趋势的情况下，这不过是昙花一现。主力在控盘时，是按照 5 个下跌浪形来控盘的。如图 15-4 所示。

（4）股价继续跌破 60 日均线，表示中长期趋势或将走空。60 日均线具有股价中长期趋势“生命线”的特性，有时会成为个别股票熊市中的主要压制线，应及时卖出股票。当 60 日均线由上升趋势转为平走或拐头向下时，往往预示着后市会有一轮中级下跌行情，交易者应特别小心。

2015 年 6 月 18 日，新五丰（600975）的股价跌破 30 日均线后，次日（19 日）跌破 60 日均线。此时，交易者应毫不犹豫地卖出股票。股价跌破 60 日均线后，虽出现短暂回抽的动作，但回抽完毕，接着出现瀑布般的下跌。如图 15-5 所示。

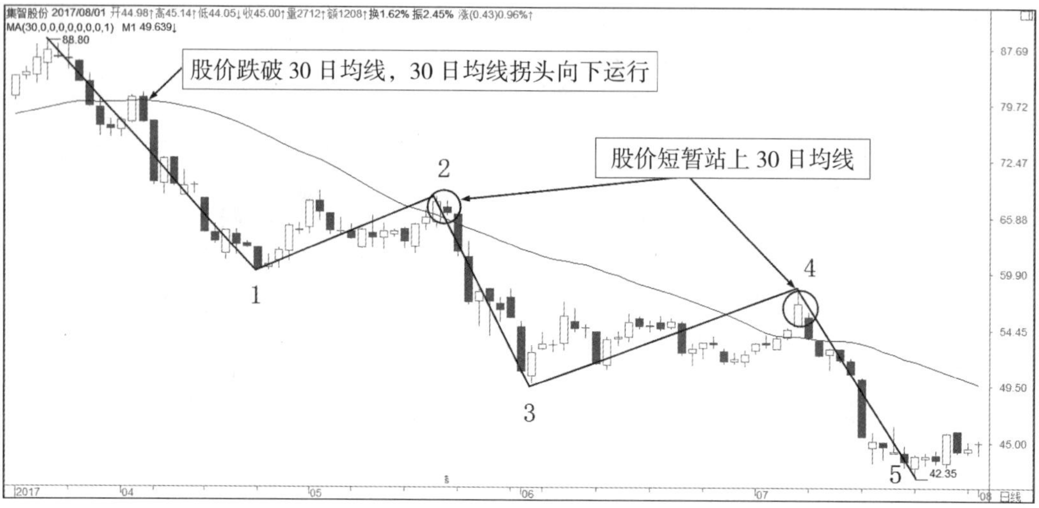

图 15-4　集智股份（300553）2017 年 3 月 20 日—8 月 1 日的日 K 线图

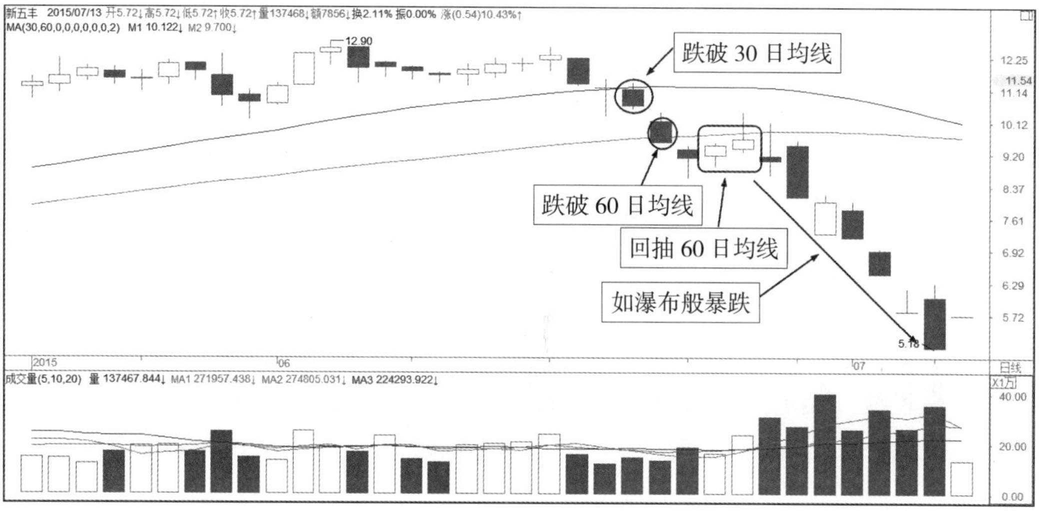

图 15-5　新五丰（600975）2015 年 5 月 19 日—7 月 13 日的日 K 线图

2016 年 6 月 20 日（星期一），星辉娱乐（300043）的股价以跌停板方式暴力跌破 60 日均线后，60 日均线随之走平并拐头向下。其后是该股长达 2 年之久的大熊市格局，股价一直受到 60 日均线的压制。期间股价曾短暂站上 60 日均线，但 60 日均线向下运行的趋势未变。直到 2019 年 2 月 13 日，股价再次突破 60 日均线，稍后 60 日均线拐头向上，跌势才宣告结束。如图 15-6 所示。

当股价出现与上述相反的走势时，即股价由下向上升破 5 日、10 日、30 日、60 日均线，或 10 日、30 日、60 日均线由向下转为走平或拐头向上时，与上述原理相同，对应为做多买入信号，此处不再赘述。

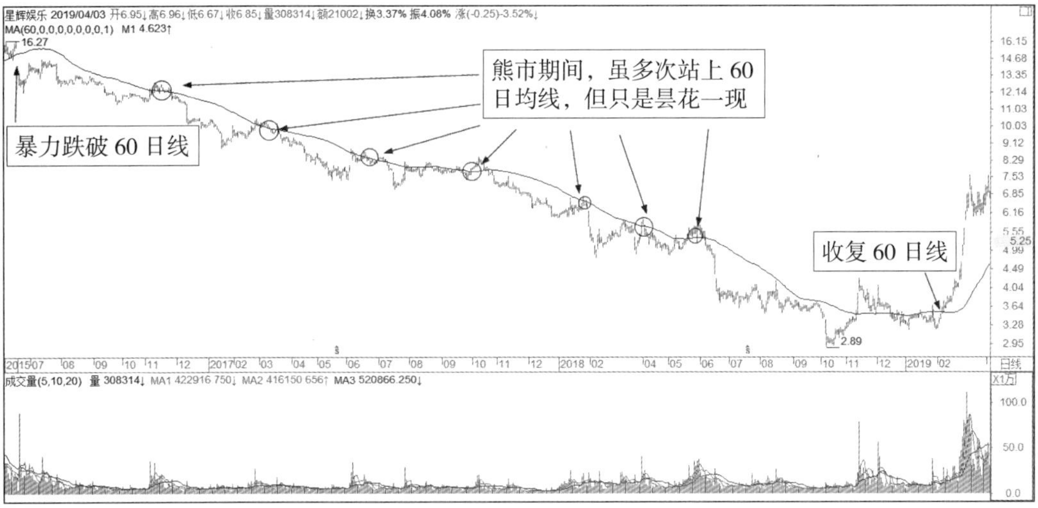

图 15-6　星辉娱乐（300043）2016 年 6 月—2019 年 2 月的日 K 线图

三、多均线战法

（一）黄金交叉与死亡交叉

1. 黄金交叉——金叉

当短期均线由下往上穿越长期均线，短期均线在上，长期均线在下，这种现象称为“黄金交叉”。黄金交叉是多头的表现，出现黄金交叉后，后市一般会有一定的涨幅空间，这是进场的最佳时机。

2. 死亡交叉——死叉

当短期均线由上往下穿越长期均线，短期均线在下，长期均线在上，这种现象称为“死亡交叉”。死亡交叉预示空头市场来临，股市将下跌，此时是出场的最佳时机。

3. 实战解析

2018 年 4 月 23 日，祥和实业（603500）的 2 日 K 线图上显示 10 日均线由下往上穿越 30 日均线，出现“黄金交叉”。此后一个半月，该股股价展开一波波段反弹行情。从金叉当日算起，至波段最高点 22.14 元，累计升幅近 50%。在熊市中，这是一波难能可贵的反弹行情，是交易者扭亏减亏的绝佳时机。

7 月 9 日，2 日 K 线图显示 10 日均线由上往下穿越 30 日均线，出现“死亡交叉”。此后，该股股价一路下跌，至 10 月 11 日跌至 8.92 元才止跌为升。从死亡交叉点算起，累计跌幅达 36.19%，可见下跌幅度相当惨烈。如图 15-7 所示。

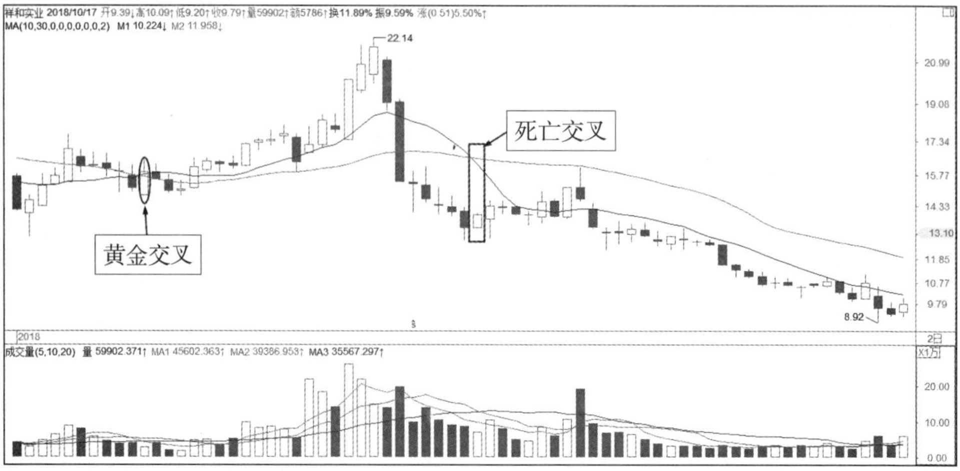

图 15-7 祥和实业（603500）2018 年 4 月—10 月的 2 日 K 线图

（二）中短期均线组合应用

10 日均线与 20 日均线配合使用，主要应用在中短期趋势的判断上。当 10 日均线由下向上穿过 20 日均线时，表明市场近 10 天的平均买方力量强于前 20 天的平均买方力量，日后个股上涨机会较大，交易者可短线介入。在空头市场末期，如果 K 线穿越 10 日均线后接着穿越 20 日均线，则后市上涨空间会更为强劲。如果还有利多的基本面配合，那么交易者可摆脱空头思维，反手做多。

2019 年 1 月 23 日（星期三），联化科技（002250）的 10 日均线向上穿越 20 日均线，完成黄金交叉。此后，该股股价开启三步一回头的震荡攀升行情。截至 3 月 21 日，该股股价已从黄金交叉点的 9.36 元上涨至 12.85 元，短短 36 个交易日，累计升幅达 37.29%。如图 15-8 所示。

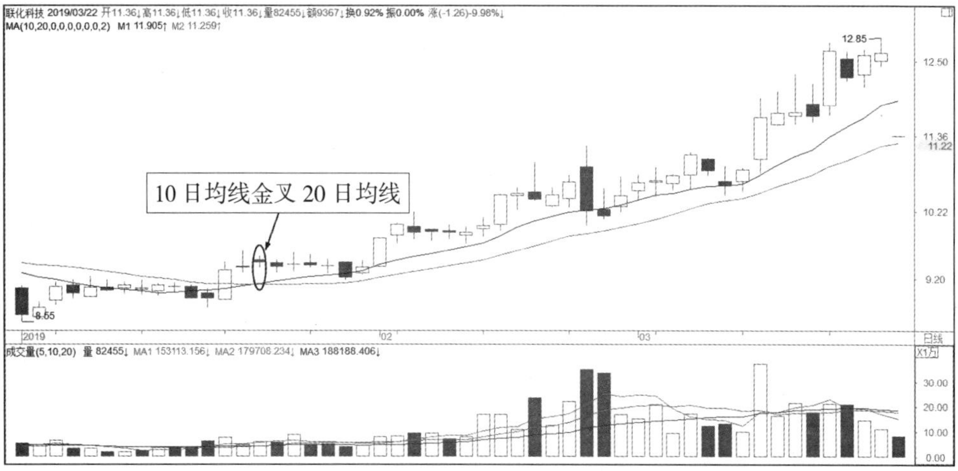

图 15-8 联化科技（002250）2019 年 1 月 3 日—3 月 21 日的日 K 线图

交易者如何确定10日均线和20日均线组合发出的卖点呢？10日均线由上向下穿越20日均线形成死亡交叉，发出卖出信号，短线交易者可按均线组合指引的卖点卖出股票。在多头市场末期，如果K线向下跌破10日均线后接着穿越20日均线，则后市下跌空间会更大。如果还有利空的基本面配合，交易者可摆脱多头思维，反手做空。

2017年3月23日、24日，福鞍股份（603315）的股价先后跌破10日均线与20日均线，操作上应该尽快卖出股票。如果此时交易者没有卖出手上的股票，心存侥幸的话，那么3月31日，市场再次敲响了警钟，该日10日均线与20日均线最终形成了死亡交叉。其后，该股股价一泻千里，从高位35.41元一路狂泄至波段低点14.47元，短短48个交易日，累计跌幅达59%。可见，股价高位连续跌破均线，交易者要及时出逃，最迟也要在死亡交叉日出逃，因为“死亡之门”已经开启。如图15-9所示。

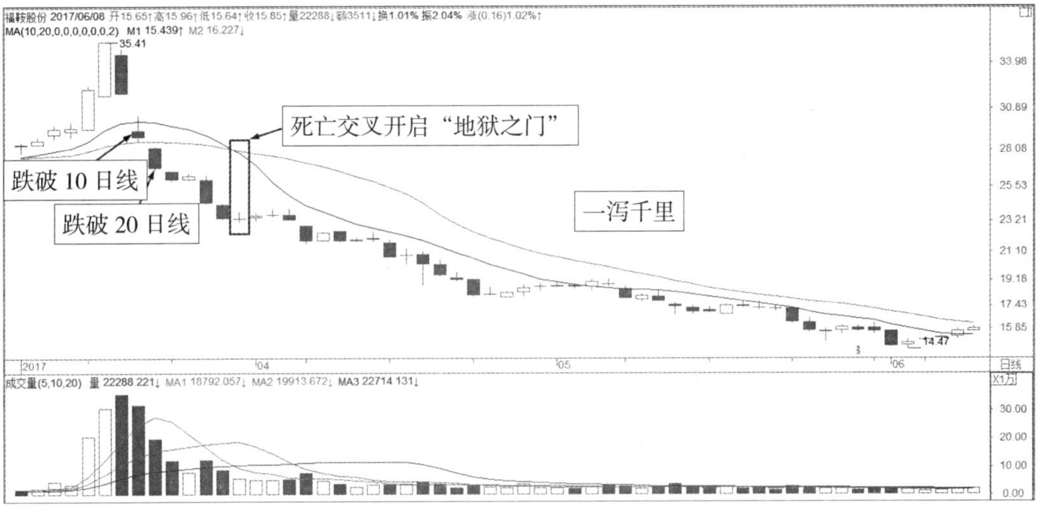

图15-9　福鞍股份（603315）2017年3月14日—6月8日的日K线图

（三）中长期均线组合应用

30日均线与60日均线配合使用，主要应用在中长期趋势的判断上。当60日均线向上运行，30日均线极度贴近60日均线，如果此时股价再次起涨，30日均线再次拐头向上，与60日均线呈现出发散状，这是很好的中线买点，有时大家将此战法称作“鸭子张嘴”战法。

2017年7月—11月，中国石油（601857）的60日均线一直处于向上状态，30日均线在9月初开始走平并向60日均线靠拢。期间，股价曾一度跌破30日均线和60日均线，但此时60日均线依旧向上运行。10月14日，股价一举升破30日均线和60日均线，且均线开始慢慢向上发散，呈现出“鸭子张嘴”形态，此时不买更待何时？结果，此后该股股价掀起了一波中级升势。如图15-10所示。

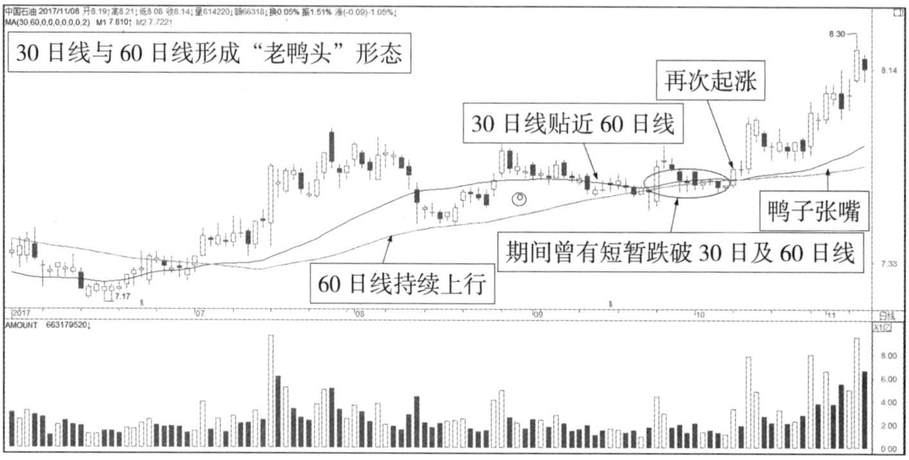

图 15-10　中国石油（601857）2017 年 5 月 26 日—11 月 8 日的日 K 线图

当 60 日均线向下运行，30 日均线极度贴近 60 日均线时，如果此时股价再次下跌，30 日均线又再次拐头向下，这是很好的中线卖点。

2017 年 10 月 17 日，中远海发（601866）的 30 日均线与 60 日均线形成死亡交叉，其后 60 日均线一路向下运行。期间，30 日均线有几次极度贴近 60 日均线，但在 60 日均线下行趋势的性质未有改变的情况下，30 日线每一次与 60 日线的贴近，都是反弹出货的好机会。如图 15-11 所示。

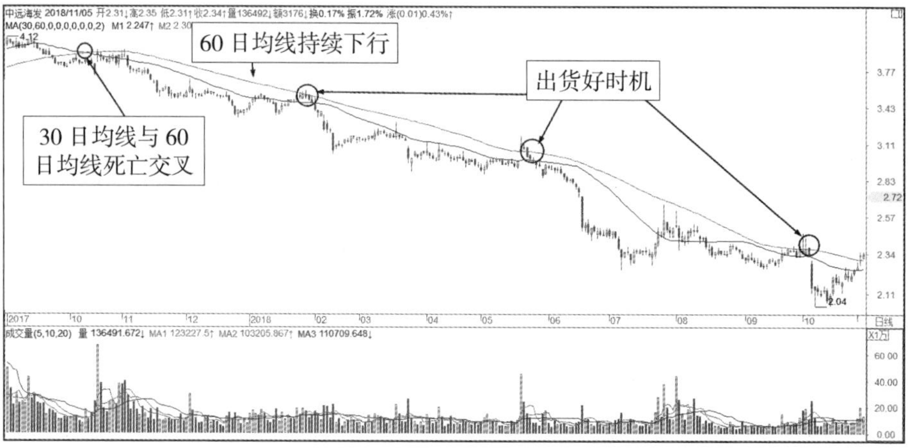

图 15-11　中远海发（601866）2017 年 9 月—2018 年 10 月的日 K 线图

四、格兰维尔战法

谈到均线的分析方法，就不得不提到著名的格兰维尔移动平均线八大买卖法则。在中外证券市场中，格兰维尔均线买卖法则可谓无人不知，无人不晓。格氏八大买卖法则是美国著名的证券市场技术分析大师格兰维尔先生在20世纪50年代所著的《每日股票市场获最大利益之战略》一书中运用的测市法则，依据这八大买卖法则，可以判断股票的最佳买卖时机，寻找最佳买卖点。

格兰维尔移动平均线八大买卖法则以股票价格与移动平均线之间的关系作为判断买卖点的依据，共有8个买卖信号点，因此得名，如图15-12所示。具体由4个买进点和4个卖出点组成，现分别叙述如下。

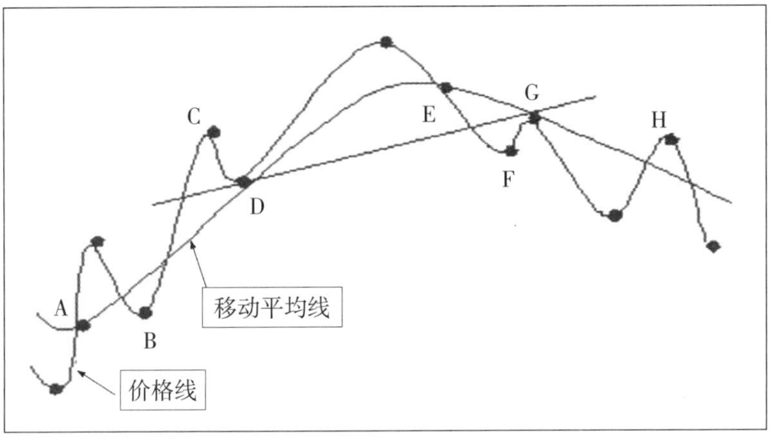

图15-12　格兰维尔移动平均线八大买卖法则示意图

（一）A点（买进点，1浪上升）

1. 定义

当移动平均线从下降状态逐渐走平，而股价从移动平均线下方向上突破移动平均线时，是交易者买进股票的信号。

2. 释义

移动平均线从下降状态逐渐走平时，表示在较长的时间内，股价趋势已经从下跌趋势转为逐渐止跌回稳，即移动平均线止跌转平，进而可能转势回升。由于移动平均线走势比股价走势缓慢得多，并且具有时滞性，因此，若移动平均线止跌转平，那么下一步可能转势回升。移动平均线一旦确立上涨趋势，则往往要沿此趋势运行一段时间和空间，相应地，股价的涨幅将远超移动平均线的涨幅，所以此时买入股票具有一定的获利空间。

当股价从移动平均线下方向上突破移动平均线时，显示当前股价已摆脱原先的移动平均线助跌反压作用，意味着空方与多方的力量发生了根本性转变。若随后移动平均线反转回升，则这段时间多头居于主导地位，空头相对居于劣势。这时，股价从低档盘整完毕，开始进入上升阶段初期，所以可以按此信号买入股票，等待获利。

（二）B点（买进点，2浪回调）

1. 定义

股价连续上升并远离移动平均线后，随着时间的推移，此时移动平均线开始上升，而后股价突然下跌，但移动平均线仍然继续上行。此后股价再度上升时，交易者可以大量买进，这是交易者买进股票最安全、盈利可能性最大的买点。

2. 释义

股价连续上升并远离移动平均线后，又回跌至上升的移动平均线附近时，此时处于上升趋势的移动平均线会对股价产生助涨作用。移动平均线的助涨作用使股价在快速下跌之后立即弹升，与之形成相辅相成的上升局面。

股价由于连续上升而远离移动平均线，也就是说，在移动平均线参数设定天数中交易的股票，平均都有获利，并且获利不菲。随着移动平均线的上升，股票持有者的平均成本也在不断上升。此时就产生了下面的情况。

（1）低位买入者有了获利，自然产生获利了结的愿望。

（2）前期套牢的交易者对这次股价上涨，有解套出局的欲望。

（3）看好该股的交易者由于股票短期上涨太快，价格相对过去高了不少，所以追涨买入的欲望减弱。

这些都是不利于多头的因素，所以空头借机发挥，造成股价下跌。但上升趋势一旦形成，就会延续，下跌只是多头关门打狗的行为，是为以后更好地上升积蓄力量，所以是最佳的股票买入点，并且盈利的可能性极大。在A点，交易者不容易及时发现股票起涨，容易错过买入时机，因此B点是逢低承接的最佳机会，也是交易者看好该股票中长期上升行情后加码买入的天赐良机。

（三）C点（卖出点，3浪主升）

1. 定义

股价急速上升，远离移动平均线时，将可能出现短期回跌，使股价产生再度趋向移动平均线的趋势，这是一种卖出股票的信号。

2. 释义

股价进入上升趋势后，股价与移动平均线的上升趋势比较平缓，二者保持着适当距离并行上升。由于消息面的影响，关注该股票并买入的交易者剧增，加上主力的刻意拉升行为，股价从缓升阶段进入暴涨阶段，使得股价远离移动平均线。

此时，持股者的短期利润随着股价暴涨而大幅增加，卖出欲望变得强烈，由此产生获利回吐的短期巨大压力。未买入的交易者，由于股价短期内上涨太多，买入欲望逐步降低，做多力量接近衰竭。为了防止股价短期到顶，或因其他因素影响演变为中期顶部，此时交易者不妨短线获利卖出。

（四）D 点（买进点，4 浪回调）

1. 定义

股价经过大幅上升后出现回落，虽然迅速向下跌至移动平均线附近，但移动平均线仍在上行，且股价马上又企稳回升，因此这时仍是买入信号。

2. 释义

股价跌至移动平均线附近，而移动平均线仍然继续上行。造成这种情况的原因是股价连续快速上升，导致获利回吐，使股价快速回跌。股价短时间内跌至移动平均线附近，但跌幅并不深，随后股价又快速拉起，再次形成股价与移动平均线同步上升的格局，这时是一个较好的买入点。对该点的信号判断，普通交易者应首先明确不是主力出货，而是短期获利回吐的巨大压力造成的回调。

（五）E 点（卖出点）

1. 定义

移动平均线由上升转为走平，股价从移动平均线上方向下跌破移动平均线，随后移动平均线转为下跌，此时是交易者卖出股票的最佳时机。

2. 释义

股价持续上升后到达高位区域，在区间内形成盘整态势。这时，移动平均线上升的幅度与速度都在减缓，但短时间内很难改变运行方向，在形态上表现为类似抛物线顶端的图形，有上升趋势即将转弱的迹象，表明多头在此区域受到强力阻击，空头力量逐步强大。

此时是很危险的时刻，假若此时股价向下跌破由上升转为走平的移动平均线，并带动移动平均线反转向下，这时就是一个卖出信号，标志着移动平均线趋势转变。移动平均线方向改变后，往往会沿着下跌趋势运行一段时间和空间，再加上这段时间与空间具有不确定性，所以此时交易者应该卖出股票，场外观望，股价跌破移动平均线，就是持有股票的交易者获利了结或止损卖出股票的信号。

（六）F 点（买入点）

1. 定义

股价跌破移动平均线后，若发生暴跌，股价远离移动平均线，这时股价可能发生反弹，再度向移动平均线靠拢，从而出现一个买入点即 F 点。

2. 释义

在短线止损卖盘和长线交易者获利了结的双重卖压下，股价急剧下跌。这时，在移动平均线设定参数天内股票持有者大多会亏损。但随着跌幅加大，继续杀跌的动能会明显减弱，抄底的投机客与高位套牢后在低位摊薄成本的多头力量逐步增加，股价自然会反弹回升。

对于这样的上涨行情，市场人士称为反弹行情，因为这是股价暴跌之后的回升修复走势，通常上涨是急促又短暂的，只是回补一时跌过头的行情而已，并不是真正的上升行情。普通交易者如果没有足够多的市场经验，参与这样的反弹行情要分外小心。

（七）G 点（卖出点）

1. 定义

若移动平均线开始转为下降趋势，股价短期内发生暴跌，此时股价会由于过分远离移动平均线发生反弹，股价回升并向移动平均线靠拢，但未能有效突破移动平均线即告回落，此时出现卖点即 G 点。

2. 释义

由于股价跌破移动平均线，移动平均线也转为下降趋势，表示在一段时间内，持有股票的交易者都是亏损的。因为股票趋势已经转坏，股票上涨遇到的解套盘压力极大，此时发生的反弹，并不是股价再次走出上升行情，所以股价反弹至移动平均线附近时出现卖点，是交易者减少损失的卖出时机。

（八）H 点（卖出点）

1. 定义

移动平均线一直呈现下降趋势，股价虽然一时上升突破移动平均线，但由于没有成交量的有效配合，股价随即向下跌破移动平均线，移动平均线则继续呈下降趋势，这是卖出信号。

2. 释义

移动平均线转为明显的下跌趋势后，该下跌趋势不容易改变，也就是说，被套牢了许多交易者不会马上解套。虽然在股价跌幅已深时会吸引买盘介入，使股价再次回升，但抛盘依然很大，股价随后会再次回落，因此这时出现的是一个卖点。

实际应用中，这个卖点很有意义。在 A 股市场出现这种情况，往往表示有主力被套，此时他们会利用一些利好因素进行自救。另外，下跌后的长期横盘整理走势中，可能会显示有买盘介入。若有成交量配合，应注意此股票，如果随后有更长期的盘整走势，并在某天突然出现挖坑向下后再次放量上涨的走势，应及时介入，获取利润，当然这是后话。

五、8 个买卖点评价

对于格兰维尔移动平均线买卖法则中的 8 个买卖点，交易者现在已经全部了解了。在此，有必要对这 8 个买卖点进行一番综合评价，以利于大家在实战中掌握。

首先分析 4 个买入点：A 点、B 点、D 点、F 点。

在这 4 个点中，A 点的股票价位最低，是股票行情刚启动的买入点位。一旦确认后市为升势，持有股票的交易者将获利惊人。但在具体实践中，A 点的识别与操作并不容易把握，因为有太多的虚假信号。有时交易者介入后，因为市场只是出现了一段反弹行情，如果没有及时获利了结，就会导致被套在半山腰。

B 点是最容易确认的买点。虽然此时的股票价位高于 A 点，但 B 点更容易辨认，而且随后的升势往往是最凌厉的一段行情，所以 B 点在买入的安全性、可辨性和可靠性等方面都是最佳的，也是实践中最值得交易者把握的买点。

D 点是上升途中出现深幅回档时的一个买点，有时股价会击穿移动平均线。此点的股价已经比较高了，而且往往只能确定一个比较宽幅的价格区域。此时，股价的大部分升势已经完成，随后是否能再创新高是未知数，交易者面对的未来走势可能是一波上升行情，也可能是一波反弹行情。所以，此买点的风险大于前面两个点位，交易者具有一定的实战经验，方能运用得当。

F 点是股价下降途中遇到买力出现反弹行情产生的一个买点，此买点是最难掌握的，也是最危险的。在此笔者提醒交易者，如果没有较长时间的经验积累和短线操作技能，不要轻易尝试 F 点的反弹买点，即使要做，也只能以较少的资金博反弹，以便积累经验。有时股价下跌途中并不产生明显的反弹，而是以横盘的方式来替代反弹。由于反弹的空间与买入点位的不确定性因素太多，所以实际的可操作利润空间并不大，在此点介入要特别小心。

从安全性、可辨性、可靠性、资金投入量等方面综合评价以上 4 个买点，可以得出最优的买点是 B 点，择优排序的结果是 B＞A＞D＞F。

下面再来分析 4 个卖出点：C 点、E 点、G 点、H 点。

C 点是股价在大幅飙升过程中的卖出点，此点不易把握。C 点是股价快速行进过程中上涨趋势戛然而止形成的卖点，容易出现卖出股票后股价继续上涨而错失后续行情的风险。但如果持有的股票买入点不错，也获得了大段升势空间，在该点获利了结，即使错失一部分行情空间也是可以接受的。对于此点的实际把握，需要具备一定的操盘经验。

E 点是股价经过大幅上涨，在高位盘整一段时间后，似乎要展开新一轮升势，但此时股价不涨反跌，并有效跌破移动平均线时出现的一个卖点。此点发出的卖出信号可靠性较高，遇到这种情况时，交易者应该不去理会基本面的情况（往往会有虚假误导信号），单单依靠技术分析坚决卖出股票。事后证明，这样的卖出操作正确率往往是较高的。不过，在实际操作中，此点不易把握。由于股价下跌时的速度往往快于上涨时的速度，所以要么一犹豫就错过好几个价位，要么被主力洗盘洗出局。实践中，对于该点的把握，除了移动平均线之外，还要配合图形的颈线和其他一些技术指标进行综合判断。

G 点是抢反弹行情的卖点，或是被套牢股票的斩仓止损卖点。辨别此点需要综合分析，要考虑到成交量、大势、基本面等因素，是较好辨别的一个卖点。

H 点不易明显识别，因为行情特征往往与牛市的第一浪比较接近。辨认此点主要考虑的因素是移动平均线仍然处于下降状态，股价反弹的升势较快，从长期走势看，这里筑底的时间很短，这样综合考虑，便可以识别出这一卖点。实践中，这一卖点的价位区域较宽，交易者往往不能找到最佳的卖出价位与时机。

从识别性、可靠性等方面综合评价以上 4 个卖点，可以得出最优的卖点是 E 点，择优排序的结果是 E＞C＞G＞H。

六、格兰维尔法则实证分析

格兰维尔法则的 8 个买卖点已经介绍完毕，这种理论上的介绍与解释如何与实践相对应呢？笔者认为，可以从“市场演变过程”和“主力运作过程”两条思路来印证、理解。

（一）市场演变过程

假设一只股票一直处于下跌状态，逐渐到了几乎跌无可跌的程度，此时移动平均线下跌趋势减缓甚至走平。随着股价大幅下跌，该只股票原有的价格泡沫被挤出，相比高位时，股价安全性增加，原有的利空效应已被市场下跌所消化。同时，公司的基本面出现改观，宏观大势有所好转，比如经济形势好转、行业复苏等。此时，持有该只股票的交易者心态不再以抛出为主，相反在低位开始出现摊薄成本的买盘，场外先知先觉的交易者也开始主动性买入，市场买盘远大于卖盘，推动股价开始上升，并突破移动平均线的压力，出现买点 A。

随着股价的继续上升，先买入股票的交易者有了获利，前期套牢的一些持股者也得以解套，在获利盘和解套盘的双重卖压下，股价开始回落。当股价回落到移动平均线附近时，对移动平均线参数期内买入股票的交易者来讲，是既无亏损也无获利，短线多空双方暂时达到平衡。但此时公司基本面改观的事实已经得到确认，来自公司的利好消息不断，从股价的大趋势来说，买方肯定占优，此时出现买点 B。

在公司基本面转好的支撑下，买盘又一次大量介入，推动股价再次上升。此时，买入股票的交易者人数很多，成交量往往很大，股价上升时间最长，涨幅最大。由于持有该只股票的交易者获利增多，兑现盈利的欲望变强，于是出现卖点 C。

当有大卖盘出现时（主力机构开始抛售），往往带动许多短线交易者跟风抛售。经过短线暴涨的股票，价格下跌的速度往往很迅速。股价跌至移动平均线时，由于此时移动平均线仍然处在上升过程中，股价容易出现掉头上涨，投机技巧高超的交易者可以在此买入，从而出现买点 D。

随后被公司“雪藏”已久的利好消息正式披露，该有的利好几乎让所有交易者知晓，大量普通交易者受到公司美好前景的鼓舞，纷纷购买该公司股票，成为市场上的后知后觉者。恰恰此时股价达到顶端，因为股价的巨大升幅已经充分反映了公司的基本面变化。该买的交易者都买入该只股票后，买盘自然减少，低位买入的交易者则正在逐步获利卖出。短线投机客买入股票后，发现股价没有继续上涨，于是卖出止损的欲望与日俱增。此时卖盘大于买盘，股价开始下跌并跌破移动平均线，出现卖点 E。

这时市场上开始讨论该只股票价值是否存在被高估的问题，是否有太过狂热而过分投机的问题，于是买盘更加稀少。主力开始用砸盘的方式出清剩余筹码，高位买入的交易者开始止损出局，于是股价出现急速下跌。当跌幅较大，股价远离移动平均线时，出现买点 F。

有实战经验的交易者，可在此时买入股票，做下跌趋势中的反弹行情。在摊薄持仓成本的买盘和抄底买盘的共同作用下，股价开始反弹回升，但前期的下跌已经令没有卖出的交易者如惊弓之鸟，高位套牢的交易者十分恐慌，他们都在等待股价回升后卖出股票，因此当股价反弹到移动平均线位置时，出现卖点 G。

大量的套牢盘和低位抢反弹的获利盘都在寻机卖出，但买盘相应较少，此时公司基本面的利好消息已经出尽，出现的反而是利空消息。所以，一旦反弹结束，股价的下跌会更加迅速和凶猛，跌幅比此前一波下跌有过之而无不及。随后可能还会出现反弹，应在反弹的高点出清股票，此时出现卖点 H。

（二）主力运作过程

A 股市场属于新兴市场，市场运作不规范，管理层监管经验不足，存在国有股、法人股等复杂的股权结构问题，市场规模相对国民生产总值较小，导致现时的股票市场中，内幕交易、恶意操纵、信息披露不规范等问题层出不穷，相比发达国家的成熟市场，这一点更加明显，股价被主力机构操纵的迹象也更加明显。主力的市场操纵行为，往往能用格兰维尔法则进行分析。

首先，主力往往喜欢低价位的股票，这样买入的股票成本相对较低，后市能够获取较多的市场利润，相应降低操作风险。某只股票经过长期下跌后价格较低，市场交易者普遍处于严重亏损状态。此时主力开始在低位吸纳股票，有时借用利空消息打压震仓，使一些散户交易者低位认赔割肉出局，意在长远的主力极有耐心地逢低吸纳，表现在技术图形上就是：股价运动趋势长期走平，进入筑底阶段，移动平均线从下跌趋势转为逐渐走平。经过一段时间的逢低吸纳后，主力认为底部筹码已经吃得差不多了，拉升时机快要成熟，于是开始大量吃进。与之有关联的其他主力大户和先知先觉的个人交易者也开始入场扫货，股价开始脱离底部，向上穿越移动平均线，此时出现买点 A。

主力基本完成吸货任务后，由于市场上跟风盘较多，并且高位套牢的交易者不再卖出股票，坐等主力拉升抬轿。主力若直接拉升股价，则对拉升过程和高位出局不利，因此主力会在大幅拉升股价前先进行洗盘，于是在相对低位停止买入，并逢高派发一些低位廉价筹码，兑现一部分利润，于是股价开始回落。

此时市场中关于该只股票的传闻与消息不多，大家都将此次上涨看作一次反弹，随后的下跌加深了普通交易者的这种认识。此时，意志坚决的套牢者，其信心往往也被磨没了，认为下跌后又是遥遥无期的阴跌，真正的上涨行情不知等到何年何月才能出现，于是割肉出局（此时众多散户交易者最易卖出股票）。主力洗盘往往在移动平均线附近结束，这样就出现了买点 B。

因为这里是主力的建仓成本区，所以对有经验的交易者而言，这是最佳的吃货点，可以加大筹码，紧跟主力做多。当主力洗盘完毕后，主力吸纳的廉价筹码差不多足够了，此时进入股票快速拉升阶段，以便使股价快速远离主力的建仓成本区。主力操作的股票，在这个阶段往往涨势凌厉，成交量放得很大，是股价的飙升期。

股价大幅上升后，获利盘由此变得极多，此时主力根据跟风盘的情况，随时可能在高位派发股票，这时是跟庄者获利了结的最好时机，于是出现卖点 C。但把握此卖点实际上并不容易，需要交易者具备一定的操盘经验。

这时的股票市场上，基本面信息往往是小道消息较多，正式媒体却无任何公告信息。股价大幅上涨后，往往紧跟着就是快速下跌，一般说明主力已有出货意愿。由于主力手中筹码较多，不可能在短短几天内顺利出局。此时股价下跌较快，振幅加大，不过即使跌穿移动平均线，由于移动平均线仍在顽强上升，所以改变不了大趋势依然向好的局面，此时出现买点 D，这是短线投机高手施展抄底技术的最佳时机。

随后，有关该只股票的利好消息会不断在正式媒体上公布。有些主力往往与上市公司联手操纵市场，上市公司会配合主力公布一些重大利好信息，以方便主力在高位出货，不过，这种操控市场的方式实际查处取证非常困难。目前 A 股市场对利好信息的反应有两类情况：一类是涨势一直延续到正式媒体公布利好信息，有些交易者将其归纳为“利好出尽”“靴子落地”，并据此来把握此卖出点；一类是公司公布利好消息之前股价已经开始下跌，公布利好后马上开始上涨，使得想买入的交易者只能追高买入该股票，以吸引更大的跟风盘，制造更大的市场吸引力。这两类情况需要普通交易者灵活掌握，具体分析。

这时，该只股票往往会成为市场追逐的热点，某些被主力收买的股评家也开始重点推荐该只股票，各种各样的分析报告不断在媒体上刊载，预测该只股票将要涨到某价位的传言广泛流传。市场上，股价继续上涨但上涨幅度减弱，可能会创出新高，但已出现放量滞涨的现象。主力往往会利用媒体稳住持股的普通交易者，吸引其他交易者买入股票，并借助基本面、消息面的配合完成出货过程。当该买的交易者基本都买了，主力大部分筹码也出得差不多时，买盘开始减少。短线投机客发现股价出现滞涨现象，遂产生卖出欲望，主力顺势出清剩余筹码，股价开始下跌并跌穿移动平均线，于是出现卖点 E。

当下跌速度过快，跌幅较大时，主力手中的余货不多了，套牢割肉盘的杀跌意愿也减小了，市场出现反弹迹象，此时出现买点 F。

主力开始逢低抄底并为自己余货的派发作打算，于是股价开始出现反弹。当股价反弹到移动平均线时，出现卖点 G。

解套盘，获利盘，主力手中的余货等纷纷涌出。此时，股票由于大多由散户持有，于是会出现散户之间的多杀多现象，股价再次下跌。由于主力基本出清筹码，对于此时的下跌，市场少有低位承接盘，所以杀跌动能很大，股价呈现快速暴跌的状况，或者长期绵绵阴跌不止，这是股价下跌杀伤力最大的一段。由于股价跌幅大，容易产生反弹行情。有些没来得及出逃的主力，往往会在低位操作快进快出的自救行情，此时移动平均线仍然处于下跌趋势中，所以交易者应以反弹行情对待，逢高坚决出货，于是出现卖点 H。

七、均线多头排列与空头排列

（一）多头排列

多头排列的均线组合至少由 3 条移动平均线组成，短期、中期、长期均线自上而下排列，且运行方向向上。大多数情况下，各周期均线呈向上的圆弧形。多头排列出现在涨势中，是一种做多信号，表明后市继续看涨。如图 15-13 所示。

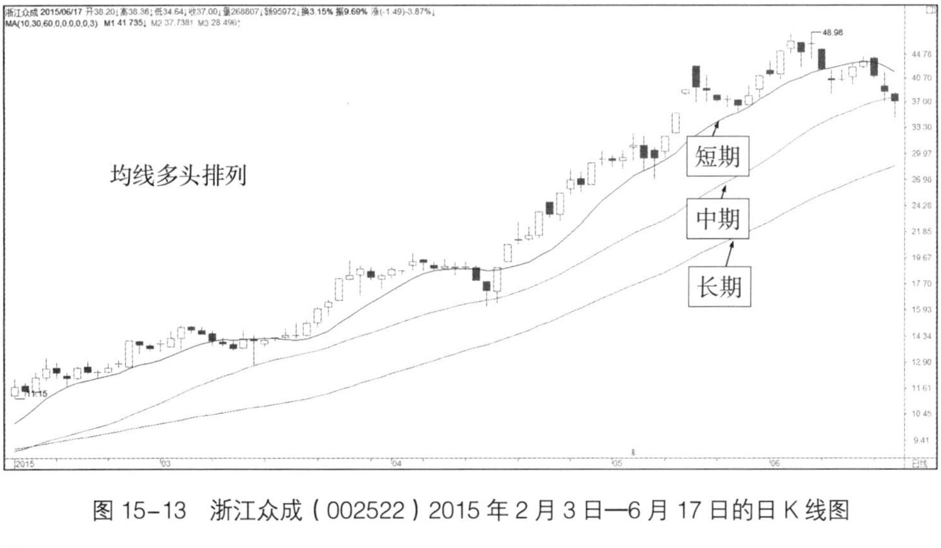

图 15-13　浙江众成（002522）2015 年 2 月 3 日—6 月 17 日的日 K 线图

1. 市场含义

股价或指数经过一段时间的下跌后，最终由跌转涨，继而各周期均线呈多头排列，表明一轮大行情来临，股价或指数将会持续上涨一大段时间。

从均线转头的先后顺序以及换手的总周转率来看，股价就像多头派出的先头部队，短期均线是小股部队，中期均线是大部队，长期均线就是用于决战的主力部队。多头排列意味着先头部队、小股部队、大部队和主力部队全部都在向前推进，战场上从微观到宏观，无一处不对多头有利。孰强孰弱，孰胜孰负，可以说是一目了然。

2. 操作要点

（1）均线形成多头排列后，预示着股价或指数将大幅上涨，这是交易者最重要的持股阶段。见到股价或指数呈现出多头排列时，交易者要把握住机会。没有仓位的，在多头排列初期和中期可积极介入。已经持仓的，一定要坚定持股信念，骑牛前行，切莫半途跃下牛背。

（2）均线首次形成多头排列时，绝大多数情况下都不是最好的买入点。原因主要是均线存在滞后的特点，形成多头排列时，股价或指数往往已经上涨了很大一段空间。交易者不一定要等到均线多头排列时才进场买入，其他参考指标发出买入信号，便可提前入场，但一定要在各均线形成多头排列后坚定捂股一段时间，直至出现明显的离场信号。尤其是短期、中期、长期均线呈多头排列时，往往表明持续时间较长的一轮大牛市到来了，交易者应当全力以赴，持股做多。

（3）周期越长的均线稳定性越好，但滞后性也越强。均线的稳定性和滞后性是如影随形的一对特性，有其一必有其二，谁也无法将其分开。当股价走势呈多头排列时，周期长的均线虽然比较稳定，但滞后的缺陷也很严重。比如 120 日和 240 日均线，除非在一个上涨周期比较长的单边牛市里，其他情况下很难和日 K 线以及其他周期较短的均线形成多头排列。即便形成多头排列，往往股价或指数也已经上涨了一大段。

（4）均线首次形成多头排列后，在股价或指数上涨期间，即使 K 线和短期均线方向短暂向下，或者 K 线、短期均线甚至中期均线之间短暂死叉，只要中长期均线一直在下方托着股价和中短期均线，且运行方向向上，仍可以看作是多头排列。

（5）一般情况下，运用多头排列时，交易者可以只参考或选用 5 日、10 日、30 日、60 日均线组合。20 日和 30 日均线在实战中的区别不是很大，交易者二选一即可。

（二）空头排列

空头排列的均线组合至少由 3 条移动平均线组成，短期、中期、长期均线自下而上排列，且均线运行方向向下。大多数情况下，各周期均线呈向下的圆弧形。空头排列出现在跌势中，是一种做空信号，表明后市继续看跌。如图 15-14 所示。

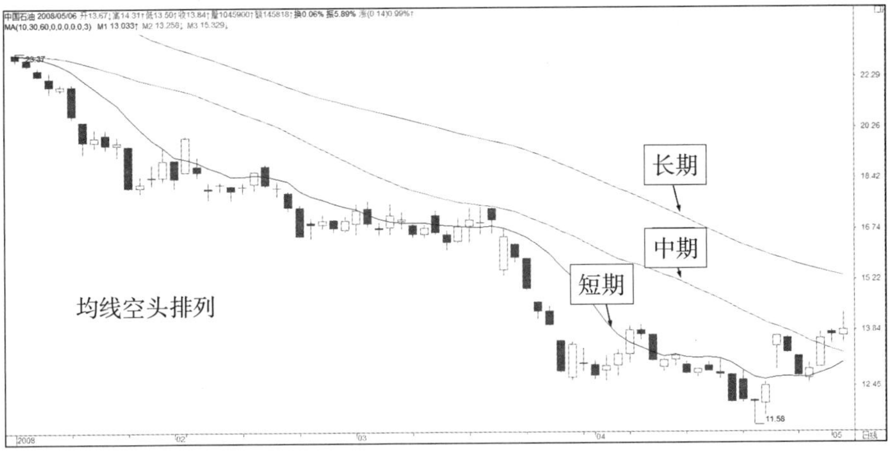

图 15-14　中国石油（601857）2008 年 1 月 14 日—5 月 6 日的日 K 线图

1. 市场含义

指数或股价经过一段上升后，由升转跌，继而进入空头排列，表明熊市蹒跚而来，后市将会下跌很久，跌幅很深。交易者见到股价或指数呈空头排列时，应当及时清仓离场。

周期长短不一的均线，就是多空双方投入到战争中的兵力规模。当各周期均线呈空头排列时，表明空方已经在战场上全方位、全区域扫荡多方。当然，空方的崛起并不是自这一刻开始，阵地的收复和扩大都需要一个过程，中长期均线的方向不会一下子转变。

2. 操作要点

（1）在牛去熊来之际，空方派出的任何一股部队都是强大的。空头排列是重要的空仓期，并不表示一直等到空头排列完全形成时才离场，交易者不必寄希望于正被蚕食的中长期均线，应在中短期均线和其他技术分析方法发出明确的离场信号时立刻抛售，清仓撤离。趋势交易的离场标准是：只要任何趋势分析方法给出明确的卖出信号，就应果断离场。当全部均线形成空头排列时，股价跌幅已经很深，如果等到此时才沽清筹码，损失将会非常惨重。

（2）对于交易者来说，有时果敢的性格和壮士断腕的勇气远比技术分析本身更重要。交易者做错和跌倒并不可怕，这是交易中不可避免的事情，可怕的是跌倒之后没有能力和机会再爬起来。在趋势交易中，及时卖出总比正确买入更重要。卖出时迟疑不决的危害，远比迟迟不敢买入大得多。空头排列形成时，给了那些仍然持有仓位的犹豫不决的交易者最后一次逃命机会，此时清空账户股票还不算太晚，切不可对股价反弹抱有幻想。

（3）和均线多头排列一样，实战中运用空头排列时，交易者可以只选择短期均线结合中期均线的组合方式，比如 5 日、10 日、20 日和 60 日均线组合，而不是前面推荐使用的 5 日、10 日、20 日、60 日、120 日和 240 日短中长期均线组合。使用中短期均线系统，当均线系统形成空头排列时果断出局，可以避免均线信号滞后的缺点，又可以利用均线组合稳定的优点，得出大概率的趋势判断结论。

总而言之，均线系统出现空头排列，表明空方控制着局面，市道趋淡，交易者见到这种形态时，要坚持持币做空，切不可轻易入市。如果短中长期均线同时呈空头排列，往往预示着熊市路途很漫长，交易者不妨刀枪入库，马放南山，让自己休一个长假。

八、多头排列与空头排列实战应用

如果交易者能够严格遵守交易纪律，只做 5 日、10 日、20 日、60 日均线多头排列的股票，不失为一种风险很小、盈利相对可观的趋势交易方式。进场点可以选在 5 日、10 日、20 日、60 日均线首次呈现多头排列时，离场点选在首次空头排列时。这种操作方式赚不到最多的利润，因为均线形成多头排列不是一种最佳的进场点，均线形成空头排列也不是最佳的离场点，进场和离场都相对滞后，牺牲了行情前段和尾端的利润和时间。即便如此，只要交易者持之以恒，就可以实现在股市中长期稳定盈利。

（一）5 次交易机会

下面用创业板指（399006）的历史走势对均线多头排列及空头排列的出入场信号进行验证，选取的时间段为 2010 年开市起，至 2016 年 1 月止。为计算方便，进场点和离场点的位置均以当日收盘价为标准。在此期间，符合交易标准的走势一共出现了 5 次。

1. 第一次交易机会

2010 年 11 月 3 日，创业板指（399006）首次出现均线多头排列，当日收盘 1040.62 点，这是第一次入场机会。2011 年 1 月 17 日，创业板指首次出现空头排列，当日收盘 1028.16 点，当日卖出离场。第一次交易亏损 12.46 点，亏损比例约为 1.2%（不含佣金和印花税及其他费用，以下同）。如图 15-15 所示。

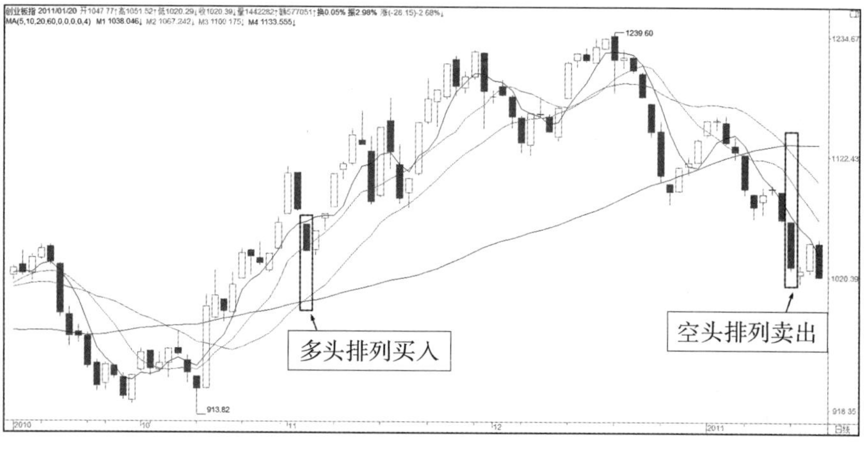

图 15-15　创业板指（399006）2010 年 9 月 8 日—2011 年 1 月 17 日的日 K 线图

2. 第二次交易机会

2013 年 1 月 8 日，创业板指（399006）再次出现均线多头排列，当日收盘 733.14 点，进场买入。11 月 14 日，创业板指出现空头排列，当日收盘 1249.67 点，当日卖出离场。第二次入场盈利 508.57 点，盈利比例约为 70%。如图 15–16 所示。

图 15–16　创业板指（399006）2012 年 12 月 21 日—2013 年 11 月 19 日的日 K 线图

3. 第三次交易机会

2014 年 1 月 7 日，创业板指（399006）出现多头排列，当日收盘 1352.28 点，进场买入。3 月 27 日，创业板指出现空头排列，当日收盘 1367.96 点，当日离场。第三次入场盈利 15.68 点，盈利比例约为 1.2%。如图 15–17 所示。

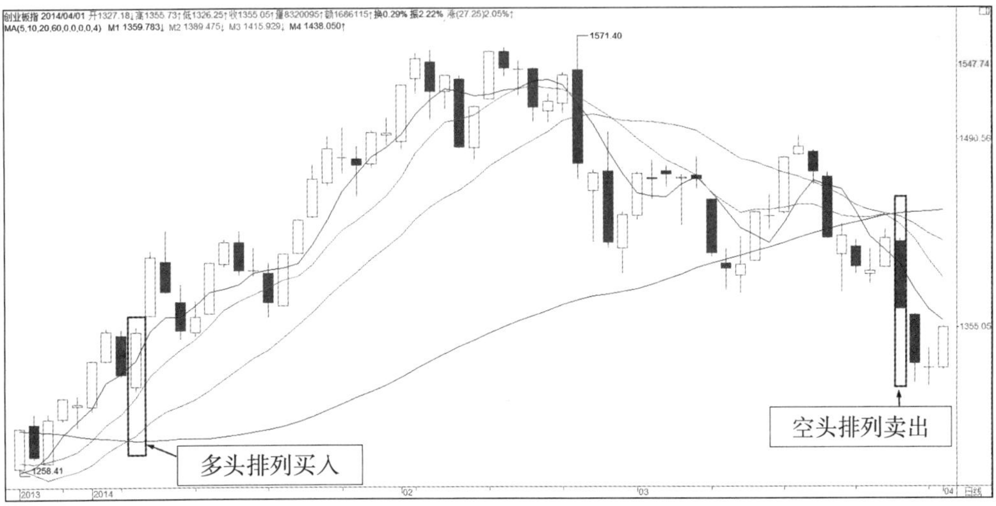

图 15–17　创业板指（399006）2013 年 12 月 25 日—2014 年 4 月 1 日的日 K 线图

4. 第四次交易机会

2014年8月20日，创业板指(399006)出现多头排列，当日收盘1427.40点，进场做多。2015年7月9日，创业板指出现空头排列，当日收盘2435.75点，当日离场。第四次入场盈利1008.35点，盈利比例约为70%。如图15-18所示。

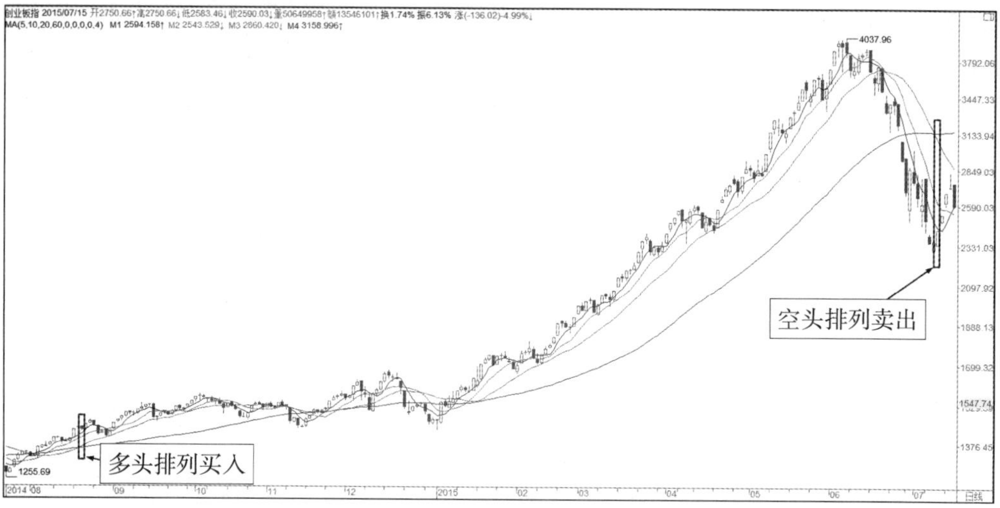

图 15-18　创业板指（399006）2014 年 8 月—2015 年 7 月的日 K 线图

5. 第五次交易机会

2015年10月27日，创业板指（399006）出现多头排列，当日收盘2563.96点，进场买入。2016年1月12日，创业板指出现空头排列，当日收盘2147.53点，当日离场。第五次入场亏损416.43点，亏损比例约为16%。如图15-19所示。

图 15-19　创业板指（399006）2015 年 10 月 20 日—2016 年 1 月 14 日的日 K 线图

在长达5年多的K线走势中，共交易5次，平均1年才交易1次。其中盈利3次，亏损2次，盈亏次数比为3:2。

盈利的交易为第二次（盈利70%）、第三次（盈利1.2%）、第四次（盈利70%）。亏损的交易为第一次（亏损1.2%）、第五次（亏损16%）。从5次交易的亏盈表现来看，盈多亏少。对于整体交易结果来看，重要的不在于盈利和亏损的次数，而在于每一次亏损的比例都很小，而盈利的比例有的非常大。如果严格按照多头排列买入，空头排列卖出，至少不会错过牛市行情，熊市可以避免主跌阶段。

5日、10日、20日、60日均线组合是短期均线和中期均线的组合，无论形成多头排列还是空头排列，都至少是一波中期行情。即便是熊市中的反弹，当均线组合形成多头排列时，行情也要向上冲一阵，然后才会转身向下，慢慢带动均线组合形成空头排列。这一上一下，就保证了空头排列离场时，即便是亏损，亏损的幅度也很小。当形成多头排列后，恰好是一轮牛市，交易者可以轻松地躺着把盈利收入囊中。反之，如果形成空头排列后恰好是一轮大熊市，交易者可以轻松地回避掉熊市的主要下跌阶段。

从这一案例可以看出，均线组合形成多头排列进场，等待形成空头排列时离场，一定不会错过大牛市，一定可以避开大熊市。在震荡整理行情中，一定可以做到微盈或微亏。

“截断亏损，让利润奔跑。”多少交易者追求这一目标，却不知道如何去做。现在，有如此简单机械的投资方式，不必懂宏观或微观经济分析，不用到处打探消息，也无须更多的技术分析理论和方法，每天就是打开K线图，瞟上一眼便已足够。每年大约交易一两次，就可以轻松地做到稳定盈利。

股市盈利容易吧？容易！能做到吗？不能！为什么？没有人愿意这样做！因为这样操作实在太单调了，太无聊了。更让人难以忍受的是，盈利实在太慢了，亏损次数实在太多了。放弃好的交易方法也是如此简单。

就因为放弃了慢速积累利润的方式，才导致大多数交易者一直处于亏损状态。大多数交易者都想赚快钱，但往往事与愿违。最有可能实现财富自由的，恰恰是那些执行“傻瓜”式交易的交易者。

（二）实战要点

上面列举的均线多头排列进场、空头排列离场的交易方法，可以用于个股，并且效果更好，因为个股的活跃程度和涨跌幅度普遍强于大盘。

均线空头排列虽然是重要的空仓持币期，但并不是说交易者一定要等到股价或指数呈空头排列时才空仓。进场和离场时执行标准的严格程度是不同的。进场时要严格执行买入标准，也就是说，必须待各项条件都符合交易系统设定的标准，才可以大胆进场。离场标准则可以不必那么严格，即只要出现离场信号，交易者就应离场或者逐步离场。实战交易中，不是均线形成空头排列时才开始清仓，在此之前，只要出现顶部K线信号、跌破上升趋势线、出现顶部反转技术图形、股价跌破支撑、股价遇阻回落、均线出现死叉等见顶或看跌信号，就可以逐步离场。

若将“谨慎进场，果断离场”八字箴言运用到上文例举的创业板指第一次和第五次这两次亏损的交易中去，结果将会出人意料（为方便读者观察，下文图片隐藏了均线指标）。

1. 第一次交易机会

如图 15-20 所示，2010 年 11 月 3 日，严格按照均线多头排列标准入场，当天收盘 1040.62 点。

（1）第一次卖出机会（一卖）。2010 年 12 月 3 日，指数跌破上升趋势线，发出卖出信号，当日卖出。当天收盘点数为 1157.94 点，盈利 117.32 点，盈利比例为 11.27%。

（2）第二次卖出机会（二卖）。2010 年 12 月 20 日，当日指数创新高，而趋势指标 MACD 以及量价指标没有同步创新高，并且指数遇到前期上升趋势线的阻力位，遇阻回落，发出卖出信号，当日卖出。当天收盘点数为 1212.34 点，盈利 171.72 点，盈利比例为 16.50%。

（3）第三次卖出机会（三卖）。2010 年 12 月 27 日，指数跌破“两尊”形态的颈线位，发出卖出信号，当日卖出。当天收盘点数为 1105.30 点，盈利 64.68 点，盈利比例为 6.21%。

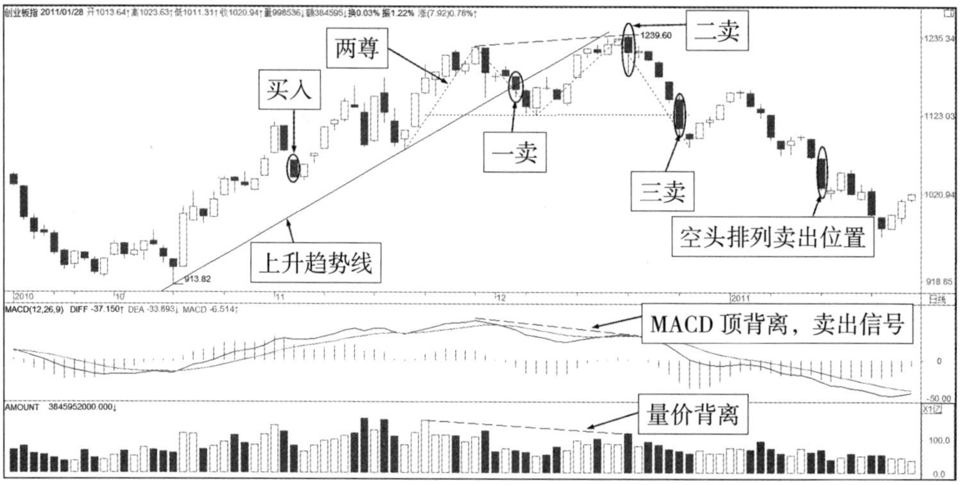

图 15-20　创业板指（399006）2010 年 9 月 14 日—2011 年 1 月 28 日的日 K 线图

2. 第五次交易机会

如图 15-21 所示，2015 年 10 月 27 日，创业板指（399006）均线出现多头排列，当日收盘点数 2563.96 点，进场买入。

（1）第一次卖出机会（一卖）。2015 年 11 月 26 日，指数创出新高，而 MACD 指标并没有同步创新高，发出指标顶部背离信号。从当天 K 线形态来看，收盘收出跌幅为 2.22% 的阴线，阴线深深地插入到前一根阳线实体的内部，形成看跌的“乌云盖顶”形态。从成交量来看，发生价涨量缩的量价背离现象。综合上述分析，发出强烈卖出信号，当日卖出。当天收盘点数为 2833.20 点，盈利 269.24 点，盈利比例为 10.50%。

（2）第二次卖出机会（二卖）。2015 年 11 月 27 日，指数跳空低开，当天低开低走，以大阴线的方式跌破上升趋势线，发出卖出信号。当天收盘点数为 2649.55 点，盈利 85.59 点，盈利比例为 3.33%。

（3）第三次卖出机会（三卖）。2015 年 12 月 25 日，MACD 指标死叉，表明上升动能衰竭，量能不济，显示股价突破前期高点无望，当日卖出。当天收盘点位为 2794.73 点，盈利 230.77 点，盈利比例为 9%。

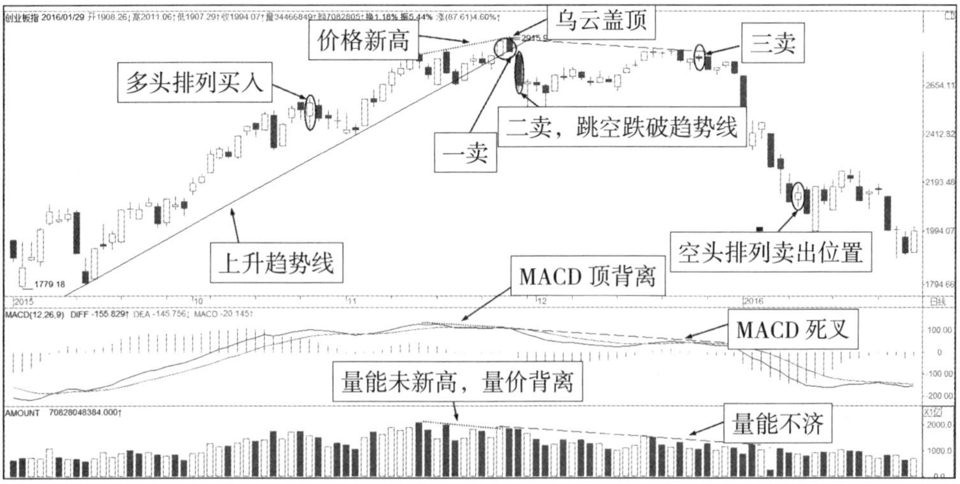

图 15-21　创业板指（399006）2015 年 9 月 2 日—2016 年 1 月 29 日的日 K 线图

从以上分析可以看到，如果不拘泥于均线形成空头排列才离场的话，很显然不仅离场的时间远远早于均线形成空头排列时，而且离场的点位也比较高，交易者完全可以盈利离场。

由此可见，根据均线多头排列进场，根据均线空头排列出场，对其中的离场标准稍加改进，就可以做到 5 次交易全部盈利出局。按照这一交易方法操盘，稳定盈利从来就不只是一句空话。

九、出水芙蓉

出水芙蓉是 K 线与均线组合分析的产物，该形态是指横盘整理过程中，一根长阳线突破短期均线系统，一般是一根大阳线上穿 3 条短期均线（5 日线、10 日线、20 日线），后市看涨。有的分析师将该形态称为“一阳穿三线”。如图 15-22 所示。

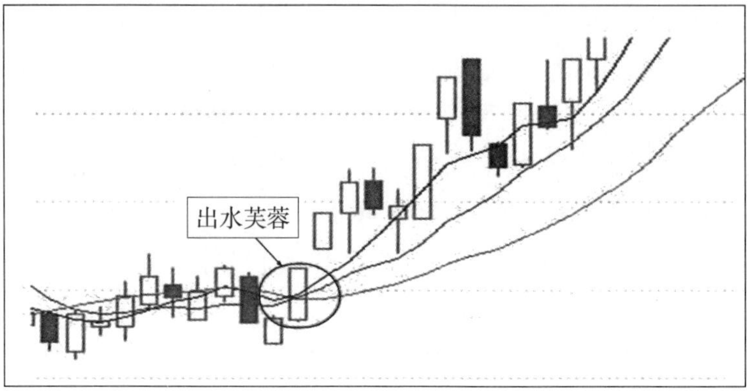

图 15-22　出水芙蓉

（一）多空分析

出水芙蓉是股价突破整理形态的典型信号。当然，如果股价处于下降趋势的话，是不会呈现出水芙蓉形态的，即使呈现出水芙蓉形态，也是主力所做的骗线罢了。由于均线黏合，使多条均线发生共振，一旦出现长阳线向上突破，就会使黏合的短期均线发散，变成均线多头排列，而均线多头排列代表着短期趋势强势，起涨点就是“一阳穿三线”即出水芙蓉。

（二）操作要点

（1）通过出水芙蓉形态选股和把握买入时机，只适用于那些上市超过 1 年的个股，特别是前期经过长期深幅调整，股价止跌企稳、正在进行震荡盘整的个股。

（2）出现出水芙蓉形态后，绝大多数个股需要股价回抽均线来巩固多头走势，一旦股价跌破 20 日均线，则说明出水芙蓉形态的力度将大打折扣，反弹或将受阻，应考虑先行止损出局，以期规避风险。

（3）平台整理应该符合正常的波段量价关系，即上升增量，下跌缩量。出水芙蓉形态突破时，成交量没有有效放大的话，交易者应高度谨慎，任何技术形态都无法保证百分之百交易成功。

（4）形成出水芙蓉的当天，主力公开、大量、明确地建仓，这是后续拉升股价的先兆，这时如不及时买进的话，就可能错失一个很好的买点。

（三）实战解析

1. 新晨科技（300542）

新晨科技（300542）的股价横盘整固期间，均线处于黏合状态。2019 年 3 月 26 日（星期二），均线黏合处形成出水芙蓉形态，并且伴随着 MACD 指标金叉。激进的交易者可在形成出水芙蓉当天收盘前买入，稳健的交易者可待次日股价回试5日均线时买入。从突破当天的最低价16.30元算起，至4月2日最高涨到24.48元，短短5个交易日，累计涨幅达50.18%。可见，在出水芙蓉形态起爆点买入的话，短线获利相当惊人。如图15-23所示。

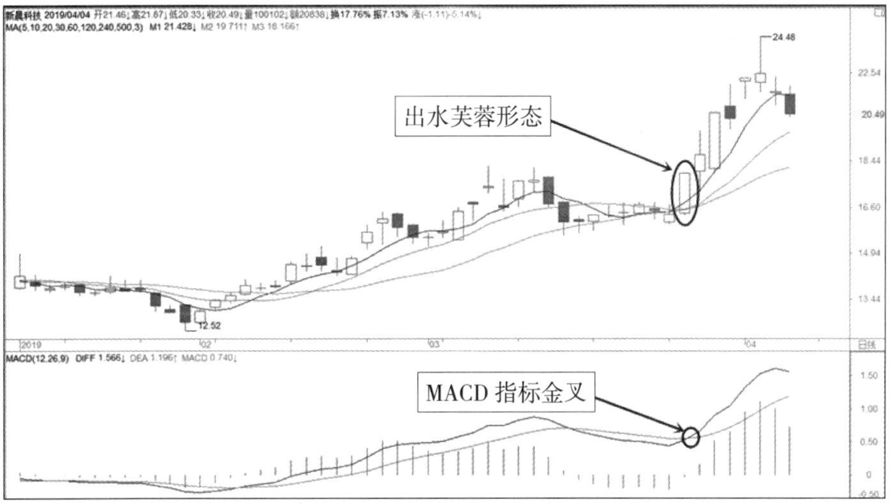

图15-23　新晨科技（300542）2019年1月16日—4月4日的日K线图

2. 上海钢联（300226）

上海钢联（300226）的股价“N”字形横盘整理一段时间后，2019年2月1日（星期五），该股形成一阳穿三线的走势，K线图上看起来如出水芙蓉一般。当日价涨量增，震荡指标KDJ中位金叉，显示市场强势反攻。趋势指标MACD出现“天鹅振翅”形态，黄白线向上振翅高飞。此时不买，更待何时？结果该股一口气涨至3月18日的91.82元才见波段高点。由形成出水芙蓉形态当天的最低价48.87元算起，仅用26个交易日，股价上涨近70%。如图15-24所示。

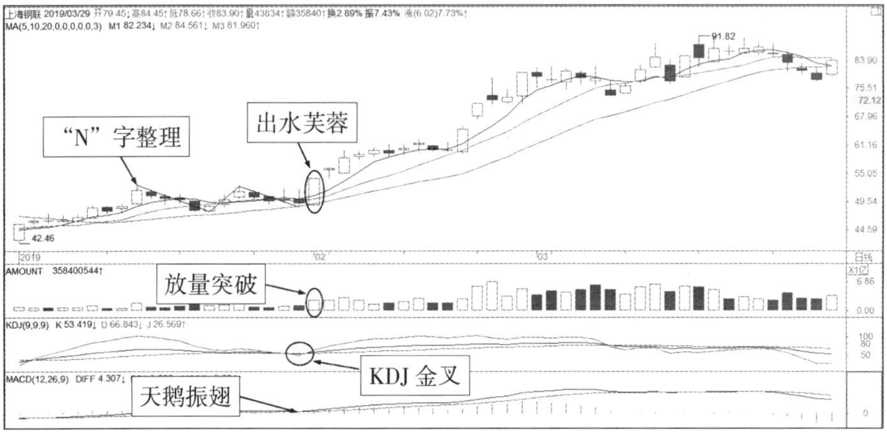

图15-24　上海钢联（300226）2019年1月4日—3月29日的日K线图

3. 杭齿前进（601177）

经过近 2 个月的横盘整固后，2019 年 1 月 11 日（星期五），杭齿前进（601177）的股价放量大涨 8.52%，当日形成出水芙蓉形态。此时，激进的交易者可在尾盘跟进，稳健的交易者可在股价回试短期均线处买入。但并不是每一次形成出水芙蓉形态，市场都会提供二次买入机会。这次出现的出水芙蓉形态，虽然次日股价有所回落，但并未回试 5 日均线就拐头向上，这样的走势，可能会导致部分稳健的交易者踏空行情。至 3 月 19 日，历经 42 个交易日，该股最高涨至 15.37 元，从出现出水芙蓉形态当天算起，累计涨幅接近 90%。如图 15-25 所示。

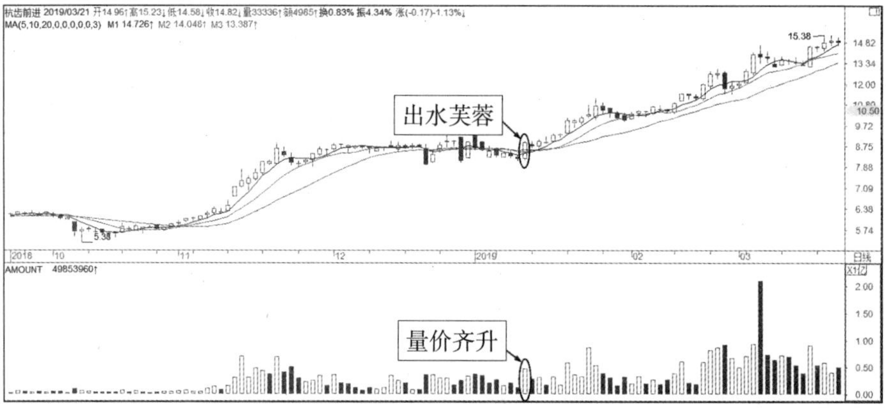

图 15-25　杭齿前进（601177）2018 年 9 月 20 日—2019 年 3 月 19 日的日 K 线图

十、断头铡刀

本节介绍一种比较实用的均线形态，即断头铡刀。该形态以“快、准、狠”闻名于世，“温州帮”经常借此技术在股市里“大开杀戒”，斩获极其丰厚的利润，因此十分值得学习。

断头铡刀是准确率相当高的多头逃命信号。这种形态往往是一根大阴线同时下穿 5 日、10 日和 20 日这 3 条均线，从图形上来看，就像“一把大铡刀砍掉三根韭菜”，预示着新一轮跌势即将爆发，是警告交易者注意提前减仓或平仓的重要信号。如图 15-26 所示。

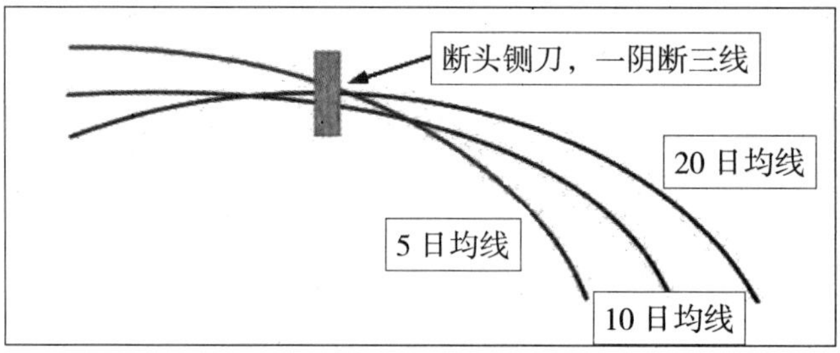

图 15-26　断头铡刀

（一）形态特征

（1）出现在上涨（反弹）行情的尾部或者顶部盘整阶段，5 日、10 日和 20 日这 3 条均线呈现出收窄黏合的形态。均线出现这种形态，一般意味着行情可能会横向盘整一段时间，先前升势开始减弱，一波跌势即将启程。

（2）一根大阴线突然出现，同时跌穿上述3条均线，且收盘价完全位于3条均线下方。出现这种走势，通常是主力大幅抛售手中仓位，引致横盘的行情出现“自由落体”的走势。如果这根大阴线是光头光脚大阴线的话，意味着卖方一开始就很强势，看跌信号更强。

（3）出现断头铡刀形态之前，成交量通常先放出巨量，然后小幅缩量，最终成交量越来越小，股价不再创新高。但出现断头铡刀形态的时候，不需要成交量的配合。

（二）操作要点

在 K 线图中，一旦发现形成断头铡刀形态，交易者必须高度警惕，随时准备清仓。如果这个形态有效的话，接下来的行情恐怕会出现“排山倒海”的下跌态势。出现该形态后，第二天行情跳空低开，或者 3 条均线向下发散，且伴随着成交量再次放大，新一波可怕的跌势很可能已经开启，可考虑立刻出场，落袋为安。出现该形态后，有时会出现小幅反抽，这是大跌前的“回光返照”现象，交易者千万不要急于逆势入场抢反弹。

根据笔者 10 余年的实战经验，断头铡刀形态准确率相当高，且一旦得到确认，空头威力相当强劲，行情下跌的概率高达 70% 以上。尽管这一形态有效性较高，但是单一形态释放的买卖信号毕竟有限，应对方式绝对不能简单机械，要根据自身交易计划和操盘风格，采取不同的操作策略。对于短线交易者来说，出现断头铡刀，可考虑立刻减仓甚至平仓离场。中长线交易者则可继续观察形势，逐步减仓，密切关注更长周期均线的波动（大于 30 日周期的均线），比如 60 日均线等。还可结合一组或多组 K 线形态加以确认，比如结合前期介绍过的“两尊”或“三山”这些偏中长期的顶部反转形态。此外，形成断头铡刀形态后，行情仍有短期反弹的可能性，激进的交易者或可考虑暂不离场，等待行情反弹时再离场，不过这样操作风险极高，一般交易者应谨慎运用。

（三）实战解析

1. 结合常用技术指标加强判断

断头铡刀仅暗示行情可能会有一波下跌，但难以确定接下来的大趋势，因而交易者需要结合更多经典的顶部反转形态、成交量、MACD 等常用技术指标综合分析，加强判断的准确率。

2016 年 12 月初，上证指数（000001）开始出现价格跌破均线的情况，上涨趋势趋弱，均线开始由向上发散状态转为扭结状态。12 月 12 日，一根大阴线同时刺穿 5 日、10 日和20日均线，形成断头铡刀形态。由于没有其他见顶形态配合，因此下跌幅度较为有限。截至2017年1月16日，仅从高位下跌了257点。如图15-27所示。

图15-27 上证指数（000001）2016年9月8日—2017年1月16日的日K线图

2. 断头铡刀与三山形态双剑合璧

相较于案例1的断头铡刀，2017年4月14日，上证指数（000001）头部盘整末期出现的断头铡刀引起的跌势更凶猛，持续时间更长。通读本书的交易者可能已经发现，在该形态出现之前，已经出现了相当明显的“三山”形态。“断头”次日指数跳空低开，对断头铡刀形态的看跌信号给予了确认。一个交易日后的4月19日，指数再次跳空低开，跌破了“三山”形态的颈线，这是很强的卖空信号，后续走势也印证了这一点。最终，跌势持续到5月11日的3016.53点才波段止跌。如图15-28所示。

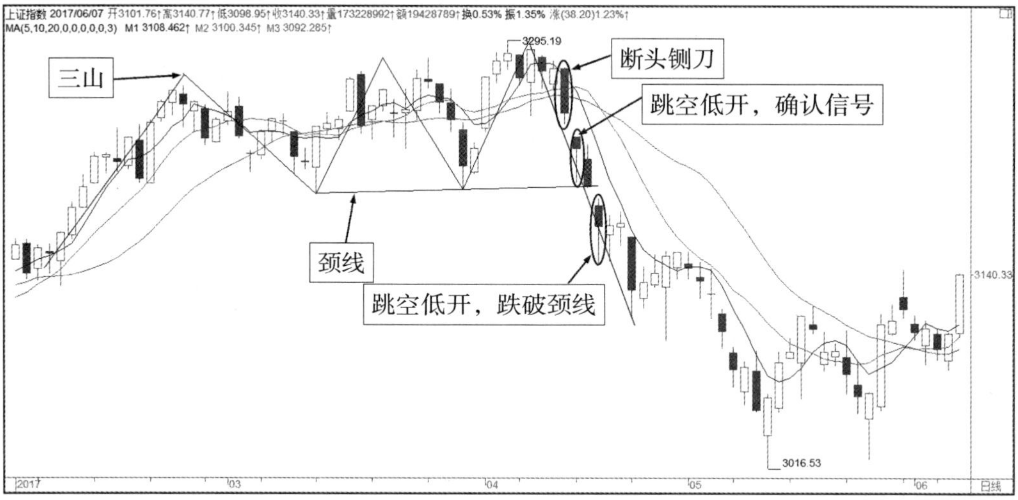

图15-28 上证指数（000001）2017年1月26日—6月7日的日K线图

3. 一记断头铡刀，切断多头梦幻

2017 年 3 月 29 日，经历 2 个多月的熊市次级反弹之后，梦百合（603313）的股价以一记断头铡刀切断了反弹势头。形成断头铡刀当日，趋势指标 MACD 死叉，强化了断头铡刀的看跌信号。股价跌至 4 月 17 日的 21.86 元才止跌企稳，从断头铡刀当日算起，短短 11 个交易日，跌去 21.43%。如图 15-29 所示。

图 15-29　梦百合（603313）2017 年 1 月 18 日—7 月 21 日的日 K 线图

第十六章　量价战法

一、量价关系

美国著名投资专家格兰维尔曾经说过，“成交量是股票的元气，股价只是成交量的反映罢了，成交量的变化是股价变化的前兆”。如图 16-1 所示。

图 16-1　安利股份（300218）2019 年 4 月 15 日—9 月 30 日的日 K 线图

（一）成交量是市场供求情况的直接体现

成交量反映的最直接的信息是市场交投情况。在某一段时间内，当个股股价运行于某一价格区间时，这只股票的成交量直接反映出买卖双方的交易数量。交易数量的多少，既反映有多少买盘认可这个价位，同时也反映有多少卖盘认可这个价位。如果供不应求，则表现为买盘主动拉升股价，从而让卖盘涌出。如果供大于求，则反映为卖盘主动打压股价，从而让买盘接手。当由于某些原因导致股票出现严重的供求失衡时，体现在股价上，便产生了涨 / 跌停板，甚至连续涨停 / 跌停，导致股价暴涨 / 暴跌。

作为一种供求关系的数字化体现，成交量表示市场中实际供求中买盘与卖盘的介入程度。这种介入程度会随着各种因素（如市场人气、政策导向、经济情况、重大事项等）而转变，这就是为什么一只股票股价处在很高价位时却交投活跃，处在很低价位时却交投清淡的原因。股价上涨带动买卖盘积极参与交易，供求双方都会呈现出数量大增的情况。股价下跌则会引起买卖盘萎靡不振，供求双方均会呈现出数量大减的情况。

（二）成交量推动趋势运行，起着预示反转作用

量价分析，实质是动力与方向的分析。成交量是推动趋势发展的动力，在成交量的推动下，价格才能沿着某一方向持续发展下去。当趋势向上时，成交量放大显示市场处于“众人拾柴火焰高”的局面，表明上涨势头仍将延续。如果价格上升，但成交量缩小，这意味着升势已到了“曲高和寡”的地步，是大市反转向下的征兆。反过来，当趋势向下时，成交量大增，则是一种“墙倒众人推”的局面，显示跌势风云突起。价格一路下跌，但成交量越缩越小，反映跌势差不多无人跟随了，这是大市将反转向上的信号。

对于成交量与股价涨跌的因果关系，虽然人们尚有不同的看法，但是股价大幅波动时，往往会伴随着成交量的增加，这种量价配合现象是不容争辩的事实。

一般来说，在牛市中，股价上升常常伴随着成交量放大，股价回调时成交量随即减小。在熊市中，股价下跌时会出现恐慌性抛售，成交量显著放大，股价反弹时交易者对后市仍有疑虑，成交量并不明显增加。

（三）成交量反映交易者的参与程度

参与股市的交易者毕竟是有限的，一部分交易者作为多方，一部分交易者作为空方，成交量无疑是反映多空双方聚集程度的最好信息。当多方阵营中已无法聚集更多的交易者时，在空方持续进场的情况下，空方将渐渐主导行情发展。反之，当空方阵营中无法聚集更多的交易者时，多方将渐渐主导行情的发展。

若成交量快速放大，则是由于某种原因，在同一时刻众多交易者买进或者卖出导致的。这样会产生两种效果：第一，由于买卖人数突然增多，而市场上的参与者毕竟是有限的，此时可以透过成交量的具体放大情况，进一步推断这种持续的买进或者卖出能延续多久，推断趋势将要延续还是发生反转。第二，无论是买进还是卖出，总有一方显示出强势，所以会造成价格巨幅波动。

若成交量温和放大，则意味着多空双方中的某一方力量在逐渐增强，价格将按当前的走势继续前行。一旦一方的力量逐渐衰弱，则成交量很难再放大。股价连创新高，成交量却不见放大甚至减少，就会发生“量价背离”现象。量价背离是市场逆转的信号，无法放大或缩小的成交量，对现有价格走势的影响会渐渐减弱，这种量价背离现象，说明价格的变动得不到成交量的配合，价格变动趋势不能持久，常常是市场趋势逆转的征兆。

若成交量持续萎靡不振，则意味着市场交投清淡。此时，可以结合股价所处的具体位置，判断导致成交量萎靡不振的原因究竟是什么，是潜在的卖盘没有抛出来，还是潜

在的买盘没有入场。成交量萎缩的情况出现在个股运行的不同阶段，会得到完全不同的结论。

（四）成交量揭示主力行为

主力手握大量筹码，对股价走势能够产生重大甚至决定性的影响，常常是证券市场中的最大赢家。能够准确揣测主力意图，捕捉主力动向，就意味着找到了股市中获利的利器，成交量无疑是提供这方面信息的最好工具。

当主力处于建仓、洗盘、拉升、出货的控盘阶段时，往往会在盘面上留下一些控盘痕迹。俗话说得好，“若要人不知，除非己莫为”。成交量无疑是主力行为的一种最重要的痕迹。

例如，在建仓阶段，主力的建仓行为可能存在时间限制，即使主力有意隐藏踪迹，势必会改变现有的成交量情况。主力建仓需要大量的筹码，现有成交量是无法提供的，因此，当主力大力建仓时，势必会改变现有的股票供求情况，从而促使股价上涨，同时成交量温和放大。主力建仓时间长短不同，股价上涨程度不同，成交量放大情况也不相同。

在主力拉升阶段，股价或呈缩量上涨的态势，或呈价涨量增的态势。如果仅从“量价经典理论”来看，缩量上涨自然是不健康的，不健康的上涨当然需要回避，但主力完全可以在高度控盘的情况下实现缩量拉升。

透过成交量，可以帮助大家发现主力运作的蛛丝马迹。透过这些蛛丝马迹，大家可以成为猎庄高手，避免成为庄家的猎物。

二、3 种放量形态

一般来说，可以把各式各样的放量形态归入以下 3 类。

一是“递增放量”，即成交量在几日内出现温和、持续放大的情况。一般来说，递增放量有一个温和的递增效果。与递增放量相对应的股价走势，多呈现出缓慢发展的势头，不是剧烈的价格变动。

二是“连续放量”，即成交量连续大幅放大，并且放大效果在多日内能连续维持，这种现象表明主力大力参与行情的发展。与连续放量相对应的股价走势，多呈现出暴涨或暴跌的特性。

三是“脉冲放量”，即成交量在单日或几日内突然放大，放大的效果极为明显，但随后又恢复到放量前的水平。与脉冲放量相对应的，多是有重大利好消息发布，或者是主力对倒引发成交量放大。脉冲放量会引发股价波动，但成交量恢复常量后，股价一般也会回到放量前的价格水平。

（一）递增放量

1.“递增放量”的含义

递增放量，说明市场交投开始活跃，这属于大众投资规模逐渐变大的过程。对于递增放量的现象，可做如下理解：一开始，可能是由于某种外界原因，比如利好消息、券商报告、股评推荐等，股票开始被市场关注，买盘数量开始略有增加，因而成交量也略有增加，在买盘的带动下，股价出现一定的上涨。紧接着，股价与成交量的异动引发技术派及一些持币观望者的注意，“放量要涨”成为他们的共识。由于目前市场交投情况已经开始变得活跃，他们顺势加入买方，致使买方力量扩大和增强，推动股价再次携量上行。

由于股价在涨，赚钱效应在加强，使这只股票吸引了越来越多的人注意。未买进的交易者看着股价涨升，内心浮躁不安，这就是常说的“怕涨”情绪。这些人随时都有入场买入的冲动，推动成交量再一次放大。随后，在惯性上行的作用下，股价创出新高。

当股价涨升到一定高度，成交量放大到一定程度，因为交易者的规模已经很难再增加，致使买盘力度开始减弱，趋势出现反转的苗头。当后续买盘力量减弱至无法抵挡获利盘的抛盘时，股价便进入阶段性的顶部区域。可以说，成交量递增是一个交易者投资规模逐步递增的过程，也是交易者情绪从转暖到逐渐狂热化的过程。

递增放量形态既可以出现在个股或指数的局部运行阶段，也可以出现在个股或指数运行的大趋势中。递增放量形态出现在局部阶段时，反映了个股或指数的局部运行情况。递增放量形态出现在总体运行趋势中时，则反映了个股或指数运行的大趋势。

分析递增放量形态的时候，应注意以下 4 点。

一是股价上涨得越明显，持股者获利了结的愿望就会越强烈，这对股价后期上涨起到阻碍作用。

二是大众投资规模的聚集程度和买卖行动是否已到了白热化阶段。

三是当递增放量形态出现在相对高价区时，后续买盘是否能够持续跟上，谁还愿意为这么高的股价买单。

四是当大众买进愿望基本上都被满足后，这预示着买盘面临枯竭，股价丧失了上涨动力。

2. 实战解析

（1）顺威股份（002676）一

图 16–2 展示的是顺威股份（002676）2015 年 1 月 9 日—4 月 10 日的日 K 线走势图。从图中走势可以看出，在此期间，该股股价处于上升趋势中，随着股价步步走高，成交量保持递增放量形态。

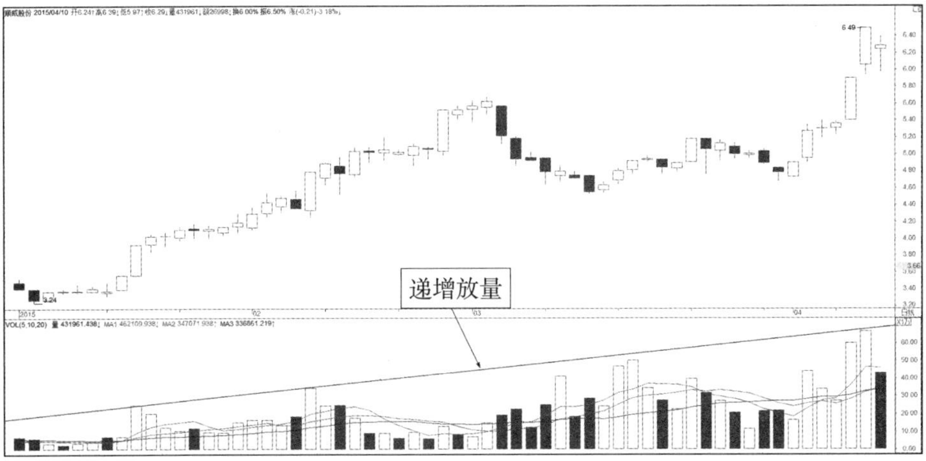

图 16-2 顺威股份（002676）2015 年 1 月 9 日—4 月 10 日的日 K 线图

（2）顺威股份（002676）二

图 16-3 展示的是顺威股份（002676）2015 年 1 月 9 日—4 月 10 日的周 K 线走势图。这张周 K 线图中的上升趋势显得更为清晰，随着 5 日、10 日和 20 日均量线金叉，周 K 线连续收出阳线，在 3 个月的时间里，仅有两周周 K 线收阴，上升趋势极为明显。

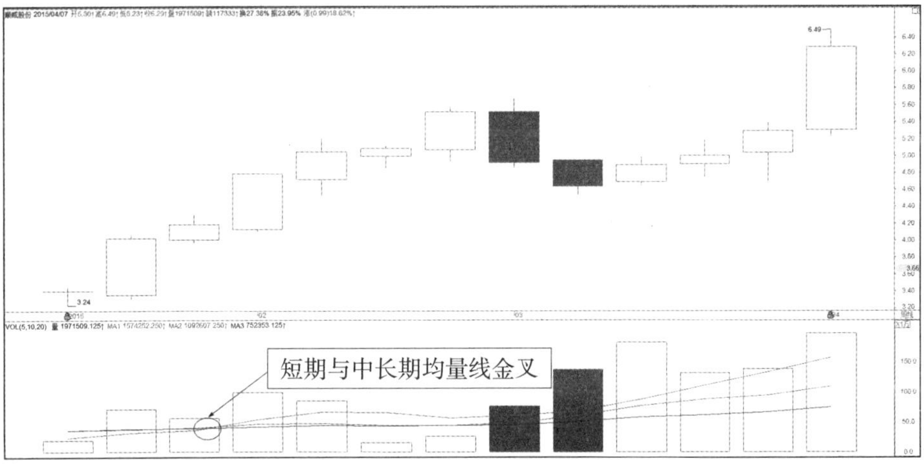

图 16-3 顺威股份（002676）2015 年 1 月—4 月的周 K 线图

（3）顺威股份（002676）三

图 16-4 展示的是顺威股份（002676）2018 年 12 月 19 日—2019 年 4 月 18 日的日 K 线走势图，图中标注了该股 2019 年 2 月 1 日—3 月 15 日出现的递增放量形态。如果单看这段时间的 K 线走势，很难发现有什么异动，但是成交量形态提供了丰富的信息。这几日极有规律的递增放量，既说明此股交投逐渐开始活跃，也暴露了主力的行踪，若无主力的运作，这种极有规律的成交量形态是不可能出现的。这时，结合此股的最近走势特点，就可以发现这很可能是主力拉升的信号，递增放量形态提供了极好的提前买入信号。

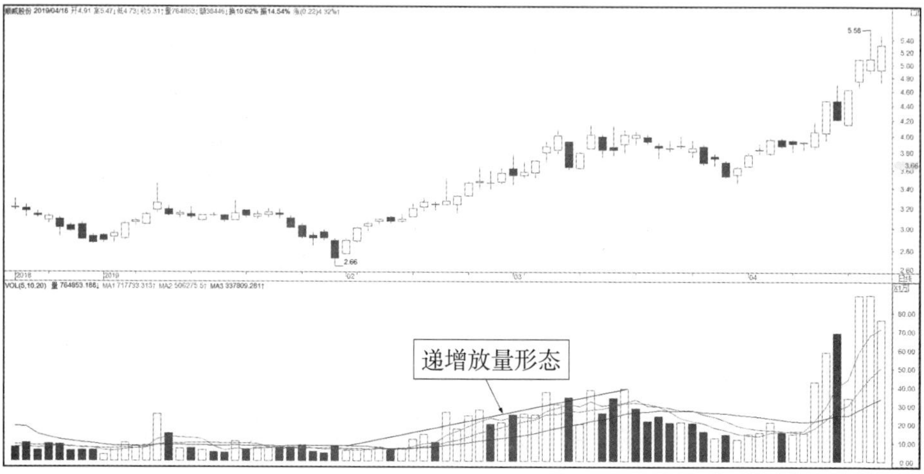

图 16-4　顺威股份（002676）2018 年 12 月 19 日—2019 年 4 月 18 日的日 K 线图

（4）中国中期（000996）

图 16-5 展示的是中国中期（000996）2018 年 10 月 15 日—2019 年 4 月 25 日的日 K 线走势图，图中显示在此期间出现过一次递增放量过程。从图中可以看到，在这次递增放量后，股价经过短期回调，再度走出了一波不错的上涨行情。可以说，递增放量形态提前提示了股价后期的盘升走势。

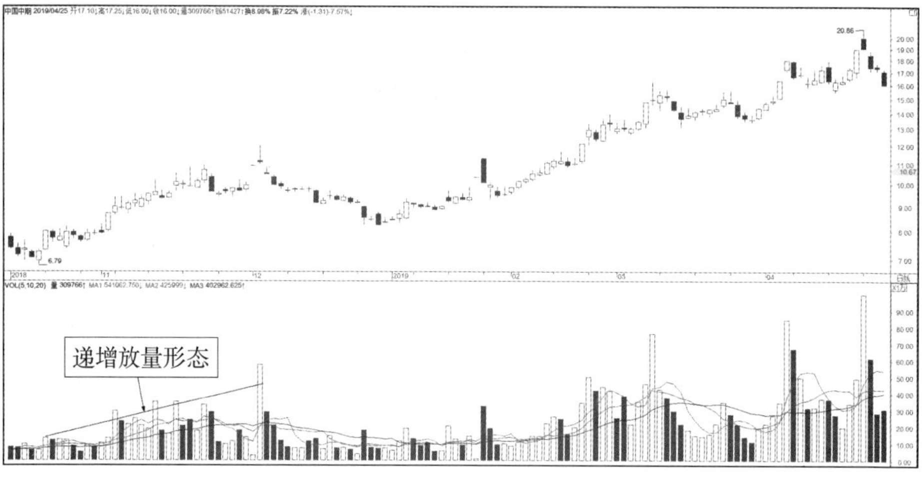

图 16-5　中国中期（000996）2018 年 10 月 15 日—2019 年 4 月 25 日的日 K 线图

（二）连续放量

1.“连续放量”的含义

连续放量与递增放量不同，递增放量有一个成交量由小到大持续转变的过程，而连续放量往往具有突然性。个股在某一天突然出现大量，且明显高于前一段时间内的平均成交量，而且这种放量能够在很长一段时间内得以维持，给人一种股票交投极为活跃的感觉。这种情况可能是由于短线主力大力拉高减仓所致，或者主力对倒以及短线客增多，也可能是主力大量出货造成的。不同原因导致的连续放量，对股价后期走势也会产生截然不同的影响。

首先来研究一下连续放量出现在深幅下跌后转跌为升时的情况。这时出现的连续放量，很明显有主力参与，连续放量多是伴随着股价短期内的大幅上涨而出现的，这往往是主力拉高股价快速建仓所致。主力的这种激进做法，一般源于此股有重大题材可供炒作。题材股只能作为短期炒作热点，时间上不允许主力采取缓慢建仓的方式，因此主力需要在大幅放量的前几个交易日快速完成建仓。随后的大幅放量更多地是来自主力对倒，边拉升边出货以及吸引交易者跟风炒作。由于主力使用了短期内拉高建仓的方式，因此建仓成本相对较高，为了使股价快速脱离建仓成本区，同时避免因股价回调造成低价筹码流失，主力多会采用建仓、拉升一气呵成的操盘方式。

2. 实战解析（1）

（1）恺英网络（002517）一

图 16-6 展示的是恺英网络（002517）2016 年 7 月 8 日—2017 年 11 月 8 日的日 K 线走势图，图中圆圈处为此间该股出现的连续放量形态。连续放量之前的成交量与连续放量时的成交量形成了鲜明对比。此时的连续放量出现在个股深幅下跌之后，显示出主力快速拉高建仓的意图。通过该股后期的走势以及成交量变化情况可以看出，在该股主力的积极运作下，成交量始终处于较为明显的放大状态，后期股价在成交量的支持下逐步上行。

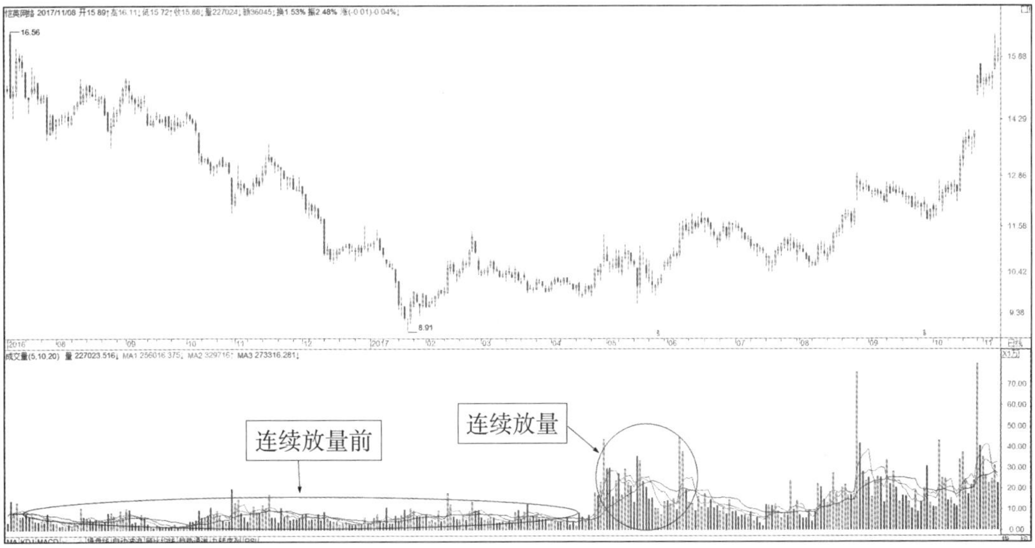

图 16-6 恺英网络（002517）2016 年 7 月 8 日—2017 年 11 月 8 日的日 K 线图

（2）恺英网络（002517）二

图 16-7 展示的是恺英网络（002517）2016 年 7 月—2017 年 11 月的周 K 线走势图，与图 16-6 中的日 K 线走势图对应。从图中可以看到，股价止跌企稳不久，周 K 线上出现连续放量形态，而价格也未再创新低，这正是周线上趋势反转向上的重磅信号。

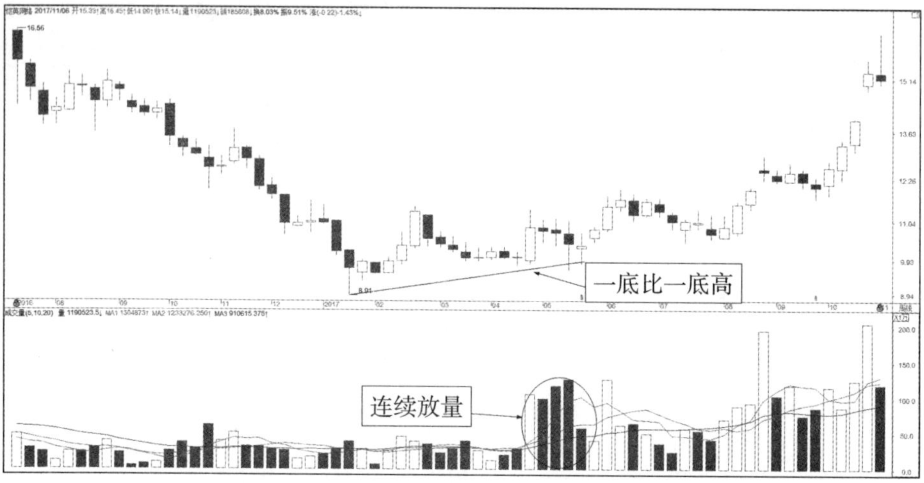

图 16-7　恺英网络（002517）2016 年 7 月—2017 年 11 月的周 K 线图

（3）三盛教育（300282）一

图 16-8 展示的是三盛教育（300282）2018 年 3 月 30 日—2019 年 6 月 13 日的日 K 线走势图，图中标注的是此间该股出现的连续放量形态。连续放量之前的成交量与连续放量时的成交量形成鲜明对比，此时的连续放量出现在个股深幅下跌之后，显示出主力快速拉高建仓的意图。通过该股后期的走势以及成交量变化情况可以看出，在该股主力的积极运作下，成交量始终处于较为明显的放大状态，股价在成交量的支持下拾阶而上。

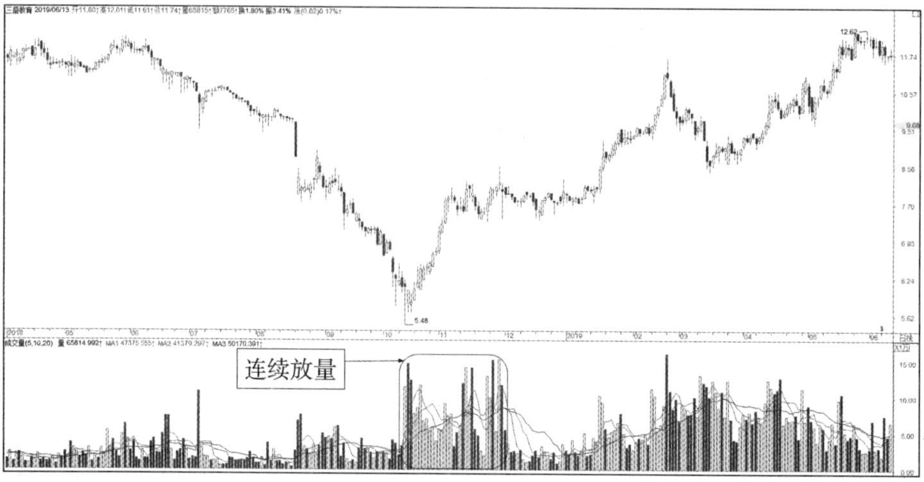

图 16-8　三盛教育（300282）2018 年 3 月 30 日—2019 年 6 月 13 日的日 K 线图

（4）三盛教育（300282）二

图 16-9 展示的是三盛教育（300282）2018 年 4 月—2019 年 6 月的周 K 线走势图，与图 16-8 中的日 K 线走势图对应。从图中可以看到，股价在 2018 年 10 月 15 日的交易周放量止跌，继而连续放量拉升，最终股价在周 K 线图上形成“V”型反转形态。

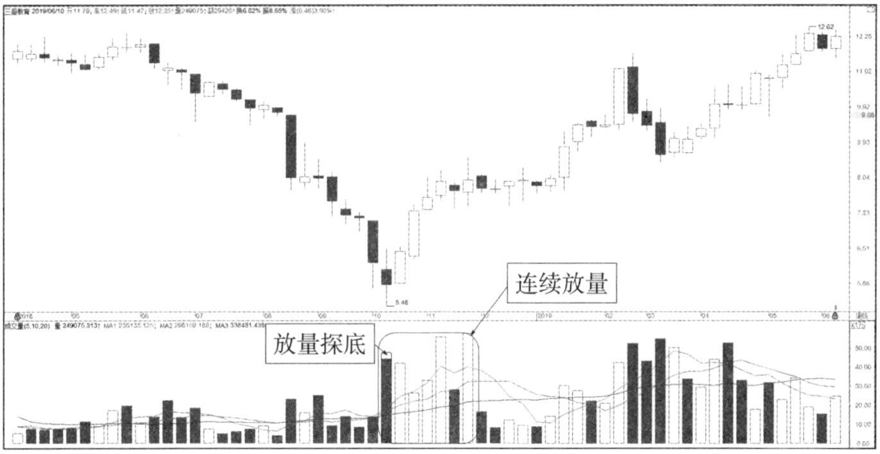

图 16-9 三盛教育（300282）2018 年 4 月—2019 年 6 月的周 K 线图

再来看一下连续放量出现在高位横盘末期时的股价走势情况。主力会选择在低位拉高建仓，没有哪个主力会愚蠢到在高位拉高建仓的。在高位横盘末期出现连续放量这种情况，大多是主力高位对倒吸引承接盘所致，也就是说，这时的连续放量属于主力的自买自卖行为所致。主力使用这种手法的原因很简单，因为普通交易者大多具有追涨杀跌的特点，主力就是运用普通交易者的这一缺点，通过对倒拉高出货。

3. 实战解析（2）

（1）ST 中天（600856）一

图 16-10 展示的是 ST 中天（600856）2016 年 6 月 27 日—2018 年 6 月 20 日的日 K 线图。从图中标注可以看到，在高位横盘末期，该股突然出现连续放量拉升走势，考虑到目前该股所处的位置，绝对不能认为是主力拉升建仓所致，只能看作主力高位对倒出货所致。从该股后期走势中可以看到，在主力完成出货后，成交量迅速回落，股价暴跌。若交易者未能及时卖出的话，恐怕非但不能获利，反而有可能损失惨重。因此，对于这种时空条件下的连续放量拉升走势，交易者的应对策略应该是，一旦其出现量价背离，就应该尽快卖出。

（2）ST 中天（600856）二

图 16-11 展示的是 ST 中天（600856）2016 年 6 月—2018 年 6 月的周 K 线走势图。从图中可以看出，高位出现了明显的价涨量缩现象，发出量价背离信号，交易者应尽快出清持股。

图 16-10　ST 中天（600856）2016 年 6 月 27 日—2018 年 6 月 20 日的日 K 线图

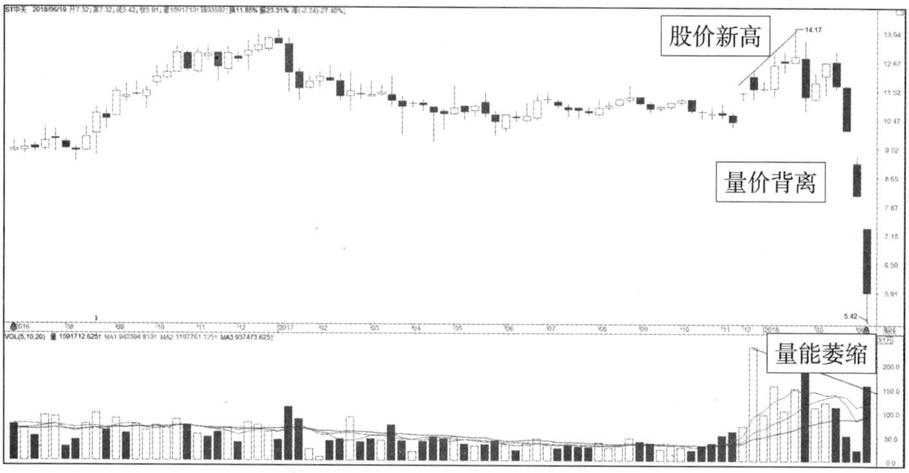

图 16-11　ST 中天（600856）2016 年 6 月—2018 年 6 月周 K 线图

再来看一下在下跌趋势中出现的连续放量情况。由于下跌趋势十分漫长，因此出现在不同位置的连续放量，含义也不同。出现在下跌趋势初期的连续放量，预示着空头力量强劲，后市仍将看跌。出现在下跌趋势途中的连续放量，是空头力量的一次集中释放，股价连续下跌后，使得市场中弥漫着恐慌气氛，引发市场的恐慌性抛售，因而在下跌趋势途中形成连续放量形态。出现在跌势末期的连续放量，意味着空头力量大幅释放，也意味着多头力量持续增强。一般来说，跌势中的连续放量形态要弱于涨势中的连续放量形态，因为普通交易者一般情况下是买涨不买跌。

4. 实战解析（3）

图 16-12 展示的是聚龙股份（300202）2017 年 11 月 29 日—2018 年 8 月 21 日的日 K 线走势图。从图中可以看到，在下跌过程中，成交量出现了明显的连续放量形态。连

续放量加速了股价下跌，空头积蓄的做空动能得以部分释放，后期行情走势由连续暴跌转为震荡盘跌。但在跌势没有被彻底扭转之前，交易者不宜贸然出击。

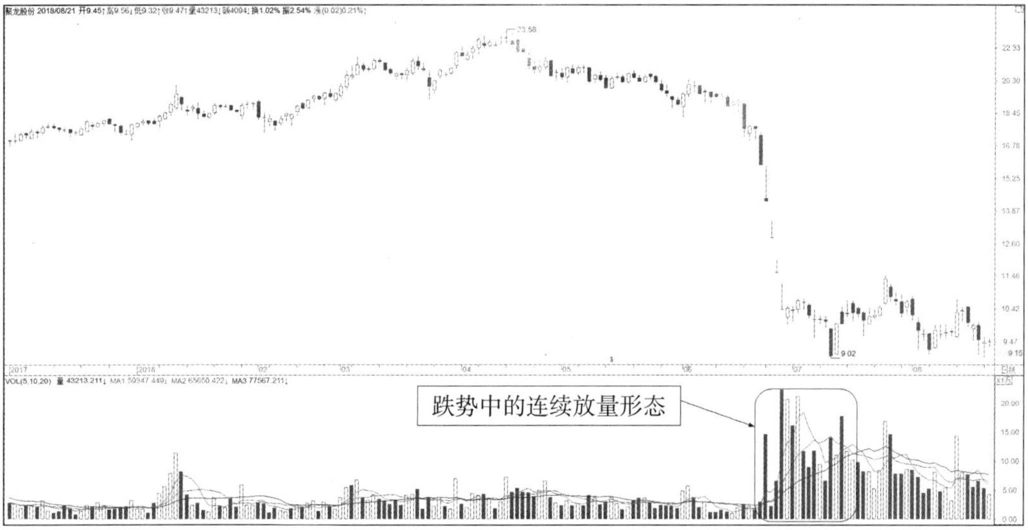

图 16-12　聚龙股份（300202）2017 年 11 月 29 日—2018 年 8 月 21 日的日 K 线图

（三）脉冲放量

1.“脉冲放量”的含义

大家经常会看到，某只个股在无重大事项公布的前提下，突然出现令人莫名其妙的脉冲式放量，随后第二日或第三日成交量又恢复原样。脉冲放量打破了市场交投的连续性，是特别的成交量异动行为。伴随着脉冲放量，股价往往会出现大幅波动。一般来说，脉冲放量可以达到正常成交量水平的 3 倍以上，在脉冲放量的同时，往往会出现价涨量升现象。

对这种情况，能够给出的解释就是：这是主力大量对倒造成的。主力为何要这样做？一个明显的目的是吸引人气，增加市场关注度。主力介入某只个股后，无非是建仓、拉升、洗盘、出货几种行为。如果是建仓，主力为拿到低价筹码，要想方设法隐藏自己的踪迹，哪会如此张扬？如果是拉升，不是连续放量的话，很难达到预期的拉升效果。如果是洗盘，脉冲放量多会造成股价短期上涨，这是无法洗出短线获利盘的。最后能得出的唯一结论是：主力有出货意图。

脉冲放量同样可以出现在股价运行的不同阶段。出现在上涨途中或高位横盘震荡中的脉冲放量，与主力的出货方式有关。不同的主力，往往会选择不同的出货方式。有的主力是将股价一路拉至目标位后再着手出货，这多是中长线主力采用的出货方式。有的主力则通过途中的高抛低吸出货，既达到了阶段性降低仓位的目的，又可以通过做波段赚取更多的利润，这大多是实力不强的短线主力或过江龙主力采用的出货方式。中长线主力一旦开始出货，则意味着该股总体上涨趋势基本结束，短线主力或过江龙主力的阶段性出货，只能造成股价的短期大幅回落，一般不会影响股价的总体走势。这种脉冲放量，很可能是因为该股近期交投低迷，主力无法出掉手中筹码，为了吸引一些短线客买进，主力不惜对倒放量，以引起市场的关注。

出现在顶部区域的脉冲放量，大多是主力对倒造量导致的。主力通过对倒拉高后，制造高涨的买气以寻求积极出货。

出现在下跌途中的脉冲放量，多是主力在途中出逃导致的。一般来说，出现这种形态时，若接盘者是散户交易者，则该股后期行情仍然看跌。若接盘者是新主力，则该股后期可能有起色。但放量的形态既然是脉冲式，就意味着新主力的持仓量不大，所以不应对该股后期走势抱太大希望。

2. 实战解析

（1）雏鹰退（002477）

图 16-13 展示的是雏鹰退（002477）2017 年 5 月 12 日—2018 年 5 月 2 日的日 K 线走势图。从图中可以看到，在这段震荡盘跌走势中，多次出现脉冲放量，这是主力分批出货导致的，因此每次脉冲放量后，股价都会下一个台阶。

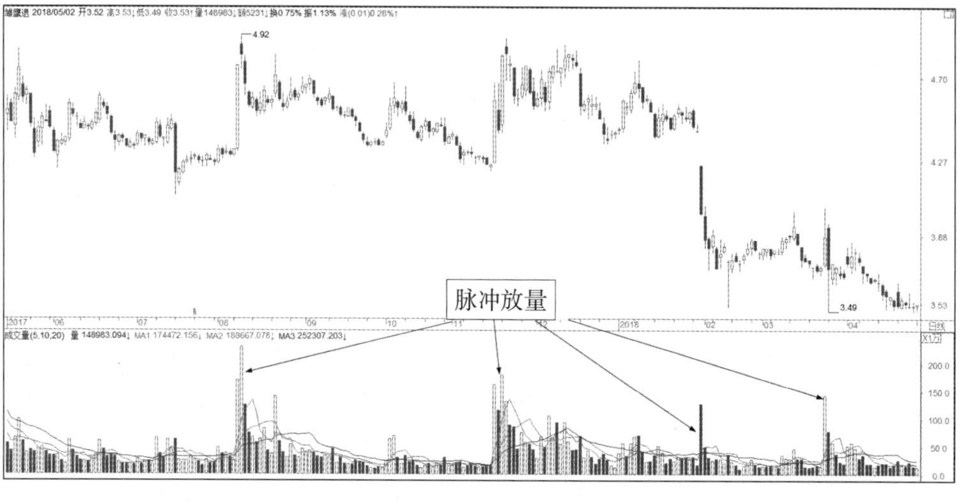

图 16-13　雏鹰退（002477）2017 年 5 月 12 日—2018 年 5 月 2 日的日 K 线图

（2）ST 华鼎（601113）

图 16-14 展示的是 ST 华鼎（601113）2017 年 12 月 20 日—2018 年 8 月 17 日的日 K 线走势图。从图中可以看到，由于出现连续跌停，主力无法出货，脉冲放量是主力对倒以打开跌停板导致的，巨量对倒打开跌停板是为了更好地出货，这对股价未来转跌为升埋下了巨大隐患。

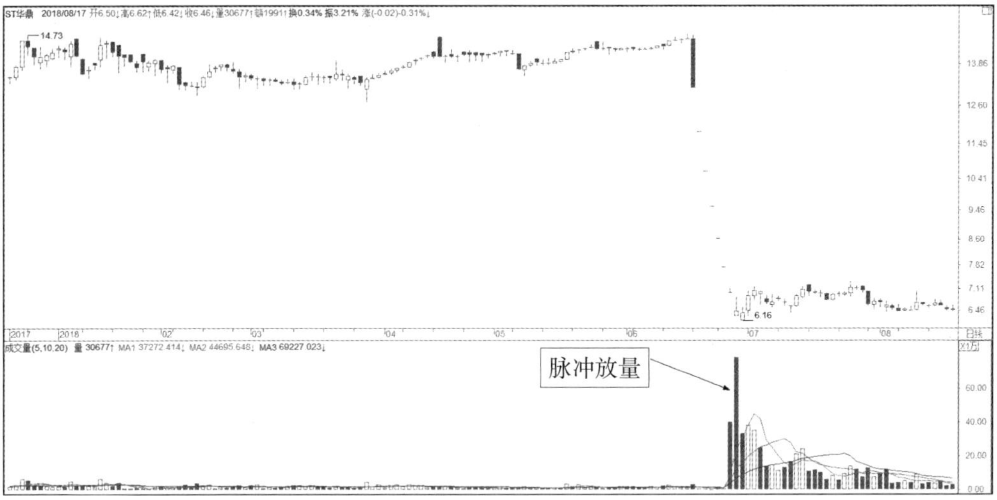

图 16-14　ST 华鼎（601113）2017 年 12 月 20 日—2018 年 8 月 17 日的日 K 线图

（3）南京聚隆（300644）

图 16-15 展示的是南京聚隆（300644）2018 年 7 月 27 日—2019 年 2 月 1 日的下跌中继走势图。从图中可以看到，股价跌到 30 元区域时，出现了横盘震荡走势，其中出现过 2 次明显的脉冲放量上涨，这期间该股并没有利好消息发布，所以说，这种脉冲放量完全是主力有意为之。几次脉冲行情过后，2019 年 1 月 23 日，主力撕下伪装，股价出现大幅下跌，该股重新步入跌途。

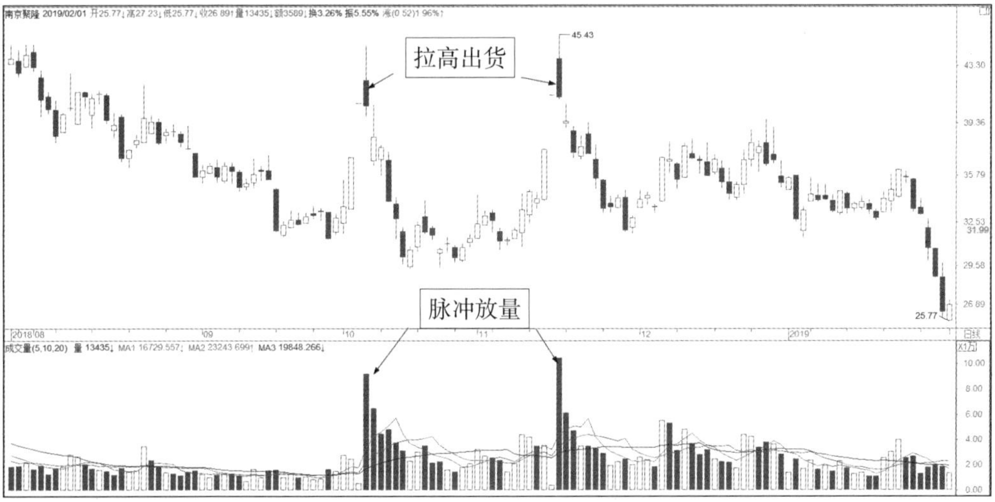

图 16-15　南京聚隆（300644）2018 年 7 月 27 日—2019 年 2 月 1 日的 K 线图

（4）大华股份（002236）

图 16-16 展示的是大华股份（002236）2017 年 12 月 26 日—2018 年 4 月 27 日上涨末期脉冲放量走势图。2018 年 2 月 26 日，该股出现了一次明显的脉冲放量，结合该股

之前的走势可以看出，这是主力下跌前大规模出逃造成的。2018 年 3 月 12 日，该股股价最高见到 30.12 元后，走势转弱，之后出现连续大幅下跌，显示主力出逃后无心护盘的情况。

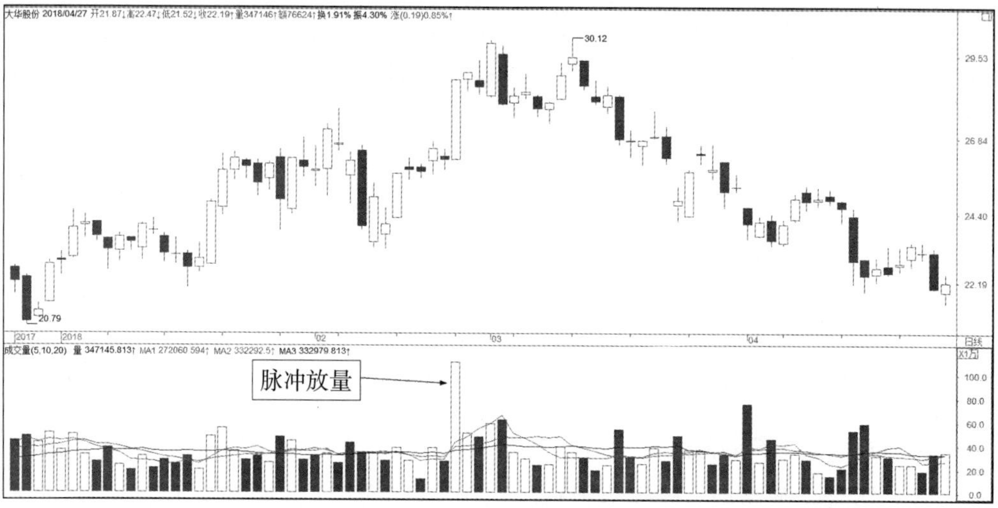

图 16-16　大华股份（002236）2017 年 12 月 26 日—2018 年 4 月 27 日的 K 线图

第十七章　A股操盘经验谈

一、投资感悟

笔者是2008年1月份入市的，迄今进入资本市场已有11年了，而且还在乐此不疲地交易着。这11年可分为两个阶段：第一个阶段是前7年，每天看盘，复盘，学习，研究到废寝忘食的地步；第二个阶段是后4年，基本达到了“功夫在诗外”的境界。

索罗斯曾说：“我生来一贫如洗，但绝不能死时贫困潦倒。”这句话一直激励着笔者。股市是最艰难的地方，但同样是“屌丝逆袭”的最佳场所，笔者愿意在股市放手一搏，反正本来一贫如洗，有什么好怕的?

笔者从小性格比较孤僻,特立独行,不喜欢与人交往。工作之后,因为在金融机构任职,难免疲于应酬。后来干脆辞去工作,专门研究股市。笔者非常感谢资本市场,没有资本市场,真的不知道该怎么过完这一生。在资本市场中求生存，不用看领导脸色，不用处理复杂的人际关系，只要你有天赋，加上日积月累的努力，幸运之神一定会对你青睐有加。

股市深似海。刚入股市时，初生牛犊不怕虎，在2008年的全球金融危机和股市大熊市中，差一点家破人亡。好在后来赶上了2009年的一波反弹行情，所以很快就扭亏为盈，赚了点钱。这次获利说多不多，说少不少，在当时周围的同龄人中，可以算得上是“成功人士”了。可是好景不长，在随后长达5年之久的大熊市中，不但把赚来的钱基本还了回去，还借了不少外债，以至摊上了一场牢狱之灾。那时，笔者真正体会到了什么叫做“走投无路”。家人的反对，亲人的侧目，朋友的白眼，让笔者尝遍了人间冷暖。但笔者没有放弃，因为笔者深深懂得，如果放弃，就再没有机会起来了。股市可以毁掉自己，同样可以成就自己。

至今笔者非常感谢那5年大熊市，它让笔者泥足深陷、付出沉重代价的同时，也让笔者得到了很多。那些年，笔者不分白天黑夜地钻研股市之道，常常蓬头垢面，茶饭不思，成了一个名副其实的“疯子”。现在，朋友们都喜欢喊笔者“股神”，笔者自嘲道：我只不过是一个爱炒股的“神经病”罢了，简称“股神”。

当今中国，投资股市已经像去银行存钱那样稀松平常了，进入股市的门槛也非常低，无论是教授还是工人，无论是专家学者还是贩夫走卒，都可以投资股市。但是门槛越低，难度就会越大。本章要总结笔者在A股市场上的一些经验与教训，算是与大家交交心，希望大家读完本书，能够对市场有更深的领悟，在实战中少走弯路。

二、弱水三千

沪深两市现有 3000 多只股票，天天有涨跌，有涨跌就有做差价的机会。笔者的做法是“弱水三千，只取一瓢饮”，始终坚持“有舍有得”的投资策略。如果说每周至少有 1000 个机会，最多只抓住 10 个，一年中也有 5 万个赚钱机会，其中 99%都被放过去了。只抓住 1%也就是 500 次稳赢不输的机会，积少成多，积小成大，年度结算时业绩也很可观。

在股市中，不能急功近利，一定要有平和的心态，要时刻提醒自己“绝不亏损一丝一毫，绝不套牢一时一刻”。对行情拿不准时坚决不做，宁可放过这样那样的机会，也绝不以侥幸的心态搞什么“试探性建仓”——要么不建仓，要建仓就要保证是确定性的机会。大家的每一分钱都是辛苦钱，绝不能浪费每一分。

在股市中天天盯盘，过分看好的股票，可能反而亏钱。能赢善赚者，在任何点位都会赢足赚够，而习惯性亏损者，在任何点位都会亏损。那些出现亏损的人，亏了之后，会觉得何苦耗时费力买罪受。在 A 股市场，未被市场锤炼的初生牛犊，最大的心障是全仓持股——不把钱全变成股票，好像什么善事都没做似的。买股票时急吼吼的，好像过了这村就没有这店，追高逮一个，股票到手变瘟鸡，自己也被关在笼子里了。然后，天天去搜寻一些公司的小道消息，天天在论坛发帖唱多，天天盼着天上掉馅饼。

有些交易者跨进大户室，跟券商就佣金和回扣问题讨价还价，为杠杆比例斤斤计较。他们越是胆大，越是满仓加杠杆，在股市中存活的能力越弱。越是“胆小”，越是只打有把握之仗，越是不常盯盘，越是该忙点别的就忙什么，反而在股市中就越能成功。其实，只要紧紧抓住每天打新股这种只盈不亏的机会，就已经够忙了，资金再多都不会觉得多，没被任何股票套牢的资金，真的是天高任鸟飞，海阔凭鱼跃。

最佳心态加上最佳的资金配置，在股市中成功的概率会更高。哪怕放过 99 次机会，只抓住 1 次机会，也是 99 个交易者的亏损填补他一人的盈利。如果大家在投机型股市中赚的钱并非来自上市公司的分红，而是来自别人的亏损，那么就必须清楚地认识到——只有保持冷静，真正多看少动，不贪得无厌，放过一大群，只逮其中最好逮的那一个，才有可能获得成功。善于休息是交易者成功的一大法门。孙子兵法有云：胜兵先胜而后求战。

三、熊市策略——学会空仓

对于 A 股的交易者来说，学会空仓是必修功课。A 股市场投机氛围非常浓厚，股价每天都在涨涨跌跌，对交易者产生巨大的诱惑。很多交易者总是蠢蠢欲动，想要进场大展身手，一旦空仓就会坐立不安，不知道该如何是好。特别是看着行情上涨的时候，似乎觉得自己错过了一大波机会。

空仓是一种境界。大部分交易者很难做到绝对空仓。不会空仓的交易者，绝对不是一个好的交易者。空仓至少有以下 3 点好处。

第一，大家都知道，A 股的特点就是牛短熊长，股市大部分时间都是下跌的。如果大家频繁做短线的话，将沦为券商的一个打工仔，直到亏完全部本金，被逐出资本市场。所以，在下跌趋势中，散户只有选择空仓，才能保住自己的资金，避免在熊市中出现巨大损失。

第二，A 股市场的股票估值普遍偏高，不仅高于港股，也比其他发展中国家的市盈率高出不少。一旦 A 股缺少资金供给，股市就会选择估值回归。如果交易者持有估值偏高的股票，就会造成巨大的资金损失。相反，如果交易者选择在估值过高的时候空仓的话，就可以规避掉股价下跌的风险。

第三，空仓能规避上市公司业绩暴雷和变脸的风险。很多上市公司在首次公开募股（IPO）的时候，会把自己的业绩做得很漂亮，一旦上市之后，业绩就会突然变脸，原形毕露，这样的股票只会被市场唾弃。所以，在季报、半年报、年报集中公布的时候，交易者如对持有的股票信心不足，不如选择空仓观望，这样可以规避踩雷风险。

对于交易者来说，不仅要学会适时重仓，也要学会敢于空仓。如果交易者永远是被动满仓，不会主动空仓，就会在熊市下跌中出现巨额亏损，牛市筑顶之后，也不能保护好胜利果实。这样的话，交易者就会一直处于亏损状态。

空仓的交易者才是股市中的最大多头。长期空仓是为了规避大级别调整风险。只有敢于空仓，当市场到了熊市底部时，才有机会在熊市底部重仓，才能最大限度地发挥本金的效率。在跌势中，交易者舍不得空仓，其实是一种怕踏空行情的表现，这将导致你永远不敢在熊市反复筑底时满仓持股。A 股大部分时间是没有投资价值可言的，所以普通交易者要学会长期空仓等待，毕竟只有等行情跌出投资价值，做起长线来才相对安全。

四、牛市策略——拿住股票

在牛市的时候，最难做到的就是拿住手中的股票，因为牛市里赚钱效应太好了，只要交易者进场，基本都能赚钱，于是很多交易者就生出追求更高收益的贪念。从历史数据上看，牛市中选择持股不动的交易者，利润回报是最高的，而那些频繁交易的交易者，最后大多是竹篮打水一场空，牛市结束什么都没有捞到。

在牛市里，普通交易者怎样才能拿住股票呢？

第一，要学会在熊市底部区域开始布局，然后持股等待牛市行情到来。当大多数交易者感觉牛市到来的时候，其实牛市行情已经过半，这时再进场的话，就没办法实现利润最大化。在熊市底部区域分批进场的交易者，可以静待牛市到来，这是最稳妥的投资方式。

第二，牛市的时候各种消息特别多，很容易影响交易者的情绪。作为普通交易者，只要在熊市底部布局完毕，就不用再看行情如何上蹿下跳，无论涨跌，都不要去做差价，完全可以把精力放到游山玩水上去。炒股只是人生的一部分，不是全部。交易者在熊市底部区域布局后，可以远离股市，等到牛市出现顶部区域时出局，即可赚得盆满钵满。

第三，不要“吃着自己碗里的，看着别人锅里的”。在牛市的前半段，交易者只需拿好手中的股票，不要进行任何操作。就算别人的股票暂时比你的股票涨得快，也不要动摇，切记不要频繁换股。牛市中股票的上涨具有轮动性，坐等手中股票上涨行情到来，才是大多数交易者最好的选择。另外，做差价是牛市中最忌讳的操作，因为短线交易充满不确定性，频繁交易的话，很容易将手中的大黑马拱手让给别人。血的教训，必须牢记。

第四，牛市中最好不要加杠杆炒股票。就算是牛市，行情也会遇到大幅波动的时候。场内场外配资的利息都比较高，股票上涨了大家皆大欢喜，但是行情一有较大波动，配资公司为了避免出现损失，可能会对交易者强行平仓。配资公司追求的目标是旱涝保收。有了配资，等于将卖出股票时机的权利拱手让给配资公司，交易者何谈在牛市中拿住股票。

最后，在牛市最疯狂的阶段，任何利空消息都不会影响股市，任何技术性关口都很容易被突破，看好市场的人占绝大多数，所有的交易者都觉得是赚钱的好机会，大都沉迷在赚钱的欢乐中，但是，交易者不能忘记“在别人贪婪的时候自己应感到恐惧”这句话。当市场疯狂的时候，应该满足这些贪婪的人们的要求，把股票全部卖给他们。

五、善用平均股价

普通交易者炒股参照的大盘指数，无非是上证指数（000001）或者是深证成指（399001）。根据笔者多年的实战经验，这两个指数并非是最适合普通交易者参照的指数，因为这两个指数容易被大盘股左右，而大盘股是超级主力用来做盘的工具。普通交易者要么没有足够的耐心持有大盘股，要么嫌大盘股平时波动小，短线投机成功率低，因此不愿参与大盘股行情。这样就会导致一个问题，手里拿了一把小盘股股票，却用大盘股指数来分析行情，所以很容易栽跟头。

比如 2017 年 3 月，平均股价（880003）见到反弹高点，随后开始暴跌，并于当年 11 月见到反弹次高点。过此两点连线，构成下降压制线，月线级别的下降趋势从下降压制线来看一目了然。而上证指数（000001）2017 年 3 月只是出现一个上升途中的小高点，小幅回调后继续上攻，直到 2018 年 1 月才见到反弹高点 3587 点。此间，上证指数（000001）一直处于月线级别的上升趋势中。

由于大多数交易者都以上证指数（000001）作为参照指数，而上证指数恰好又处于上升趋势，加上部分不良分析师鼓吹市场处于“慢牛”走势，普通交易者群情激奋，“踏平 5178”“飞跃 6124”等豪言壮语不绝于耳，于是很多交易者放松了警惕。结果好景不长，

2018 年 2 月开始，两个指数都出现了异常惨烈的下跌，下跌速度之快，持续时间之长，世所罕见。

图 17-1 展示的是上证指数（000001）与平均股价（880003）同时期（2013 年 4 月—2019 年 1 月）的月 K 线走势对比图，其中差异一目了然。图中左边为上证指数，右边为平均股价。

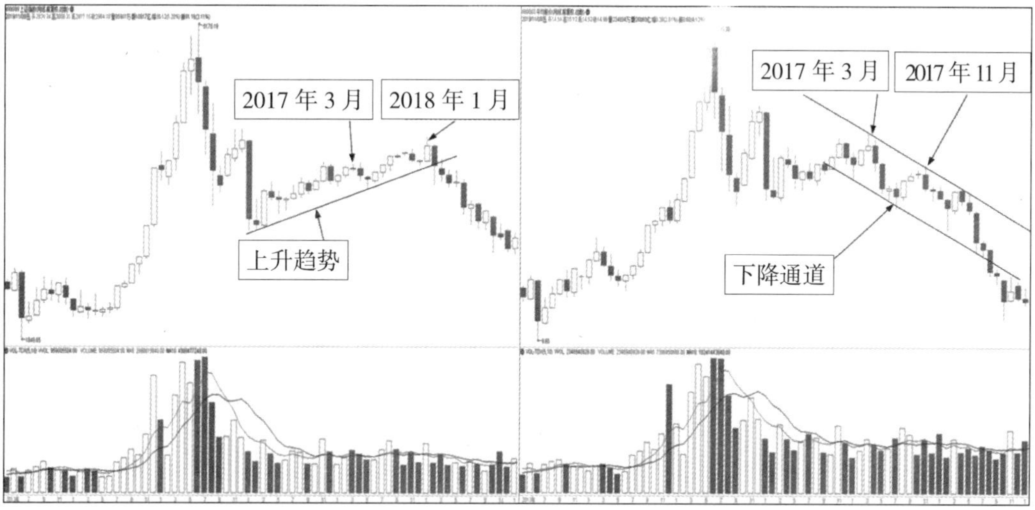

图 17-1　上证指数（000001）与平均股价（880003）同时期的月 K 线走势对比图

六、短线两大操作策略

（一）敌进我退

“敌进我退”，也就是说，当敌人进攻的时候，我方就要退守。如何将“敌进我退”运用到股市操作中呢？

在下降趋势中，交易者若遇到整个市场出现强有力的反弹，或者介入的个股大幅拉升，切忌不要太乐观，市场随时可能出现新的下跌。如果交易者追高买入股票，一旦被套，将会很难脱身。

如果个股短线激烈上涨，获利较为丰厚，那么可以选择暂时退守，获利了结。

（二）敌疲我打

“敌疲我打”，也就是说，当敌人疲劳的时候，我方就要“宜将剩勇追穷寇”。在市场短线实战操作中，何谓“敌疲”，何谓“我打”，如何把握相当重要。

在哪种情况下参与市场，盈利机会更大一些呢？首先，选股的时候，应该寻找那些短期跌幅巨大的个股，或者已经初步走出下降通道的个股。追高买入的话，风险极大，如果选择盘中回调的强势个股低位买入，打胜仗的把握就相对大很多。

既然是“敌疲我打”，也就是骚扰性进攻，因此不能动用主力部队，仓位自然不能太重。轻仓操作是骚扰性进攻的精髓，这样做“进可攻，退可守”。

七、道波操盘法则

操盘法则：买入不急；卖出不悔；止盈不贪；止损不拖。

（1）不怕行情差，就怕选错股。在行情较差时，尽量不操作股票。如果在行情差的时候持有涨幅已大，正在做头的股票，那么赔钱就不可避免。

（2）操作个股要重视买卖点位，更要重视买卖时机。笔者一直认为，买卖股票在于空间与时间的抉择。在牛市中，哪怕交易者选择的个股价位已高，虽然可能向上空间有限，但不至于下跌很多，把交易者套住。相反，在熊市中，如果交易者选择价位已经很低的个股，认为该股股价已经腰斩，肯定跌无可跌，那就大错特错了。殊不知，该股可能腰斩之后再腰斩，一直斩到脚脖子为止。选择在熊市买入，无论价位有多低，风险都要极大地高于在牛市买入。笔者认为，在操作股票这一点上，时机抉择是重中之重。

（3）震荡行情做超短，反弹行情做波段。震荡行情与反弹行情的延续性要比趋势性行情低得多，因此，在震荡行情中操作，必须快进快出。今天进明天出，是在震荡行情生存的必由之路。在熊市中，一年中总会有两三波像样的反弹行情，这就是所谓的“吃饭行情”。熊市中的反弹行情，最多持续 1～2 个月，以波段操作为佳。

（4）行情不好，个股没有把握，宁愿空仓等待，也不要盲目操作。永远要相信“资金在手，机会随时都有”。顺势而为，乃真英雄也。世界潮流，浩浩汤汤，顺之者昌，逆之者亡，这是对该原则最好的诠释。

（5）短线操作，处理判断失误最好的办法，就是及时出局，之后换股或观望，犹豫不决只会导致一错再错。操作短线的大忌是把短线做成了中线，又把中线做成了长线。为什么要做短线？就是大势不明朗，或者大势处于下降趋势。做短线犹如虎口拔牙，一定要速战速决，决不能拖泥带水。即使老虎的牙没有拔掉，该跑时大家也要跑，因为逃跑的机会只有一次。俗话说得好：留得青山在，不怕没柴烧。

八、各种技术盲区及相互印证

交易者应该知道，主力制造各种骗线的例子，在 A 股市场上可谓是数不胜数。应对这个问题有两种办法：一种是治标不治本的办法，那就是熟记主力骗线的所有手法。这种应对方式往往会挂一漏万，结果事倍功半。另一种是治本的办法，那就是利用多种技术指标进行相互验证。

比如去商店买菜，怀疑商贩缺斤少两，这时商贩用杆秤、台秤、案秤等自备的秤轮番称重，得到的结果均为份量足够。已经用 3 种秤相互验证，没有缺斤少两，不过这种做法难以令人信服，因为这 3 种秤都是商贩提供的。这时，最简单有效的验证方法就是消费者自己拿个弹簧秤称一下，马上便知有无缺斤少两。

在股市的各种技术指标中，许多技术指标都有各自的技术“盲区”。

K 线以及 OX 图的技术盲区：没有考虑到成交量因素。

CAN 指标的技术盲区：无法有效观察价格的运动趋势。

MACD 指标的技术盲区：无法对付箱型振荡市。

KDJ 指标的技术盲区：无法对付逼多或逼空的单边市。

TOWER 与 GBL 指标的技术盲区：无法预知天顶或大底的到来。

MA 指标的技术盲区：具有天然的滞后性。

盘口的技术盲区：无法观察到大势。

缺口的技术盲区：无法判断价格何时会封闭缺口。

这些技术分析方法的盲区不重叠，可有效地进行相互验证。

掌握技术分析基本功，可从精读本书入手。交易者不难发现，笔者无论在研究源自日本的东方分析技术，还是研究源自美国的西方分析技术，都紧密围绕 A 股市场的实战展开在波诡云谲的 A 股市场，东西方分析技术都有致命的弱点，如果生搬硬套在 A 股市场，很可能无法准确把握 A 股市场的“脉搏”。只有遵循中国的“中庸之道”，才能悟得 A 股市场的“技术真经”。

九、史密斯选股法

沪深 A 股有 3000 多家上市公司，交易者每天认真看盘，仔细选股，其实是个费力不讨好的活。每天对每只股票的技术走势只研究 1 分钟，1 个小时只够研究 60 只股票。把沪深 A 股全都研究一遍，需要 50 个小时，而全天的交易时间也就 4 个小时。交易者不想把自己累趴下，得舍弃大部分股票。舍得舍得，有舍才有得。

筛选股票，可以先粗选，再精选。不同的人有不同的选股标准，冒险家的筛选标准是，只关心 ST 股票或预告亏损的股票，赌它坏事变好事，赌它髓髅嘴里长新牙。稳健型交易者则相反，凡是亏损股全都排除，不论那些绩差股价格怎样上蹿下跳，毫不动心，决不沾手。不同的交易者，只钟情和自己有缘份的股票。

比如，佛系玩家，买点稳健型的股票，其他资金用来打新股，就觉得已经够吃够喝了。他们在二级市场买入股票的标准相当挑剔，但他们有他们自己的一套选股方法。

选股，笔者认为要经历 3 道工序，净水器里面的龙头大哥貌似是“史密斯”净水器，这里就把选股方法叫做“史密斯”选股法。

（1）第一道工序：ROE（净资产收益率）不能太低，最起码不能为负。

（2）第二道工序：现金流量表中的净现金流必须是正数，否则净资产收益率就有可能是被应收账款等做出来的。

（3）第三道工序：看这家公司的实际控制人是不是可信。如果存在诚信缺失，一定要远离这类股票。

这3道工序筛选完毕，还要用水质检测笔来监测一下水质，看一看公司的盈利是否是靠主营业务实现的。如果是靠变卖家产实现盈利大幅增长，表面看起来光鲜亮丽，其实臭不可闻。这种公司一定要用水质检测笔过滤掉，以免喝坏了肚子。

十、投资心理

每一个成功的交易者，一定都经历过凤凰涅槃的痛苦过程。

对一个行业来说，所谓行业逻辑，无怪乎是指金字塔底层的失意者托起了顶端寥寥可数的得意者。在金融投机的世界里，这种金字塔逻辑表现得更为明显，财富永远都是由金字塔的底层向顶端的极少数人汇集。因此，参与金融投机，对大部分人来说注定是一个痛苦的旅程。

市场巨大的财富诱惑，把人性中的贪婪和恐惧等人性弱点放大到极致。真理往往掌握在少数人手里，用金融投机的逻辑来解释的话，就是“所有的投资行为都是反人性的”。比如，当大众狂热的时候，说明市场跳水在即。

其实，大多数交易者并不缺乏智慧，但在资本市场中，有智慧并不意味着可以无往不利。其他行业的许多精英，一旦进入资本市场，照样会输个底儿掉，甚至很多优秀的人也会陷入深潭不能自拔。

反人性往往是痛苦的，所以说投资心态重在磨炼，磨炼的就是自己的人性修为。正是对这种痛苦承受能力的不同，区分了成功的交易者和失败的交易者：逃避痛苦就意味着主动放弃爬上金字塔顶端的机会。每一个成功的交易者，都经历过凤凰涅槃式的痛苦。“我的人生是一场失败”，曾经叱咤市场几十年的交易大师杰西·利弗莫尔，以这样一句话总结了自己的一生。一生追求辉煌，最后却得到一个失败的结论，这是何等悲凉。

经历并能够承受这种痛苦，不再急功近利，不再患得患失，面对市场波动处变不惊，每一次下单都在理性和规则的要求之内，盈利反而成了一种附属品。

归结起来，常见的心理陷阱有如下4个。

（一）抗争心理

大家从小所受的教育都是建立在抗争基础之上，如征服自然，战胜各种困难，这种意识已经深深地扎根于大家内心深处。进入资本市场之后，大家依然带着这种心理意识。

很多行业的精英来到证券市场，最后都以失败告终，而且比一般人输得更彻底。这是因为他们都有一种强烈的自我意识，不相信自己会失败，也绝不允许自己失败。

他们之前的成功，使其个性变得尤为突出。当市场变得对其不利时，他们不懂得变通，而是和趋势对抗，直到被市场彻底摧毁。

若想在资本市场中长期生存下去，往往需要一些有违人性的特质，柔软有弹性的交易者更适合资本市场，固执的交易者很快就会被市场淘汰。老子说："以天下之至柔驰骋天下之至坚"。这句话运用到资本市场再贴切不过了。

人性中有这样一个非常顽固的倾向，那就是捍卫自己的观点，不愿承认自己判断失误。很多人不管自己是对是错，都会把自己的态度坚持到底。其实他们捍卫的不是真理，而是自我。

人性中这种抗争的天性，这种不愿意屈服，不愿意放弃自我的态度，是成功投资的一大障碍。

（二）追求完美

追求完美是一种非常贪婪的心理，也是一种极端的心理。因为追求完美，你就不允许有一点瑕疵，就不能承担哪怕小小的一点损失，该止损时就难以果断执行。

因为追求完美，一个人就试图抓住所有波动，追求抄底逃顶，不希望漏过任何行情。每个人都有自己的局限性，都有自己不擅长的领域。孟子言，"闻道有先后，术业有专攻"，明明不是自己擅长的领域，却非要追求极致，最后结局往往不会太好。

（三）毕其功于一役

把单次交易的结果看得过重，希冀在一次交易中暴富。在明显看错行情的情况下拒绝止损离场，固执地坚守亏损的头寸，这在交易市场都是万万要不得的。

投资是一个长期的过程，没有必要为一次投资失败死去活来。有时接受一些小的损失是非常有利的，这样就能预防大的亏损。就像适当患一次的感冒一样，对一个人的整体健康反而是有益的。

（四）数钱心理

有些交易者浮盈的时候，每天都会打开证券账户看上那么几眼，恨不得分分钟都要看到账户资多在上涨。赔钱的时候，特别是套牢的时候，则对自己的证券账户不管不顾，仿佛账户里的钱已经打了水漂，其实这是一种严重的患得患失心理。

一旦建立仓位，就时时惦记账面资金的起伏变化，并被这种变化左右了情绪，忽略了行情本身的发展变化，这对正常的思维判断有非常大的干扰。

十一、“割肉”与“割韭菜”

一般交易者在被套初期总会有这样的想法：我就相当于把钱存银行了，我不卖，就是不卖，“打死”也不卖。这只股票质地不错，业绩良好，凭什么让我卖？过几年肯定会涨回来的。由于一误再误，行情刚下跌时，可能只被套10%、20%、30%，但熬到最后，被套80%以上的时候，反而有了“割肉”的勇气，结果是被主力“割了韭菜”。

为什么套得少的时候不卖，到账面所剩无几时，却痛下决心割肉出局呢？其实，这是因为市场主力拥有“割韭菜”的手法。牛市转熊市时，因为此时大家普遍还存在牛市思维惯性，一直相信牛市还在，幻想跌20%补仓，摊低成本，然后涨上来时盈利出局。但市场走势总是与交易者想象的相反。在熊市中，个人交易者大部分表现为两种情况：一是股价反弹到其成本区时不舍得卖出，持有多赚一点的侥幸心理；二是在熊市中，即使在低位补仓，摊低了成本，但股价始终无法反弹到其持仓成本区，反弹结束后持续下跌，造成越补越亏的局面。

这里教大家最简单的一个方法，那就是在熊市中做反弹，当跟风盘变少，抛压增大时，立即反手做空，跑在大部分后知后觉交易者的前面。熊市中的反弹幅度会越来越小，最后干脆以横盘代替反弹，横盘完毕，股价就会再下一个台阶。

有的交易者最初抱着打死也不卖的想法，最后却卖在了最低价，这是为什么？其实，在亏损80%以上的情况下，是没有人愿意“割肉”的，但为什么最后反而被主力“割了韭菜”呢？在熊市反弹中，主力不断地操纵一些热门股，使股价一飞冲天。而交易者持有的股票则不断阴跌，好长时间毫无起色。此时，他们内心极为痛苦，通过调仓换股扭亏为盈的心思开始萌芽。从忍耐、怀疑到绝望，到最后痛下决心调仓换股，当市场大部分亏损者都这样操作，主力就成功地“割了韭菜”。

调仓换股错了吗？没错！不过普通交易者很难买到那些熊市中逆势大涨的股票。为什么？首先，大趋势是熊市，是下降趋势，逆势股票本来就属凤毛麟角。其次，那些逆势上扬的股票，本来就是主力故意做给交易者看的。交易者按照相同的基本面与技术面标准选择股票，正中主力下怀，主力可以把这些卖不出去的筹码轻而易举地转手。

十二、A股与A股股民

2009年，上证指数（000001）在3000点左右徘徊。2019年，A股的股票数量增加了一倍，上证指数（000001）却还在原地踏步，很多交易者都落得个既输时间又输金钱的结局。

无数交易者抱着发财致富的梦想进入股市，但最终以损失本金而告终，这让很多人觉得：A股就是交易者的不归路，想在股市中赚钱实在太难了。

实际上，进入 A 股的普通交易者无外乎 3 种结局。

第一种：在牛市的收尾阶段开始介入，在这段时期里，轻轻松松地就可以赚到钱。当股市由牛变熊时，他们还浑然不知。等发现手中的股票出现巨亏时，才后知后觉地发现自己已经身处熊市。这时他们唯一的心愿就是“只要把本金赚回来就退出股市”，但这句话一说就是很多年，他们的本金却再也回不来了。

第二种：现在做场外配资、场内融资业务的机构很多。如果在牛市，交易者选择杠杆炒股，可以放大收益率。但如果在熊市，加杠杆炒股的结果就是输到怀疑人生。

第三种：有些交易者比较谨慎，从来不敢炒垃圾股，想拿点业绩好的股票进行稳健投资。但结果往往事与愿违，他们的运气很不好，一不小心踩到了“雷”。

A 股市场有 3 条亘古不变的真理。

第一条：股市盈亏比例不会破，“一赚二平七亏”是真理。对于机构交易者来说，他们是“三年不开张，开张吃三年”。因为 A 股有牛短熊长的特点，对普通交易者来说，这个特点使其亏钱的概率很高。

第二条：很多证券营业部都写有这么一句话，“投资有风险，入市需谨慎”。在中国股市中，这几个字一直挂了近 30 年。就连股神巴菲特也给了类似的提醒，提醒大家要“保住你的本金”。多少交易者是抱着一夜暴富的心态进入股市的，甚至把炒股当成职业。但股市中的钱真的没那么好赚，另外，在股市中投资，首先要保住本金，然后才能去想赚钱的问题。

第三条：短线操作越频繁，就亏钱越多。很多交易者喜欢做短线，快进快出。他们希望通过做短线来实现天天有进账，月月有利润。其实短线走势是最难预测的。除非赚了几次不再操作，否则只要一直做下去，时间久了，短线操作亏钱的概率极大。

十三、分散投资

分散投资是投资中常见的一个理论，通俗地讲，就是“不要把鸡蛋放在一个篮子里”。这个理论是美国经济学家马克威茨在 1952 年提出的，随后受到全世界很多交易者的推崇，一直流传至今。

在股市中，交易者多拿几只股票就算是“分散投资”了吗？答案是否定的。

首先，真正的“分散投资”，并不是把资金分开，多投资几只股票。对于资金投向，其实除了股票，还可以投资国债、存款、货币基金、房产等。如果遇到股市行情不好，最多亏损了投入股市的钱，其他投资仍然会让你赚钱。所以，上面提到多投资几只股票的分散投资方式，只是“狭隘”的分散投资概念。

其次，很多交易者把“分散投资”理论运用到股市里，投资十几只甚至几十只股票，认为这样能分散风险，是不是这样的呢？股市中经常出现各种地雷股（比如业绩地雷等），如果散户投资两三只股票，踩中地雷股的概率会非常小，除非运气特别不好。同时投资十几只甚至几十只股票，踩中地雷股的概率会大大提升，这样资金反而更不安全了。

最后，如果市场处于牛市阶段，基本上所有股票都会上涨，只是起涨时间与涨幅不同而已，同时拿着多只股票，如能把握好进场和出局的节奏，能极大地提高资金的使用效率。但是，A 股的特点是牛短熊长，长期处于熊市状态，在熊市中，大部分股票都会跌，散户投资两三只股票的风险，与投资几十只股票的风险是一样的。所以熊市的时候，散户要学会空仓，躲避系统性风险，而不是分散投资多只股票。

分散投资理论是交易者规避投资风险的利器，但很多人认为只要多投资几只股票，就是分散投资了，其实这样的理解是错误的。分散投资说的是要根据自己的风险承受能力，进行多元化的资产配置，如果某一种投资产品遭受到损失，总资产不会受到太大影响。如果普通交易者投资多只股票，这种“分散投资”的结果，只会增加风险，而不是分散风险。

所以，对于普通交易者而言，无论在股市中投入多少资金，也不能同时持有太多只股票，而是要选择质地优良的股票，根据自己的资金量大小，买入一两只或三五只。

简而言之，投资要尊重市场，跟随市场，计划行事，理性思考，踏准节奏，顺势操作。人生不在于拿到一手好牌，而是怎样将坏牌打好，一步一个台阶，最终才能超越更高峰。

十四、关于止损

（一）止损的设置

止损是投资计划中的一个基本元素，它的作用在于为投资设定一个潜在的亏损阈值。如果行情走势与预期背道而驰，那么止损设置会把亏损限制在一个既定的空间内，避免因为一笔错误的交易导致账户资金大幅回撤，甚至全部损失。那么如何正确地设置止损呢？针对股票投资而言，中短线交易者可将止损空间设置在 3 ～ 5 个百分点，长线交易者可将止损空间设置在 6 ～ 10 个百分点。

在股票市场中，做中短线波段反弹的话，主流股票的跌幅一般都在 3 ～ 5 个百分点，除非方向判断错误，否则 3 ～ 5 个百分点的止损幅度一般难以被触及。如果 3 ～ 5 个百分点的止损幅度被触发，说明方向判断错误，那么止损就是正确的，否则可能会损失更多。因此，精明的短线客的止损幅度都在 3 ～ 5 个百分点。止损位设置除了空间上的点位外，还有一个重要的参考因素，那就是图表上的特殊点位，如近期的阶段高点和低点就是止损位。

如图 17–2 所示，就短线买入华星创业（300025）而言，交易者在 6 元处入场做多（虚线处），止损空间设定为 3 个百分点，则止损位为 5.82 元处（实线处）。观察图中表现就会发现，实线的止损位恰好与近期低点基本吻合。

图 17-2　华星创业（300025）2019 年 4 月 22 日—9 月 3 日的日 K 线走势图

在 K 线走势分析中，有一条简单的规律：近期的低点构成支撑位，近期的高点构成阻力位。行情下跌至近期的低点附近时，可能会出现反弹，行情上涨至近期的高点附近时，可能会引发回调。对于 K 线走势分析，还有另一条规律：一旦行情突破了近期高点，说明价格趋势是向上的，并且还会继续上涨；如果行情跌破了近期低点，说明价格趋势是向下的，短期价格走势还会下跌。根据行情走势的这种规律，将做多交易的止损位设置在近期低点下方，将做空交易的止损位设置在近期高点上方，将是简单实用的止损设置方法。

（二）止损的方式

止损是个天大的问题，因为投资处处有风险，大家时时都可能犯错误，所以要懂得用止损这件武器来保护自己。会不会止损，重视不重视止损，甚至是决定投资命运和最终结局的重要法门。按照止损方式不同，可以将止损分为如下 5 类。

1. 固定止损

固定止损是最简单的止损方法，当单次开仓的浮动亏损幅度达到某个百分点时，即进行止损。例如，建仓后即设立原始止损位，可在成本价位之下 3% 设止损点，跌破后说明对行情运行趋势的判断出现错误，应止损出局，出局后等待趋势明朗后再入场。也可设置 –5% 作为止损点，限度不宜超过 –10%，因幅度过大将起不到止损的作用。

2. 技术关口止损

技术关口止损法没有固定的模式。一般而言，运用技术止损法，无非就是以小亏赌大盈。其主要的指标有：重要的均线被跌破，趋势线被跌破，头肩顶、双顶或圆弧顶等头部形态的颈线位被跌破，上升通道的下轨被跌破，缺口被回补，等等。

例如，在上升通道的下轨买入后，等待上升趋势结束再平仓，并将止损位设在下轨附近。再如，市场进入盘整阶段后，通常出现收敛三角形形态，价格与中期均线（一般为 10 ～ 20 日线）的乖离率逐渐缩小。一旦价格对中期均线的乖离率重新放大，则意味着盘局已经结束。此时价格若转入跌势，则应果断离场。

这种方法适用于对技术分析有一定理解的老手，这样能够把握行情长期发展的一个平衡位，对行情有一个大致的研判，大体知道这一波或者下一波走势的目标所在。实践中，一般在技术关口再向外或者向内微调 1 ～ 2 个点位作为止损价位。

3. 回撤止损

如果买入之后价格先上升，达到一个相对高点后再下跌，那么可以设定从相对高点下跌的某一幅度作为止损目标，这个幅度的具体数值根据个人情况而定。回撤止损实际经常用于止盈的情况，也就是通常大家所说的“保护损”。回撤止损有能够预防行情反转，也能保证有一部分利润落袋。图 17–3 所示为上升回撤途中的多单止损。

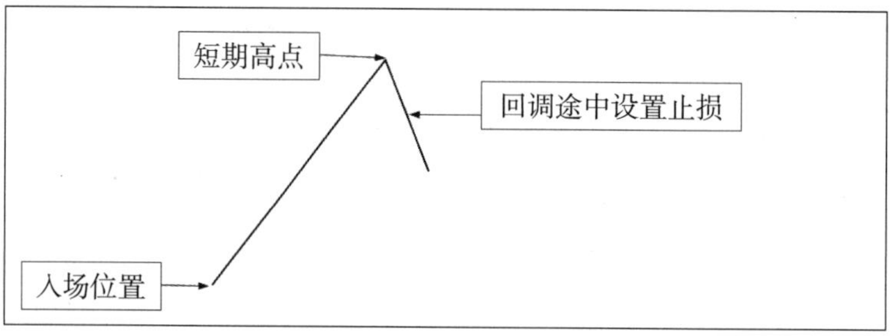

图 17–3　做多回撤止损示意图

4. 平衡点止损

开仓后即设立原始止损位，可设在距离开仓价格 –5% ～ –8% 的位置。买入后行情顺势上升，便将止损位移至建仓价，这是盈亏平衡点位置，即平衡点止损位。这种止损法与回撤止损有异曲同工之妙。图 17–4 所示为平衡点止损。

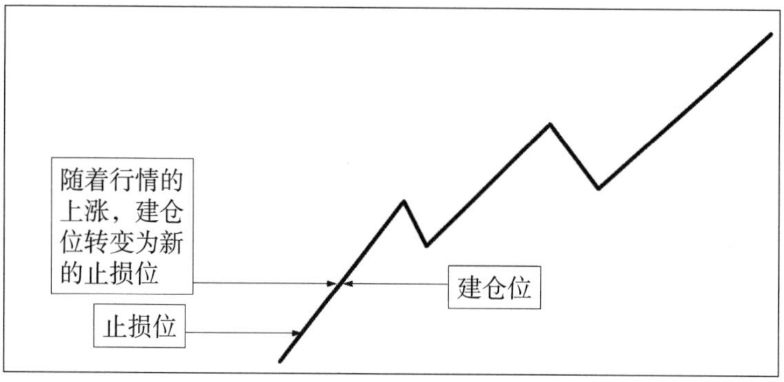

图 17–4　平衡点止损示意图

5. 时间止损

人们普遍注意空间止损，但很少考虑时间因素。只要价格跌到某个事前设定的价位，就斩仓出局，这就是空间止损。空间止损的好处在于，可以通过牺牲时间而等待大行情，缺点在于经过漫长等待后，往往不得已还要止损，这样既耽误了时间，又损失了金钱，大大降低了资金的使用效率，增加了资金的使用成本。在此，有必要引入时间止损的概念。

时间止损是根据交易周期设计的止损技术。比如，若对某波行情走势的预估完成时间是未来6个小时，买入后价格在入场点一线徘徊超过了6个小时，则应坚决清仓出局。从空间止损来看，价格或许没有抵达止损位置，但是持仓时间已超越了时间界限。这就是通常所说的时间到价格到，价格到时间到。时间与空间结合在一起，可以大大提升止损的效果。

具体到操作层面上，还有如下5种止损方式可供参考。

（1）亏损额达到总资金的5%，无论任何理由和借口，都要无条件止损。

（2）行情不好且走势对自己不利时，立即止损。

（3）走势看不懂且对自己不利时，立即止损。

（4）买入后没有实现预期效果，逐步止损。

（5）介入理由不存在了，或市场发生变化了，逐步止损。

（6）亏损额超过持仓的30%，无论任何理由和借口，无条件止损。

十五、投资 OR 赌博

（一）炒股究竟算理性投资还是变相赌博

炒股既是一个门槛很低，又是一个门槛极高的行业。为什么这么说呢？门槛很低是因为这个行业限制不大，不需要看谁的脸色，也不需要拥有大资金，开个账户转点儿钱进来，就可以玩得不亦乐乎。说炒股门槛极高，是因为大部分交易者都是亏钱的，只有少数交易者能在股市里赚钱。炒股可以分成两派，一派是赌场派，一派是投资派，两派的态度不同，理念不同，操作手法也不相同。

（二）赌场派：零和博弈，看短线，赌性大

零和博弈也称零和游戏。就像打麻将或者玩扑克牌一样，这两种游戏就是典型的零和游戏——有人赚钱就有人亏钱。如果把打麻将的4个人看成在做股票交易，输赢的总和永远是零。

大家都知道炒股是一赢二平七亏。交易者总是输输赢赢，为何他们不出场呢？市场中的交易者大多都是不赚钱的，但他们赚的是在这个游戏过程中与主力斗、与庄家斗、

与大户斗带来的险象环生的成就感、愉悦感和刺激感，另外还有对股市获利的期望。

股市是企业寻求融资的一个场所，正常情况下，有价值的股票才会得到交易者的青睐。然而从短线交易来看，短线股价的波动跟“企业价值”基本上没有关系。比如，一个概念出来，与之相关的上市公司就会被资金炒作起来，基本上都是零和博弈，交易者只是收割与被收割的关系。

（三）投资派：正和博弈，看长久，有自己的投资理念

从成立股市的本质来说，交易者应该在看准大盘所处位置的前提下，投资优质的上市企业股票，然后长期持有，享受企业红利与股价上涨的收益，而不是到处打听内幕消息。

股神巴菲特说过：“当我考虑投资一只股票的时候，我会考虑整个公司的状况，来决定是否要投资。就像沿着街边逛商场，看遍整个商场的产品之后，才会决定要不要买。”

对于像巴菲特这样做价值投资的交易者来说，股市就是正和博弈。交易者可以通过上市公司赚钱，从而成为股市赢家。其实这一点每个人都可以轻松做到，就看愿不愿意树立正确的投资理念。

炒股不是变相赌博，相信价值投资、长期投资理念，把上市企业研究透彻了再决定是否购买股票，这样才算是真正的投资。但是，现在很多交易者喜欢做短线，赚快钱，A 股市场恰巧又是个“重融资，轻回报”的市场，在这样的市场环境下，那些抱持投机理念的股民，他们炒股与变相赌博的差异并不大。如抱持正确的投资理念，炒股并不是赌博。

现在 A 股市场还是一个不成熟的市场，所以才有那么多交易者做短线，让很多社会人士觉得炒股就是变相赌博。但炒股其实是一个较为系统的工作，涉及一个人的心态、经验，以及对大盘所处位置的判断等。

交易者若想在股市中长久生存，必须遵循以下 3 个原则。

第一原则：市场中从来就没有救世主，除了自己，别无依靠。炒股亏钱了，说明智慧和努力还不够，仍需努力。

第二原则：君子有不战，战必胜之。股市天天有机会，就看你能不能抓住。“梅花香自苦寒来，宝剑锋从磨砺出。”耐心等待自己能把握住的机会，对于股市交易获得成功非常重要，交易者要学会判断什么时候该交易，什么时候该休息。

第三原则：科学的资金管理是股市交易成功的重要保障。资金管理如同战争中的排兵布阵，一个总的原则就是不能把自己的士兵置于死地，打得过就打，打不过就跑。股市中所有的技术分析、基本分析，最终都要落实到资金管理上，说资金管理多么重要都不过分。

附录 A　MACD 底背离选股公式

（一）底背离选股公式一（MACD）

```
DIFF:=EMA(CLOSE,12) - EMA(CLOSE,26);
DEA:=EMA(DIFF,9); MACD:=2*(DIFF-DEA);
QZQ:=BARSLAST(REF(MACD,1)<0 AND MACD>0);
QM:=LLVBARS(MACD,QZQ+20); MQDZ:=IF(QM>QZQ,REF(MACD,QM),0);
XG1:=MACD<0 AND MACD>MQDZ
AND CLOSE=LLV(CLOSE,QZQ+20) AND MQDZ<0; XG:REF(XG1,1)=1 AND MACD> REF(MACD,1);
```

如附图 1 所示，2019 年 6 月 18 日，中山金马（300756）的股价底背离选股公式一发出抄底信号。

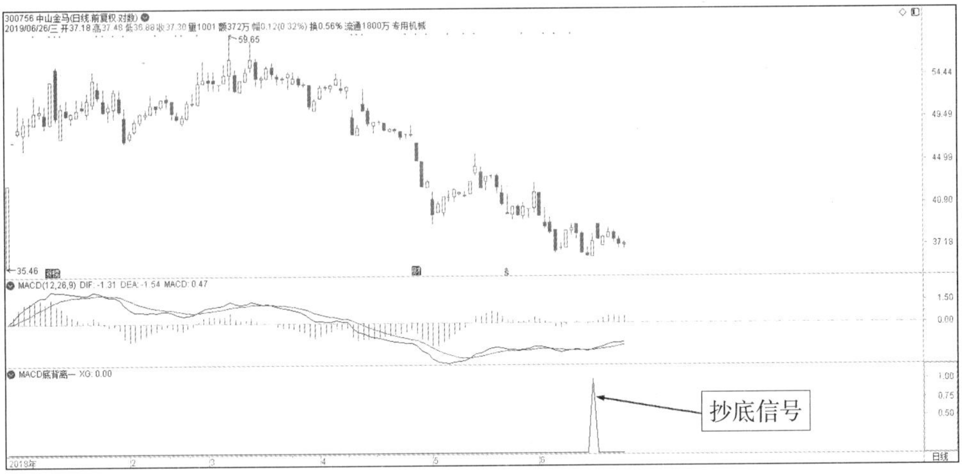

附图 1　中山金马（300756）2018 年 12 月 28 日—2019 年 6 月 26 日的日 K 线走势图

（二）底背离选股公式二（MACD 和 DIFF）

```
DIFF:=EMA(CLOSE,12) - EMA(CLOSE,26);
DEA:=EMA(DIFF,9); MACD:=2*(DIFF-DEA);
QZQ:=BARSLAST(REF(MACD,1)<0 AND MACD>0);
QM:=LLVBARS(MACD,QZQ+20); MQDZ:=IF(QM>QZQ,REF(MACD,QM),0);
QF:=LLVBARS(DIFF,QZQ+20); DQDZ:=IF(QF>QZQ,REF(DIFF,QF),0);
```

XG1:=MACD<0 AND MACD>MQDZ AND DIFF<0 AND DIFF>DQDZ AND CLOSE=LLV(CLOSE,QZQ+20) AND MQDZ<0 AND DQDZ<0;

XG:REF(XG1,1)=1 AND MACD>REF(MACD,1);

如附图 2 所示，2019 年 6 月 11 日，天顺股份（002800）的股价底背离选股公式二发出抄底信号，此后该股转跌为升。

附图 2　天顺股份（002800）2018 年 10 月 16 日—2019 年 6 月 26 日的日 K 线图

（三）两者异同

1. 相同点

公式一与公式二原理相同，皆是运用MACD指标前后峰值间的背离来指导抄底操作。

2. 不同点

公式一仅用两个峰值间MACD值（绿柱）的面积来判断背离情况，从而发出抄底信号，因此信号发出的频率较多，而成功率较低。

公式二不仅用两个峰值间 MACD 值（绿柱）的面积来判断背离情况，而且还利用两个 DIFF 峰值的大小来进一步判断背离情况，从而发出抄底信号，此信号发出的频率低于公式一，但公式二的成功率较公式一要大。

附录 B　一字板带下影

在上升趋势中，低位启动时，出现一字板带下影，应及时介入，次日高抛获利概率在 90% 以上，公式如下。

```
XG:EVERY(C/REF(C,1)>1.096,2) AND REF(L,1)=REF(H,1) AND
O=H AND O>L;
```

如附图 3 所示，2016 年 10 月 24 日，中航善达（000043）的股价低位收出带下影一字板 K 线形态，当天介入的话，次日最高获利 8 个百分点。2017 年 2 月 16 日，该股股价最高涨至 12.22 元，介入当天算起累计涨幅近 30%。

附图 3　中航善达（000043）2016 年 3 月 3 日—2017 年 3 月 17 日的日 K 线图